MONTESQUIEU

l'homme et l'héritage

JEAN-FRANÇOIS CHIAPPE

avec la collaboration d'Éric Vatré

MONTESQUIEU

l'homme et l'héritage

ÉDITIONS DU
ROCHER
Jean-Paul Bertrand

100 1728455

© Éditions du Rocher, 1998
ISBN 2 268 02911 5

T

À la mémoire du préfet régional Angelo Chiappe.

« Son regard d'aigle pénètre à fond les objets et les traverse en y jetant la lumière. Son génie, qui touche à tout en même temps, ressemble à l'éclair qui se montre à la fois aux quatre points de l'horizon. Voilà mon homme ! »

Antoine, comte de RIVAROL.

REMERCIEMENTS

Les auteurs remercient Mme Marina Grey, et M. Henri Amouroux, *de l'Institut*, Mme Marie-Jeanne Arnoux, M. Xavier de Bartillat, M. Jean-Paul Bertrand, Me Jean-Denis Bredin, *de l'Académie française*, M. Yvan Cloulas, conservateur général aux Archives de France, Me André Damien, *de l'Institut*, M. Alain Decaux, *de l'Académie française*, M. Ghislain de Diesbach, le R.P. Jacques de Givry, *de l'Oratoire*, Mme de Lannoy d'Humières, Mme Romain Leconte, M. et Mme Pierre Rose, M. Jean Tulard, *de l'Institut*, Mme Gilles Vatré, M. François-Xavier de Vivie de Régie, M. Jean Valette, président de l'Académie Montesquieu, Mme Andrée Chauleur, conservateur général du Patrimoine, chargée du Minutier central des notaires, Mme Danièle Neirinck, directeur des Archives départementales de la Gironde, M. Alain Venturini, directeur des Archives départementales du Gard, Mme Mireille Justamond, de la bibliothèque municipale de Bagnols-sur-Cèze.

PROPOS LIMINAIRE

Hors N.-S. Jésus-Christ et peut-être Karl Marx, quiconque n'a fait l'objet d'autant de biographies, d'exégèses surtout, que Charles-Louis de Secondat, baron de La Brède et de Montesquieu. Ses œuvres principales sont traduites dans toutes les langues en usage chez les civilisés. Sa pensée n'a jamais connu d'éclipse, puisque même aux heures rouges de la Révolution, elle demeurait servie par les plus grands penseurs émigrés. Aujourd'hui, sauf la Chine populaire, la Birmanie, la Corée du Nord, toutes les nations du village planétaire se réclament, du moins officiellement, de ses préceptes. Étrangement, lors du dernier sondage concernant l'Académie française depuis sa fondation, datant il est vrai de 1935, M. de Montesquieu n'occupait que la treizième place. La première allait au vicomte de Chateaubriand (5 948 suffrages) et la barre des 5 000 n'était franchie que par quatorze Immortels, le dernier étant le comte de Buffon avec 5 004, distancé par le baron de Montesquieu (5 166). Toujours parmi les membres de la compagnie, tous siècles confondus, nous trouvons à la trentième place un continuateur du génie de La Brède, Hippolyte Taine, mais point Alexis de Tocqueville. À remarquer que des contemporains de M. de Montesquieu ne figurent que M. de Voltaire à la cinquième place et Mgr de Fénelon à la vingtième. L'absence de M. de Marivaux étonne.

Autre singularité : dans la liste du *41ᵉ Fauteuil*, la première établie par Arsène Houssaye en 1882 et par l'Académie elle-même en 1971, on s'attendrait à voir les noms d'Antoine de Rivarol et de Jacques Mallet du Pan. Que le second ne trouve point de place s'explique, car, genevois, il ne fut point naturalisé français. En

13

revanche, le Provençal est inscrit sur les tablettes de Houssaye, il disparaît chez les Quarante.

Pourquoi s'attarder sur de telles considérations ? *Primo* : Parce qu'il entre dans nos desseins d'accompagner le président de Montesquieu de ses origines à sa postérité familiale et intellectuelle. *Secundo* : Parce qu'il fut membre de l'académie de Bordeaux, de la française, de la Royal Society de Londres, de l'académie de Berlin et de celle de Nancy. Il nous advint, tant à la télévision que sur les antennes radiophoniques de faire revivre le père d'Usbek et de Rica. L'une de ces émissions était intitulée *Un académicien guère académique*. On trouve en lui tout et, parfois, son contraire. S'il existe un gentilhomme à mille facettes, c'est bien lui. Formé par les oratoriens, il est l'ami des jésuites. Républicain à Rome, il est royaliste en France. Il se dit citoyen mais parle de ses féaux. Quand il évoque la Perse, il s'inspire de la Chine. Lorsqu'il noue des liens avec les philosophes, il utilise ce vocable sans humeur, quand leur sectarisme l'irrite, il n'utilise le mot qu'avec une distance teintée de mépris. Volontiers moralisateur, il trompe son épouse, et de préférence avec de très grandes dames. Vigneron à La Brède, il est la coqueluche de toutes les cours de l'Europe. Patriote, il se veut l'ami de tout le genre humain. Il revendique, non sans raison, la qualité d'historien, il crée la sociologie et l'ethnologie. Il répugne à rendre la justice, rien ne le préoccupe plus que les lois. Catholique un peu tiède, il ne supporte pas les critiques de l'Église. Ami des Stuarts par la main gauche, il tend la droite aux Hanovre. S'il existe toutefois une unité dans sa vie, c'est le sourire. Il mène la guerre contre certaines idées, il ne s'attaque jamais aux hommes, sauf à les égratigner sans laisser de blessures profondes. Alors qu'il possède tous les talents de polémiste, il retient ses flèches. Doté d'une science sans égale, il se garde d'étaler son érudition. D'évidence, il vit à l'ère de la politesse mais, chacun le sait, les gens de lettres s'entredéchirent à belles dents, tout comme avant et après le Bien-Aimé. Seulement voilà, le Président ne se tient pas pour un homme de lettres, il est baron de Montesquieu et cela lui suffit, le dispense d'entrer dans des disputes de chapelles. Il ne sortira ses griffes que pour confondre les détracteurs de l'*Esprit des lois*. Convenons que la contre-attaque en valait la peine.

Il était d'usage pour les critiques de ne pas distinguer l'homme de l'œuvre jusqu'au XIXᵉ siècle. Un auteur n'est pas censé jusque-là s'impliquer dans ses écrits. Depuis une huitaine de décennies, l'on est revenu de cette pratique, et l'on a montré bonne raison. Comment comprendre Villon sans ses cambriolages, Charles d'Orléans sans sa captivité, La Rochefoucauld sans la perte de sa vue ? Pour M. de Montesquieu, objecteront certains, l'existence ne présente rien que d'anecdotique. Réponse : la somme des anecdotes compose l'Histoire, et quant au Président, vous jugerez vous-même si son chemin offre intérêt et surprises. Mieux, violons la règle exigeant de ménager le *suspens* ; vous ne serez pas déçu. Il nous reste à formuler un vœu : que sa fréquentation vous conduise, comme nous-même, à le prendre en sympathie, et même en amitié.

LIVRE I
L'HOMME

1

DU CÔTÉ DES BONS PÈRES

Louis XIV va sur ses soixante-dix-sept ans. Il règne depuis soixante-douze. Au vrai, la santé de Sa Majesté Très Chrétienne donne des inquiétudes sauf en Angleterre : à Londres, on prend des paris sur la date de son trépas. Louis le Grand affecte d'en plaisanter, mais sait sa fin proche. Le 9 août 1715, il va courre le cerf, ou plutôt regarder la chasse. Le soir, il écoute sa « grande musique ». Le lendemain, s'étant promené dans ses jardins de Marly, il revient à Versailles, le teint jaune, les traits ravagés, une jambe atteinte de la gangrène sénile. Le Roi-Soleil s'en va coucher, mais pas de façon paisible. Le roi d'Espagne Philippe V brigue la tutelle du Dauphin et, tandis que l'on s'affronte férocement autour de l'enregistrement de la bulle *Unigenitus*, érigeant en loi de l'État la condamnation du jansénisme, la marquise de Maintenon tente de faire donner par son époux la conduite du royaume au pâle duc du Maine, cependant que Philippe II d'Orléans s'apprête à transformer sa présidence du Conseil de Régence en Régence tout court. Le 13 août, les feux de la galerie des Glaces se réfléchissent dans les miroirs du temple de la monarchie. Louis XIV, entouré des princes du sang, accorde une audience de congé, et quelle audience ! à l'ambassadeur du sophi. Le Roi porte un habit noir et or, caparaçonné de diamants d'une valeur de treize millions de livres. Debout devant son trône en dépit de sa jambe douloureuse, ne perdant pas un pouce de sa taille malgré le poids écrasant de son costume, il est, une dernière fois, fixé sur la toile par Antoine Coypel au milieu de sa Cour. Chapeau orné de plumes de cygne en tête, il gracieuse le haut diplomate persan lorsque icelui se jette face contre terre à trois reprises avant que de quitter Versailles en grand arroi.

Le haut diplomate persan ? Si l'on veut, mais pour serrer de plus près la vérité, l'envoyé commercial de l'obscur gouverneur d'une province perdue à des centaines de lieues d'Ispahan. L'auteur de la supercherie ? Ce pauvre marchand de loukoums et de carpettes ? Vous n'y êtes pas. Il n'est venu que contraint et forcé. M. Jérôme de Pontchartrain, secrétaire d'État à la Marine et à la Maison du Roi, fils du chancelier de France, a jugé heureux d'organiser l'imposture afin que de donner à son maître l'ultime occasion de paraître dans sa splendeur. Que deviennent le prétendu légat du sophi et ses acolytes ? Dans quelles contrées vont-ils vendre leurs tapis ? L'Histoire les perd, mais Philippe de Coureillon, marquis de Dangeau, courtisan si habile qu'il trichait aux cartes pour donner au Roi-Soleil le plaisir de gagner, n'oublie pas de consigner dans son journal la déférente supercherie de M. de Pontchartrain, et si ce n'est le marquis, c'est son annotateur anonyme. Certes, le texte ne fera l'objet d'une publication qu'en 1754, mais passablement de copies circulent, l'une passera par les mains de M. le duc de Saint-Simon, une autre est vue, ou du moins ses épisodes les plus pittoresques, par un jeune président à mortier au parlement de Bordeaux, au demeurant cousin éloigné de M. de Dangeau, Charles-Louis de Secondat, baron de La Brède et de Montesquieu. Il est vrai, M. Dufresny, plus connu pour son théâtre, a déjà fait sien le procédé des étonnements d'un étranger voyageant en France, avec les *Amusements sérieux et comiques*, mais rien n'égalera le succès dans le genre des *Lettres persanes* publiées en 1721, sans nom d'auteur, mais si peu de temps anonymes qu'elles consacreront à jamais le magistrat assez habile pour avoir, en retournant la perspective, créé la sociologie (Roger Caillois).

Les enfances de Charles de Secondat

Comme souvent à l'époque, la date de naissance demeure imprécise. Il n'importe, à deux ou trois jours près, nous savons quand l'enfant vit le jour. Un mendiant prénommé Charles demande l'aumône au château de La Brède, lorsque la dame de Secondat, née Marie-Françoise de Plesnel, se trouve pour la deuxième fois « en travail d'enfant ». Soit, le miséreux, prénommé Charles, sera le parrain. Une habitante de La Brède, Mme Renom, demeurant au hameau de l'Étivette, et tante de François de Paule Latapie, futur homme d'affaires des Secondat, consigne dans son livre de messe : « Ce jour d'hui, 18 janvier 1689, a été baptisé dans notre église paroissiale, le fils de M. de Secondat, notre seigneur. Il a été tenu sur les fonds par un pauvre mendiant de cette paroisse nommé Charles, à telle fin que son parrain lui rappelle toute sa vie que les pauvres sont nos frères. Que le bon Dieu nous conserve cet enfant. » L'église est proche du château, et janvier ne souffle pas très fort en Aquitaine. Nous pouvons donc en conclure, avec l'intéressé, qu'il reçut le sacrement au jour même qu'il le vit. Cela nous paraît probable : en effet, on ne trouve pas ou peu de Louis en descendant les feuilles, ô combien nombreuses, de l'arbre généalogique des Secondat ! Or, Louis bat, devant Charles, quatorze contre neuf, le record des noms des souverains des trois races, et se nommer Louis peut valoir à de très chétives personnes quelques oboles du subdélégué, voire de l'intendant. Bien sûr, on rapprochera le parrainage de notre petit Charles et celui de Michel Eyquem de Montaigne. Il est vrai que l'on peut établir entre eux des traits communs, notamment pour le baptême, encore que Montaigne ne procède pas d'une ancienne extrace. Le parallèle Montaigne-Montesquieu apparaît comme un éloge de la modération et tous les chefs de cabinet des présidents des IIIe et IVe Républiques l'établiront pour leur patron. Certes, cela flatte les Aquitains, mais ni l'information ni le comportement ne rapprochent les deux Bordelais ; deux points communs toutefois : la curiosité, et le goût des affaires politiques, mais une différence, M. de Montaigne tient sa vie pour trop précieuse, lorsque, maire de Bordeaux, il ne suit pas l'exemple de Jean de Rotrou et préfère disserter que mourir avec ses administrés. Charles se situe encore bien loin de semblables considérations. Permettez l'expression usée à force d'être galvaudée : restons à son niveau.

Le village de La Brède compte cinq moulins, celui du bourg accueille l'enfançon. La nourrice ? La meunière ? Plus probablement une servante allaite le bambin. Bien sûr, elle le berce et bientôt lui raconte des histoires, et quelles histoires ! Les loups-garous, si l'on ne les voit jamais, hantent pourtant les lieux. Les sorcières descendent à califourchon sur leur balai, elles retrouvent les sorciers et ils tiennent de concert le San-Hedrin dans la prairie située sur la rive droite du ruisseau. Évidemment, incubes et succubes n'organisent leurs sabbats et leurs rondes folles qu'à la nuit close, et pas question, mon petit seigneur, de mettre votre nez dehors avant le potron-jaquet. Reste que le surnaturel naïf et paysan marquera Charles, mais aux sorciers et à leurs dames, il préférera les demis et les quarts de dieu sans oublier les nymphes.

Après le lait et la bouillie, l'on passe à des nourritures (terrestres) plus solides : soupes trempées de maïs ou de sarrasin, car l'on ignore le froment. Rare est la viande de boucherie, mais l'on se rattrape sur la cochonnaille et la morue. Les Brédois dérogent au précepte selon lequel l'on doit profiter des bonnes choses avec modération. Riches ou pauvres, ils trouvent toujours assez d'argent pour remplir leur pichet et le vider plus vite que de raison. Détail ? Pas sûr. Le spectacle donné par des ivrognes a choqué l'enfant, et, plus tard, il goûtera son vin en fin connaisseur, mais il n'en abusera jamais dans un pays où règne la bouteille.

Voit-il ses parents chaque dimanche ? Certainement, car la chapelle du château n'est pas desservie, donc M. et Mme de Secondat se rendent à l'église paroissiale. Charles gazouille donc un peu de français, le jour du Seigneur, mais toute la semaine, il patoise. Prière donc de ne pas nous entretenir d'« occitanien ». Il a disparu depuis beau temps, et ne sera reconstitué que dans un siècle. Le parler d'Aquitaine cousine avec celui de Gascogne, mais les inflexions sont moins chantantes. Charles s'exprimera toujours en patois avec ses féaux, mais quant à l'accent qu'il aurait promené dans les salons de Paris, entre nous, monsieur le Président, ne serait-ce pas une petite malice, pardon d'avoir anticipé ; pour l'instant, vous jargonnez avec votre frère de lait, Jean Demarennes. L'heure est venue de se rendre à la petite école. Le maître est payé par les villageois. Il assiste M. le Curé, dépend donc (de loin) de l'archidiocèse. Il enseigne la lecture à ses petits bonshommes en latin, pour éviter, affirment les pédagogues, les déformations inhérentes à l'introduction du patois dans le français. Les terminaisons simples et l'orthographe sans piège justifient cette initiation à travers une langue morte, donc fixe. Deuxième temps : l'écriture apprise, elle, dans les deux idiomes grâce à des images et des tableaux comparatifs. Enfin, le calcul. Les élèves disposent d'abord de jetons, ancêtres de nos bouliers. Ils les placent, les déplacent, et enfin ils passent aux quatre opérations, les voici presque au bout de la route. Restent maintenant la règle de trois et la preuve par neuf. Charles se montre moins absentéiste que ses camarades ; il n'est pas réclamé par les siens pour aller aux champs ou dans les vignes. Si les garçonnets sortent de l'école avec un petit bagage, il le semble : les fillettes y sont peut-être venues mais rarement ; les mères les veulent près d'elles pour les travaux d'aiguille, et, en outre, les bons esprits voient d'un mauvais œil la mixité.

Deux doigts de généalogie

Mme Jacques de Secondat ne survivra point à son sixième enfantement. Elle meurt le 13 octobre 1696. Charles atteint sept ans. Il n'écrira rien quant à ce décès, mais Mme Greffesieso-Rosso, dans son *Montesquieu et la féminité*, décèle dans ces mots empruntés aux *Métamorphoses* d'Ovide *Prolem sine mater creatam* et placés en épigraphe de l'*Esprit des lois*, le regret d'une perte prématurée. Ainsi, Charles aurait toujours conservé la blessure secrète de cette disparition. Jacques de Secondat a laissé de son épouse un portrait : il lui trouve toutes les qualités, et c'est normal, nous dit son absence de goût pour les bagatelles. Elle s'occupait sans trêve des pauvres, adorait ses enfants et portait une haire.

Étrangement, il ne sera plus question de Marie-Françoise de Plesnel. On ne l'ignore point : à l'époque, l'arboriculture généalogique n'est pas moins développée qu'aujourd'hui. Or, nous savons tout ou presque des Secondat et rien des Plesnel sinon que Marie-Françoise avait apporté, parmi d'autres biens, la seigneurie et le château de La Brède à Jacques de Secondat. « Il vaut mieux connaître des soucis de fortune que des ennuis d'argent. » Si juste que soit l'adage, reste qu'un patrimoine d'autant plus embrouillé

23

qu'il ne faut pas confondre les droits féodaux et ceux de propriété réclame de la vigilance. De ce fait, le capitaine de chevau-légers abandonne la colichemarde pour la chicane. Cela lui réussit. À quoi s'occupe-t-on, à la veillée, sinon à parler des amis et surtout des ancêtres ? Facile ? Non, car les branches s'enchevêtrent et que les prénoms sont souvent les mêmes. Quiconque ne dispute aux Secondat leurs « trois cents ans de noblesse reconnue », mais le mal français du brûlement des archives a sévi durant les guerres de Religion.

La famille vient du Berry, probablement à la suite d'une alliance, elle se rend en Périgord, puis en Agenais. On écrit alors Agenois. Pierre Ier de Secondat, seigneur de La Vergne et de Brénac, sort des brumes de l'Histoire pour prêter l'hommage lige à Charles VII le Bien-Servi, ou le Victorieux comme on le voudra. Cela se passe le 1er septembre 1451, donc trois années a ant que le connétable de Richemont ne l'emporte à Castillon sur lord Talbot et ne mette à la porte les Anglais de l'Aquitaine. Les descendants brillent chez la Marguerite des Marguerites, sœur de François Ier et reine de Navarre par son union avec Henri II d'Albret. C'est l'humanisme, pas encore la Réforme, mais elle ne saurait tarder sous l'impulsion de l'austère Jeanne d'Albret, reine de Navarre (entendons du quart de la Navarre) et mariée au brave Antoine de Bourbon. Cette fois, le calvinisme prend racine dans le petit royaume où, rappelons-le, la succession existe aussi en ligne féminine. Jacques d'Albret donne à Jean II de Secondat la terre de Montesquieu, modeste seigneurie dépendant de la vicomté de Brulhois, près d'Agen. Montesquieu, comme Montesquiou, signifie le mont pelé. C'est assez dire qu'il nourrit mal son homme. Reste qu'Henri III de Navarre, devenu Henri IV de France, érige la terre en baronnie pour Jean-Baptiste Gaston, en février 1606. On a souvent insisté sur le calvinisme des Secondat. On a même subodoré quelques parentés avec le catharisme. Qu'on daigne nous faire excuse, mais les protestants de Navarre sont très éloignés du théocratisme du brûleur de Genève, quant à l'hérésie bogomile, on discerne mal la raison pour laquelle elle aurait touché des gentilshommes originaires du Limousin. Alors que de nombreuses maisons d'ancienne extrace vont s'obstiner dans le calvinisme, les La Force, MM. de Turenne, Duquesne, la branche aînée

Montesquieu, et la branche cadette, bientôt La Brède, n'ont oscillé que durant deux générations. Plus caractéristique nous apparaît le rang social de la famille. Elle anticipe sur une position encore peu courante, sauf à Rennes, allant de la noblesse d'épée à celle de robe et *vice versa*, ou, plus exactement, elle reste d'épée lorsqu'elle prend la robe. Autre particularité, l'oncle de notre Charles, Jean-Baptiste, président à mortier au parlement de Bordeaux, est bien, pour parler comme les Anglais, IIIe baron de Montesquieu, mais le père du petit garçon n'est que seigneur de La Brède. Inutile de ménager le suspens, chacun le sait : le président Jean-Baptiste adoptera Charles, lui léguant sa charge, son titre et son som. Soit, mais comment la seigneurie de La Brède va-t-elle, après la disparition de Jacques III de Secondat, se transformer en baronnie pour son aîné ? On peut émettre une supposition : le père de Marie-Françoise de Plesnel aurait donné le fief en dot à sa fille, et donc à son gendre, mais conservé son tortil. Charles en aurait hérité. Autre hypothèse : le château de Montesquieu n'étant plus qu'une ruine, et celui de La Brède défiant six siècles, le bénéficiaire aurait contracté les deux titres. Cela ne lui ressemble guère. Il faut donc croire qu'il demeurait en Aquitaine des titres transmissibles en ligne féminine.

Ainsi, cependant que l'on tisonne, on parle casques, tortils et mortiers. On traite aussi de religion. Le petit Charles bénéficie, dans ce domaine, d'une éducation soignée. Soignée ? Trop soignée. Le père, l'oncle et souvent M. le Curé s'entretiennent trop savamment d'eschatologie. Bien sûr, il n'est pas exclu que, devenu grand, et même grandissime, le Président ait cherché des excuses à ses erreurs, enfin à ses négligences, mais il se plaindra.

« On ne m'a point fait connaître le vrai précis de la religion catholique dans ma première enfance. »

Il semble qu'il ait commencé dans une école ou « collège d'humanités » ses classes de grammaire, et il est temps qu'il entre dans un « collège de plein exercice », entendons conduisant jusqu'à deux classes de philosophie.

Gardons-nous de généraliser ; la situation de ce que nous nommons le secondaire demeure différente selon les provinces, voire les sénéchaussées. La rivalité des établissements catholiques

25

et protestants a constitué, pour un temps, une émulation, puis l'édit de Fontainebleau, révoquant la grâce d'Alais, a, particulièrement dans le Sud-Est, fait cesser le combat faute de combattants. À cette considération, il en faut ajouter une autre quant à la ville de Bordeaux. Là, le collège d'Aquitaine, placé sous l'autorité de la jurade, conserve des miasmes de calvinisme tandis que le collège de la Madeleine, tenu par les pères jésuites, s'est appauvri par suite de la guerre de Succession d'Espagne.

Orior

Orior, « Je me lève », telle est la devise inscrite sous l'étoile du double blason de Juilly. À senestre : de sable à la couronne d'épines et « Jesus Maria ». À dextre : d'azur à trois lys d'or posés deux et un. Le tout surmonté de la couronne fermée de France. Lorsque Charles arrive au collège, situé près de Dammartin-en-Goële, diocèse de Meaux, la noble institution ne porte pas encore des armoiries aussi prestigieuses. Elles lui seront octroyées lorsque Louis XV lui donnera le titre d'Académie royale. Trois sociétés ecclésiastiques se partagent les établissements « secondaires ». Cent deux sont dirigés par les jésuites, vingt-cinq par les dévotionnaires, vingt-six par les oratoriens. Ces prêtres, réunis à Rome par saint Philippe Néri, ne se destinaient pas plus que les S.J. à l'enseignement, mais lorsque le cardinal de Bérulle et le R.P. de Condren les instituèrent dans notre pays, les études en France réclamaient un renouveau de la pédagogie.

Des trois « congrégations » (le mot n'est pas d'époque), c'est à l'Oratoire que revient le mérite d'accorder une large part à l'étude du passé — pas seulement biblique —, grec et romain, mais aussi français. Juilly, il est vrai, est enraciné dans notre histoire depuis les temps mérovingiens. Lorsque Charles est admis, le 11 août 1700, il est sûrement conduit à la fontaine miraculeuse dont les eaux ont jailli sous les pas de sainte Geneviève. Des augustins s'assemblent-ils dans un moutier dès cette époque ? Possible ? Point assuré. En revanche, l'édification de l'abbaye remonte de façon certaine à Philippe II Auguste en 1184. Elle est habitée par des chanoines réguliers de l'ordre augustin réformé selon la règle de l'école Saint-Victor de Paris. Bien que pourvus d'un canonicat, les « pertuis » (Rabelais) travaillent de leurs mains, et d'ordre de Blanche de Castille, enseignent les fils des croisés tombés lors des deux batailles de Mansourah. Seize abbés réguliers se succèdent, et l'un d'entre eux, Jacques de Saint-Médard, salue Jeanne d'Arc lorsqu'elle passe par Dammartin-en-Goële pour se rendre à Reims. Viennent les commandataires, le deuxième des neuf, Renaud de Beaune, prononce l'oraison funèbre de Marie Stuart et reçoit l'abjuration de Henri IV, pour le plus grand déplaisir de Sixte Quint. N'abusons pas trop de la mémoire de Charles d'autant qu'il n'est pas certain que ses maîtres aient chanté les louanges des moines, que le cardinal de Bérulle, négligeant ce jour-là de s'habiller en cavalier avec une toque verte à plumes blanches pour amuser la grosse Marie de Médicis, mais « lançant » M. Descartes, va tout entreprendre pour les mettre à la porte afin que de leur substituer les fils de saint Philippe. Ce sera, révérence parlée, une haine de curés entre le général de l'Oratoire, R.P. de Condren, et le dernier commandataire, R.P. Gassot. Le 13 août 1640, après une procédure à perdre son latin, les moines abandonnent leur cloître.

Lorsque Charles et son cadet Joseph entrent à Juilly, se sentent-ils écrasés par le poids de l'Histoire ?

Si les pères ont acquis la célébrité, leurs anciens élèves ont forcé les portes de la gloire. On montre toujours la fenêtre d'où le novice Jean de La Fontaine faisait descendre son chapeau lesté de petites graines pour remonter des oiseaux. Le procédé paraît tellement curieux que si le passage du Théodoricien demeure probable, son piège ne résiste pas à l'examen, à moins qu'il n'ait gâté son couvre-chef avec de la glu. En revanche, l'illustre R.P. de Malebranche, M. Massillon, les maréchaux de Villars et de Montesquiou ont été formés à Juilly, et le duc de Berwick, pas encore porteur du bâton lorsque Charles étudie au collège, a trouvé là des maîtres remarquables.

Les bâtiments sont composites : un donjon du XIIIᵉ siècle monte la garde en contrebas de l'étang où M. de Vaucanson essayera son premier automate, un canard battant des ailes et se sustentant. Le petit collège, avec ses arcades servant de préaux, apparaît assez riant, les salles de classes sont aérées, assez lumineuses (pour l'époque). Partout, des cartes, des globes, des tableaux scientifiques sollicitent la mémoire visuelle. Si le théâtre, en honneur déjà chez les jésuites, est encore à construire (il tombera sous la pioche, voici trente ans, au moment que sera creusée la piscine), la tradition des anciennes académies sportives de M. de Pluvinel, puis de M. de Benjamin, est à l'honneur. On monte à cheval, on tire aux armes, épée et pistolet, et l'on apprend à saluer et à danser. Si ces disciplines demeurent facultatives, et contraignent les parents à verser quelques écus supplémentaires, elles n'en sont pas moins conseillées. Une splendide allée de marronniers court tout au long du parc. Au XIXᵉ siècle, après la résurrection du collège par le P. Gratry, certains dortoirs comporteront jusqu'à cent vingt lits, mais il le semble : au temps de Charles, les élèves, encore que tous internes, ont été moins nombreux, et partant mieux logés. Le climat de la Brie, on compte neuf lieues de Meaux à Juilly, manque d'agrément : froid l'hiver, humide aux mi-saisons. Aussi, l'économe réclame-t-il un supplément pour le chauffage ainsi que pour le vin que l'on sert aux moyens et aux grands.

Au lieu de le pousser, il faut l'arrêter

Qu'ils aient ou non reçu les ordres majeurs, les maîtres sont appelés « mon père », mais lorsque l'un parle de l'autre, il dit « monsieur ». Les oratoriens se montrent fermes sans rudesse. 5 heures : lever. 5 heures un quart : messe, puis étude. 7 heures et demie : déjeuner et récréation. 8 heures et demie : cours changeant de sujet, ou de matière, toutes les trente minutes afin de relancer l'attention. 11 heures et demie : dîner, récréation. La demie passée de midi : étude. 1 heure de l'après-midi : cours jusqu'à 4 heures. Goûter, récréation. 6 heures : litanies, ou peut-être complies, et souper, récréation. 7 heures : conférence historique ou rédaction du courrier aux parents. 7 heures et demie : prière dans une chapelle (la grande avec pour rez-de-chaussée la salle des bustes — La Fontaine, Malebranche, et tous les illustres jusqu'au général de Sonis — n'est pas édifiée). 8 heures : extinction des feux.

« À l'armée on se lève tôt pour ne rien faire. » Ce n'est point le cas chez les oratoriens. Les pères se montrent très soucieux de former les jeunes esprits au latin, beaucoup plus qu'au grec, qui ne semble pas obligatoire. Les sciences bénéficient d'une attention assez considérable. Pourquoi ? Parce qu'il importe de concilier le savoir humain et la religion révélée, Galilée, Kepler, Newton, Descartes et les Évangiles. En un siècle, et le R.P. de Malebranche l'a bien vu, le monde est devenu bien plus vaste :

« La plus grande preuve de l'existence de Dieu, c'est le sentiment que nous avons de l'infini. »

À cet agrandissement colossal du système planétaire répond une histoire ne remontant point au-delà de la Grèce antique. La phrase de La Bruyère est toujours tenue pour vérité :

« Depuis sept mille ans qu'il y a des hommes et qui pensent tout est dit. »

Non, tout n'est pas dit, et l'auteur des *Caractères* jouait les modestes, sachant bien qu'il apportait du nouveau. En revanche, sur les sept mille ans, l'accord demeure établi. L'univers s'est multiplié, mais le socle de l'aventure humaine demeure fixe. Qu'à cela ne tienne, ces messieurs de la société de l'Oratoire, et notamment le P. Thomassin, considèrent l'Histoire comme un sujet essentiel et d'autant plus accessible qu'aux vieilles mnémotechnies se sont substitués des ouvrages issus de l'érudition bénédictine de Saint-Maur. Pour enseigner le passé, il importe de le faire vivre et c'est le secret pédagogique des pères. Leurs élèves se meuvent dans deux dimensions ; ce n'est plus de la géométrie plane mais de la géométrie dans l'espace. Le cartésianisme des éducateurs juil-laciens — on écrit alors juillistes — leur sera reproché par les tenants d'une scolastique dépassée. Charles, devenu célèbre, s'en scandalisera. Il n'a jamais rien trouvé de sulfureux dans le *Discours de la méthode*. Il s'initie à l'analyse. N'est-ce pas à l'oratorien Richard Simon que l'on doit l'*Histoire critique du Vieux Testament* (1677) ? Hélas, tout ce savoir dispensé le plus souvent en français, est obéré par une tendance au jansénisme. Du temps que Charles satisfait sa boulimie de lecture, le général de la société, R.P. La Tour, n'est pas loin d'épouser les thèses du P. Quesnel, lui-même oratorien. La bulle *Unigenitus*, condamnant les propositions tirées de l'*Augustinus* de l'évêque d'Ypres, va devenir loi de l'État.

Charles est-il troublé dans sa foi ? Dans les premières années de son séjour, non. Les pères n'étant, en outre, pas d'accord entre eux sur la part de prédestination et celle de libre arbitre, ils ne perturbent pas les croyances de leurs jeunes élèves. En revanche, il demeure possible que, parvenus en classes de philosophie, les deux frères aient, sinon participé, ô de loin ! à des discussions, du moins reçu quelques éléments d'une théorie frisant le schisme. Un fait demeure : Charles, moins par science théologique que par goût des libertés, n'admettra jamais la doctrine port-royalienne, alors que Joseph la fera sienne sans que pareille opposition crée le moindre nuage entre les deux frères.

Le 5 mars 1705, le frère Andrieux, économe, fait tenir ces lignes au père de ses pupilles :

> « Nos chers disciples sont en très bonne santé. M. de La Brède [Charles] se tient beaucoup plus droit qu'il ne le faisait autrefois ; il étudie avec une application la plus grande du monde. M. de Martillac [Joseph] est le plus joli enfant du monde. [...] Il y a espérance qu'il suivra son cher frère dans la facilité à apprendre qu'on lui montrera. »

Nouvelle missive (le 31 décembre 1709) :

> « J'écris toujours avec plaisir, lorsqu'il s'agit de parler de notre cher élève. S'il ne grandit pas beaucoup, il a une tenue et des manières qui le font aimer de tous ceux qui le voient. [...] Je ne vous dirai rien de ses études, sinon qu'il est allé à la réthorique comme il a fait dans les basses classes. »

13 décembre 1710 :

> « Le R.P. Supérieur doit vous écrire pour ses études. Tout le monde croit qu'il doit doubler sa réthorique n'ayant point le jugement assez formé pour la philosophie ; on croit même qu'il y aurait danger. Aimant l'étude autant qu'il le fait, il se raidirait contre une science qu'il ne comprendrait point ; ce

qui le mettrait hors d'état de rien faire le reste de ses jours : il n'est point de lui comme du reste des écoliers : au lieu de le pousser, il faut l'arrêter, il ne quitterait jamais les livres si on le laissait faire. »

Pareil texte suscite l'étonnement ; Charles serait-il immature ou bien aurait-il fait preuve de mauvais esprit ? La lettre publiée par Paul Lacroix, dit le bibliophile Jacob, auteur de *Mystificateurs mystifiés*, serait-elle une... mystification ? Oui, vous allez nous reprocher notre indulgence pour Charles. Seulement, voilà, les deux dernières épistoles sont datées respectivement de 1709 et de 1710, et le petit monsieur de La Brède a quitté le collège en 1705. Puisque vous nous permettez de nous amuser un brin, souffrez que nous vous le rappelions : les anciens de Juilly ne se coulent pas tous dans le même moule. M. de Villars déserta de temps en temps le chemin des dames. M. de Montesquieu tient en horreur l'uranisme. M. de Montesquiou et M. de Montesquieu n'auront en commun que la production d'armagnac. Et si l'on continue de contempler nos grands hommes dans la salle des bustes située sous la chapelle, l'on trouve bien l'un après l'autre le duc de Berwick et M. de Montesquieu dont chacun sait qu'ils furent amis intimes, mais après l'enfant de La Brède, tout de suite après l'on rencontre le vicomte de Bonald, beau royaliste, superbe philosophe, mais, entre nous, un peu trop théocrate pour voisiner avec l'auteur de l'*Esprit des lois*. Mᵉ Berryer, lui, s'inscrit mieux dans la ligne montesquienne, et, avec lui, le général de Sonis.

Redevenons plus graves. Charles se montre bon élève, mais est-il heureux ? Oui, dans son travail, oui, dans les longues heures passées dans la précieuse bibliothèque. Non, dans ses rapports avec ses camarades. Il dénoncera leurs « cafardages » encouragés par les bons pères, soucieux de tout savoir. Il sera l'un des premiers, bien avant nos psychologues contemporains, à saisir dans leur ampleur les cruautés enfantines. Qu'elles s'atténuent avec la puberté ne retire rien à la marque indélébile fichée dans le cœur des enfants entre onze et treize ans. N'allons point dramatiser. Certes, Charles n'a guère apprécié les interrogations mystiques, et souvent plus indiscrètes, posées par les oratoriens, et leur technique bien connue de s'arrêter net pour amener les jeunes gens à répondre ou bien à se tenir cois. Ces silences ont été plus contraignants que les conversations. Reste que Charles est très bien armé par le meilleur collège du royaume (avec Louis-le-Grand, S.J.), et s'il ne se dirige pas tout de suite vers l'Histoire, c'est qu'il lui reste à passer ses examens.

2

LE CHOIX DE THÉMIS

Il offre une collation à ses camarades et reprend la route de Bordeaux, le 14 septembre 1705. Il n'avait vu La Brède qu'avec ses yeux d'enfant et pour de brefs séjours. Même si, comme ses contemporains, il prise médiocrement le gothique, il s'attache au château. Au demeurant, la demeure seigneuriale apparaît d'un style composite. Au fil des âges, les amphitryons du lieu n'ont cessé de l'agrandir sans souci de l'unité d'origine. La beauté un rien sévère de la bâtisse tient au mélange de fantaisie et d'austérité. Bien sûr, et les douves aux eaux « couleur café » (Stendhal) le prouvent, les premiers architectes, ou plutôt tailleurs de pierre, ont créé moins une résidence qu'une forteresse, mais une forteresse de gentillâtres. Tout château digne de ce nom comporte un donjon et, pour aller plus loin, un donjon crénelé. Eh bien, rassurez-vous, la tour centrale de La Brède présente même des mâchicoulis, et les quatre autres ne sont pas plus mal loties, pardon, équipées. La plus troublante, parce que la plus ancienne, se situe en contrebas et défend l'accès, veillant sur le pont-levis depuis longtemps baissé. Au fur et à mesure que les dangers se sont faits moins pressants, les fenêtres se sont élargies, mais il en reste de toutes petites à meneaux. La façade orientale offre un aspect sévère, l'occidentale, avec sa terrasse et ses lierres grimpants, paraît plus souriante. Nous avons parlé de douves, il serait plus juste d'évoquer une pièce d'eau, sans doute devenue telle après les guerres féodales.

Les vacances, les vendanges, formes suprêmes de congés, se déroulent au château, dans les vignes, au pressoir. La Brède se situe sur la deuxième côte de Grave, et le vin nourrit la famille comme celle de bien des éleveurs — le mot n'est pas encore inventé — qu'elle soit d'épée, de robe, ou de bourgeoisie — de bourgeoisie, c'est-à-dire ne tenant pas boutique et ne travaillant pas de ses mains. On peut ainsi mesurer l'ambiguïté de la société d'ordres. La viticulture, le commerce de mer n'impliquent point la dérogeance ; or, il s'agit pourtant d'acheter et de vendre par soi-même ou par intermédiaires. Les catégories que nous nommerions de nos jours « sociales » apparaissent assez mouvantes ; exemples : la haute magistrature ne confère la noblesse que depuis un siècle, le notariat non royal est roturier « ignoble » au Nord, pas au Sud. Les intendants, les trésoriers de finances blasonnent souvent sans règlement d'armoiries, les mêmes sont parfois d'ancienne extrace. Bref, l'Aquitaine, province à la fois viticole et côtière, répond à des critères différents de ceux d'autres contrées, les autres connaissent d'autres particularismes.

Bordeaux

Si l'on en croit certains auteurs, Bordeaux aurait été sous haute surveillance du temps que Charles-Louis grandissait non loin de la métropole aquitaine. Soyons sérieux. S'il est vrai que Charles VII la bastilla du Château-Trompette, s'il est non moins vrai qu'elle fut, avec Paris, la ville la plus frondeuse, tout cela, c'est du passé. Plus importants nous paraissent les trois siècles plus une année — 1153-1454 — de présence anglaise. N'allez pas nous faire dire que la ville a conservé la nostalgie des Godons. (Goddam ! Dieu me damne !) Non, ce n'est point cela, mais l'on ressent l'impression que la Tamise coule dans la Garonne. Bordeaux ne se situe pas au sud, pas même au midi moins le quart. Guyenne et Gascogne ? Non, on gasconne en Gascogne, on ne guyenne pas en Guyenne. L'accent bordelais, un rien occitan, est tempéré par une manière de retenue. Dans la ville du Château-Trompette, l'on n'embouche point celles de la renommée. Bien sûr, ne sévit pas encore la pensée unique, et tous les Aquitains ne partagent point les mêmes opinions, mais ils les émettent avec une semblable réserve. Somme toute, les *Gonzes* sont fidèles au roi de France, mais ne serait-ce que pour vendre leurs vins, ils anglicisent toujours un peu. Comme M. de Montesquieu va définir la théorie des climats, il nous semble opportun de vous en toucher un mot. Le ciel, rarement bleu, rarement noir, donne dans l'opale. La Gironde n'est ni fleuve ni mer ; estuaire, c'est un point de rencontre entre l'eau vive et l'océan. D'où, cela coule de source, une campagne pélagienne. On évoque souvent la modération des Bordelais et de leurs entours. C'est plus un style qu'un caractère ; du captal de Buch aux conventionnels girondins l'on verra défiler des opiniâtres, même des malgracieux. Selon la thèse d'André Siegfried, les contrées granitiques penchent pour le conservatisme, les crayonneuses et sablonneuses pour le libéralisme. L'ennui des étiquettes : elles collent. Si la Bourgogne, et peut-être le Saumurois obéissent à la règle de Siegfried, le Bordelais fait exception, la sagesse aquitaine tient aux modes d'expression, point à des pensées au demeurant contradictoires.

Autre constatation : Bordeaux apparaît comme un port de mer, situé dans les terres. Ainsi, l'appel du grand large est compensé par l'attachement à la glèbe. Si Charles-Louis nous entretient de sa jeunesse, si ses maîtres nous renseignent sur son adolescence, lui demeure secret quant à ses enfances. Fils d'un officier supérieur de chevau-légers, a-t-il songé à ceindre le sabre ? Voyant sans cesse de grands navires embossés dans le port, a-t-il, en pensée, revêtu l'habit rouge du grand corps ? Quand a-t-il su que, grâce à son oncle, il serait herminé ? Il nous faut confesser notre ignorance.

Quelque chose comme un stage

Charles-Louis réside en l'hôtel, sis rue Margaux, de son oncle Jean-Baptiste de Secondat, baron de Montesquieu, président à mortier. Or, s'il veut, et on n'a point sollicité son avis, enfin, s'il accepte d'hériter la charge, le titre et le nom, encore lui faut-il les mériter. La vénalité remonte à François Ier et, pour certaines judicatures, à Louis XII. Aux états généraux de 1614, la noblesse a tenté de faire abolir le système, mais le tiers, représenté par la haute robe, a tenu ferme malgré les efforts de l'évêque de Luçon, futur cardinal de Richelieu. Depuis lors, on l'a dit, les chats fourrés se sont tressé des couronnes, ou du moins des heaumes ou des tortils, mais n'allons point, c'est le cas de l'écrire, mener contre eux un procès d'intention. Qu'ils se montrent parfois indociles et tâtent d'exils pas bien méchants à Libourne, à Condom, à La Réole, c'est vrai, mais on ne saurait contester leur désir de ne compter, enfin de ne faire agréer que des hommes aptes à rendre la justice. Sur les douze parlements de France — nous excluons les conseils souverains des provinces entrées plus tardivement dans la communauté — Bordeaux occupe la cinquième place dans l'ordre de création après Paris, Toulouse, Besançon et Grenoble. Or, on ne sait trop pourquoi des écoles de lois, viviers des cours, sont infiniment plus prestigieuses : Paris, d'évidence, mais aussi des facultés plus récentes telles Rouen ou bien Aix-en-Provence. L'infériorité serait-elle due à l'influence des jurats ? Il ne le semble pas ; la même organisation municipale, dotée de pouvoirs judiciaires dans l'ordre commercial, existe de même à Rouen. Alors ? Il semble que l'école des lois de la rue de la Porte-Basse souffre de deux maux : a) sa vétusté, b) le fait qu'il faut aux élèves une capacité d'assimilation hors du commun, puisqu'ils doivent apprendre le droit canonique (normal), le droit romain (pourquoi pas ?) mais aussi le droit coutumier. Est-ce tout ? Vous plaisantez ! Il faut encore débattre de procès fictifs tant en français qu'en latin. De quoi y perdre le sien (de latin). Pauvre Charles, il est reçu bachelier le 29 juillet 1708, licencié le 12 août, avocat le 14. Il atteint dix-neuf ans et ne saurait obtenir une dispense pour être admis comme conseiller. Aussi peu vraisemblable que cela puisse paraître, nous ignorons à ce jour ce que furent les thèmes des diplômes, de la licence, de la soutenance de « maîtrise » du jeune homme. L'école des lois était-elle si mal tenue ou convient-il de mettre en cause des destructions d'archives lors des proconsulats de Tallien, puis de Julien de la Drôme, sous la Terreur ? Quoi qu'il en soit, Charles ne jugera point utile de nous renseigner à moins que ne figurent quelques allusions dans la partie de la correspondance en voie de publication.

Le président Jean-Baptiste éprouve-t-il quelques difficultés à faire admettre à son frère Jacques qu'il importe d'envoyer Charles à Paris afin que d'y parfaire sa formation ? Deux oratoriens, le frère Andrieu, professeur à Juilly, le R.P. Morand, résidant dans la capitale, trouvent au jeune avocat « quelque chose comme » un stage auprès d'un maître du barreau et/ou l'assistanat d'une robe longue. Une certitude : Charles se présente au R.P. Desmollet, conservateur de la bibliothèque de l'Oratoire, rue Saint-Honoré.

Bordeaux-Paris

146 lieues (543 kilomètres) séparent Bordeaux de Paris. Lors de ses premiers voyages, Charles-Louis de Secondat a, selon nous, mis quelque vingt-deux à vingt-cinq jours pour gagner la capitale. Plus tard, la durée sera réduite à quatorze jours. Merci, monsieur Trudaine, merci, Louis XV. Pourquoi faut-il prendre tant de temps à voir défiler le paysage ? La seule circulation rapide s'effectue par les voies d'eau. Or, il n'en est qu'une par la Garonne, puis la traversée de la Gironde de Bordeaux à Blaye. Après quoi, le coche emprunté par le garçonnet, puis la chaise du jeune seigneur cahotent sur la grand-route bien pavée, mais rude tant que les véhicules ne sont pas dotés de la suspension en berceau. Après Blaye, comptez deux jours pour atteindre La Rollerie, bourg sans autre intérêt qu'un bon gîte d'étape. Trois jours encore et voici Lusignan, fief des La Rochefoucauld où (par temps clair et un peu d'imagination) on peut voir les cheveux de la fée Mélusine couler le long de la grand-tour à la ville presque anonyme, encore trois jours et l'on va dormir à Saint-Laurent. À dix lieues de ce bourg, la route royale franchit le pont Saint-Marceau et l'on pénètre dans Orléans, où n'a repris qu'en 1601 l'édification de la cathédrale Sainte-Croix. Un vif plaisir est ressenti par M. de La Brède. Il déteste le gothique, et si le chevet date de Philippe le Bel, les ennuis des Templiers et des francs-maçons protégés des chevaliers-banquiers avaient amené la dispersion de ce joyeux monde. Donc, c'est du gothique sans l'être tout en l'étant, et moins il s'en trouve, plus le voyageur est satisfait. Comme dit le vulgaire : « Chacun ses goûts. » Bientôt Ange Jacques Gabriel achèvera de dix-huitiémiser Sainte-Croix.

Si la circulation devient moins « fluide », c'est que se réunissent à la sortie de la ville de Mgr le Régent la route royale de Bordeaux et celle de Toulouse, *via* La Ferté-Lowendal (Lowendal pas encore, mais ça viendra). Ce chemin-là, c'est aussi celui de Compostelle. Ne vous étonnez donc pas si, passés Thoury et Arpajon, le coche, plus tard la chaise entrent dans Paris par la rue Saint-Jacques.

Charles-Louis, après ses années juillaciennes, ne cessera d'aller de Bordeaux à Paris et de Paris à Bordeaux. Que le comté de Dammartin soit peu riant, nous en convenons, mais la splendeur du collège compensera, nous l'allons constater, la longueur de l'hiver et la grisaille des demi-saisons. On voudra bien, en revanche, se mettre en esprit que le futur créateur de la théorie des climats n'en connaîtra que de souriants. Le ciel opale de l'Aquitaine, bleu clair de la Saintonge sur lequel ne se découpent pas d'églises gothiques puisque c'est le paradis de l'art roman. Vient ensuite la Touraine, balançant la douceur angevine sans avoir trouvé son Joachim du Bellay. Cette province s'honore d'entendre parler le français le plus pur, n'en déplaise à Boileau exaltant Malherbe et le parler normand. Enfin, de la Loire à la Seine, si la contrée apparaît moins gaie, elle présente le mérite de la fertilité. Non, n'allez pas prétendre que nous transformons en jardin d'Éden le royaume de Louis XIV, puis de Louis XV. Nous nous bornons à signaler que ce qu'en voit Charles-Louis mérite bien la vieille appellation de doulce France.

Pour employer un mot devenu vague à force d'être employé, « l'environnement », même dans son itinérance, se révèle favorable à Charles-Louis.

Certes, l'on rencontre des pessimistes, des misanthropes, des atrabilaires sous toutes les latitudes, mais, l'on en conviendra, les optimistes, les esprits portés au sourire, voire au rire, se rencontrent plus fréquemment dans les pays tempérés que dans les neiges ou sous un soleil de plomb.

La transition, comme l'on dit sur les antennes, nous est donnée : nous venons d'évoquer le soleil et nous allons parler d'une étoile.

C'est à l'hiver le plus froid du siècle, 1709, que Charles « est monté » à Paris. Le maréchal de Villars vient d'essuyer la glorieuse et utile défaite de Malplaquet (11 septembre), contraignant le duc de Marlborough à resserrer son dispositif. La France demeure menacée. Denain n'interviendra que le 12 juillet 1712. Sans doute à *Boordeaux* ne s'occupait-on que des opérations en Espagne où MM. de Berwick, d'Orléans avaient déjà redressé la situation

(Almanza, 1707), et où M. le duc de Vendôme mettra le point final aux ambitions habsbourgeoises à Villaviciosa (le 10 décembre 1710). Soit, mais à lire la correspondance du temps, on s'en rend compte : nous n'avons jamais craint une invasion par le sud où nos grands capitaines ont conservé l'initiative. En revanche, au nord, nous n'avons rien connu de tel depuis Corbie en 1636 et la mort de M. de Turenne (Sasbach, 27 juillet 1675) dont le futur président de Montesquieu parlera dans son œuvre ultime, *Éloge du maréchal de Berwick*. C'est assez souligner de sa part les sentiments obsidionaux ressentis en parvenant sur les bords de la Seine. Le jeune gentilhomme ne peut que saisir dans son ampleur la tragédie nationale dont il ne connaîtra l'heureux dénouement qu'à la fin de son séjour (Utrecht, 11 avril 1713 – Rastatt, 7 décembre 1714).

Avait-il entrevu la grand-ville lorsque, neuf années auparavant, il avait été conduit au collège ? Pas sûr, en tout cas, on ne ressent pas les mêmes impressions à dix ans qu'à dix-neuf et, à cette époque, la menace ne pesait pas sur le royaume. Si studieux qu'apparaisse Charles, et nous l'allons montrer tout à l'heure, il ne peut se dispenser de visiter Paris. S'agit-il encore d'une capitale ? Oui, car de nombreux services, et les académies et la cour de Parlement y demeurent implantés. Non, car le Roi, en ses Conseils, travaille le plus souvent à Versailles et ne la quitte que pour Marly, Compiègne, Fontainebleau. Certes, Louis XIV a longtemps embelli la grand-ville. N'a-t-il pas multiplié par quatre la cour carrée du Louvre, achevé le Val-de-Grâce, construit l'hôtel des Invalides, élevé les façades de la place Vendôme, construit celle des Victoires, jeté de nouveaux ponts, hérissé le centre et les faubourgs de cent églises, et chacun connaît l'adage germanique : « Un clocher est un doigt qui nous montre le ciel. » C'est vrai, mais, encore que les caissons de la Grand-Chambre du palais soient étoilés, le firmament se voit mieux de Versailles que de Paris. Vrai dans l'ordre politique, l'assertion se vérifie-t-elle dans l'ordre littéraire ? Le roi du classicisme survit aux classiques. Certains hommes de lettres, si l'on nous pardonne la familiarité de l'expression, pensent derrière son dos. Les écrivains ne s'alignent plus comme les bosquets à la française du parc solaire. La faute en est à la génération de 1660. Elle a disparu, et avec elle l'ordre et la symétrie. Est-ce à prétendre que les hautes illustrations du règne

39

étaient coulées dans le même moule ? Non, mais par un fabuleux concours de circonstances, Louis le Grand avait épousé son siècle, et le siècle avait épousé Louis le Grand. Il n'en allait plus de la sorte parce qu'à la fête avait succédé la cérémonie, et que certains prisaient peu d'entendre la duchesse de Bourgogne, bientôt Dauphine, nommer « ma tante » l'épouse morganatique du Soleil, et s'en souvenaient : la dame, avant d'avoir fait lit commun avec Ninon de Lenclos, était née en prison. Bref, il s'agissait de Françoise d'Aubigné, veuve Scarron, et désormais marquise de Maintenon. La monarchie était apparue longtemps comme le temple de la France avec Louis XIV pour grand prêtre ; le Roi demeurait admirable, mais la grande prêtresse ne peut se jucher à sa hauteur. Dans le milieu fréquenté par Charles, les considérations politiques revêtiraient moins d'importance que les problèmes religieux s'il existait une démarcation. Certes, il en est une lorsqu'il s'agit de s'opposer aux empiétements temporels du Saint-Siège, d'où l'élaboration patiente, prudente, mesurée des libertés de l'Église gallicane définies par Bossuet. Il n'en va point de même quant au dogme. Depuis la révocation de l'édit de Nantes et de la grâce d'Alais, Louis XIV s'appuie sur le principe *Cujus regio, ejus religio*, soit, mais encore faut-il que la religion soit la même. Or, il ne suffit pas d'avoir extirpé le calvinisme ; le jansénisme, dès avant la propagation des hérésies du théocrate de Genève, est venu troubler les consciences. Une interprétation fallacieuse de saint Augustin a conduit Jansen, évêque d'Ypres, et après lui tous les port-royaliens, à soutenir, Pascal en tête, la doctrine de la prédestination. Un oratorien, le R.P. Quesnel, en a tiré, dans ses *Réflexions morales sur le Nouveau Testament*, cent une propositions condamnées par Clément XI fulminant la bulle *Unigenitus* le 8 septembre 1713. Louis XIV brise sa canne de colère parce que le procureur général d'Aguesseau se refuse à donner à la bulle valeur de loi de l'État. Ainsi, le Roi-Soleil trépassera sans avoir vu rétablir le dogme... cela viendra, mais point sans déchirure.

40

Un mystérieux gentilhomme

Emmanuel Berl, servi par une absence d'opinions très arrêtées, se montrera de ce fait souvent lucide. Il écrit quelque part : « Le meilleur moyen de bénéficier d'une bonne biographie, c'est de commencer par l'écrire soi-même. » Comme il est aisé, il est vrai, de retracer la vie de M. le duc de Saint-Simon ou celle de Jean-Jacques. Pour le vicomte de Chateaubriand, la tâche apparaît plus malaisée car les *Mémoires d'outre-tombe* ne sont pas le récit de l'éducation du Malouin mais l'évocation d'un palais onirique. Avec Stendhal, l'un des plus chauds admirateurs de Charles de Secondat, le jeu devient d'autant plus passionnant que l'auteur de *la Chartreuse de Parme* passe du faux au vrai et nous donne ainsi l'occasion d'une enquête quasi policière. Rien de tout cela chez notre héros, comme l'on écrira dans un siècle. Il est trop occupé pour nous entretenir de sa jeunesse. C'est entendu, il est entouré d'ecclésiastiques et doit, plus ou moins, apprendre à manier les balances de Thémis chez un Grippeminaud de luxe, mais tout de même, Paris est grand, les rues n'y voient point passer que des béguines. À supposer que Charles ne pénètre pas encore dans les salons — encore rares — il doit bien aller de temps en temps dans un estaminet. Devient-il un grand garçon avec la servante d'un curé, ou dans les bras d'une barboteuse des rues ? Bref, est-ce pour la couleur de ses yeux gris-vert ou pour une poignée d'écus qu'il dépouille la toge prétexte ? Ce n'est point parce qu'il va porter la robe qu'il n'en a point chiffonné quelques-unes. Dans son ouvrage « incontournable » M. Jean Starobinski commence en ces termes : « La gloire de Montesquieu s'est trop vite figée dans le marbre des bustes et le métal des médailles, substances polies, dures, incorruptibles. » Oui, bien sûr, mais ce n'est point parce que l'on deviendra de marbre que l'on est en bois. Tant pis, à défaut d'informations, voire de cancans, redevenons austères. Rassurez-vous, cela ne durera point, enfin pas trop longtemps.

Charles se donne une collection *Juris*, analyse du *Digeste*, du *Codex*. Comme la diversité du droit français mérite analyse, il mémorise et commente la *Coutume de Bretagne* et, en particulier, le rôle des juridictions ecclésiastiques dont, dans certains cas, relèvent les gens du premier ordre. Il s'agit d'un travail

41

immense, dénotant une volonté farouche de s'instruire dans le but évident déjà de faire partager son savoir. Il fréquente le palais, écoute le procureur général Guillaume François Joly de Fleury, note avec soin les réquisitions d'un autre procureur général, Guillaume de Lamoignon de Blancmesnil, futur chancelier de France. Il rode son extraordinaire technique ; elle consiste à s'informer d'une cause, à écouter les parties, à discuter avec plus savant que lui les arrêts, puis, par un exercice de simulation, à prendre place mentalement d'un côté, puis de l'autre de la barre, avant de réexaminer l'ensemble quitte à se battre contre lui-même par un dédoublement de sa personnalité. Dans le mauvais français utilisé de nos jours où l'on assimile l'esprit et les casseroles, cela se nomme une analyse récurrente… Simple ? Bigre non ! Horriblement compliqué si l'on veut bien s'en souvenir : ceci se passe quelque trente années avant que Louis XV et le chancelier d'Aguesseau ne rendent les grandes ordonnances dont certaines subsistent à l'heure que nous écrivons.

Le domaine vous semble aride. Alors, changeons de registre. Charles est présenté, et avec quel bonheur, à M. de Fontenelle. L'illustre vulgarisateur des *Entretiens sur la pluralité des mondes* n'a pas toujours été centenaire. Il est en train de concilier Malebranche, Newton et Leibniz, et pour demeurer mondain, ce neveu des frères Corneille n'en a pas moins atteint les hauteurs d'un savoir très étendu. Autre rencontre, celle d'un Chinois, Arcadio Hoange, bon catholique, interprète à la Bibliothèque du Roi, il donnera de si précieux renseignements à Charles sur l'Empire céleste que l'on éprouvera l'impression, ô fugitive, qu'Usbek et Rica, et quelques autres Persans auront les yeux bridés…

Charles, s'il fait preuve de l'inlassable curiosité dont il ne se départira jamais, vit dans une société reflet de son siècle. Si les querelles religieuses sont vidées à la plume et non plus à l'épée, chacun, des docteurs en théologie aux crocheteurs du port aux foins, demeure soucieux d'assurer son salut. Alors que Charles, déjà capable de se mouvoir à travers les temps et les lieux, s'interroge : les païens sont-ils damnés ? Est-ce leur faute s'ils n'ont pas bénéficié de la Révélation ? Encore que le texte soit perdu, il demeure aisé de reconstituer la thèse ; Dieu ne peut tenir rigueur à ceux des hommes auxquels Il ne s'est point manifesté. Si l'on osait se substituer à M. de Secondat, on pourrait l'affirmer : le Très-Haut ne peut s'en prendre qu'à Lui-même.

Pardonnez-nous notre audace, mais, sachant la vénération portée par le jeune gentilhomme aux stoïciens découverts à travers la vie et l'œuvre de Cicéron, nous sommes conduits à penser qu'il s'oriente vers ce que l'on nommera dans deux siècles et demi l'helléno-christianisme. D'évidence, la réponse était implicite depuis la *Somme*, mais ni les oratoriens ni les jésuites ne cultivaient alors saint Thomas d'Aquin. Alors objecterez-vous : et le judéo-christianisme ? L'assemblage des deux mots ne présente pas la même acception que depuis les années 1960, entendez l'héritage commun de deux des trois religions monothéistes (la troisième étant le mahométanisme). Le judéo-christianisme remonte aux Ier et IIe siècles. Il impliquait alors la nécessité pour les gentils d'embrasser le mosaïsme avant de passer à la vraie foi. La théorie, très concevable pour la Grèce, le Proche-Orient, le sud des Gaules et le Latium, n'avait pu subsister après la conversion de Constantin (édit de Milan, 313). L'important dans la préoccupation de Charles de Secondat réside non seulement dans son aptitude déjà signalée à se mouvoir avec aisance dans l'espace et le temps, mais encore dans sa soif d'équité, et cela d'autant plus que, pour se montrer bon catholique, il n'est prédisposé ni par l'âge ni par le tempérament aux anxiétés tenant aux fins de l'homme.

3

« IL A DE JOLIS YEUX POUR DES YEUX
DE PROVINCE. »

Jean-Baptiste Gresset.

Charles, à la nouvelle de la disparition de son père, rentre en Aquitaine. Jacques de Secondat s'en était allé comme il atteignait cinquante-huit ans, le 15 novembre 1713. Quand le nouveau baron de La Brède y parvint, l'auteur de ses jours attendait la Résurrection dans l'église paroissiale du bourg. Il avait confié par testament à son aîné la tutelle de son cadet, le soin de veiller sur ses deux sœurs, la charge de

> « soigner et aimer les pauvres de notre terre de La Brède, et quand il se mariera de tâcher de trouver sa femme de ce côté-là et de la rendre s'il peut imitatrice de sa mère [...] très chrétienne personne et très digne ».

On connaissait son savoir-vivre et son savoir-mourir en ce temps-là.

D'évidence, Jacques de Secondat avait voulu façonner un chef-d'œuvre de fils, un chef-d'œuvre à l'échelle de la société bordelaise, cela s'entend. À la réflexion, peut-être plus, sinon pourquoi cet onéreux séjour de près de quatre ans à Paris ? Le bon seigneur avait-il pressenti que Charles donnerait à son nom, ou plutôt à celui du président Jean-Baptiste, un passeport pour l'immortalité ? Bien sûr que non. Eût-il conversé plus souvent avec le magistrat en herbe qu'il n'aurait rien vu d'autre en lui qu'un maillon de la chaîne, peut-être un peu plus finement doré que les autres. Affirmation gratuite ? Pourquoi ? Charles lui-même nourrit-il une autre ambition que de mériter la considération de ses futurs pairs ? Hors quelques exceptions, tels feu Jean Racine et le prince-archevêque de Cambrai, dont un accident de carrosse va nous priver cette année 1714, « l'homme de lettres » n'est pas encore sur le devant de la scène. François VI de La Rochefoucauld, Mme de La Fayette n'ont pas signé leurs œuvres. Que, depuis la querelle des Anciens et des Modernes, quelques écrivains aient le parler haut ne retire rien à l'affaire. Charles a-t-il pris la résolution de mettre

« sur le casque doré du gentilhomme une plume de fer qui n'est pas sans beauté » (Vigny) ?

Rien n'est moins sûr. Et puis écrire ? Écrire quoi ? Des poèmes ? À temps perdu. À propos des sciences ? Soit, mais en amateur. S'instaurer publiciste, cela réclame une très longue expérience. Pour l'instant, il faut régler la succession et s'établir. Jacques de Secondat est salué :

« Mon père avait une figure noble et charmante, beaucoup d'esprit et de sens. »

Pour l'heure, Charles achète en remplacement de M. Pierre de Bordes, décédé, une charge de conseiller : prix vingt-quatre mille livres, la première moitié versée dès l'obtention des lettres royales, la seconde en six ans à l'intérêt du denier vingt, soit 5 pour cent. Le 21 mars, il prête serment. Toute sa vie, il restera attaché fondamentalement à la vénalité et prouvera que dans les nations où elle n'existe pas, la justice, aux mains de gens de peu, est mal rendue. « Chacun voit midi devant sa porte », mais il en est d'autres que celle de Charles de Secondat devant lesquelles il importerait de balayer. Si le prix des charges demeure coquet, les gages ne permettent pas de mener grand train : sept cent cinquante livres pour un président de chambre, trois cent soixante-quinze pour un conseiller. Certes, les hermines se nourrissent d'épices, mais il n'est point assuré que le baron de La Brède mange de ce pain-là. Du pain, si l'on en veut du blanc, il faut savoir vendre son vin, et les parlementaires de Bordeaux, qu'ils soient seigneurs ou sieurs — néo-féodaux, ou simples propriétaires —, tirent leurs revenus du jus de la treille. Des trois grands crus français, l'un, le champagne, appartient aux moines depuis que dom Pérignon le fait pétiller. Les deux autres, le bourgogne et le bordeaux, sont contrôlés, en majeure partie, par les magistrats de Dijon et d'Aquitaine. Eh bien, et le muscadet, le gros-plant, les gouleyantes boissons de Loire, les Châteauneuf-du-Pape ? Ils sont appréciés sur place ou dans les provinces voisines, mais les trois premiers cités font l'objet d'un commerce international, surtout avec nos voisins d'outre-Manche. Les pertinentes analyses du négoce mondial auxquelles se livrera Charles participeront pour partie de son expérience viticole. À cet égard, il confondra les intérêts particuliers et l'intérêt général. Bien sûr, il ne confondra rien du tout, mais fera semblant. Il protestera lorsque l'intendant Charles Boucher, puis son successeur, l'éblouissant marquis de Tourny, créateur de la nouvelle ville, s'opposeront à l'extension des vignobles. De nos jours, l'État ne sait pas ce qu'il veut ; tantôt il prime la plantation, tantôt il récompense l'arrachage, puis reprime si la terre est achetée par un étranger. Sous Louis XIV, il n'en va point de même, surtout au sortir d'une guerre éprouvante telle que la Succession d'Espagne. Comme la demande anglaise se révèle considérable, les éleveurs entendent la satisfaire. Soit, mais l'état des routes ne permet pas, ou peu, le transport du cheptel, de froment et de méteil d'une province vers une autre. Ainsi, la polyculture expose-t-elle la région borde-laise à la disette ; même si le vin passe pour un aliment, il ne saurait les remplacer tous. À la vérité, M. le conseiller de La Brède ressemble — en mieux — à la plupart de ses contemporains, il aime le Roi, mais de loin, et considère que la « police » revient aux parlementaires et non aux intendants, pas même l'admirable marquis de Tourny.

M. le Conseiller, s'il a de jolis yeux pour des yeux de province, s'intéresse au regard des autres et ne laisse pas les dames et les demoiselles indifférentes.

Gai, marions-nous

M. le Conseiller mène-t-il une existence galante ? On l'a prétendu, mais sans preuves. Au vrai, il ne s'est pas fait admettre dans la confrérie des chats fourrés pour rien. Tout au long de sa vie, il va poser ses pattes avec prudence et circonspection. Il déteste le tapage. Par lâcheté ? Non, par goût. Que les Bordelais apparaissent un peu comme Nordiques du Midi moins le quart ne prête point à discussion, mais le futur auteur de la théorie des climats n'est pas un Aquitain comme un autre. Son séjour à Juilly, ses études juridiques et scientifiques à Paris lui confèrent une maturité qu'on lira bientôt sur ses traits. Vieux avant l'âge ? Non. Plus simplement, il se conduit en homme rassis, mais ne perd rien, à part soi, d'un enthousiasme juvénile. Il aime la vie et la sait assez précieuse pour la goûter avec modération. Il va, pourtant, lui, le félin, aventurer une patte, puis la retirer prestement. En février 1715, il demande la main de Mlle Germaine Denis. Elle est la fille cadette d'un jurat surnommé Piedcourt et exerçant la profession de négociant, négociant en quoi ? Probablement en vin, mais nous n'en possédons point la certitude. Piedcourt, si le sobriquet n'est pas héréditaire, il laisserait supposer soit une claudication — court étant au singulier —, soit l'existence d'un frère ou d'un cousin dit Piedlong et, semble-t-il, plus riche. Un jurat, parfois nommé, souvent élu, dépend du maire perpétuel ou temporaire. Il s'agit donc d'un notable aisé puisqu'il dote Germaine de soixante-quinze mille livres. Le contrat est passé devant notaire lorsque le prétendant se retire

« sur les bruits de la ville, rapportera M. de Savignac, qui étaient que cette demoiselle ne lui convenait pas attendu son peu de naissance ».

M. le Conseiller a mis longtemps à s'apercevoir que Mlle Denis, probablement fille d'un officier municipal, appartient peut-être à la bourgeoisie, mais plus probablement à « la boutique ».

Il n'est pas joli, joli, monsieur le Conseiller, de demander une main, de s'en saisir, puis de remettre la vôtre dans votre poche. Évidemment, vous n'y êtes pour rien. Vous avez trouvé

Mlle Germaine mignonne et sa dot confortable. Vous avez compté sans votre oncle et le président vous l'a signifié : son mortier vous passerait sous le nez si vous épousiez une roturière. Nous l'entendons évoquer l'adage : « Une mésalliance, c'est trois mois de lune de miel et trente ans de bout de table. »

Comment Charles a-t-il connu Mlle Jeanne de Lartigues ? Sans doute, dans le domaine de Rochemorin, près de La Brède et propriété des parents de la jeune fille. M. Pierre de Lartigues avait servi brillamment. Il était lieutenant-colonel à Maulévrier-Infanterie, régiment fondé par un frère de M. Colbert, lorsque, blessé lors du siège de Namur, il fut mis en réforme. Comme chacun le sait, un lieutenant-colonel n'est pas propriétaire de l'unité. Elle appartient à son chef. S'il avait embrassé le calvinisme, il cachait bien son jeu ; il fut anobli en 1704, donc dix-neuf ans après la révocation de l'édit de Nantes et allait être confirmé par de nouvelles lettres patentes, en 1716, par le Régent dont on sait qu'il ne plaisantait point avec les hérétiques. Si le parchemin est mince, le sac pèse plus lourd : terres en Agenais, hôtel à Bordeaux impasse de la Rue-Neuve, cent mille livres de dot. Contrat le 22 mars, mariage le 30 avril 1715 en l'église Saint-Michel. On ne sait combien on a brûlé de cierges, mais il est assuré qu'après la célébration, on n'a point mis les petits plats dans les grands. La nouvelle conseillère apparaît comme

« une jeune fille candide [vierge] et bonne, pas jolie, et boitant un peu ».

Qu'elle cloque peut lui conférer du charme ; souvenons-nous de la duchesse de La Vallière, la « pas jolie », en un siècle policé, nous inquiète plus. Appelons les choses par leur nom : Mme de La Brède est laide. Serait-elle bien faite ? On nous l'aurait précisé. Le conseiller pense sans doute à quelqu'un d'autre et ferme les yeux pour accomplir son devoir conjugal. C'est vite dit. L'entente physique ne se révèle pas forcément tributaire de la beauté. Charles, dans son œuvre, s'introduira dans assez d'alcôves pour que nous nous soyons permis d'entrouvrir la sienne. Le 10 février 1716, Mme la Baronne donne le jour à Jean-Baptiste. Pourquoi ce prénom ? mais parce que c'est celui de l'oncle Montesquieu. Le président à mortier trépasse le 24 avril. Il est inhumé dans l'église des Carmes. L'ouverture du testament ne présente aucune surprise : à charge de payer et acquitter quelques dons et legs, Charles-Louis de Secondat, baron de La Brède, conseiller au Parlement, est institué héritier général et universel. Il hérite donc le titre, la charge, le nom du défunt. Le 20 mai, il reçoit la dispense d'âge, et, le 29, ses provisions. Le 13 juillet, il est admis comme président à mortier. Ouais ! Ce n'est point aussi simple qu'il y paraît. Figurer au nombre des trois magistrats portant la toque à galon d'or, soit, mais exercer les fonctions afférentes à semblable couvre-chef, ah ! ça ! non. La bavette, c'est pour les colonels, pas pour les magistrats. On appellera le nouveau baron de Montesquieu monsieur le Président, mais il lui faudra patienter treize ans — il en atteint vingt-sept — pour remplir son office. Et en attendant ? En attendant, bien, il siégera parmi les quatre-vingt-douze conseillers, il présidera peut-être une instance ou bien une autre, mais pas la Grand-Chambre en l'absence du premier président ou de l'autre porteur de mortier.

Les trompettes de la renommée

Chacun connaît l'aphorisme d'Albert Thibaudet : « On ne peut demander au mouton d'aimer le gigot. » Peut-on demander aux Parisiens d'aimer la Bastille, aux Bordelais le Château-Trompette ? Oui, dans les débuts ; il s'agit de forteresses appartenant au système de protection contre une entreprise étrangère. Non, dans la suite ; les prisonniers d'État y séjournent, et même si la soupe est bonne, les intéressés la préféreraient moins savoureuse prise à l'extérieur. En outre, le Château-Trompette accueille les condamnés de droit commun, et pour ces individus, on ne met pas les petits plats dans les grands. À cela deux raisons : *Primo* : Les gens du petit peuple ne supporteraient pas que des voleurs éprouvent moins qu'eux la faim et la soif. *Secundo* : Plaise aux visiteurs des prisons d'améliorer l'ordinaire, mais le Roi n'a-t-il pas mieux à faire que d'offrir de la venaison à des gibiers de potence ? Le Président aime la justice, mais répugne à la rendre, déplorant ses lenteurs et le très vague échelonnement des peines ; nous sommes avant les admirables ordonnances soumises à Louis XV par le chancelier d'Aguesseau. M. de Montesquieu se rend-il au Château-Trompette ? En service commandé ? Probablement pas. Aux réceptions du gouverneur ? Hors de question. Et ledit gouverneur, s'il rationne ses pensionnaires, ne lésine pas sur leur couvert. Son histoire rapportée avec malveillance par les uns, avec admiration par les autres mérite d'être contée. Un détour ? Non pas. Une aventure n'ayant pu que passionner celui dont on sait qu'écrivant les *Lettres persanes*, il va fonder la sociologie. Pierre Bidal et son épouse née Catherine Bastonneau tenaient commerce de gants, dans la galerie du palais à Paris. Ils se jugèrent capables de s'élever, en bonne logique « montèrent » en Suède, pas pour la suédine, mais afin d'élargir leur champ d'activité. La reine Christine les apprécie tant qu'elle leur donne la baronnie d'Harsefeldt dans les Allemagnes au duché de Brême. À Stockholm leur naît un sixième enfant, Claude François. La souveraine nomme M. Bidal ambassadeur, ou — soyons raisonnable — chargé d'affaires commerciales près la régente Anne d'Autriche. Christine tenant l'épiscopalisme comme un frein à la connaissance, embrasse le catholicisme, abdique, vient à Fontainebleau, y fait tuer son grand écuyer, et un peu plus, le marquis de Monaldeschi. Elle est fermement priée de déguerpir, et, préfigurant Claudine de Tencin, se va théologiquer à Rome, avec un cardinal. Parfait, mais que vont devenir les Bidal et le frère de dame Catherine ? Ils s'établissent traitants, pas maltôtiers. Le petit dernier ignore celui de ses aînés donnant dans le jansénisme et s'illustre avec les deux autres sous M. de Boufflers, puis M. de Luxembourg. D'Harsefeldt, c'est difficile à prononcer. Claude François, et c'est son droit, se fait donner du chevalier d'Asfeld. Quand son puîné meurt, il ne « passe » point baron. Il est déjà marquis par la grâce de Philippe V, et, sur le marché, grand d'Espagne, chevalier de la Toison d'or, lieutenant général français. C'est qu'il n'a point pris des gants pour rosser les Anglo-Impériaux. Nouveau Vauban, il est directeur général des fortifications, membre des conseils de la Guerre et de la Marine. Si le maréchal-duc de Berwick adore la guerre, il déteste la mener sans le marquis d'Asfeld.

Ainsi, lorsque le fils de Jacques II Stuart et d'Arabella Churchill arrive à Bordeaux commandant en chef de Guyenne, Béarn,

Navarre, Limousin, Auvergne, Bourbonnais, Forez, Foix et Roussillon, soit un cinquième du royaume, le Président sait déjà tout du plus grand homme de guerre du temps (avec M. de Villars) par le lieutenant général français, fils d'un diplomate suédois et marquis espagnol, M. d'Asfeld.

Le IIe duc de Saint-Simon, si triste de ne pas être au moins le Xe, use le plus clair de son génie à en dénier la moindre étincelle aux gens de récente extrace. Une exception : il nous entretient quelque quinze fois de M. d'Asfeld, et, pour lui, embouche toujours les trompettes de la renommée.

Pour anticiper un brin ; lorsque la tête de M. de Berwick, devenu l'idole du Président, rencontrera, devant Philippsbourg, un boulet, M. d'Asfeld enlèvera la place, et Louis XV lui donnera le bâton de maréchal.

Mais revenons à nos magistrats de Bordeaux.

Comme dans les douze autres parlements du royaume et les trois conseils « souverains » (Alsace, Roussillon, Artois), les magistrats bénéficient d'une forte popularité. Toute une population d'aubergistes, de cabaretiers, de loueurs de services en tout genre vit des plaideurs. Le ressort de Bordeaux s'étend de Limoges à Bayonne. Certes, nous sommes loin de l'étendue juridictionnelle de Paris couvrant le tiers de la France, mais certains donnent à Bordeaux la troisième place, après la capitale et Rouen (ou Dijon ?). Plus les affaires durent, plus les vendeurs du coucher, du manger et du boire se réjouissent, et avec eux les tabellions, les procureurs et leurs clercs, les saute-ruisseau. Les magistrats inspirent-ils la peur ? Aux truands ? Un peu. Aux malheureux englués dans des affaires contentieuses ? Beaucoup. Et le menu peuple ? Il aime à voir rouer. Joie abominablement malsaine mais explicable (sans être justifiable) : le nombre d'exempts et autres recors demeure infime. La maréchaussée ne se considère pas comme tenue de courir sus aux assassins et aux voleurs. Au demeurant, les meurtriers n'intéressent le public que dans le cas où le « fait divers » prend de l'ampleur. Non, les braves gens, et surtout les campagnards, haïssent les dérobeurs de gobelets, de vaisselles. Ils ont éprouvé trop de mal à s'acheter quelques pots, plats, assiettes, et, plus rarement, couverts pour admettre d'en être privés. Ainsi ne distinguent-ils pas le crime du vol. Certains historiens, Michelet en tête, mais il s'agit plutôt quant à lui d'un grand romancier de l'Histoire, soutiendront que le parlement de Bordeaux se montrait le plus féroce de tous. L'origine de la légende tient à la répression du protestantisme. Elle n'est pas niable, mais presque toutes les condamnations avaient été prononcées par coutumace. La noblesse et la bourgeoisie, voire le haut artisanat, s'étaient, bien avant l'édit de Fontainebleau, mis à l'abri en Hollande, et surtout en Prusse, quant au menu peuple, il s'était souvent converti du bout des lèvres. Reste que les messires et les messieurs du palais de l'Ombrière, procédant parfois de famille naguère acquises à la Réforme, se sont parfois dédouanés en se montrant rudes.

Le président Charles de Montesquieu ne manque pas d'observer cet appareil judiciaire dont les rouages se révèlent compliqués et fonctionnent avec une lenteur profitable aux juges et préjudiciable aux justiciables.

À l'origine, la Tournelle, où se succédaient les membres des autres instances, étudiait les affaires criminelles mais renvoyait ensuite les pièces avec avis devant la Grand-Chambre. François Ier, ayant transformé la tournelle de Paris en juridiction de plein exercice, les parlements de province s'alignèrent sur l'édit du Roi-Chevalier. Bien entendu, comme on peut là prononcer des peines capitales, les conseillers clercs sont exemptés de prendre leur tour.

Avec le droit romain est arrivé, dès le XIIIe siècle, l'usage de la question. L'ordinaire, pour faire avouer l'accusé, est pratiqué par un juré-tourmenteur en présence d'un médecin, et bien sûr, d'un magistrat. La préalable est administrée au condamné dans le but de l'entendre livrer ses complices. Semblables sévices ne provoquent pas la moindre indignation. Au demeurant, si le torturé ne passe point aux aveux, il lui est loisible d'intenter une action reconventionnelle contre le juge. La gêne est tellement entrée dans les mœurs que quiconque ne la dénonce. N'attendez pas qu'un président à mortier de vingt-sept ans aille priver de leur salaire le juré-tourmenteur, bourreau d'un genre particulier, et un docteur en médecine en manque d'une clientèle d'honnêtes gens. Non, le président de Montesquieu ne dit mot. Tout porte à le croire pourtant : il n'a pu se dérober à un ou deux de ces spectacles. Pour l'instant, il prend sans doute des notes, mais pour employer un mot qu'il affectionne : chaque *chose* en son temps.

Il utilisera d'abord le terme au sens figuré. Évoquant des polémistes l'ayant attaqué, il écrira : « Ces auteurs ont corrompu tous les sens et donné la TORTURE à tous les passages. »

Nous sommes assez mal placés, nous autres gens de l'orée du troisième millénaire — expression entendue du matin au soir sur les antennes —, pour nous indigner, après avoir connu — ne citons que la France — les horreurs de l'Occupation et de l'Épuration, de la répression exercée contre les partisans du maintien de l'Algérie dans notre giron, pour critiquer les méthodes de nos arrière-parents, toutefois nous éprouvons un malaise lorsque nous songeons à ces confrères du président de Montesquieu, sortant d'un interrogatoire « musclé » pour se réunir afin que de s'entretenir de lettres, d'art et de sciences.

L'académie de Bordeaux ou la soif de savoir

À Toulouse, en 1324, sous Charles IV le Bel, dernier Capétien direct, une dame aussi belle que bonne et aussi riche que savante avait fondé les *Jeux floraux*. C'était une réunion de troubadours décernant des prix, quant à la dame nommée Clémence Isaure, elle n'exista jamais. Louis XIV devait accorder aux mainteneurs des *Jeux floraux* le statut d'académie, et ces messieurs, depuis lors, se comptent quarante pour faire comme les grands. Les grands, ce sont bien sûr les membres de l'Académie française siégeant au Louvre. Avant ces personnages de qualité, hauts seigneurs, prélats, abbés dont certains écrivent ainsi que les auteurs dramatiques, les historiens et les savants, réunis en 1635 par le cardinal de Richelieu, une autre compagnie avait été fondée par Charles IX ; originalité : elle admettait des dames mais sombra dans les tumultes des guerres de Religion.

À Bordeaux, s'agit-il de prendre exemple sur Paris, de passer le temps, ou plutôt d'en remontrer aux notables de la ville rose ? Que l'émulation ait constitué quelques stimulants ne semble pas douteux, mais ce serait une malice, voire une perfidie, que d'attribuer la fondation de l'Académie royale des sciences, arts, et belles-lettres de Bordeaux à la seule rivalité entre les deux grandes cités. Tout avait commencé dès 1707, mais les mélomanes s'étaient, en 1711, heurtés aux physiciens (entendons les scientifiques et les littéraires). Le 3 mai 1713, le tout fut recousu, et l'Académie reçut des lettres patentes tandis que le duc de La Force, l'un des Quarante de la Française, était institué protecteur. Nous sommes habitués, de nos jours, à considérer les sociétés académiques de province comme se consacrant à des travaux d'érudition locale. Tel n'est point le cas lorsque M. de La Brède, conseiller au Parlement, est élu sur proposition de M. de Navarre, le 3 avril 1716, donc avant que d'avoir hérité le mortier. (On observera le « Monsieur » sans titre en usage au Louvre.) Non, depuis le début du XVIIᵉ siècle, les bons esprits mettent en relation les découvertes dans toutes les disciplines et les préoccupations métaphysiques. Volontairement, nous n'employons pas le terme *philosophes* ; il va prendre, mais n'a point encore pris, la connotation « contestataire » des années 1750.

Académie royale des sciences, arts, et belles-lettres. L'ordre des mots indique leur hiérarchie. Pour différencier Bordeaux de Toulouse ? Non pas. Afin que de répondre aux critères du moment ? D'évidence.

M. le Conseiller, dans son discours de réception du 1ᵉʳ mai, tient la part égale :

> « Je me trouve parmi vous, Messieurs, moi qui n'ai rien qui puisse m'en approcher [de la sagesse] que quelque attachement pour l'étude et quelque goût pour les belles-lettres. [...] Je me comparerais à ce Troyen qui mérita la protection d'une déesse, seulement parce qu'il la trouva belle. »

Ses communications ne nous surprennent pas : *Causes de l'écho, Usages des glandes rénales, Transparence des corps.* À La Brède, il coupe la tête des grenouilles et des canards pour rendre compte de leur temps de survie à ses confrères. Pauvres bêtes, et pauvre

M. de Montesquieu. Elles perdent leur existence, lui gaspille son temps. Comble du comble. Il fait précéder l'un de ses discours d'une invocation aux muses.

Toujours, il fera joujou ; dieux, demi-dieux, nymphes peuplent ses écrits, et, si, par hasard, l'Olympe n'en compte pas assez, il en invente. Certains voudront voir dans cette manie une preuve de paganisme et, pourquoi pas ? d'agnosticisme.

Primo : La connaissance de la mythologie est commune à (presque) tous les écrivains.

Secundo : Le roi de France le plus intransigeant au chapitre de la foi, Henri II, n'a cessé d'exalter le soleil, la lune, les étoiles, faisant cohabiter oraisons et magie (blanche).

Tertio : On ne saurait trouver malséant de transformer les citrouilles en carrosses.

Quarto : Il n'est pas déconseillé, de nos jours, d'aller le matin à la messe, et à Disneyland l'après-midi. Apollon et Vénus valent bien Mickey-Mouse.

La honte du siècle, le bois d'ébène

Chacun conserve en mémoire l'admirable texte du Président ayant trait au transport des nègres d'Afrique en Nouvelle-Angleterre ou bien dans les vice-royautés hispano-américaines, et dans l'immense sous-continent brésilien.

En échange de perles de pacotille et autres paillettes, les chefs de tribus livrent les malheureux à des capitaines les conduisant au Nouveau Monde dans des conditions attentatoires à la condition humaine. Si l'esclavage des Indiens est formellement interdit depuis Isabelle la Catholique dans les possessions espagnoles des Indes occidentales, il semble qu'il n'en aille pas de même pour les Noirs. Bien entendu, les Anglais ont donné l'exemple de l'abject trafic, mais l'on ne constate pas sans honte que des Français se livrent au même commerce sur une moindre échelle. Que de beaux hôtels, que de charmantes maisons des champs sont construits avec cet « argent sale » ! Où ? D'abord à Nantes, puis à

Saint-Malo, mais aussi pour une plus forte part dans le grand port aquitain. Dans l'*E.L.* [1], M. de Montesquieu retrouve, mais en férocité, l'humour des *L.P.* :

> « Les nègres ont le nez si écrasé qu'il est presque impossible de les plaindre. On ne peut se mettre dans l'idée que Dieu, qui est un être très sage, ait mis une âme, surtout une âme bonne, dans un corps tout noir [...]. L'esclavage est inutile parmi nous. »

Mais d'ajouter qu'il apparaît nécessaire pour nos îles à sucre, avant que de conclure en tenant compte de la restriction :

> « Je ne sais si c'est l'esprit ou le cœur qui me dicte cet article-ci. »

Ailleurs, il précise qu'il trouve ridicule la formule d'un ministre secrétaire d'État :

> « Le Roi n'a point appris sans mécontentement que la corde du puits [d'un fort] est rompue »,

montrant ainsi que le monarque ne peut connaître semblable détail. Moralité : Louis XV n'a jamais accordé quelque *satisfecit* que ce soit à des transporteurs d'esclaves. Seulement, l'affaire va plus loin. Il s'est trouvé des montesquiologues amateurs, ou malintentionnés, pour soutenir que le Président possédait des intérêts dans le bois d'ébène. Vraie pour M. de Voltaire, pour le comte de Chateaubriand, père de François René, plus que probable pour M. de Beaumarchais, l'assertion demeure calomnieuse quant à M. de Montesquieu. Sur les quelque deux cent cinquante contrats passés, soit par le Président, soit par la Présidente, on ne relève aucune écriture ayant trait au trafic des Noirs. Aurait-il existé des

---

1. Désormais les initiales *E.L.* seront utilisées pour l'*Esprit des lois*, *L.P.* pour les *Lettres persanes*.

engagements oraux et des dessous de table ? Facile de clabauder, impossible de prouver.

Quitte à revenir, mais l'occasion est propice, sur un thème effleuré déjà, reparlons de l'attitude montesquienne face au commerce. Oui, le châtelain de La Brède tient les échanges internationaux pour salutaires, car gages de paix. Cela reste à prouver, mais lorsque l'on dichotomise entre le propriétaire terrien et le publiciste-sociologue, l'on comprend même si l'on n'admet pas son attitude. Du bout des lèvres, il suggère l'anoblissement d'hommes de négoce, mais à ses yeux, des yeux de viticulteur, il est légitime de vendre ce que l'on produit, mais il n'admet les intermédiaires que pour la raison qu'il se voit mal faire l'article lui-même. Le publiciste-sociologue pose un regard différent. Il comprend voire approuve la nécessité d'une chaîne distributive tant à l'exportation qu'à l'importation. Quant à vendre des Nègres, cela jamais.

M. de Montesquieu et M. Boucher

Il est aisé de le soutenir : un haut magistrat, même ayant liquidé sa charge, ne peut apprécier l'action d'un intendant. Le Président, comme ses semblables, tient les membres des cours supérieures non seulement comme des juges, mais encore comme des officiers de police. Il ne précise pas explicitement pourquoi, mais cette théorie sera reprise par certains parlementaires. C'est assez dire que ce conflit d'attribution ne le prédispose point à bercer sur son cœur le représentant du pouvoir central. Lorsqu'il s'agit du gouverneur, témoin le maréchal de Berwick, les rapports se révèlent bons et même excellents, et ce pour deux raisons : le maréchal duc est un être exceptionnel, et, à la tête de neuf provinces, soit, on l'a vu, le cinquième de la France, voit les affaires de très haut, mais qu'est-ce qu'un sieur Boucher pour le baron de La Brède et de Montesquieu ? Probablement, maître de requête au Conseil d'État, vivier naturel des « administrateurs » — le terme n'appartient pas à l'époque —, il ne pèse pas lourd pour un président à mortier ceint à deux tortils. N'allons pourtant point nous égarer ; ce n'est point de quelques considérations sur les trois ordres que procède l'antipathie du gentilhomme pour le grand commis. Hors la volonté de M. Boucher de faire reculer le vignoble pour assurer l'autonomie frumentaire de sa généralité, un autre comportement lui vaut l'ire de M. de Montesquieu. M. Boucher interdit à la communauté sépharade de pratiquer en public sa religion. Les Juifs d'origine ibérique se comptent quelque quatre mille dans Bordeaux et ses environs. Certains, comme jadis Michel Eyquem de Montaigne ont mis un cache-nez (Tristan Bernard). Antoinette de Louffes, mère de l'auteur des *Essais*, était marane, entendons juive convertie au catholicisme mais prête à retourner au mosaïsme. Les Juifs expulsés d'Angleterre par Édouard Ier, en 1275, avaient connu en France des proscriptions, puis des rappels. Les oncles de Charles VI leur enjoignirent de quitter le royaume avec pour date limite le 3 novembre 1394. Le 13 septembre 1492, Ferdinand et Isabelle les chassaient, suivis huit mois plus tard par Jean II de Portugal. La majeure partie des Judéo-Ibères passent en Afrique, puis en Asie Mineure. Le petit groupe de Bordeaux présente des qualités intellectuelles et commerciales. Louis XV, comme tous les Bourbons, ferme les yeux sur la présence des Séfardim en Aquitaine comme sur celle, en Alsace, des Ashkénazes. N'ont-ils pas donné des fêtes à Marie Leszczynska lors de son passage à Saverne, et Mademoiselle de Clermont, sœur de Monsieur le Duc, n'est-elle point allée jusqu'à la synagogue afin que de rapporter à sa nouvelle souveraine le pittoresque du culte hébraïque ? Un bel écrivain le prétendra : l'aversion du Président pour M. Boucher se serait renforcée parce que l'intendant aurait fait obstacle à l'installation d'Ashkénazes dans sa généralité. Il faut en convenir, M. Boucher montrait bonne raison ; certes, les Juifs comme tout un chacun pouvaient se déplacer à travers la France, mais, trop longtemps séparés, les Israélites d'Alsace ne prisaient guère ceux d'Aquitaine. M. le rabbin Josy Eisenberg, s'il se trompe en affirmant que ses coreligionnaires se virent donner pleine liberté par la Constituante alors qu'ils la devaient à Louis XVI, encore roi de France et non des Français, explique en revanche fort bien pourquoi les Voltaire et autres « lumières » s'acharnaient contre les Juifs ; ces messieurs voyaient dans l'Ancien Testament, et c'est exact, le socle du Nouveau. Combattre les Israélites correspondait au souci « d'écraser l'infâme ». Quatre exceptions, toutefois, méritent d'être notées. Le Président, bien sûr, Jean-Jacques, il ne manquait pas de cœur, Jacques Mallet du Pan, apôtre de la tolérance, Antoine de Rivarol, inséparable par sa pensée du génie de La Brède.

Anticipons encore un brin ; lorsque la Constituante débattra de nouveau des droits des Juifs, un futur régicide, Ruhl, se prononcera contre. Le conseiller Adrien Du Port, modéré, les défendra.

4

AH ! MONSIEUR EST PERSAN !
COMMENT PEUT-ON ÊTRE PERSAN ?

De toutes les œuvres du Président la plus lue jusqu'à nos jours demeure les *Lettres persanes*. Certes, toutes requièrent à des degrés divers l'attention, et le fait d'être un *best-seller* n'a jamais prouvé que l'habileté d'un auteur, mais en aucun cas son génie. Encore que le terme ne soit créé que par Auguste Comte, M. de Montesquieu, nous l'écrivions aux premières lignes de ce livre, invente la sociologie. Et même, le mot en moins, le baron ne nous entretient pas de ce « retournement de la perspective », selon l'expression du regretté Roger Caillois, ou d'un quelque chose nommé bien plus tard la « distanciation ». Une certitude : notre herminé n'avait point la conscience tranquille, ou du moins savait son œuvre corrosive ; pour éviter le privilège royal, entendons la censure, il se fait imprimer dans la ville d'Amsterdam où l'on peut écrire ce que l'on veut, et, souvent, n'importe quoi. Pour brouiller les pistes, la deuxième édition sera censée venir de Cologne. Sous Louis XIV, surtout dans sa phase maintenonienne, l'ouvrage eût été vendu sous le manteau, ses colporteurs se seraient fait tirer les oreilles par le lieutenant général de police et ses exempts.

Philippe II d'Orléans, héritier du trône, régente la France pour un roi de onze ans, Louis XV. Or, le premier prince du sang, s'il embastille le jeune Voltaire — oh ! pas longtemps ! — pour des outrances inadmissibles, passe l'éponge sur les calomnies talentueuses de M. de La Grange-Chancel l'accusant d'inceste avec sa fille, la duchesse de Berry, et prend un plaisir non dissimulé à lire

60

les *L.P.* Philippe, savant, d'esprit très orné, compositeur d'un splendide opéra, a naguère sauvé l'Espagne avec le duc de Vendôme et le maréchal de Berwick. Tellement supérieur à ses contemporains qu'à l'instar de Henri IV, il ne va point se courroucer pour quelques flèches nullement acérées, au demeurant dirigées contre d'autres que lui. À noter que de son existence, le Président ne prononcera un mot de travers à l'égard du Régent, sinon pour l'affirmer : il avait manqué la bataille d'Almansa pour s'être attardé dans les bras d'une religieuse obstinée à ne point accorder tout à Son Altesse Royale. Le tenait-il du maréchal de Berwick ou de ce damné ragoteur de duc de Saint-Simon ? Maintenant, n'allons pas exagérer. Certes, sans l'indulgence de Monseigneur Philippe les *L.P.* n'eussent pas bénéficié, dès leur sortie, d'une si considérable diffusion, mais, outre l'attrait du fruit défendu, elles eussent connu le succès. Pourquoi ? Pour leur forme et pour leur fond. Depuis Giovanni Paolo Marana et son *Espion du Grand Seigneur dans les cours des princes chrétiens*, ouvrage vieux de trente ans, quiconque n'avait utilisé les échanges épistolaires. Le Président sous-titre la deuxième édition *Dans le goût de l'esprit des Cours*. On ne saurait se montrer plus honnête. Mme de Sévigné, Charlotte de Silésie, Adrienne Lecouvreur ont écrit, et Voltaire avec elles, les plus belles lettres de la littérature française, seulement voilà, hors la châtelaine des Rosiers, et peut-être l'amant d'Émilie, elles n'étaient pas destinées à la publication et ne constituaient pas une trame romanesque. Quelques livres épousent cette forme : notamment les *L.P.*, *les Liaisons dangereuses* de Laclos et l'*Émigré* de Sénac de Meilhan. Les *Liaisons*, elles, ont connu le purgatoire durant tout le XIXᵉ siècle. Loin de nous la pensée de diminuer Laclos, toutefois ses scripteurs, Valmont, la Merteuil, Dancenis, la présidente de Tourvel, font avancer le récit, mais n'apparaissent jamais que comme des porte-parole. Pour l'*Émigré*, nous y reviendrons en temps voulu. Or, dès les *L.P.*, le Président prend garde de conférer une autonomie de langage à tous les protagonistes : Usbek ne s'exprime ni comme Rica, ni comme Redhi, pas plus qu'à l'instar des autres épistoliers. Les caractères se dessinent grâce à des proses différentes même s'il existe une similitude due au parler le plus élégant qu'ait jamais connu le français même prêté à des Persans. Cette différence dans la similitude se retrouve chez M. de Marivaux, un peu chez M. de Voltaire, jamais avec Denis Diderot.

Pourquoi M. de Montesquieu choisit-il des Persans et non des Ottomans ? Parce que, en dépit de notre alliance avec la Sublime Porte, les Turcs, même si Molière transformait M. Jourdain en grand Mamamouchi, continuent d'inspirer la peur et occupent, quand ils ne les assimilent, 20 à 30 pour cent des Européens. Le Président s'inspire parfois des *Six Voyages en Turquie, en Perse et aux Indes* de Jean-Baptiste Tavernier, anobli par Louis XIV, et des *Relations de l'intérieur du sérail du Grand Seigneur* de MM. François Bernier et Jean Chardin. Bien sûr, il connaît l'*Alcoran* et les *Mille et Une Nuits*, et il « mixe » tout cela dans les *L.P.*

De nos jours, la Perse appelée Iran provoque la peur depuis qu'elle véhicule le fondamentalisme. Il n'en allait pas de même aux XVIIe et XVIIIe siècles. Chiites, les Persans développent une civilisation d'une rare élégance sous la dynastie séfévide, mais dans l'année suivant la publication des *L.P.*, les sunnites afghans et turcs vont dévaster Ispahan. On le sait : les chiites se réclament d'Ali et les sunnites d'Abou-Bakr et surtout d'Omar. Le Président n'utilise guère ces deux factions de l'Islam. Il en est d'autres susceptibles d'être comparées aux schismes ou semi-schismes ravageant la catholicité.

M. Paul Vernière trempe sa plume dans de l'encre d'or lorsqu'il écrit : « Œuvre étrange qui participe du roman épistolaire, de la chronique politique, du journal de voyage, de l'essai moral, accueille le monologue tragique ou le dialogue de comédie, sans dédaigner la dissertation, l'apologie ou le conte. » En revanche, nous sommes moins d'accord avec M. Paul Vernière lorsqu'il poursuit : « Œuvre déconcertante où l'intérêt risque de se disperser dangereusement dans la succession des lieux, la variété des décors et le mélange des thèmes. » Non, monsieur l'Érudit. Les Persans ne voyagent pas en Macédoine et le grand nombre de légumes n'a jamais gâché ce mets. Même si l'auteur reverra sa copie à trois reprises, la première édition nous satisfait. Les *Lettres persanes* obéissent à la construction d'un film. L'écrivain procède par séquences, donne un découpage. Une seule réserve de M. Paul Vernière pourrait se justifier, elle a trait au mélange des thèmes, mais la limpidité, la fluidité de l'écriture pallient d'autant mieux la difficulté que les personnages, loin d'apparaître comme des porte-parole, conservent chacun son autonomie de langage.

Depuis plus de deux siècles, les meilleurs esprits, de Paul Valéry au doyen Jean M. Goulemot, se sont interrogés sur la signification politique, littéraire, voire sociale du premier chef-d'œuvre de M. de Montesquieu. Certains commentateurs sont allés jusqu'à le prétendre : ce serait *Doctor Jekyll and Mister Hyde*, Montesquieu-Usbek et Montesquieu-Rica. Il nous paraît plus simple de tabler sur l'étonnement de deux seigneurs n'ayant jamais établi, avant leur voyage, de contacts avec nous autres. Le système n'eût pu fonctionner avec des Chinois ou des Japonais : dès longtemps, les Jaunes connaissaient les Français à travers les missions des pères jésuites. Quant aux administrés du Divan — nous l'avons souligné —, ils eussent volontiers étendu leur sofa et leur narguilé sur la moitié de l'Occident. Que nos Persans « s'étonnent que l'on retire son chapeau dans une église et non ses babouches dans une mosquée » (Roger Caillois) demeure tout à la fois capital et amusant et ne prête point à discussion, mais nos hôtes, après nous avoir jugés sévèrement, finiront bien par s'y faire. Que l'éminent M. Pierre Gascar « protestantise » un peu trop son *Montesquieu* pour notre goût ne retire rien au fait qu'il souligne avec raison le zèle mis par les réformés à pousser la diffusion de l'ouvrage parce qu'il contient des attaques déguisées contre la révocation de l'édit de Nantes et que le Président juge — il changera d'avis — le mélange du spirituel et du temporel peu compatible, bientôt aboutissant à l'enregistrement forcé de la bulle *Unigenitus* (encore que M. de Montesquieu haïsse le jansénisme, même lorsqu'il est défendu par son frère, Joseph de Secondat, abbé de Faise) n'est pas moins exact. Autre précieuse remarque de M. Gascar : le Persan de La Brède le sait aussi : les dames lisent plus de romans que les seigneurs et les bourgeois à l'esprit orné. Ce n'est pas pour cette raison qu'il défend la condition féminine et nous fait pleurer lorsque l'affaire s'achève sur le suicide de Roxane, c'est parce qu'il mesure à leur aune les prétendus plaisirs du sérail. Non, il se montre infiniment plus habile à l'égard de ses lectrices ; il pimente son récit de propos galants et d'un soupçon d'érotisme, oh ! un soupçon ! et si quelque personne du beau sexe s'en va derrière la grille du confessionnal faire part de son émoi, elle en sera quitte pour un *Pater* et trois *Ave*.

Persans, Siamois, fils de Sem

Au début de cette histoire, nous avons rapporté l'aventure de ces marchands de carpettes que M. de Pontchartrain fit passer pour des ambassadeurs du sophi dans le but de consoler les derniers jours du Roi-Soleil. Ces imposteurs malgré eux semblent bien à l'origine des *Lettres persanes*. D'autres hypothèses ont été suggérées, et notamment une transposition des propos d'un lecteur de chinois, rencontré par Charles-Louis de Secondat lors de son séjour parisien avant d'être reçu conseiller au parlement de Bordeaux. Lorsque Charles-Louis devient le président de Montesquieu, son siège est fait. Les Persans, par le décalage de leur religion, de leurs mœurs, par rapport à nos croyances, nos habitudes, vont à travers leur étonnement créer la sociologie par la distanciation. Il est généralement admis que le jeune président connaissait l'*Espion du Grand Seigneur*, de l'Italien Giovanni Paolo Marana. M. de Voltaire, dans le *Siècle de Louis XIV*, et M. d'Alembert, dans son *Éloge de Montesquieu*, citent encore les *Amusements sérieux et comiques d'un Siamois*, de Charles Dufresny sieur de La Rivière, arrière-petit-fils de Henri IV et de la belle jardinière d'Anet. M. Dufresny n'a laissé son nom qu'à des comédies bien tournées, cependant que son *Siamois* est tombé dans les oubliettes. Pourquoi ? Parce que l'arrière-bâtard du Vert Galant se montre plus à l'aise dans le dialogue que dans le récit ou le genre épistolaire.

Pierre Bayle, dictionnariste éminent et jamais étouffé par le respect encore que loyal envers Louis XIV, avait suggéré :

« Ce serait une chose curieuse qu'une relation de l'Occident composée par un Japonais ou un Chinois qui aurait vécu pendant plusieurs années dans les grandes villes de l'Europe. On nous rendrait bien le change. »

Il est possible que les *Amusements* de Dufresny n'aient pas retenu l'attention du Président, en revanche, il dispose comme tout personnage à l'esprit orné du *Dictionnaire historique et critique* de Pierre Bayle. Pour quelles raisons n'adopte-t-il point un Japonais ou bien un Chinois ?

Primo : Les sujets de l'empire du Milieu, et ceux du Soleil-Levant ne bénéficient pas d'une excellente réputation ; l'échec et la mort de saint François-Xavier, troisième général des jésuites, demeurent présents dans toutes les mémoires.

Secundo : Chinois et Japonais n'appartiennent point à la famille indo-européenne. Leur vue de la France serait par trop déformée par une barrière ethnique et, pour parler franc, raciale.

Et les Ottomans ? Non. Le dépaysement ne se révélerait point assez considérable ; depuis François Ier et Soliman le Magnifique, les échanges franco-turcs sont monnaie courante (c'est le cas de l'écrire). Enfin, les ressortissants de la Sublime Porte sont sémites, et bien que le Président ne partage pas les préjugés de M. de Voltaire à l'égard des sectateurs du Prophète ou de Yahvé, il ne serait pas séant de faire juger des Aryens par des fils de Sem. Non, la trouvaille consiste à présenter des Persans, chiites mais aryens, donc un rien exotiques mais juste ce qu'il faut, en pays de connaissance. Enfin M. de Montesquieu n'ira point à l'aventure ; il possède trois récits de voyageurs chez le sophi, œuvres de MM. Thévenot, Chardin, et surtout M. Tavernier. À l'époque où Rica, Usbek et les leurs vont entrer dans la légende, la civilisation arabe est sénescente, la chinoise et la japonaise se révèlent lentement aux Occidentaux ; la Perse, elle, présente cette particularité d'offrir une littérature, une peinture, et une calligraphie nerveuse et admirable bien connue de nos jours par les adaptations du maître Georges Mathieu, et, dans le même temps, des convulsions politiques d'une extrême gravité.

Souffrez que nous vous donnions un conseil dont, bien entendu, vous ferez ce que vous voudrez. Certes, libre à vous de lire Pope, Spinoza, Locke, Bodin et tant d'autres, mais partez du principe que le Président les a — pardon pour le vulgarisme — digérés pour vous.

M. de Montesquieu se tient sur une butte, il pourrait se jucher sur une montagne de livres avant que de nous convier à réfléchir sur notre condition et les moyens de la dominer, de l'améliorer. Tous les dix-huitiémistes s'accordent pour le reconnaître : seul, Nicolas Fréret, secrétaire perpétuel de l'Académie des inscriptions, balance en savoir M. de Montesquieu, mais là s'arrête la comparaison. M. Fréret, savant et antiquaire, procède par touches, éclaire un point ou bien un autre. Il place sa science dans un puits et n'en sort que des gobelets. Observons-le : le Président ne livre pas un étalage de ses connaissances. Parfois même il néglige la référence et nous force à nous arracher les cheveux, avant que de nous exclamer :

— Tiens, il sait aussi cela !

Il joue avec nous comme il jouait avec sa fille Denise. Pour une seconde d'agacement, il nous offre des décennies de bonheur. Jamais l'écriture — ou la dictée — de ce laboureur des siècles ne trahit l'effort.

Ses secrets ? Les formules lapidaires venant en conclusion d'un développement. Un découpage très savant même sous des dehors négligés (« continuation du même sujet »). Un déséquilibre volontaire quant à la longueur des livres, des chapitres ou des paragraphes. Un moment, il s'adresse à nous, sous sa perruque *in-folio*, herminé, daignant à peine nous accorder l'aumône d'un regard du haut de son tribunal, l'instant d'après, il nous tend un verre de sirop d'orgeat devant le buffet de la marquise du Deffand, puis il nous prend par la main nous évitant de trébucher sur le pont-levis de La Brède. Réfrénons notre enthousiasme. Certes, une écriture s'apparentant à la musique sérielle par la renversée de la portée ne peut que séduire, toutefois, s'il excelle dans les portraits, les fresques de grands ensembles, il colore peu. Il n'incendie pas le paysage comme, plus tard, M. de Chateaubriand, et il n'atteint pas la fluidité de M. de Rivarol. Comme l'on dit communément : il faut un temps pour tout. Que resterait-il à ses successeurs s'il avait exploité toutes les veines ? Cette réserve émise, convenons du fait qu'il évite un écueil sur lequel de nombreux contemporains font naufrage. Nourri de Plutarque, de Suétone, de Tacite, et plus encore de son cher Marcus Tullius Cicero d'Arpinum, jamais il ne tombe dans les inversions des traducteurs, verbes en fin de phrase, etc.

On l'a répété sans cesse : il se montre moins historien que sociologue. D'abord, cela est vite dit ; Clio tient toute sa place, mais pour clore le débat. L'Histoire se révèle celle des autres, la sociologie c'est la nôtre.

Un peu de politique n'est jamais préjudiciable

D'évidence, cela vous pose de parler politique à propos des *Considérations sur la grandeur des Romains et de leur décadence* ou de l'*Esprit des lois*. Pourtant, elle n'est point absente, elle est même un peu là dans les *L.P.*

Commençons par la grosse bêtise ; on le répète à satiété : M. de Montesquieu se montre partisan d'un régime aristocratique. Coquecigrue ! Un régime aristocratique se révèle par définition à l'opposé d'une monarchie héréditaire et successive. Le Président s'en rend compte, soixante-dix ans avant le duc de Chartres, futur Louis-Philippe, et M. de Rivarol, cent trente ans avant Alexis de Tocqueville. C'est l'éternelle confusion entre aristocratie et noblesse. Sous la fiction orientale, il dénonce ce que l'on nommera bientôt le despotisme, non pas royal, mais ministériel. On soutiendra : il existe un Montesquieu « progressiste » et un Montesquieu « réactionnaire ». Non. C'est le même. Un rien fénelonien, mais pas polysynodiste, c'est bon pour l'abbé de Saint-Pierre, il cherche à fixer les us et coutumes et tient à ce que le premier et le deuxième ordre, surtout le deuxième, soient associés au trône. Il pressent, toujours avant Antoine de Rivarol et Alexis de Tocqueville, que les Français sont plus soucieux d'égalité que de liberté. Cela l'agace d'autant plus que l'égalité le révulse, quant au mot liberté, il n'est positif qu'au pluriel mais de cela l'auteur ne se rend pas compte.

Le temps, toutefois, n'est pas à ses yeux immobile, et, partant, le commerce doit être organisé, mondialisé et rompre avec le protectionnisme colbertien. L'extraordinaire, le stupéfiant des *L.P.* tient au fait que les sujets les plus graves sont abordés de manière souriante. Comme il a défini lui-même son livre, laissons-le s'expliquer :

> « Ce qui fait le mérite principal des *Lettres persanes*, c'est qu'on y trouve sans y penser une espèce de roman. On en voit le commencement, le progrès, la fin. Les divers personnages

sont placés dans une chaîne qui les lie. À mesure qu'ils font un plus long séjour, les mœurs de cette partie du monde prennent dans leur tête un air moins merveilleux et moins bizarre, et ils sont plus ou moins frappés de ce bizarre et de ce merveilleux suivant la différence de leurs caractères. D'un côté, le désordre croît dans le sérail d'Asie à proportion de la longueur de l'absence d'Usbek, c'est-à-dire à mesure que la fureur augmente. D'ailleurs ces sortes de romans réussissent généralement parce que l'on se rend compte soi-même de la situation actuelle ; ce qui fait le plus sentir les passions que tous les récits que l'on pourrait faire. » (*Mes pensées*, 2093).

Procédons comme les amateurs de relecture de notre Persan et, pour dangereuse que nous jugions la pratique, allons plus loin ; commentons son commentaire, au demeurant largement postérieur à la publication des *L.P.* Certes, le baron met en relief l'étonnement, puis l'accoutumance de ses héros, mais il insiste sur la notion de « sorte de roman ». Pourquoi sorte de roman et pas roman ? Bédame ! Parce que le Président le sait mieux que quiconque : il s'est servi de la fiction pour faire toucher ce qu'il tient pour des réalités. Ne comptez pas sur lui pour évoquer ce souvenir. Au moyen de créer la sociologie « indirecte », il substituera d'autres méthodes, mais, si fier soit-il de son Orient imaginaire, truchement pour peindre une France en pleine mutation — elle l'est toujours —, car selon le mot de Bainville : « Toutes les périodes sont de transition. » Si fier donc soit-il, et en dépit de son côté exorable, il entend n'être confondu jamais avec M. de Voltaire et tous les Marmontel à venir. Lorsqu'il évoque le sérail, il joue double jeu ; d'une part, il le sait, de nombreux hommes, Mgr le Régent en tête, pratiquent une polygamie déguisée, ou bien en rêvent, sauf les dévots, et encore ! D'autre part, en terminant son œuvre sur le suicide de Roxane, il donne satisfaction aux femmes vertueuses. Pour critiquer son temps, il a recouru dans les *L.P.* à ce que les stratèges nomment l'approche indirecte ; maintenant, hors les dialogues, il prendra les affaires à son compte, même lorsqu'il ne les publiera point. Jusqu'à 1754, pourtant, il fera rééditer les *L.P.* et, non seulement épurera encore son style, mais rédigera quelques missives de plus. Avoir fait dire que le Roi et le pape étaient « des magiciens » lui vaudra quelques traverses : nous verrons cela en son temps.

Économie de mots et construction de la phrase

Les critiques se sont maintes fois interrogés : M. de Montesquieu est-il un auteur de transition ou bien un écrivain du XVIIIe siècle ? Il est malaisé de répondre. La langue appartient au XVIIe ; même économie de mots. Guère plus de vocables que chez Jean Racine. Soit le dixième des substantifs et des verbes employés par Shakespeare. Même perfection de la syntaxe que chez Bossuet ou Fénelon. Pour autant, notre président ne donne jamais dans la littérature de réminiscence. Pourquoi ? C'est simple ! Cette encyclopédie vivante filtre son information. Chargé d'un lourd bagage, il n'ouvre ses portemanteaux qu'à bon escient. Avec son ami-ennemi Voltaire, il pourrait déclarer :
— Ce qui n'est pas clair n'est pas français.

Sur ce point, le haut magistrat et le sacripant se rejoignent : ils veulent être compris par tout un chacun. L'un et l'autre, excellents latinistes, recourent à des formules lapidaires. De l'école de 1660, ils ont hérité le goût de taquiner la muse, et cela n'ajoute rien à leur gloire. Quant aux formules, ils seront coiffés sur le poteau par le marquis de Vauvenargues. En revanche, dans la continuité et la marche de l'argumentaire, ils ne trouveront jamais leur maître sauf en la personne d'Antoine, comte de Rivarol... Nous en reparlerons... L'une des qualités dominantes du Président réside dans la construction syntaxique. Traite-t-il d'un sujet grave ? Il utilise des phrases à prépositions se développant avec majesté. S'amuse-t-il ? Le trait est bref et sans cheville. L'étude de certains de ses manuscrits révèle tantôt des ratures, tantôt le maintien du premier jet, mais dans les deux cas nous ne sentons nullement l'effort et, comme dit le commun, il n'y a que le résultat qui compte.

Nous manquons de témoignages sur la manière employée pour composer les *Lettres persanes*, toutefois, nous savons comment il s'y prit pour ses œuvres suivantes. Nous sommes donc en droit de le considérer : il n'a point changé de méthode en cours de route. À l'époque, il réside soit en son hôtel bordelais, soit sur ses terres. Au cours de ses longues promenades, il inspecte ses vignobles, puis, toujours à travers champs, il se remémore ses lectures, enfin, il se met en tête, sinon la forme, du moins le fond de ce qu'il écrira lorsqu'il sera de retour dans son cabinet. Le fond et pas la forme ? Voire. Certains traits s'inscrivent déjà dans sa minerve. Étonnons-nous donc que sa plume coure allègrement sur le vélin.

Ainsi, notre chat fourré possède tout en poche. Tout, sauf le génie ? Bien sûr ; cela ne se thésaurise point, mais daignez accorder votre confiance à M. de Montesquieu.

Les gens de l'entresol souhaitent passer à l'étage supérieur

L'abbé Pierre-Joseph Alari, ancien sous-précepteur du Dauphin, futur Louis XV, par la grâce de l'abbé de Longuerve, n'a point failli mourir à la tâche ; le fils du triste duc de Bourgogne et de l'espiègle Marie-Adélaïde de Savoie est monté sur le trône à cinq ans, et M. Alari n'est pas demeuré dans les entours de l'Enfant-Roi. Il donne dans l'économie, en parle beaucoup mais n'en écrit jamais. Pour autant, il est assis dans le XXIIᵉ fauteuil de l'Académie française depuis 1710, et Alexis Piron le crible de traits. Qu'importe ! M. Alari loue au président Hénault, des Quarante, un entresol place Vendôme. Son but : réunir des gens d'avenir souvent destinés à le rester. Quelques personnages de qualité grimperont les marches, tel René-Louis d'Argenson, futur ministre secrétaire d'État des Affaires étrangères. Le comte de Plélo sera ministre au Danemark, et, après sa mort à Dantzig, sa fille épousera le IIᵉ duc d'Aiguillon. La « star » du club de l'Entresol : l'abbé de Saint-Pierre que son *Éloge de la polysynodie* et, plus encore, ses outrages aux mânes du Roi-Soleil feront mettre à la porte de l'Académie par le cardinal de Polignac. Son *Projet de paix perpétuelle* émane, en revanche, d'un honnête homme et Mme Simone Goyard-Fabre en donnera, en 1981, une jolie édition.

Malgré le scandale Saint-Pierre, on aurait oublié le club de l'Entresol si, en 1722, le Président n'avait lu, devant les membres de la docte assemblée, ou se voulant telle, le *Dialogue de Sylla et d'Eucrate*. Un historien aussi remarquable que le tant regretté René de La Croix, duc de Castries, tiendra le *Dialogue* pour « le chef-d'œuvre absolu ». Eucrate, philosophe, né de l'imagination du baron de La Brède, se rend à la demande du dictateur abdicataire, en 79 avant N.-S. J.-C., dans la maison de Lucius Cornelius Sylla (on écrit de nos jours Sulla). M. de Montesquieu le sait : les *Mémoires* du premier dictateur perpétuel — c'était précédemment une magistrature exceptionnelle et semestrielle — sont perdus, mais Plutarque en avait fait un large usage. L'auteur du *Dialogue* n'émet point la prétention de faire œuvre d'historien mais de concilier la morale et la politique. De toute évidence, le Président prise peu l'action de Sulla, cependant il reconnaît son génie. Dans une langue courtoise et classique où les interlocuteurs se voussoient, le débat tourne avant tout sur ce point : Sulla et ses Cornéliens, s'ils ont battu le Sabin Pontus Tellesinus et les premiers pris l'*Urbs*, ont tenu les Romains pour des esclaves. Lorsque, ayant restauré la puissance sénatoriale, ils ont à leurs compatriotes rendu la liberté, les citoyens n'en ont pas fait usage ; esclaves d'un moment, ils l'étaient devenus pour toujours. Ainsi, le vainqueur d'Orchomène s'est-il fait l'initiateur du césarisme... avant la lettre. À noter que M. de Montesquieu ne s'étend pas sur les proscriptions, et, par la voix d'Eucrate, ne glorifie pas Marius au détriment de Sulla. S'il feint de s'étonner que le *Felix* (l'heureux) ayant déposé la magistrature suprême, n'ait pas éprouvé la vengeance des parents de ses victimes, c'est qu'il oublie volontairement que les Cornéliens, devenus laboureurs, continuaient de protéger leur idole. Les auditeurs du Président se piquent de technicité, font si peu de cas de cette œuvre que le marquis d'Argenson n'évoque même pas la lecture au club (prononcer *cloub*) de l'Entresol. Si le Président recherche déjà les causes des événements, il privilégie le rôle des hommes, ne tombe pas dans le travers consistant à conférer un sens à l'Histoire, mais son approche de Sulla n'est pas la nôtre ; il l'oublie : le dictateur, s'il ensanglanta Rome, mit fin aux proscriptions et les interdit dès qu'il les tint pour inutiles. Les absolutistes d'aujourd'hui devraient en prendre de la graine...

L'Anglais le plus français des Français :
Jacques Fitz-James, duc de Berwick

La société, la bonne société, apparaît-elle ouverte sous la Régence ? Assurément, mais qu'en est-il de la haute société, ou pour mieux dire des grands ? Un génial maniaque, le châtelain de La Ferté-Vidame, IIe duc de Saint-Simon, prenant moins qu'il n'y paraît ses désirs pour des réalités, assure le contraire. Le monde — le terme n'est pas du temps — a fait l'objet d'un continuel brassage, au moins depuis les Valois-Orléans-Angoulême. Le duc d'Épernon, néo-féodal s'il en fut, n'était-il pas le petit-fils d'un tabellion ? La France, en dépit des parvenus du système de Mr. John Law, des premiers barons d'Écosse et bientôt comte de Tancarville, fait exception. Philippe II d'Orléans se trouve, aux premiers temps de l'exercice du pouvoir, prisonnier des théories de feu M. de Fénelon, donc du gouvernement des ducs et des saints, consignées dans les *Tables de Chaulnes* et aboutissant à la polysynodie, c'est-à-dire à l'emploi de cinquante personnes pour assurer le travail que le Roi-Soleil confiait à six ministres secré-taires d'État. Pareil régime ne durera pas, mais il provoque un repli sur eux-mêmes des princes du sang, des légitimés, mâles ou femelles, et des ducs et pairs. Un président à mortier au parlement de Bordeaux, même deux fois baron et d'ancienne extrace, ne pèse pas lourd au regard des couronnés d'aches porteurs de casque taré de face et à sept grilles. La fin de la polysynodie n'arrangerait rien pour notre herminé si James Fitz-James, duc de Berwick, n'était nommé, en 1721, commandant en chef des provinces de Guyenne, Béarn, Navarre, Limousin, Auvergne, Bourbonnais, Forez, pays de Foix et Roussillon.

Comme le Président, toute sa vie, va lui porter un culte, il nous paraît utile de présenter le personnage. Au physique, il est maigre, mais ses traits sont avenants et il dissimule sous un cœur d'or un courage d'acier. Il se révélera le plus grand capitaine de son temps avec le maréchal général duc de Villars. Il naît à Moulins, le 20 août 1770, des amours illégitimes de Jacques, duc d'York, et d'Arabelle Churchill, sœur du futur duc de Marlbourough. Comme deux autres porteurs de bâton, MM. de Villars et d'Artagnan-Montesquiou, il est formé par les oratoriens de Juilly, puis travaille au collège du Plessis. Il se bat contre les Ottomans et devient, après de nombreux faits d'armes, sergent général de bataille, nommé par l'empereur Léopold Ier. Son père succède à son frère Charles II et devient Jacques II d'Angleterre. Créé duc de Berwick et chevalier de la Jarretière, colonel du 8e d'Infanterie, il quitte *the precious stone seat in the silver sea* quand Jacques II est détrôné par son gendre, l'abominable Guillaume d'Orange. Il tente de reconquérir le royaume, participe au siège de Londonderry et voit ses espoirs s'envoler avec la défaite de La Boyne, dont l'anniversaire demeure marqué de nos jours par des horions échangés entre catholiques et orangistes. Il atteint alors dix-neuf ans. Le voilà sous le maréchal de Luxembourg, « le tapissier de Notre-Dame ». À Steinkerque, puis à Nerwinden, blessé, il est échangé malgré lui contre le duc d'Osmond. Il guerroie pour Philippe V au Portugal, mais ses succès n'empêchent point la princesse des Ursins de le faire rappeler. Après M. de Broglie, assez roide, M. de Montrevel, à la mine terriblement sérieuse, M. de Villars, plus accommodant, mais berné par l'ancien mitron Jean Cavalier, il pend, brûle, roue les camisards. En janvier 1706, il prend Nice, est promu maréchal de France. Deuxième séjour en Espagne : à la journée d'Almansa, il inflige une cuisante défaite à Henri de Ruvigny, marquis de Galoway, protestant français au service d'Angleterre, et sauve le trône de Philippe V, en 1707. Et l'on prétendra que les guerres idéologiques sont nées d'hier !

Sa Majesté Catholique et sa grêlée d'Élisabeth Farnèse monteront un complot contre le Régent. M. de Berwick, assisté du lieutenant général marquis de Lambert, ravage les chantiers de Los Pasares, corrige d'importance les *Tercios Viejos* pendant que le fils issu de son premier mariage avec Honorina de Burgh, duc de Liria et de Xerida, défend, comme il peut, « Yo el Rey ».

L'amitié que nous allons voir se nouer entre le Président et le maréchal de Berwick peut se comprendre à travers leur commune origine juillacienne. L'affection portée à M. de Montesquieu par la seconde épouse du duc de Berwick, née Anne de Bulkeley, ses fils, M. de Liria, déjà cité, M. François de Fitz-James, bientôt premier aumônier du Roi, son cadet, le futur maréchal Charles duc de Fitz-James, sa fille, la marquise de Resnel, dame du palais de Marie Leszczynska, procède sans doute de l'extraordinaire esprit de clan des Fitz-James, imitant tous le chef de famille, bien au-delà de sa disparition. M. de Villars rougissait de plaisir lorsqu'il croyait voir pâlir la gloire de M. de Berwick, et *vice versa*. Le maréchal de Berwick est, par Henriette de France, épouse de Charles Ier, petit-fils de notre Henri IV, et le Président, par son arrière-grand-mère Éléonore de Brenieu, procède lointainement, *via* Marguerite d'York, d'Édouard III, vainqueur de Philippe VI à Crécy, oui, devant ce bourg où les *long-bows* l'emporteront sur nos premières bombardes. Il est toujours amusant de remonter de branche en branche les arbres généalogiques, et, de nos jours encore cela meuble, mieux alimente les conversations, mais nous doutons fort que cette plus que vague parentèle ait favorisé le rapprochement entre le maréchal gouverneur et le jeune président à mortier.

Non, pour définir cette amitié, il importe de citer Montaigne lorsqu'il évoque son attachement pour La Boétie : « Parce que c'était lui, parce que c'était moi. » Insuffisant ? C'est vrai, alors tentons une autre explication. Pendant que le jeune M. de Voltaire flatte, à Vaux, M. de Villars, parce qu'il voudrait bien croquer la duchesse comme la poire du même nom, mais se donne un héros qu'il exalte avec talent, M. de Montesquieu médite sur le chassé-croisé Berwick-Ruvigny. Mieux, encore que certains le soutiennent, Arouet le fils est historien, et le Persan de La Brède, sociologue, les deux disciplines ne sont pas séparées par des cloisons étanches. Tous les grands écrivains, même amants de la paix, ont chanté des militaires hors série : Mme de Sévigné, M. de Turenne, l'aigle de Meaux Monsieur le Prince, Stendhal et Balzac Napoléon Ier, Édouard Hervé les princes d'Orléans, Charles Maurras le maréchal Pétain, André Malraux Charles de Gaulle, général malchanceux mais politique parfois habile. La liste n'est pas limitative. C'est, selon une dédicace de Georges Suarès à l'un de nos proches : « L'hommage de ceux qui écrivent l'Histoire à ceux qui la font. »

Pour le Président et ses collègues du palais de l'Ombrière, le grand soldat se montre très civil en un temps que la connaissance des secrets de la politesse compte au nombre des vertus. Certes, cela n'est pas *cedant arma togae* sur le fond mais dans la forme, toutefois c'est déjà beaucoup venant d'un homme d'armes précédé, on le serait à moins, d'une réputation de croque-mitaine, pardon, de croque-chemise.

Si M. de Montesquieu a commencé de ressusciter les hommes illustres, en fréquenter un plein de vitalité n'est pas riche d'enseignements. Le maréchal a sauvé l'Espagne bourbonienne, mais prise si peu les Espagnols qu'il les a crossés lorsqu'ils ont conspiré contre le régent de France. Or, le Président honnit le pays de l'Inquisition et va le démontrer : il ne sait pas utiliser son argent, car la possession de trop de trésors engendre la paresse. M. de Berwick se montre plus pieux que le châtelain de La Brède, lequel possède néanmoins dans sa bibliothèque les œuvres du R.P. de Malebranche, conciliateur du cartésianisme et de la vraie foi. Soutenu par les modernes, il l'admet : « Le beau siècle de Louis peut être comparé au grand siècle d'Auguste. » S'il répugne à l'autocratisme de la pensée, il reconnaît au Roi-Soleil le mérite d'avoir su créer une constellation d'étoiles, et le maréchal, comme, plus tard, le cardinal de Polignac, le renseignera sur les comportements d'un monarque dont Charles de Secondat estimait peu les ministres, surtout le marquis de Louvois, mais reconnaissait, comme tout un chacun, l'aveuglante grandeur. Selon la forte formule de Théodore Quoniam, longtemps vice-président de l'académie Montesquieu, le baron est « mieux qu'un philosophe des Lumières, une lumière de la philosophie ». Il prisait peu le mot, mais l'emploie de temps en temps pour se définir, manière de le rappeler : M. de Voltaire *and Co.* ne sauraient s'instituer les seuls amis de la sagesse.

La sagesse pour les autres, mais le Président va pouvoir prendre à son compte la vieille injonction : « Faites ce que je dis, pas ce que je fais. » Grâce au maréchal, il pénètre dans la haute société, va se dissiper un rien.

De l'art de se distraire et de perdre un peu son temps

M. de Montesquieu n'aime son épouse qu'en raison de l'habileté de Jeanne de Lartigue à diriger leurs seigneuries, qu'on y mette en fûts de l'entre-deux-mers venu des La Brède, ou de l'armagnac hérité du lieutenant-colonel de Maulévrier-Infanterie. Les

75

protestants, c'est connu, retiennent en particulier de la Bible qu'il importe de faire fructifier les talents. Notre assez mauvais sujet — assez seulement pour l'époque — se plaint à l'une de ses conquêtes, Mme Duplessis :

« Il est ici une femme que j'aime beaucoup et elle m'a donné cinq à six soufflets pour la raison, dit-elle, qu'elle était de mauvaise humeur. »

Vous y croyez ? Nous pas, quant à la présidente, qu'une autre dame ait giflé, et à cinq reprises, notre Persan, l'aurait renseignée sur le fait qu'il ne règne pas sur un sérail. Nous ne le pensons pas non plus : il eût pilé l'insolente dans son mortier à la condition qu'il l'ait eue, bien sûr, à portée de la main.

Si Charles-Louis s'était montré plus malin, un rien coquin, il aurait renseigné sa femme dans l'art des subtils frottements d'épidermes. Seulement voilà, Jean Calvin, s'il admet la procréation, la tient pour un devoir, pas pour un plaisir. Or, la Présidente ne se rend à la messe que par convenance. C'est égal, le ménage Montesquieu se réconcilie périodiquement sur l'oreiller ; d'ailleurs, la châtelaine a peut-être trouvé d'autres raisons que le rigorisme dans les doctrines du brûleur de Genève. Elle claudique ; et après, ce n'est point parce qu'elle est affligée d'une jambe plus courte que l'autre, mais parce qu'elle bénéficie d'une jambe plus longue que son homologue. Le premier fils, Joseph, deviendra prêtre, Jean-Baptiste, qui a vu le jour le 10 février 1716, se fera homme de science et perpétuera la lignée, Marie, née le 23 janvier 1717, prendra le voile. De Denise, née le 27 février 1727, nous vous entretiendrons en temps voulu.

Les traits du Président ? Une toile commandée par l'Académie de Bordeaux et précisant « directeur en l'année 1718 » nous étonne : de deux choses l'une, ou l'œuvre fut peinte à sa date, ou elle fut brossée postérieurement. La deuxième hypothèse nous paraît la bonne. À la date indiquée, le Président entre dans sa quarantième année, or, soyons francs, il en porte dix de plus. Certes, il ne manque pas de charme, mais comme nous le verrons plus loin s'intéresser magistralement (bien sûr !) aux beaux-arts, imitons-le. Commençons à mi-corps. La main, une seule, cela coûte moins cher que deux, effleure plus qu'elle ne tient le mortier. À son extrême finesse s'oppose l'épaisseur du poignet. La robe est splendide comme cette manière de mosette blanche descendant à mi-poitrine. La collerette, moins rabat que cravate, a beau monter très haut, elle ne dissimule pas l'affaissement du cou. Le léger prognatisme ne présente rien d'agressif, mais les joues sont flasques. Paradoxalement et heureusement, à partir du nez à l'arête étroite, tout nous semble sublime, et avant tout les yeux. Ah ! Ces yeux gris-vert comme l'Atlantique par temps calme, ils expriment autant de douceur que d'attention. Ce n'est point le regard d'un haut magistrat, c'est celui d'un ami. Point de cils, mais cela doit tenir à la mode, ou bien à la négligence de l'artiste, car l'on relève la même absence pour deux autres directeurs, le maréchal de camp Isaac de Boynet (1685-1772) et le premier président Antoine de Gasq, fondateur de la compagnie. Et les sourcils ? S'ils ne sont pas épilés, on les croirait d'une femme, et cela renforcerait la mansuétude.

Que dire du front ? Qu'encore qu'un peu « mangé » par la perruque dite *in-folio*, à peine poudrée et sans catogan, comme il est d'usage sur la robe ou la soutane, il apparaît haut et large, sans une ride. Somme toute, le visage nous semble vieux en bas et jeune en haut.

Paris-Bordeaux, Bordeaux-Paris

Un prodigieux érudit, M. Louis Desgraves, a voué et voue toujours son existence au Président. Il est parvenu même à dresser le calendrier de ses voyages entre Bordeaux et Paris. Cela revient à résoudre un casse-tête chinois au profit d'un Persan et nécessite une belle santé, non seulement pour le biographe, mais encore pour l'objet de ses soins.

Sous la Régence, et, en dépit des louables efforts de S.A.R. Monseigneur le duc Philippe II d'Orléans, puis dans les quinze premières années du règne personnel de S.M.T.C. Louis XV, la suspension en berceau n'existe pas encore, les routes sont mal pavées quand elles ne sont en terre. Nous vivons encore le temps du *Coche et la Mouche*, s'ouvrant sur ce vers :

Dans un chemin montant, sablonneux, malaisé...

Or, M. de Montesquieu n'utilise pas son/ses carrosses, et cela ne lui servirait en rien pour les deux raisons à l'instant évoquées. Il emprunte donc une chaise de poste, et pour comble d'infortune, car ce serait moins pénible que de rouler, on recense peu de voies navigables entre la grand-ville de Guyenne et la capitale.

Le Président, on l'a dit, ne pouvait exercer les fonctions attachées à sa charge avant l'âge de quarante ans. Une nouvelle dispense lui permet de remplir pleinement son office à trente-sept.

Dès avant que devienne effectif son mortier, il avait obtenu, en 1723, que M. Fagon, intendant des Finances, lui ménage une audience avec M. Dodun, contrôleur général ; motif : solliciter de sa bienveillance qu'à la taxe de quarante sols frappant chaque tonneau exporté de Bordeaux vers l'étranger, ou bien dans une autre province, soit substitué — était-ce équitable ? — un impôt d'une valeur équivalente pris chez tous les contribuables de la généralité de Guyenne. Certes, il avait du même coup fait baisser le prix du vin et étendu de la sorte le marché, mais s'il a réjoui ses collègues, presque tous, comme lui, éleveurs de grand crus, il n'a point été béni par les gens dénués de graves ou d'entre-deux-mers... Ne soyons pas injustes, un commerce ne profite point à ses seuls producteurs mais à tous les composants de sa chaîne de distribution. Si cette évidence d'ordre économique n'est pas perçue par certains, elle prouve, nous l'avons déjà souligné, que le baron commence d'entrevoir la mondialisation du commerce.

Il se montre toujours satisfait lorsqu'il réside à La Brède, ou bien à Paris, à l'hôtel de Transylvanie, quai des Théatins (aujourd'hui Voltaire), en revanche, il s'ennuie au palais de l'Ombrière, et refuse de siéger aux heures de relevée. Le premier président, messire Gillet de Lacaze, seul magistrat dont, comme dans tous les parlements, la charge n'est pas vénale, ne lui tient pas rigueur de son peu de zèle et le laisse retourner à Paris. Si M. de Montesquieu est fier d'être magistrat, il semble l'être moins de la magistrature. Qu'il tienne au droit de remontrance supprimé par Louis XIV et restitué par Philippe II d'Orléans pour passer de l'état de président du Conseil de Régence à celui de Régent, va sans dire et encore mieux en le disant. Soit, mais les juges ne sont-ils point d'abord tenus de rendre la justice ? Or, nous nous situons avant les grandes ordonnances de Louis XV, préparées par le chancelier d'Aguesseau, et il advient que les messires et les messieurs s'appuient sur des jurisprudences obsolètes et non sur des lois insuffisamment adaptées depuis le code Michau, promulgué par Louis XIII.

Nous vous entendons d'ici : ce n'est pas une biographie ordonnée ; c'est une salade russe, une macédoine. Eh bien non. Le Président l'a écrit : « Mon âme se prend à tout. » Et il faut interpréter : mon esprit se prend à tout à la fois. Qu'il cherche sa voie, comme l'affirmera l'abbé Jean Dedieu, à l'orée de notre siècle, ne contredit pas notre assertion, il est en quête de sa grand-route, mais il ne néglige aucun des chemins, fussent-ils de traverse.

Pour l'instant, de retour à Versailles, le 17 juin 1722, il est introduit à la Cour par le gendre du maréchal de Berwick, François, comte de Bulkeley. Voit-il le Régent ? En compagnie d'autres gentilhommes ? Oui. En particulier ? Incertain. Il affirmera ne pas aimer les courtisans. Soit, mais n'a-t-il pas arpenté la galerie des glaces et l'Œil-de-Bœuf ?

« Les courtisans sont des plantes faites pour ramper qui s'attachent à tout ce qu'elles trouvent. »

Entendu, mais l'on trouve aussi dans le *Spicilège* :

« Je ne suis pas étonné des douceurs que l'on trouve à la cour [c sans majuscule, il la réserve à la Cour de Parlement] et de l'impossibilité de changer de vie. On est plus ensemble à tous les moments. »

Contradiction ? Voire. Un jour qu'il s'est ennuyé, il joue au moraliste. Un autre jour qu'il s'est distrait, il signale l'agrément de « ce pays-ci » (dénomination du château de Versailles par ses habitués). Une autre explication nous vient à l'esprit. La timidité du Président l'amène à consigner sur le vélin ce qu'il ne déclare pas, mais, là encore, nous nous interrogeons, car, pour introverti qu'il apparaisse, il advient qu'il parle d'abondance.

La crème Chantilly et le délice Belesbat

Le comte de Bulkeley, plus français qu'aucun Anglais, seigneur fort esprité encore que trop enclin à jouer ses carrosses et même sa chemise, présente le Persan à Charles Auguste de Goyon, IIe maréchal et V^e comte de Matignon. Il a servi, avec le duc de Berwick à la Boigne, voici plus de trente ans, et s'il n'a point volé son bâton, il a gagné trop d'argent grâce à l'appui du contrôleur général et ministre secrétaire d'État à la Guerre, M. de Chamillart, mauvais gestionnaire mais habile à tous les jeux, en particulier le billard. C'est vieux tout cela, mais ne veut pas dire qu'on l'oublie. Cela ne signifie pas non plus que l'édification de fortunes douteuses ait commencé sous la Régence.

M. de Montesquieu participe aux fêtes fastueuses données à Chantilly par Louis Henri de Condé, duc de Bourbon, que l'on nomme Monsieur le Duc, fait une cour respectueuse (?) à Mademoiselle de Clermont, aussi belle que son frère, Monsieur le Duc, est laid. Il se rend à la résidence de Mme de Prie — arrière-petite-fille de Charles Auguste de Goyon —, Belesbat, non loin de Fontainebleau, où le ton est plus leste qu'à Chantilly. Il joue à la main chaude dans le temple de Vénus ou s'embarque pour l'île d'amour. Après quoi le Président revient à Paris chez le maréchal de Matignon. À l'hôtel Matignon, dites-vous ? Mais ce sera la demeure du détenteur du pouvoir lorsque résidera en ce lieu le président du Conseil, puis d'une moitié du susdit lorsque l'habitera le Premier ministre. Eh bien, détrompez-vous. Si l'architecte Corcelle vient d'édifier la superbe bâtisse, c'est pour le compte du futur maréchal de Montmorency-Luxembourg, prince de Tingry, et ce n'est que trente ans plus tard que l'hôtel fera l'objet de l'acquisition par le fils de M. de Matignon. Dommage, mais c'est comme cela.

Dites-nous, monsieur le Président, ne serait-il point temps de regagner, sinon La Brède, du moins le palais de l'Ombrière ? Soit, retour en Aquitaine. Le temps d'aller applaudir l'*Inès de Castro* de

M. Houdar de La Motte appelé par des facétieux un rien grivois La Motte-Houdar, avec, sous-entendu, un point d'interrogation. Tous les cruciverbistes connaissent ce surnom, mais il ne relève pas de la Bibliothèque rose... Passons.

Encore un mot, avant de reprendre la chaise de poste à destination de la Guyenne. Il existe un désaccord entre les montesquiologues. Pour les uns, le Président a fréquenté Chantilly et Belesbat avant que Monsieur le Duc ne devienne Premier ministre sous le gouvernement de Mme de Prie. Pour les autres, c'est seulement après la nomination par Louis XV du héron borgne. La question ne va point sans importance ; que Sa Majesté Très Chrétienne ait toujours manifesté sa bienveillance à M. de Montesquieu, nous l'allons montrer tout à l'heure, en revanche, le cardinal de Fleury, successeur — sans le titre — de Monsieur le Duc, avait engagé contre l'altesse sérénissime une lutte sans merci. Dans le premier cas, il ne pouvait en vouloir au baron d'avoir continué d'entretenir des relations respectueuses et amicales avec le duc de Bourbon, sa nymphe, et Mademoiselle de Clermont ; dans le deuxième, il aurait été mal content de savoir un président à mortier d'un parlement de province rechercher la faveur de son adversaire dans le but évident à ses yeux d'obtenir un grand emploi. Et cela expliquerait que, bien plus tard, il ait ignoré ses conseils antibellicistes lorsque le maréchal de Belle-Isle, héros mais austrophobe enragé, nous entraînera dans la guerre de Succession d'Autriche. Faites excuse d'avoir anticipé, et retournons à Bordeaux.

Petits mystères d'un grand homme

Un jour prochain, M. de Montesquieu notera cet aphorisme d'un ami londonien : « Il faut savoir perdre la moitié de son temps pour gagner l'autre. » Fait-il sienne la prescription ? Un peu. Il perd la moitié de son temps chez la conseillère Duplessis dont chacun sait qu'elle tient le salon le plus richement orné de tableaux et de gens d'esprit. Il le gagne en écrivant le discours de rentrée de sa compagnie, monument de sagesse, d'appel à la connaissance et au devoir si remarquable qu'il sera relu plusieurs fois de suite... pas par lui.

Stendhal, souvent malicieux mais parfois crédible, recueillera avec délice cette anecdote. Un jour, le Président prie la Présidente de l'attendre dans leur carrosse ; ce sera, ma chère, une affaire de cinq minutes. Trois heures passent. Le châtelain de La Brède s'était attardé chez une dame. La conseillère Duplessis ? Dommage pour la Présidente que les calvinistes ne reconnaissent pas les saints. Elle eût été portée sur les autels comme martyre de l'amour conjugal. Marie-Anne — c'est le prénom de la conseillère — ne figure pas seule au tableau de chasse de M. de Montesquieu. Avec lui comme avec d'autres, il importe de prendre garde au langage. Telle lettre d'amitié nous paraîtrait aujourd'hui message d'amour. On l'a stupidement soutenu : la terminologie du XVIIIᵉ siècle serait chargée d'afféteries. C'est oublier que lorsque Corneille qualifie Rodrigue, il note : amant de Chimène, alors que le Cid n'est que le soupirant de la fille de Don Gormas. Donc, la confusion sémantique et parfois concomitante ou le glissement de certains vocables se révèlent constants dans la littérature française. Ainsi, emploie-t-on le mot « coquin » pour désigner un garçonnet peu sage, mais aussi pour évoquer un noir scélérat. Dans les rares observations intéressantes de la préface aux *L.P.* par Valéry, il demeure équitable de reconnaître avec l'auteur de *Variétés* que nous ne sommes plus à même de comprendre certains mots, certaines phrases devenues trop subtiles pour nous. Et encore, le poète du *Cimetière marin* allait de ce jugement avant la Seconde Guerre mondiale ! Quelle plainte n'exhalerait-il pas de nos jours ?

Que Marie-Anne ait été jolie et d'esprit orné, nous n'en doutons pas. Qu'en est-il du minois de Mme d'Herbigny, parente de Charles-Louis par feu le maréchal d'Estrades (1603-1685), maire perpétuel de Bordeaux avant son fils Louis qu'il avait eu en légitime mariage de Suzanne de Secondat ? Elle semble jouer le rôle de confidente sans que cela l'empêche d'être bien tournée. Enfin, nous l'espérons pour elle. On l'a maintes fois répété : avec les mêmes situations, il demeure possible de donner une tragédie ou bien une comédie, mais dans les deux genres, que ce soit pour rire ou pour pleurer, il faut toujours une confidente. Remplir un tel rôle auprès d'un personnage tantôt grave tantôt libertin — entendons libre d'esprit et de mœurs — ne doit point être aisé tous les jours, mais prenons garde, à lire les missives de l'un et de l'autre, nous nous apercevons que le Président ne présente aucun trait d'égocentrisme. Il apparaît aussi comme un réconfort pour sa cousine. Échange de bons procédés ou bien élans du cœur ? À vous de choisir.

La prudence du chat fourré tient à deux raisons : d'abord, la province reste la province, ensuite, il craint les maladies vénériennes, ayant, il l'écrit lui-même, contracté, oh ! pas grand-chose ! mais tout de même : un rhume de caleçon :

« Pour moi, je sais ce que c'est que la chaude pisse. »

Il faut croire que Mme Duvergier est demeurée saine ; au lendemain d'une partie de campagne, le Président lui fait tenir ce billet :

« Pendant que nous fûmes dans le petit chemin, quoique entre deux ruisseaux, nous ne formâmes pas une pensée galante ; nous avons bien réparé cela depuis le retour. »

Traduction : le chat et la dame ont dormi dans le même panier. Mme Duvergier est l'épouse du procureur général dont on se souvient qu'il avait voulu des audiences de relevée. Le Président a refusé de siéger l'après-dîner et, petite vengeance de la magistrature assise sur la magistrature debout, il a couché la dame, probablement sur le gazon.

Le temple de Gnide

Il est de bon ton de l'affirmer : le *Temple de Gnide* n'ajoute rien à la gloire du Président. Nous ne sommes pas montesquiôlâtre, mais nous ne partageons pas semblable avis. Contrairement à l'assertion souvent répandue : on peut faire de la bonne littérature avec de bons sentiments. Or, le *Temple de Gnide* est écrit pour consoler Mademoiselle de Clermont (Mademoiselle, parce que princesse du sang) de la perte d'un seigneur, le duc de Melun, tué dans un accident de chasse. La sœur de Monsieur le Duc présente mille qualités, et si Nargeot ne l'a point flattée, elle suscite par la grâce de son maintien, la pureté de sa ligne et l'agrément de ses traits la plus vive attirance.

Mademoiselle de Clermont n'a point atteint l'âge où la plaie ouverte par la disparition d'un être cher est refermée par les macérations dévotes. Elle veut retrouver son beau sourire et M. de Montesquieu entend y contribuer. Parce qu'il l'aime d'amour ? Probablement point. Parce qu'il l'aime d'amitié ? Sûrement.

Les *L.P.* n'étaient pas signées. La nouvelle œuvre l'est à demi. M. de Montesquieu se présente comme son traducteur-éditeur, artifice subtil pour, sans tomber dans l'outrecuidance, vanter la marchandise :

> « Le public a trouvé des idées riantes, une certaine magnificence dans les descriptions, dans les sentiments. Il y a trouvé un caractère original, qui a fait demander aux critiques quel en était le modèle : ce qui devient un grand éloge, lorsque l'ouvrage n'est pas méprisable d'ailleurs. Quelques savants n'y ont point reconnu ce qu'ils appellent l'art. Il n'est point, disent-ils, selon les règles. Mais si l'ouvrage vous a plu, vous verrez que le cœur ne leur a pas dit toutes les règles [...]. À l'égard du beau sexe, à qui je dois le peu de moments heureux que je puis compter dans ma vie, je souhaite de tout mon cœur que cet ouvrage puisse lui plaire. Je l'adore encore et s'il n'est plus l'objet de mes préoccupations [menteur !], il l'est encore de mes regrets. »

Non seulement, le faux traducteur du *Temple de Gnide* travestit la vérité quant aux dames, mais toujours en se présentant comme le libraire — entendons l'éditeur —, dont chacun sait qu'il se nomme Montesquieu, il tourne en dérision les esprits chagrins :

> « Que si les gens graves désiraient de moi quelque ouvrage moins frivole, je suis en état de les satisfaire. Il y a trente ans que je travaille à un livre de douze pages, qui doit contenir tout ce que nous savons sur la métaphysique, la politique et la morale, et tout ce que de grands auteurs ont oublié dans les volumes qu'ils ont donné sur ces sciences-là. »

Lorsque l'on ose ainsi se moquer du monde, encore faut-il justifier semblable audace par le récit lui-même. Il apparaît en tous points réussi. Est-ce, à proprement parler, un roman ? Non, car l'intrigue se révèle très faible, mais ce sont, autour de Vénus, des thèmes et variations sur l'amour, avec de rares rebondissements et de nombreux voyages à travers la Grèce antique. Le *Temple de Gnide* s'inspire un rien de l'*Astrée* d'Honoré d'Urfé, terminée par Balthazar Baro. Et c'est bien le seul reproche qu'adressera M. de Marivaux à son illustre ami. L'immense intérêt de ce charmant ouvrage, c'est qu'il chante un hymne à la félicité. Il redresse la bévue de Saint-Just déclarant dans un demi-siècle : « Le bonheur est une idée neuve en Europe. »

N'attendez pas que nous vous résumions le *Temple de Gnide*. On peut commenter un texte du Président, on ne saurait en fournir un *digest*. Lui va conférer une telle importance à son petit-grand livre qu'il le corrigera, l'augmentera, il sera la providence des graveurs, dont Eisen ; il illustra la énième édition en 1792.

Amours de papier et amours de chair

Certains montesquiologues, irrités par la discrétion (relative) de leur héros sur ses amours, l'insinueront : il aurait trouvé dans la littérature un rien galante ce qu'il ne trouvait pas dans son lit. Somme toute : un phénomène de transfert. La majorité pourtant des biographes et des exégètes tiennent pour réalité sa liaison avec la marquise de Graves, mère de la marquise de Prie. Pour certains, il faudrait retenir l'hypothèse d'un chassé-croisé : le marquis de Graves aurait obtenu les faveurs de Mademoiselle de Clermont pendant que la marquise se donnait au Président. Ainsi, les quatre protagonistes se seraient trouvés quittes. S'il en va de la sorte, nous nous interrogeons sur la nature des sentiments du baron de La Brède à l'égard de Mme de Graves. On n'écrit pas un petit chef-d'œuvre, le *Temple de Gnide*, pour consoler une princesse vous laissant indifférent à moins que l'on ait pris la plume uniquement par bonté d'âme. Hum ! Hum ! Si amène que soit le Président, n'est-ce pas forcer la note ? Il nous semble à nous que M. de Montesquieu n'eût pas détesté (« Va, je ne te hais point ») aller au-delà d'une respectueuse tendresse envers l'altesse sérénissime. S'il en est ainsi, Marie-Anne de Goyon-Matignon, marquise de Graves — petite-fille du maréchal de Goyon —, n'aurait été que le substitut de Marie-Anne de Condé, Mademoiselle de Clermont.

Nous voici, objecterez-vous, penchés sur la *carte du Tendre*. Pourquoi pas ? Le Président n'eût pas détesté promener sa loupe sur ce chef-d'œuvre de la bonne préciosité.

La suite semble l'indiquer : l'auteur du *Temple de Gnide* ne se serait point rabattu sur Mme de Graves et l'aurait chérie pour elle-même. À preuve le chagrin éprouvé par lui lorsqu'ils se sépareront. Mais pourquoi cette rupture ? M. Pierre Gascar, s'appuyant sur un usage de l'époque, pense que la marquise a promis de mettre fin à ses rapports conjugaux. Or, durant un séjour prolongé à La Brède, Charles-Louis apprend que sa maîtresse vient de mettre au monde une petite fille, et constate, calendrier en main, qu'elle ne peut procéder de ses œuvres. Voici la déchirante missive mêlant le « vous » et le « tu » qu'il adresse de La Brède à la dame « coupable » d'un retour à la fidélité conjugale :

> « Ce sera la dernière lettre dont je t'accablerai : je ne te demande qu'une grâce qui est de croire que je t'aime encore [?] peut-être est-ce la seule que je puisse à présent espérer de toi. [...] Mon cher cœur, si tu ne m'aimes plus, cache-le-moi encore pour quelque temps ; je n'ai pas encore la force qu'il faut pour pouvoir l'apprendre. Ayez pitié d'un homme que vous avez aimé, si vous n'avez pas pitié du plus malheureux des hommes. »

Atroce, mais est-ce la lettre d'un homme ayant pris l'initiative de la rupture, ou bien, objecte M. Louis Desgraves, s'agirait-il d'une autre dame ? Quoi qu'il en soit, la correspondance reprendra entre le Président et la marquise. Ils se reverront dans la capitale et resteront bons amis.

5

L'ACADÉMIE DE BORDEAUX, C'EST BIEN, L'ACADÉMIE FRANÇAISE, C'EST MIEUX.

La chute de Monsieur le Duc écarte l'espoir d'un grand emploi. Le héron s'en va plus dignement qu'il n'avait gouverné. Son Agnès, elle, préférera mourir par le poison que d'ennui. En ce mois de juin 1726, où le duc de Bourbon quitte Versailles pour s'en retourner à Chantilly, M. de Montesquieu demande au président Barbot de négocier sa charge. Coïncidence ? Pas forcément, car les porteurs de longues hermines forment un vivier où le Roi pêche quelques-uns des hauts serviteurs de l'État.

Le baron ne jette pas son mortier aux orties, il le loue à un monsieur d'Albessard avec possibilité de le reprendre ou de le transmettre à son fils Jean-Baptiste. Pour l'heure, le garçonnet entre au collège chez les jésuites de Louis-le-Grand. Le Président, selon certains, n'aurait gardé qu'un méchant souvenir de son séjour à Juilly. La raison nous paraît différente. Il doit beaucoup aux méthodes pédagogiques des oratoriens, et notamment le goût de l'histoire et la connaissance du latin. Hélas ! Les fils de saint Philippe Néri dérivent vers le jansénisme. Que cette adhésion au semi-schisme apparaisse discrète ne retire rien au fait que le père de Jean-Baptiste, s'il admire l'œuvre du grand Malebranche, ayant concilié Descartes et saint Augustin, déteste les thèses du père Quesnel ; pour M. de Montesquieu, la prédestination n'apparaît pas seulement comme une erreur de théologie, discipline dont il ne se mêle pas ou peu, mais comme un fléau social dans la mesure où les disciples de l'évêque d'Ypres prônent une religion élitaire, désespèrent les non-élus et les poussent à faire fi des vertus chrétiennes, leur observance par le petit peuple n'entrouvrant pas pour lui les portes du Ciel. Le différend entre constitutionnaires (pro *Unigenitus*) et anticonstitutionnaires ne cesse de s'envenimer, et, bien entendu, de se politiser. De nombreux officiers des cours supérieures — Paris, Rennes, Rouen, d'autres — donnent à fond dans le jansénisme, mais sans vouloir leur intenter un procès — ce serait chacun son tour ! — ils se préoccupent moins de diminuer l'autorité pontificale que de faire obstacle, oh, respectueusement, à celle de Louis XV.

Compter au nombre des Quarante

La fièvre verte s'est développée avant la lettre pour la raison que les Académiciens ne portent pas encore l'habit noir brodé de feuilles épinard et bouton d'or. Pourquoi le Président guette-t-il la vacance d'un siège récemment devenu fauteuil dans la docte compagnie ? La petite patrie conduisant à la grande, il tient à cumuler les honneurs littéraires : après Bordeaux, il veut Paris. Pour se montrer équitable, il faut bien le rappeler : la compagnie doit son prestige à des prélats, des seigneurs, des gens de lettres et souvent les trois à la fois, disparus à l'époque où M. de Montesquieu se met en tête d'aller siéger au Louvre. Hors le maréchal de Villars, MM. de Fontenelle, de La Motte-Houdar, le président Hénault, M. Massillon, évêque de Clermont-Ferrand, et le cardinal Melchior de Polignac, le reste tombera dans les oubliettes. Soyons justes, le cardinal de Fleury offre de solides qualités et il a très bien instruit Louis XV, mais l'abbé de Saint-Pierre, aumônier de la Palatine — il ne risquait pas de mourir à la tâche avec une telle pénitente, demeurée luthérienne de cœur —, n'avait pas écrit une ligne lorsqu'il conquit le VIIIe fauteuil grâce à la protection de la marquise de Lambert.

Comment M. de Montesquieu se voit-il ouvrir les portes du salon le plus en vue de la capitale ? Par Bernard Le Bovier de Fontenelle ou grâce au fils de la marquise, lieutenant général sous le maréchal de Berwick durant la guerre franco-espagnole. Anne-Thérèse de Marquenat était née en 1647, donc quarante-deux ans avant que ne voie le jour Charles-Louis. Son père, conseiller à la Chambre des comptes, eût pu, semble-t-il en demander à sa mère, née Monique de Courcelles, dont Tallemant des Réaux nous apprend qu'elle avait passablement rôti le balai. Si la dame laissait retrousser sa robe, son gendre maniait joliment l'épée, et, en 1666, mourut gouverneur de Luxembourg conquise par ses soins. Le père du marquis de Lambert de Saint-Bris avait été lieutenant général, et, on l'a dit, son fils Henri-François devait mériter le même grade. Mme de Lambert vient à Paris. En 1698, lorsque MM. Bossuet et de Fénelon rompent des lances à propos du quiétisme, la marquise s'installe près de l'hôtel de Nevers, à l'angle des rues de Richelieu et Colbert. L'hôtel Lambert constitue, de nos jours, une dépendance de la Bibliothèque nationale. À l'époque où Mme de Lambert ouvre son salon, l'Académie se porte encore bien, mais elle pressent la fin de la grande génération. Si elle prend un tel ascendant sur le monde des lettres, c'est qu'elle écrit bien et parle encore mieux, mais point d'abondance ; elle est trop polie pour monopoliser la conversation et possède l'art d'écouter. La France reste alors comparable à la Rome du vieux Caton, les dames possèdent peu de droit, mais en édictent, surtout lorsqu'elles sont vertueuses depuis toujours comme Mme de Lambert, ou sur le tard comme Mme de Maintenon. Des deux marquises, la prude de l'avant-veille et l'honnête femme, l'une s'occupe de politique et l'autre de belles-lettres. Enfin, c'est beaucoup dire ; Françoise d'Aubigné, veuve Scarron, met encore son nez dans le théâtre et l'éducation, Anne-Thérèse de Marquenat laisse parler d'affaires de l'État au cours de ses après-dîners. L'attachement l'unissant au prince-archevêque de Cambrai signifie-t-il que, féneloniste dans l'ordre moral, elle souhaiterait l'application des tables de Chaulnes, et partant la polysynodie ? Possible, mais lorsque le Régent mettra fin à ce régime inepte, il ne semble pas qu'elle ait levé le petit doigt pour défendre son apologiste, l'abbé de Saint-Pierre, pourtant sa créature. Maintenant, que l'on trouve dans son esprit l'ombre d'un deux fois rien de néoféodalisme demeure discernable à travers l'amitié qu'elle porte au Président. Ils sont surtout liés par leur souci de moraliser la vie publique et privée. Ils aiment qu'on s'aime, et Mme de Lambert réconcilie — pour un temps — les Anciens et les Modernes. Ainsi, emprunte-t-elle passablement de formules à M. de Montesquieu pour rédiger son *Traité de l'amitié*. Loin de s'en offusquer, le baron de La Brède se fera gloire d'être plagié, inconsciemment peut-être mais plagié tout de même, par la marquise. En revanche, ses précédents ouvrages ont été composés avant qu'on ne lui présente le Bordelais : *Avis à ma fille* et *Avis d'une mère à son fils*.

Au nombre de ses commensaux figure un avocat, Louis de Sacy, membre des Quarante, auteur à son instigation d'un autre *Traité de l'amitié*, mais celui-là de fond déjà cicéronien. Nous avons souligné quelle admiration le Président porte au maître d'Atticus. Me de Sacy et M. de Montesquieu se lient d'amitié. D'aucuns l'ont prétendu : on ne s'amuse pas tous les jours à l'hôtel Lambert. On y est affligé d'une indigestion de morale. Mais non ! La morale passe bien lorsqu'elle demeure souriante comme restent enjoués la marquise, M. de Fontenelle, le Président, l'avocat et tous les *lambertins*, comme les nomment les étrangers au clan. Me de Sacy rend son âme à Dieu le 26 octobre 1727. Il est aussi sincèrement pleuré que son fauteuil, le IIe, convoité. Alors, commencent les grandes manœuvres. Contrairement à l'assertion de Louis Vian, premier biographe (et non commentateur) de Montesquieu, il n'avait point brigué l'Académie en 1725, et n'avait pas été refusé pour non résidence. Cette fois, Mme de Lambert met tout son cœur et tout son esprit — ce n'est pas rien — à faire élire son Persan. Oui-da ! Mais, comment peut-on être persan ? Le plus naturellement du monde, affirment les lambertins. On ne saurait l'être, répliquent les antilambertins. Paris n'est pas Ispahan !

L'illustre, ou du moins naguère illustre, compagnie avait été malmenée dans la LXXIIIe *Lettre persane*. Rica écrivait :

« J'ai ouï parler d'une espèce de tribunal qu'on appelle l'Académie française. Il n'y en a pas de moins respecté dans le monde, car on dit qu'aussitôt qu'il a décidé, le peuple casse ses arrêts [allusion à la querelle du *Cid*], et lui impose des lois qu'il est obligé de suivre. [...] Ce corps a quarante têtes, toutes renflées de figures, de métaphores et d'antithèses ; tant de bouches ne parlent presque que par exclamation ; les oreilles veulent toujours être frappées par la cadence et l'harmonie. Pour les yeux, il n'en est pas question : il semble qu'il soit fait pour parler et non pour voir. Il n'est point ferme sur ses pieds car le temps qui est son fléau s'ébranle à tous les instants et détruit tout ce qu'il a fait ; on a dit autrefois que ses mains étaient avides ; je ne t'en dirai rien, et je laisse décider cela à ceux qui savent mieux que moi. »

Des lettres dépersanisées ?

Pour enlever une forteresse, n'importe-t-il pas de commencer par l'attaquer ? Oui, mais encore faut-il que les défenseurs ne succombent pas sous les flèches en un temps que le ridicule tue. Plus tard, dans plus d'une paire de siècles, l'Académie, redevenue forte, jugera plaisant d'élire ses détracteurs de la veille. Pour l'instant, elle se sent trop faible pour ne pas rechigner, même si, grâce à Mme de Lambert, elle n'est pas composée que de sots. Dès que la candidature est déposée, la république des lettres — heureusement qu'il n'en est point d'autres — entre en ébullition. Le Président se trouve dans une position délicate ; sa plus grande gloire lui vient des *Lettres persanes*, et d'aucuns veulent l'entendre nier en être l'auteur. Or, sans elles, son bagage se révélerait un peu mince : quelques communications, un admirable discours sur les devoirs de la magistrature, le *Temple de Gnide*, le *Voyage à Palmos*, le *Dialogue d'Eucrate et de Sylla*. M. de Montesquieu ne nourrit pas l'intention d'abandonner Usbek et Rica. Ce serait un désaveu de paternité d'enfants qu'il sait immortels. Les académiciens vont-ils donner dans le grotesque en lui claquant la porte au nez ? L'abbé d'Olivet, secrétaire perpétuel, tente, de concert avec le président Bouhier et des gens aussi médiocres que Jean-Roland Mallet, « poète et homme de sciences » (ni l'un ni l'autre), mais ancien valet de chambre de Louis XIV, et probablement protégé par Mme de Maintenon, d'opposer au Président l'avocat Mathieu Marais. Me Marais tient un journal demeuré précieux pour tous les historiens du règne de Louis XV, mais, en dépit de son objectivité, de ses dons d'observation, il manque de souffle, apparaît seulement comme un chroniqueur. Mince se révèle sa position dans la société ; il passe, en outre, pour un antilambertin. C'est son droit, cependant c'est maladroit.

Un jésuite, le père Tournemine, extérieur à la Compagnie mais en charge des *Mémoires de Trévoux*, s'est naguère, à l'hôtel de Soubise, pris de bec avec M. de Montesquieu et entend lui régler son compte. Le Roi, préférant les sciences, laisse le cardinal de Fleury s'occuper des Quarante. Ce n'est un secret pour quiconque : l'ancien évêque de Fréjus crosserait volontiers les fils de Loyola, mais il mesure l'influence des *Mémoires de Trévoux*, et ils lui sont indispensables dans la lutte contre le délire janséniste. Le R.P. Desmolet obtient donc aisément une audience et attire l'attention du prince de l'Église sur la *L.P.* XXII où le pape et le Roi sont tenus pour deux magiciens. L'abbé d'Olivet, que n'étouffe point la charité chrétienne, en écrit à messire Bouhier :

> « Voilà un étrange chagrin pour le président et sa faction. […] Je n'y suis, Dieu merci, entré pour rien, et même j'étais si peu suspect que M. l'abbé Mongault, ayant amassé tous les principaux amis du Gascon [M. de Montesquieu], commensaux de la vieille, j'ai été du dîner ? »

Monsieur l'Abbé, si vous étiez poli, vous écririez la marquise de Lambert, ou bien à la limite, la dame d'un âge avancé. Le IIIe maréchal duc d'Estrées, successeur de son oncle le cardinal du même nom, seigneur peu lettré mais fort sage, directeur en exercice, remet à huitaine l'élection, afin de laisser le temps au Président de faire face aux intentions malévoles du cardinal.

M. de Voltaire le prétend : le Persan de La Brède aurait un rien dépersanisé ses *Lettres* en faisant tomber dans une trappe les deux sorciers. Entendez par là qu'il aurait fait tenir à Son Éminence une édition *ad usum Delphini*. Pareille version des faits n'aura d'autre but que de faire passer le cardinal pour un niais et le baron pour un personnage sans honneur. Rien de tel n'a pu se produire ; Mgr de Fleury connaissait l'affaire des deux magiciens puisque le R.P. Tournemine avait si venimeusement attiré son attention sur la *L.P.* XXII. Alors que s'est-il passé ? M. de Montesquieu, sur les conseils de la marquise et du maréchal-directeur, a, non sans en avoir obtenu la permission, gagné Versailles. Mgr de Fleury mesurait la montée des périls, il avait lu les œuvres de Locke, Spinoza, voire de Saint-Évremond infiniment plus préjudiciables au trône et à l'autel que celles d'un seigneur sarcastique mais fidèle à la France, c'est-à-dire au Roi. Et puis, M. de Montesquieu, lorsqu'il parvenait à vaincre sa timidité, et en l'occurrence l'affaire en valait la peine, additionnait un doigt de rusticité, un de candeur, et trois de distinction ; total : le charme, et à ce charme le principal ministre n'a point résisté. Il ne brandirait plus l'opposition du Roi-Protecteur, et le ferait savoir au maréchal d'Estrées. Le 20 décembre 1727, l'abbé d'Olivet écrit à messire Bouhier :

> « Il y a eu des boules noires [combien ?] comme bien vous le pensez, mais non en assez grand nombre pour faire la pluralité. Cette affaire n'a pas laissé de faire du bruit dans Paris [dans Landerneau ?]. Le tort qu'elle faisait au président dont elle ruinait la réputation a touché quelques-uns des nôtres qui ont trouvé plus doux d'exposer l'honneur de la compagnie que de consentir à la flétrissure de ce fou. »

La règle exige un second scrutin. Il se déroule le lundi 15 janvier. Messire Bouhier écrit à Mᵉ Marais, assez raisonnable pour ne pas tomber malade de dépit :

> « L'abbé d'Olivet vous contera par quelle porte le président de Montesquieu est entré *in nostro docto corpore*. Il en a toute l'obligation à la faction lambertine. Elle a furieusement de crédit parmi nos frères. »

Le mercredi 24 janvier 1728, le nouvel élu prononce son remerciement avant que la bienvenue ne lui soit souhaitée.

Monsieur. Ici, point de *monsieur le Président* ni de *monsieur le Baron* ; à l'Académie, l'égalité (et une tenue correcte) sont de rigueur. Chacun se salue du seul « monsieur ». Aujourd'hui, nous sommes habitués à la longueur des allocutions : une heure pour le reçu, quarante-cinq minutes pour le « recevant ». Il n'en va point de même à l'époque, le temps de parole n'est pas réglementé. On prend la peine de faire court, et il faut remonter à la réception de Jean Delabruyère (il signait sans particule) pour avoir entendu le plus long des règlements de comptes avec les victimes encore vivantes des *Caractères*.

Deux gouttes d'irrévérence

Le Président recourt, comme souvent dans ses écrits, à la construction binaire :

« Messieurs, en m'accordant la place de Me de Sacy, vous avez moins appris au public ce que je suis que ce que je dois être. Vous n'avez pas voulu me comparer à lui, mais le donner pour modèle. »

Il enchaîne sur un éloge sincère de son ami disparu. Maintenant, il lui faut satisfaire à la coutume : éloge des quatre protecteurs successifs, le cardinal de Richelieu, le chancelier Séguier, Louis XIV et Louis XV. Lorsque l'on sait quel sentiment le récipidiendaire porte à l'Éminentissime (« les deux plus mauvais citoyens : Richelieu et Louvois »), l'on est en droit de se divertir en le voyant encenser le prince de l'Église. Pour messire Séguier, bon juriste mais d'une brutalité connue et d'une homosexualité probable, travers souvent dénoncé par le Président, on peut encore s'amuser. Louis XIV reçoit de l'eau bénite de Cour, mais sous les grandes eaux s'instillent deux gouttes d'irrévérence :

« Ici nous voyons le Roi [protecteur des arts, lettres et sciences], là le héros. C'est ainsi qu'un fleuve majestueux va se changer en torrent qui renverse tout ce qui s'oppose à son passage : c'est ainsi que le Ciel paraît au laboureur pur et serein tandis que dans la contrée voisine, il se couvre de feux d'éclairs et de tonnerre. »

Difficile de négliger l'allusion au ravage du Palatinat. Sous l'influence du cardinal de Polignac, membre de la compagnie dès 1704, et l'un de ses fidèles, il se montrera plus équitable dans la suite du discours à l'égard de Louis le Grand, sans aller jusqu'à prendre un bain de soleil. Briguerait-il, en outre, déjà, la charge d'historiographe ?

« Je vous rends grâces de ce que vous m'avez donné un droit particulier de louer la vie et les actions de notre jeune monarque. »

Suit une apologie presque tendre de Louis XV. On ne saurait relever dans cette conclusion, formant la moitié du texte, la moindre trace de courtisanerie : durant toute son existence, et en dépit d'une conception différente de la prérogative royale, le remplaçant de Me de Sacy se montrera fidèle au Bien-Aimé.

Le maréchal d'Estrées, deux mois ayant passé depuis les grandes manœuvres, n'est plus directeur, et l'office est rempli par Jean-Rolland Mallet. Si l'on songe que le sceau de l'Académie porte *À l'immortalité*, on est en droit de le soutenir : l'ancien valet de chambre de Louis XIV n'est immortel que par sa hargne et sa sottise. Quelques termes de sa réponse au remerciement lui valent d'échapper à l'oubli :

« Né dans une province, où l'esprit, l'éloquence et la politesse sont des talents naturels, connu par plusieurs dissertations savantes que vous avez prononcées dans l'académie de Bordeaux, vous serez prévenu par le même public, si vous ne le prévenez pas. Le génie qu'il remarque en vous le déterminera à vous attribuer les ouvrages anonymes qu'il trouvera de l'imagination, de la vivacité et des traits hardis et, pour faire honneur à votre esprit, il vous les donnera malgré les précautions que vous suggérera votre prudence. Les plus grands des hommes ont été exposés à ces sortes d'injustice ; rendez donc au plus tôt vos ouvrages publics et marchez à la gloire que vous méritez. Plus vous vous ferez connaître, plus on applaudira au choix que nous avons fait de vous pour succéder à Me de Sacy. »

Me Marais lui-même s'indigne, note :

« Le président de Montesquieu donne [fait imprimer] sa harangue à part, ne l'ayant pas voulu joindre avec cette lettre de M. Mallet qui est une satire. […] Toutes ces tracasseries me dégoûtent. »

Usbek et Rica, n'eût été la prescription coranique, eussent arrosé cela, quant à Mme de Lambert, elle ne parvint point à faire entrer M. de Marivaux — rassurez-vous, cela viendra —, mais décroche le XIIᵉ fauteuil à l'abbé Jean Terrasson, professeur, au Collège de France, de philosophie gréco-latine, et économiste à ses heures. Il faut lui savoir gré d'avoir reconnu avant M. de Montesquieu, l'utilité du système de Mr. John Law. *La vieille*, comme la nommaient avec tant d'élégance ses adversaires, finit par le devenir et rend l'âme en 1733, à l'âge de quatre-vingt-six ans. Le bon goût conserve.

6

BON VOYAGE, MONSIEUR LE PRÉSIDENT.

« Les voyages forment la jeunesse. » Peut-être, mais ne se révèlent-ils pas plus utiles à la maturité ? Pour apprendre, il importe de savoir déjà beaucoup. N'en déplaise au président Herriot : la culture c'est ce qui reste lorsque l'on n'a rien oublié.

Rica s'est étonné en visitant la France. Son père entend être surpris en se promenant à travers l'Europe. Gentilhomme fermier, coqueluche du premier des salons parisiens et de palais princiers, va-t-il lancer le cosmopolitisme ? À la vérité, la situation politique s'y prête. Les guerres du Roi-Soleil et l'acharnement anglo-hollandais à le faire passer pour un despote avaient ralenti les échanges « intellectuels ». Certes, les derniers conflits n'ont jamais empêché les stations prolongées en territoires ennemis non plus que les échanges de captifs, mais ce « tourisme obligatoire » n'a concerné que des militaires. Maintenant, les civils peuvent se promener lorsqu'ils le désirent. Enfin, entendons-nous, « qui veut voyager loin ménage sa voiture », mais encore faut-il que la monture ou le carrosse tiré par deux chevaux présente des qualités et soit bien agencé. Il en va de même, bien sûr, pour les voyageurs.

Voir de l'extérieur, c'est bien, voir de l'intérieur, c'est encore mieux. Par anticipation, nous évoquons le *Diable amoureux* de Jacques Cazotte ; le personnage soulève le toit des maisons et peut en examiner et en juger les occupants. C'est ainsi que va procéder M. de Montesquieu. Oui, mais est-ce si facile ? C'est entendu, un baron, président à mortier, devient un personnage lorsqu'il appartient aux Quarante, toutefois, la condition sociale d'un écrivain, si

97

elle a singulièrement progressé depuis Jean Racine, demeure en retrait de celle d'un grand, qu'il soit lieutenant général ou bien ambassadeur, ou sans activité, mais duc et pair. Le comte de Waldelgrave, neveu, on l'a dit, du maréchal de Berwick, s'est mis au service de George II, lequel, contrairement à son père George Ier, parle l'anglais, mais ajoute la dépravation à la cruauté. Cet usurpateur perfide mais physiquement courageux est, en bon Hanovre, l'ennemi mortel de Jacques III Stuart, demi-frère du maréchal. Qu'importe, M. de Berwick, devenu tout français, ne tient pas rigueur à son neveu d'avoir accepté (ou sollicité) l'ambassade de Vienne. Le 5 avril 1728, le diplomate invite le Président à prendre place dans son carrosse. De Paris à la capitale de l'Empire, il faut emprunter des chemins d'apocalypse, et la voiture, ô miracle, ne verse qu'une fois. Le 30 avril, coup d'œil sur le Danube pas plus bleu qu'à l'habitude. Au palais d'été de Laxenbourg, le 20 mai, le Président se voit par lord Waldegrave présenté à Sa Majesté Apostolique Charles VI, chef du Saint Empire romain de nation germanique. C'est le titre le plus prestigieux du monde, ou du moins de l'Occident. Si le prince à la couronne crucifère a longtemps fait parler la poudre, il ne passe pas pour l'avoir inventée. Mis à la porte d'Espagne — où il se faisait appeler Charles III — par le maréchal de Berwick, il est devenu par élection le successeur de son frère Joseph Ier. Il a gagné des possessions dans les Italies, et, pour M. de Montesquieu, ces transferts de souveraineté ne vont pas sans importance. Quel représentant de l'Empire oserait lui fermer sa porte dès lors que le souverain l'a gracieusé ? Bien sûr, il importera de rendre des politesses, et pour ce faire, on ne saurait souffrir d'un mal de gousset. Or, la littérature ne nourrit pas son homme, mais la Présidente veille sur les fiefs et propriétés. Si l'on ne peut vivre noblement de son encre, cela demeure aisé grâce au vin et à l'armagnac.

De l'art de se renseigner

D'une connaissance livresque et d'une imagination fertile, le Persan de La Brède a créé la sociologie, et tant pis si nous le répétons pour la énième fois, le jeu vaut bien la chandelle. De ses voyages il va tirer la géopolitique. Que d'autres l'aient pressentie avant lui ne prête point à discussion. Leibniz en tête et même le brave abbé de Saint-Pierre méritent de figurer sur la liste. M. de Montesquieu va cependant conférer non plus des données approximatives à cette science en gestation, mais fournir « sur le terrain » le rapport précis entre les mœurs tributaires des ethnies, les intérêts économiques et les nécessités d'une pratique saine de l'art politique.

Nourrit-il l'intention de publier un récit de ses voyages ? Dans les débuts, sûrement pas. Il prend des notes, et si elles sont bien écrites, c'est qu'il ne sait pas procéder autrement. S'il ne tient pas à rapporter ses impressions, c'est aussi qu'il a tôt fait de l'apprendre : un portefeuille gardé sans tour de clef est retrouvé fermé, après une absence d'une auberge, preuve que les exempts de l'Archimaison prennent connaissance de textes qu'ils croyaient verrouillés et ne l'étaient pas. Les bévues du N.K. V.D. ne sont pas nées d'hier. Le Président ne tient pas rigueur à Charles VI de pratiques policières généralisées dans les États et trace de Sa Majesté Apostolique et de l'impératrice Élisabeth de Brunswick des portraits brefs mais aimables. Il ne nourrit aucune rancune contre la maison d'Autriche. Le sait-il : Louis XIV, à la fin de son règne, jugeait obsolète la rivalité Bourbons/Habsbourgs dès lors que l'Archimaison ne prenait plus la France en étau en tenant l'Espagne. Il l'apprendra peut-être de notre représentant à Vienne, duc de Richelieu, et, à coup sûr, plus tard par notre ambassadeur, cardinal de Polignac. Comme tous les timides, le baron *se lance* parfois et devient éblouissant. De toutes les Lumières (sauf M. de Marivaux et les épigones de la troisième génération, MM. Mallet du Pan, Sénac de Meilhan et de Rivarol) il sera le seul à ne pas être atteint par le mal du siècle : l'austrophobie. Pour autant, il tient à donner de la France la meilleure image ; le feld-maréchal prince Eugène, fils d'Eugène Maurice de Savoie-Carignan et d'Olympe Mancini, donc petit-neveu du cardinal de Mazarin et le plus grand homme de guerre, avec MM. de Villars et de Berwick, de l'Europe, l'interroge sur les conséquences de la bulle *Unigenitus* devenue loi de l'État, il lui répond :

— Le Ministère prend des mesures pour éteindre peu à peu le jansénisme et dans quelques années, il n'en sera plus question.

— Vous n'en sortirez jamais. Le feu Roi s'est engagé dans une affaire dont son arrière-petit-fils ne verra pas la fin.

Nous savons, nous, que le petit-fils (Louis XVI) de l'arrière-petit-fils (Louis XV) mourra victime de la collusion des néo-port-royaliens et des ultra-gallicans, mais M. de Montesquieu, sans se trouver à même d'émettre une aussi sombre prédiction, le sait parfaitement : la « fracture » est loin d'être réduite, mais lorsqu'il y va de la santé morale de sa nation, l'hôte du prince Eugène n'hésite point à mentir.

Ce ne sont pas les hommes qui font les institutions mais les institutions qui font les hommes

L'établissement du constat ne viendra que dans deux siècles, cependant le voyageur procède comme s'il existait déjà. Il apparaît difficile pour un Français, quelle que soit l'ampleur de son érudition, de saisir la complexité des rouages — quand ils existent — de la Babel impériale. Le César est le maître partout, mais le dernier des principicules l'est chez lui.

L'Autriche, la Bohême, la Hongrie forment le domaine héréditaire des Habsbourgs, mais le reste, soit les trois quarts des Allemagnes, se répartit en quelque trois cents souverainetés. La couronne crucifère demeure élective mais n'est jamais sortie de la maison de Habsbourg depuis 1438 (attention, cela va revenir). Les porteurs de bonnet se comptent neuf : les archevêques de Trêves, Mayence et Cologne, le roi de Bohême — il vote pour lui-même — le duc de Bavière, le palatin du Rhin, le duc de Saxe, roi de Pologne par élection, le hanovrien roi d'Angleterre, le margrave de Brandebourg, roi de Prusse. Mais « les neuf lampes de l'Apocalypse » ne brillent que lorsque leurs vassaux, les vassaux de ces vassaux et les vavasseurs d'autres vavasseurs le veulent bien. Pour couronner le tout — si l'on ose dire — existe une Diète réunie de temps en temps à Ratisbonne. N'allons pas oublier les républiques hanséatiques. Dans certaines villes, les bourgeois — ce n'est point un état mais une dignité — dominent. Dans d'autres ils partagent avec la noblesse l'autorité. Le servage, proscrit ici, est maintenu en d'autres lieux. La majorité des Électorats sont catholiques, mais ce ne sont pas les plus puissants. Comme tout cela paraît simple.

Attendez un peu. Il est des cités administrées paritairement par des fidèles à Rome et des adeptes de Luther. A.E.I.O.U. : *Austria est imperare orbi universo* (il appartient à l'Autriche de commander à tout l'univers). Pareille devise pourrait prêter à rire, M. de Montesquieu s'en garde bien. Bien sûr, il s'amuse de certains travers germaniques, et notamment de l'abus des prédicats et des titres. Comme il n'entend point la langue allemande, il comprend cela tantôt en français tantôt en latin. Il se réjouit d'entendre la haute société parler et écrire notre langue, demandant même à son collègue l'abbé d'Olivet de lui faire tenir quelques ouvrages de Mme de Lambert pour les offrir à des gens de qualité. Il n'oublie pas la chère marquise et l'assure qu'elle seule manque à son bonheur. Pour en savoir plus de la Hongrie, il s'enivre avec l'évêque Ladislas de Csnanyi qu'il prend pour le métropolite de Belgrade.

Cher Président, vous ne changerez jamais ; votre appétit de connaissance vous conduit — pas à Bordeaux — à boire plus que de raison. Passent la langue en palissandre et la migraine, et vous voilà reparti quêtant des informations. Avec le maréchal Guido, comte de Starhemberg, le Président cherche à savoir comment une armée aussi disparate a pu tenir si longtemps en Espagne contre le cher Berwick. Le voici de nouveau en conversation avec deux paires de prélats magyars. Pourquoi ? Parce qu'il croit, à tort ou bien à raison, que

> « nous aurons encore dans la Hongrie et la Pologne une idée juste de l'Europe d'autrefois ».

Importe-t-il de chercher à travers ces lignes une nostalgie ? Pas sûr. Le passé gouverne le présent, mais dans l'esprit du Président, la connaissance du premier va contribuer à l'amélioration du second.

L'inconvénient, lorsque l'on se donne pour tâche de rapporter l'existence de M. de Montesquieu, c'est que le lecteur le moins averti nous précède et marmonne :

— Comment vont-ils se tirer de la visite aux mines de Harz ?

Évidemment, le procédé le plus simple consisterait à faire intervenir Usbek et Rica. Le père les a suffisamment étonnés pour qu'à leur tour, ils s'étonnent de ses étonnements. Le Persan de La Brède ne trouve néanmoins point sa satisfaction dans la surprise, mais dans la compréhension.

Deux fontaines semblent convertir le fer en cuivre. Il emporte une bouteille de leur eau pour la faire analyser. Nous ne connaîtrons point le résultat. À Koenigsberg, un Anglais, Mr. Porter, lui présente une machine à vapeur

> « servant à tirer l'eau d'une mine par le moyen de pompe qu'elle fait aller ».

Ainsi, la découverte du docteur Papin, protestant et n'étant pas rentré chez nous à la révocation de l'édit de Nantes, est perfectionnée dans les Allemagnes. Le Président ne s'attarde pas sur ce point.

Descend-il dans les mines de Harz avec le « casque de rigueur » ? Dans ce cas, il aura dû se défaire de sa perruque *in-folio*… Si le dépaysement l'amuse, encore que ses interlocuteurs parlent et écorchent souvent le français, il recherche les équilibres économiques. Sans aller jusqu'à le prétendre, ce sera pour la prochaine fois : la somme des intérêts particuliers n'a jamais formé l'intérêt général, il saisit dans son ampleur la complémentarité des économies.

> « Quoique les mines d'or, d'argent et de cuivre ne donnent que des frais, néanmoins elles sont très utiles parce que, placées dans un pays abondant en blé et en vin, elles occupent dix mille hommes. Elles se trouvent dans l'État, y occupent des denrées surabondantes. Elles sont la manufacture du pays. »

Son amour du genre humain le lui fait comprendre : les premières concentrations industrielles ne sont pas condamnables dès lors qu'elles créent un circuit demande-consommation. Tous les montesquiologues, M. Louis Desgraves en tête, discerneront le sens de l'économique. Nous le retrouverons dans les *Mémoires sur les mines* lus devant les académiciens de Bordeaux, le 25 août 1731.

Le chat se brûle les pattes

Adulé, le Président se met en tête de servir plus directement sa nation. Il fait des offres de service au cardinal de Fleury et au garde des Sceaux Germain-Louis Chauvelin. Que convoite-t-il ? Une intendance ? Non. Une ambassade, peut-être, un portefeuille ministériel, sans secrétariat d'État, ou bien un poste de premier commis des Affaires étrangères ? D'évidence, il commet une erreur ; ce n'est pas au début de son voyage, mais au retour qu'il eût dû solliciter un grand emploi. Il était plus aisé pour lui de faire valoir sa connaissance de l'Europe, et surtout son aptitude à veiller à l'équilibre de nos échanges diplomatiques et financiers. On serait tenté, monsieur le Président, de considérer que vous avez manqué le coche pour l'avoir voulu prendre trop tôt. Est-ce si sûr ? *Primo* : Si M. le Cardinal vous répond bénignement c'est sans s'engager. *Secundo* : Si M. Chauvelin laisse votre lettre sans réponse, c'est que le torchon brûle entre l'Éminence et le garde des Sceaux, car Mgr de Fleury soupçonne son ministre de vouloir devenir le principal, et, partant, de l'envoyer méditer chez les religieux d'Issy. Louis XV atteint dix-huit ans et travaille en parfaite harmonie avec M. le Cardinal, mais leur correspondance étant perdue, et comme nous ne possédons pas de comptes rendus des Conseils d'en haut et des dépêches, nous ignorons si la requête est venue jusqu'à Sa Majesté. La seule trace de l'offre de service ne nous est connue que par une lettre du Président à l'abbé d'Olivet, en date du 10 mai 1728. Soit dit en passant, le bon abbé ne s'était pas montré chaud partisan de l'entrée de M. de Montesquieu chez les Quarante, mais depuis lors, il applique les règles de solidarité de la compagnie. L'élu des uns devient celui de tous.

Nous demeurons en droit de nous interroger : certes, le baron se révèle moins un théoricien qu'un empirique, pourtant sans vouloir l'offenser, il se montre parfois dogmatique. Ici, la question se pose : un docteur ès sciences sociologiques et abordant déjà la géopolitique peut-il devenir un homme d'État ? La théorie n'apparaît-elle pas comme peu compatible avec la pratique, que ce soit dans les disciplines juridiques, diplomatiques sans évoquer le hiatus le plus flagrant entre les stratèges en chambre et les hommes de guerre « sur le terrain » ? Contrairement à la légende dont a fait dès longtemps justice, « l'administration » (le mot n'appartient pas à l'époque) est extrêmement absorbante. Eût-elle laissé le temps à M. de Montesquieu de s'adonner pleinement à son œuvre ? Nous avons anticipé sur la visite aux mines de Harz (28 septembre 1729). Qu'on nous pardonne ; nous voulions savoir comment un gentilhomme fermier réagissait devant des problèmes industriels à peine connus en France depuis l'expérience, sous Louis XIII, de la baronne de Beausoleil, puis l'ouverture, aux derniers jours de l'existence terrestre de Louis XIV, des gisements d'Anzin. À moins que le Président ne soit allé deux fois à Harz... De retour à Vienne au mois de juin, il reçoit une lettre de l'ambassadeur espagnol à Moscou de Philippe V, duc de Liria et de Xerida. La réaction du Président nous semble étrange. Il décline, en des termes d'une infinie courtoisie, l'invitation de l'aîné des Berwick. Ce qu'il sait de la Russie de Pierre II Alexeïevitch ne l'enchante pas. Serait-il un cas unique ? Non, seuls le voyage en France et la personnalité hors du commun de Pierre Ier le Grand avaient attiré l'attention sur l'empire des steppes. Saint-Pétersbourg et Moscou ont cessé d'être à la mode. Le fait russe, comme disent les kremlinologues, ne va plus préoccuper les Français jusqu'au règne d'Élisabeth la Clémente. Les grandes villes sont copiées sur les cités italiennes avec le soleil en moins, quant aux marches de l'Est, on voit mal comment on pourrait y nourrir une rossinante. Sans doute apparaît-il dommage que le voyageur ne se soit pas détourné vers les quais de la Néva, mais que voulez-vous ? Il veut s'informer en s'amusant, et il éprouve l'anxiété de s'informer sans s'amuser. Voilà la raison pour laquelle il a décliné l'invitation de M. le duc de Liria.

Les Italies

Ne comptez pas sur nous pour vous rapporter par le menu les voyages du Président, d'autres se sont livrés à cette tâche non sans brio, mais il nous semble que le mieux consiste encore à le lire.

Le 16 août, il arrive à Venise. Quitte à nous contredire, impossible de ne pas rendre compte de l'impression produite sur lui par la cité lagunaire. C'est devenu, nul ne l'ignore, un exercice de style que de décrire la Sérénissime. Voici trente années, elle occupait la moitié de son temps à fêter le carnaval. Faute de moyens, elle s'est un peu réduite, mais ne lésine pas sur le plaisir. C'est une manière d'oublier qu'elle fut grande, ou, plutôt, de se donner l'illusion de le rester. La capitale du libertinage demeure celle de la tyrannie. Manière de faire accroire qu'elle vit toujours alors qu'elle s'en donne l'illusion. Est-ce pour compenser sa faiblesse qu'elle recourt à la tyrannie, et pas une tyrannie comme tant d'autres, un despotisme de gens élus ou cooptés, faut voir comme, mais élus tout de même. Le Président, après s'être extasié comme tout un chacun, mais ni mieux ni plus que d'autres, sur cette ville où la débauche se met au lit avec la mort, interroge passionnément son ami, l'abbé Antoine Conti, mais le savant théologien et apôtre d'un cartésianisme s'acclimatant moins bien dans les Italies qu'en France peut malaisément fournir des réponses. Le R.P. de Malebranche n'est point passé par là.

Le Président va trouver deux interlocuteurs chéris par la postérité, Mr. John Law, comte de Tancarville, « des premiers barons d'Écosse », ancien surintendant des Finances sous S.A.R. le Régent et errant de ville en ville depuis que son protecteur a dû s'en séparer, non sans lui faire tenir, à l'instar de Monsieur le Duc (de Bourbon), quelques douceurs, et Claude Alexandre, comte de Bonneval.

Le Président dans les *L.P.* ne s'était pas montré gracieux pour le système. La CXXXII^e nous présente ses malheureuses victimes. La CXXXVIII^e évoque un « étranger malfaisant », la CXLII^e « un charlatan qui vend du vent aux Français et leur prend leur or ». Au vrai, l'Aquitain et l'Écossais ne hantent point la même planète. Bordelais, M. de Montesquieu se méfie des compagnies et ne passe par elle, et avec mille précautions, que pour vendre son entre-deux-mers et son armagnac. Pour lui, la fortune demeure terrienne. Traitants, partisans, détenteurs de croupe dans la Ferme générale sont *a priori* suspects. Oui, bien sûr, mais tout le monde n'est pas Turcaret, et Mr. John est doté d'un charme rare. Le Président écoute, lance, nous semble-t-il, de rares objections. À l'issue de deux rencontres, les 29 et 30 août 1728, peut-être le 31, il note :

« C'est un homme captieux et dont toute la force est de tourner votre raisonnement contre vous, en y trouvant quelque inconvénient ; d'ailleurs plus amoureux de ses idées que de son argent. »

Donc, il a parlé plus qu'il ne le prétend. La British Company vient de carambouiller comme naguère la compagnie des Indes occidentales, et cette faillite, si elle n'incombe pas à Mr. John le prouve : les gens les mieux intentionnés peuvent mener les épargnants au désastre. Le comte de Tancarville explique sa chute par la révocation de l'édit de dévaluation des billets ; M. de Montesquieu n'en démord pas : le système présentait des aspects nocifs, mais son initiateur ne doit pas être tenu pour un malhonnête homme. À trois ans de sa fin, le sorcier de la rue Quincampoix n'a point persuadé son interlocuteur de l'opportunité de ses pratiques, mais son honnêteté foncière lui vaut une manière de *quitus*. Le Président ne répugne pas à rendre son estime à ce gentilhomme qu'il calomnia, mais il n'est pas à même de comprendre que le système, s'il a dégoûté les agioteurs de la monnaie-papier, n'en a pas moins jeté les bases d'une économie nouvelle. M. de Montesquieu ne peut y voir clair ; ses amis les plus huppés, Monsieur le Duc, pas encore Premier ministre à l'époque, et M. de La Force, bientôt gouverneur de Guyenne et protecteur de l'académie d'icelle, ont ruiné le système en dépouillant Mr. John de son argent et même de son suif et de son savon.

L'Histoire, pour une fois objective — ne l'oublions pas, elle est souvent phagocytée par les historiens — a rendu justice à Mr. John. Le Président a salué son désintéressement mais condamné son principe. Tout le monde peut se tromper.

Les véritables liens d'amitié tissés entre le baron de Montesquieu et le comte de Bonneval nous paraissent surprenants. Le personnage, dont la destinée fera rêver Bonaparte au temps de sa disgrâce avant vendémiaire, ne peut susciter l'estime, mais son aptitude à démêler les intrigues aidera puissamment le voyageur à saisir dans son grotesque et sa fantaisie le gouvernement tyrannique du conseil des Dix.

M. de Bonneval fut d'abord marin, puis devint officier général. Il s'illustra sous le maréchal Catinat, puis le duc de Vendôme dans les Italies, pendant la guerre de la Ligue d'Augsbourg. Ayant gravement insolenté la marquise de Maintenon, insupportable, il est vrai, mais ne méritant pas d'être insultée, le lieutenant général est rayé des contrôles de l'armée par M. de Chamillart, ministre secrétaire d'État à la Guerre. Parfait ! Le comte passe aux Impériaux, devient feld-maréchal-lieutenant pour sa « brillante » conduite à Malplaquet contre M. de Villars. Aux Pays-Bas autrichiens, il répand des pamphlets orduriers contre la femme d'un gouverneur. Le scandale prend de telles proportions que le prince Eugène, plutôt conciliant, tente d'arranger l'affaire. M. de Bonneval s'opiniâtre et tâte de la forteresse du Spielberg. Après quoi, comme tous les aventuriers, il gagne Venise. Médite-t-il déjà l'opération dont l'on sait qu'elle le fera passer à la postérité ? Violent mais habile, il n'en souffle mot à son nouvel ami. Dans deux ans, après une fausse circoncision à Sarajevo, il prendra du service chez Selim III, réorganisera l'artillerie du Grand Seigneur et, non sans devenir Asmeth pacha, pas n'importe quel pacha, s'il vous plaît, à trois queues.

Tous les écrivains de quelque conséquence écriront leur *Venise*, ou même, soulignant la pluralité de la capitale de l'Adriatique, leurs *Venises*. Le Président s'attardera tout juste sur cette splendeur déchue, rendez-vous des gens bien ayant mal tourné, comme Mr. John, ou des gens mal sur le point de tourner plus mal encore, comme le comte de Bonneval. Pourquoi, lui, dont « l'âme se prend à tout » ne précède-t-il pas les Musset, les Stendhal, les Barrès, les Régnier, les Morand, les Green dans les somptueuses peintures de la cité lagunaire ? Pourquoi ? Mais la réponse coule de source. Les « ciseleurs » de Venise nous donneront des pages sublimes consacrées à la ville morte. Or, lorsque le Président va d'églises en palais, et loue une gondole tout comme un autre, il séjourne dans un État encore vivant et n'en finissant point d'agoniser dans l'arbitraire. La Sérénissime et la Superbe (Gênes), celle-ci moins méchante chez elle qu'en Corse, ont forgé leur dictature sur le secret, et plus leur importance sur l'échiquier mondial décroît, plus augmente leur ploutocratisme. M. de Montesquieu ne se tient pas pour un fabricateur de systèmes, mais il entend les comprendre tous. Du temps qu'il donnait les *L.P.*, il se gaussait des imperfections de la monarchie française, et l'on demeure en droit de s'interroger : sans attenter à la puissance royale, n'a-t-il pas songé, comme feu M. de Fénelon, à quelque forme aristocratique, décentralisée, bien sûr, mais même un rien polysynodique ? Le séjour dans la cité des doges le guérit à tout jamais des tentations aristocratiques. Qu'il tienne au rôle de la noblesse, il n'en démordra de sa vie, il ne condamnera point les fiefs, non plus que le négoce honnête, mais la dictature de ce que nous nommerions de nos jours « l'argent sale ». Le 15 septembre 1728, il écrit au maréchal de Berwick :

> « C'est une ville [Venise] qui ne conserve plus que son nom, plus de forces de commerce, de richesse, de lois ; seulement la débauche qui s'appelle liberté. »

Entre nous, monsieur le Président, si vous ciselez cette jolie phrase destinée à votre idole, une idole peu portée sur la chose sauf en légitime mariage, vous le lui dissimulez : vous n'avez pas hésité, nous semble-t-il, à mélanger votre perruque *in-folio* aux coiffures d'un blond vénitien. Et dire que pendant ce temps Mme de Montesquieu claudique à travers votre domaine afin que de le faire fructifier !

Turin, capitale de l'absolutisme

M. de Montesquieu néglige de stigmatiser la scandaleuse politique extérieure de Victor Amédée II, duc de Savoie du chef de ses pères, et roi de Sardaigne du fait d'une succession de paroles données et aussitôt retirées. Non, il paraît inutile de souligner ce que chacun sait. Une autre démarche conduit son analyse. Français et bon Français, il adopte le regard des « administrés » des pays dont il est l'hôte. On le soutiendra : c'est une forme de cosmopolitisme. Pas véritablement, il s'agit plutôt d'une distanciation. C'est encore une manière de se montrer persan. Gardons-nous de tenir M. de Montesquieu pour un prophète, et cela d'autant plus qu'il eût fort mal pris une appellation qu'il ne pouvait ni ne voulait contrôler. On l'observera cependant : il discerne le danger que présente une royauté récente aux mains d'un prince fourbe mais surtout privée d'institutions anciennes, et partant, modérées. Manifestement, la vieille mais longtemps chétive maison de Savoie joue un rôle trop considérable dans la péninsule. Ce n'est pas que M. de Montesquieu se montre hostile à la nouveauté. Après tout, comme l'écrira son futur collègue Voltaire : « Le premier qui fut roi fut un soldat heureux. » Reste que Victor Amédée se conduit en despote allant jusqu'à disgracier le marquis Graneri parce que ce seigneur a refusé la présidence du sénat de Nice. *Idem* pour plusieurs autres. Au vrai, le Roi se montre furieux que l'on n'accorde point assez de prix à ses faveurs. Ce n'est pas encore le moment d'y venir, mais sans s'y rendre, sur la foi de renseignements exacts, le Président relèvera les mêmes symptômes dans l'autre royaume tout neuf : la Prusse.

La Superbe en loques

Le voyageur parvient à Gênes le 9 novembre 1729. L'âpreté des Vénitiens peut trouver une excuse dans l'édification de chefs-d'œuvre, mais comment absoudre les Génois ? Le doge lui-même se livre au commerce, et aussi maladroitement que ses administrés. La Sérénissime se donne les allures d'une république, la Superbe n'est qu'une société anonyme. La terre est mal répartie, et les lots les plus vastes sont les moins cultivés.

« Les nobles [aristocrates] génois sont aussi détestés que ceux de Venise sont aimés. »

Comme c'est étrange : le Président se déplaisait sur l'Adriatique, mais ses couleurs lui paraissent plus chatoyantes maintenant qu'il séjourne dans l'antique Ligurie. Il dénonce une inégalité choquante entre les importants et les gens de peu. Comme à Venise, à Turin, la délation sévit. C'est presque un honneur, en tout cas un avantage de pratiquer le métier annexe mais lucratif d'espion. Avec des loups pour dissimuler les traits, et des manteaux couleur de muraille, et *des poignards, des palais*, comme dit la chanson des années 1920, la Sérénissime, le royaume de Savoie, la Superbe présenteraient les charmes des romans de cape et d'épée si l'une n'était trouée et l'autre ébréchée, mais de ces trois États le plus exécrable demeure Gênes, car son pain et sa pâtisserie demeurent les plus mauvais, en dépit de leur réputation probablement ultérieure. M. le Président, armé d'une stupéfiante prescience, dénonce la pire des injustices, celle dont dans la France d'aujourd'hui nous sommes encore victimes : il est moins grave, infiniment moins grave de tuer son voisin que de négliger de payer ses impôts. Trucider un ami peut toujours être absous si le cousin de la petite amie de votre concierge est en proie à des problèmes psychologiques, en revanche, comment obtenir l'*aman* pour avoir mal rempli la moindre feuille de déclaration ?

Florence

Le gentilhomme le plus perspicace peut parfois se montrer naïf, et M. de Montesquieu n'échappe point à la règle. Excusons-le ; il voit ce qu'il voit ou ce qu'on lui raconte, mais ne cherche point — cela viendra plus tard — comment des apothicaires, à ce que prétendent leurs ennemis, sont passés de l'état de négociants à celui de banquiers, puis enfin de gonfaloniers de la république de Florence avant que de devenir grands-ducs de Toscane. N'est-ce pas, pourtant, en inventant la notion de profits, en organisant un relais très serré avec Lyon et les subtils manieurs d'argent des villes hanséatiques, tels les Fugger, que les Médicis sont parvenus à semblable destinée ? Croyez-nous, il en sait autant que vous de cette famille dont la France hérita d'un génie, Catherine (mais sa mère était née La Tour d'Auvergne), et d'une grosse bonne femme, Marie, dont Mme Françoise Kermina, armée de son savoir et de son tact, montre qu'elle fut moins funeste qu'on ne l'a prétendu.

Non, le voyageur le constate avec plaisir : Florence bénéficie d'un gouvernement modéré. Il n'est pas sous sa plume de terme plus majoratif qu'icelui. Le Président louange le grand-duc Jean-Gaston et va jusqu'à trouver dans son goût « de trois quarts de vin » des arguments pour prouver qu'il est sincère avec ses ministres et bienveillant envers son peuple.

« Il y a à Florence une domination assez douce. Personne ne connaît et ne sent guère le prince et la Cour. Ce petit pays a, en cela, l'air d'un grand pays. »

Heureuse formule juste au présent, mais fausse quant au passé. M. de Montesquieu se reconstruit un grand-duché conforme à ses goûts du moment et met une ombre de cynisme dans son historiette :

« Les princes qui ont changé la forme de l'État, qui se sont rendus les maîtres et veulent empêcher le peuple de le sentir doivent garder tant qu'ils peuvent la simplicité des manières de la République parce que rien n'est plus capable de le faire penser que l'État n'a pas changé ou change peu, puisqu'il voit toujours l'extérieur de l'État républicain. Et c'est ce que les grands-ducs de Florence firent à merveille : ils prirent la domination et conservèrent la simplicité de la République. »

Intentons un procès au Président. Est-ce à l'hôte de Monsieur le Duc ou bien au vigneron de La Brède que nous devons ce trait de machiavélisme (au mauvais sens du terme) au pays de messire Nicolas ? Au vrai, le reporter s'est mal informé. Il a pris l'aimable Jean-Gaston pour ses prédécesseurs, mais, après tout, la faute demeure bénigne. Le grand-duché de Toscane (et non de Florence) passera bientôt, en 1737, à François de Lorraine et à Marie-Thérèse de Habsbourg. Reste que l'Archimaison se montre simple dans les Italies et, de ce fait, saura pour un temps s'y faire aimer.

Rome, unique objet de mon ressentiment

Le 13 janvier 1729, M. de Montesquieu parvient dans la Ville éternelle. Le malheur pour lui : elle est double ; Cicéron y fut revêtu de la magistrature consulaire, et saint Pierre y construisit l'Église. Faut-il relever une contradiction ? Le souvenir du dernier des stoïciens doit-il chasser celui du premier des pontifes chrétiens ?

Séjourner à Rome ne constitue pas, ou presque pas, un dépay-sement. Certes, l'on visite quelques ruines, mais ne sont appréciés que les voies antiques, le Colisée, refuge de milliers de chats, et quelques colonnes de temples ayant défié dix-sept siècles. D'évidence, l'architecture, la sculpture, la peinture de la Renais-sance intéressent le voyageur, mais n'allons pas le paraphraser. Il suffit de relire son récit pour constater qu'à l'instar des hommes de son temps, il va loin dans la connaissance d'arts acclimatés en France depuis François Ier. À noter qu'il ne fait pas exception dans son peu d'enthousiasme pour le gothique. La critique d'art n'est pas née ; l'intéressant c'est qu'il se définit à travers ce qu'il aime : la majesté, un peu, le naturel, beaucoup, l'équilibre, passion-nément. Sans bouder les grands maîtres, il place Raphaël au-dessus de tous. Il se montre souvent difficile à suivre, passant avec une déconcertante désinvolture de l'Urbs à la Ville éternelle. Que les chefs-d'œuvre d'autrefois ou de jadis « se vendent morceau par morceau », que la simonie sévisse avec impudence l'indigne mais ne l'encolère pas : il s'attendait à constater semblables trafics. Apparaît-il normal que la cité de Dieu soit plus pauvre que celle des dieux ? Il ne nous en dit rien. Elle comptait, sous les Antonins, près d'un million d'habitants, est, au XIe siècle, tombée à quelque trente à quarante mille, et ne s'est relevée à deux cent mille qu'au prix d'une fiscalité si féroce que les cardinaux, afin d'éviter à leur famille des droits de succession exorbitants, ont consacré tout leur avoir à l'édification de leur tombeau. Le petit peuple ne serait pas plus malheureux qu'en bien des contrées si ne sévissait un mal dont on ignore l'origine et que la France ne connaît que dans les campagnes pélagiennes de la Brière — cela, M. de Montesquieu semble l'ignorer — ; la malaria. Cette affection, voisine du palu-disme, communiquée par les moustiques mais sans contact avec les lauriers-roses, rend les malades inaptes au travail et provoque ce que nous nommons un état dépressif. Pareil fléau ne va point sans émouvoir le Président ; en premier lieu parce qu'il souffre du mal des autres, en second lieu parce qu'il supporte difficilement de ne pouvoir obtenir une explication.

Le rouge et le rose

Le voyageur, tout cicéronien qu'il soit, a besoin d'un cicérone. Dès son arrivée, en homme de qualité, il s'est fait recevoir en audience par notre ambassadeur, cardinal Melchior de Polignac. Le prélat est en poste depuis 1727 et vient d'obtenir la soumission de son collègue, Mgr de Noailles, à la bulle *Unigenitus*. La plus franche affection va se nouer entre le Président et l'Éminence. Son rôle considérable amène le voyageur à l'interroger comme on lit un livre d'Histoire. Melchior de Polignac descend-il de Sidoine Apollinaire, lequel parle de sa maison paternelle d'Apollinacium ? Nous n'en mettrions pas notre main au feu. En revanche, son ancienne extrace ne peut prêter à douter. Au XIIᵉ siècle, les Polignac possèdent le droit de haute et basse justice sur leur modeste terre du Velay, à moins d'une lieue du Puy, ville où l'enfant serait né le 11 octobre 1661, à moins qu'il n'ait vu le jour à Paris. Il se distingue au collège de Clermont. Vient l'heure de sa thèse. Elle est tout empreinte de cartésianisme. Le R.P. de Malebranche n'ayant point encore concilié Descartes et saint Augustin, avec une souplesse et une habileté peut-être plus diplomatique encore que théologique, mais, en tout cas, opportune, le candidat s'en remet à saint Thomas d'Aquin, et s'offre un triomphe. Lorsque l'on sait combien le cardinal de Bouillon se montrait ivre de blasonnements et de couronnes fermées — n'allait-il pas jusqu'à nommer Dieu « le gentilhomme d'En-Haut » ? —, on comprend mieux pourquoi ce La Tour d'Auvergne porta sa dilection sur un « pays » dont la tour octogone balançait la sienne, sinon en taille du moins en ancienneté. Hors cette passion pour les lions lampassés de gueules et les aigles aux ailes déployées, le prince de l'Église savait fixer son vaste esprit ailleurs que sur la ménagerie héraldique. Il forme l'abbé de Polignac, l'emmène à Rome dans le moment que les constitutions gallicanes, toutes modérées qu'elles nous semblent, amènent Alexandre VIII (en 1689, l'an que naît Charles-Louis de Secondat), puis Innocent XI à se contenir malaisément de fulminer contre cette forme édulcorée de néo-anglicanisme mise au point par Louis le Grand et le futur aigle de Meaux, encore oisillon de Condom. Les affaires s'arrangent plutôt mal que bien pour le Vatican. L'abbé, ambassadeur en Pologne, fait, au décès de l'irremplaçable Jean Sobieski, élire roi le très remplaçable prince de Conti. L'altesse sérénissime arrive en retard. Le coup est manqué. Pas grave. L'échec ne déplaît point à Louis XIV, et le Soleil ne s'assombrit pas longtemps, et nanti du siège, chez les Quarante, de Bossuet, en 1709, voici l'abbé de Polignac auditeur de rotes, plénipotentiaire aux conférences de Grestuenberg et au congrès d'Utrecht. En 1713, vient le chapeau. Sur quelle tête ? Elle est admirable : si le front n'est point très vaste, le regard est perçant (pardon !), le nez aquilin, la bouche un peu sévère — mais s'ouvre de bonne grâce —, le menton volontaire encore que sans prognathisme, tout cela si l'on s'en remet à la toile de Hyacinthe Rigaud. Avec la Régence, le ciel ne se chargerait pas de nuages si, après sa charge à fond contre l'abbé de Saint-Pierre, offenseur de la mémoire de Louis XIV dans son inepte *Éloge de la Polysynodie*, le cardinal, plus que sensible aux charmes de la duchesse du Maine, n'avait aidé son époux à cabaler contre monseigneur Philippe II d'Orléans. Aux yeux du prince, les amours, même dans une conspiration, sont tenues pour une circonstance atténuante, et le cardinal s'en va seulement méditer quelques mois dans l'abbaye artésienne dont il est commandataire. Il achève là (ou presque) son magnifique poème latin, l'*Anti-Lucrèce*. Louis XV, nous l'avons dit, le nomme ambassadeur près le Saint-Siège, et depuis lors, il règne sur Rome.

Si l'amitié vit de contrastes, elle peut aussi se nourrir de similitudes. Certes, trente années séparent Mgr de Polignac de M. de Montesquieu, mais leurs origines sont similaires, encore que la famille de l'amphitryon soit plus ancienne que celle de l'hôte. Tous deux ont traversé l'Histoire en pantoufles, enfin sur la pointe des pieds, tous deux sont des phares de l'Europe, en attendant que l'on parle de Lumières. Le Président est-il admis à baiser la sainte mule ? Nous l'ignorons, mais il consigne dans ses notes :

« Le pape Benoît XIII est fort haï du peuple romain, et là, sa dévotion même en est méprisée. C'est qu'elle fait mourir de faim. »

Trop de fêtes chômées ? désintérêt pour le temporel ? Sans doute les deux à la fois. Plus tard, le voyageur se montrera moins sévère pour le pontife, attribuant le mauvais gouvernement au cardinal-neveu, dont le nom nous importe peu, puisque sous chaque règne il s'en trouve un.

Si les journées semblent trop courtes pour, en carrosse ou bien à pied, tout voir de Rome et connaître les modes de vie d'une société d'autant plus particulière qu'elle change plus que toute autre en raison de la brièveté des pontificats, il reste les soirées. Ainsi, le cardinal, tenu de taire ses tractations diplomatiques du moment, peut tout à loisir évoquer Louis XIV. Il l'a connu dans sa gloire avant que l'influence de la veuve Scarron ne transforme la fête en cérémonie. Son attachement pour la mémoire du Soleil, il l'a prouvé lorsqu'il a fait exclure de l'Académie l'abbé de Saint-Pierre. Une telle attitude, contraire à la bienveillance coutumière du prélat, s'explique par son admiration pour Louis le Grand. Certes, il ne bénéficiait pas encore de sa confiance lorsqu'il le vit de loin dans le sillage du cardinal de Bouillon. Cela se passait avant que le souverain ne soit confit en maintenonisme. Certes, quand Mgr de Polignac a pris rang dans notre diplomatie, la duègne avait déjà remplacé la marquise de Montespan, reste que l'image d'un Louis XIV triomphant, et dévot juste ce qu'il faut, s'est gravée dans l'esprit du cardinal. Ainsi, par un paradoxe assez piquant, M. de Montesquieu en apprend plus à Rome du feu Roi que lorsqu'il écrivait les *L.P.* Faut-il conclure qu'il révise son appréciation d'un règne dont il n'a connu que les années toujours dignes mais lugubres ? Ce serait mal le connaître que de penser que son affection pour l'Éminence le conduit à prendre un bain de Soleil. Non, mais à lire le *Spicilège* et *Mes pensées*, nous nous en apercevons : l'hostilité devient moins marquée. Il n'ira cependant jamais jusqu'à distinguer l'absolutisme de l'arbitraire. Comme il demeure impossible de s'y tromper, on pourrait mettre en cause sa bonne foi. Elle demeure entière, mais son deux fois rien de néo-féodalisme le conduira toujours à souhaiter un prince *inter pares*. La monarchie ? Oui. Le vizirat ? Non. Pareille condamnation se justifie quant au rôle du cardinal de Richelieu, troisième manière, plus dictateur que principal ministre d'un Louis XIII un rien névrosé, elle s'explique plus mal pour le marquis de Louvois, grand commis d'un Louis XIV, miracle d'équilibre, à moins de considérer que le Président, homme de paix, supporte mal le souvenir du fils de Michel Le Tellier, parce qu'il fut l'initiateur de nos exactions dans le Palatinat. Reste plus qu'une nuance ; l'absolutisme comporte des degrés, et quoi que l'on en ait prétendu, demeure une forme de régime occidental, donc à la limite tolérable puisqu'il émane d'une société civilisée. Le despotisme, lui, est inacceptable ; il est oriental et, sauf exception, reste l'apanage de tyrans, sans continuité dynastique.

Le Président prend congé du cardinal de Polignac. Rassurez-vous, ils se reverront à Paris. M. de Montesquieu, par courtoisie, se garde de le préciser au prélat : il n'a point aimé Rome, et comme l'Éminence s'y sent chez lui — n'a-t-il pas fait élire S.S. Benoît XIII ? — il eût été de mauvais ton de faire part de cette répugnance. Non, M. de Montesquieu n'a point aimé Rome, non plus que la campagne environnante, mais ne quitte pas sans regret les Romains de haute ou de petite maison. Il déplore surtout d'abandonner ceux dont il a remué les cendres. Ce séjour de deux mois et demi dans la Ville éternelle aura-t-il présenté quelque influence sur sa foi ? C'est un rien en se tournant en dérision qu'il notera plus tard :

> « Les hommes sont sots ; je suis plus attaché à ma religion depuis que j'ai vu les chefs-d'œuvre de Rome. »

Comme quoi, messire, le triomphalisme peut exercer la meilleure influence, même si vous vous gaussez de vous-même. Enfin ! Le 4 juillet 1729, vous reprenez la route. Destination, *via* Bologne, Munich.

Pourquoi de nouveau les Allemagnes ?

On s'est interrogé sur le pourquoi d'un second voyage dans les Allemagnes. Les mauvaises langues l'affirment : c'est pour retarder les retrouvailles avec la châtelaine de La Brède. Possible, surtout si l'on sait que durant le carnaval romain son époux ne s'est pas contenté de soulever des masques. Il l'a confié par lettre à M. Berthelot de Duchy, oncle de la feue marquise de Prie. Ici, une parenthèse s'impose. Un tiers de spectateurs de la télévision croit, depuis le passage du film de M. Pierre Granier-Defferre et de Mme Madeleine Chapsal, *la Dernière Fête*, que la favorite de Monsieur le Duc fut du dernier bien avec Louis XV avant que d'être supplantée par la comtesse de Mailly. Non, il s'agit de l'adaptation d'une fantaisie de Stefan Zweig, excellent romancier et nouvelliste mais piètre historien. Lorsque la marquise est morte, peut-être par suicide, le Roi ne lève les yeux sur aucune autre femme que la sienne. L'immense talent de Mlle Charlotte Rampling méritait mieux qu'un anachronisme de quelque dix années, quant à Mme de Prie, qu'on l'ait estimée comme M. de Montesquieu, ou tenue pour une intrigante à l'instar d'aucuns, son existence offre suffisamment de pittoresque et de pathétique pour ne pas être dénaturée.

La raison du second voyage à travers les Allemagnes tient surtout à la disparité de la Babel impériale. *Cujus regio ejus religio*, un même roi (maître), une même religion, c'est en respectant cette règle qu'à défaut d'unité, l'Empire a sauvegardé les apparences d'une identité, d'une grandeur que la France et d'autres nations combattent ou favorisent au gré de leurs intérêts.

Les Allemagnes mélangent ce que le Président aime, la réalité et le rêve. La réalité c'est la couronne crucifère d'un empereur à nul autre pareil, puisque, par définition, il ne peut en exister qu'un, même si le czar se pare du même titre, par héritage du basileus. Nous l'avons observé déjà, les Allemands de toutes conditions raffolent des titres. Ceux de Charles VI vont du réel à la fiction (historique). Alors que Louis XV est roi de France et de Navarre (comme tous les monarques Bourbons plus Philippe IV le Bel). Le César germanique, empereur, bien sûr, et précédemment roi des Romains, est roi de Hongrie — un peu —, de Bohême — c'est vrai —, de Croatie — plus du tout —, d'Esclavonie — elle est ottomane —, margrave de haute et basse Silésie — cela ne durera point —, marquis d'Auschwitz — triste mais exact —, roi de Jérusalem — aux mains de la sublime Porte. Si favorable à la décentralisation et à la déconcentration que soit le Président, il veut en savoir plus d'un désordre aussi bien organisé, aussi fictif. Cela revêt plus d'importance que de s'interroger, à Naples, sur la liquéfaction du sang de saint Janvier pour démolir la thèse du miracle avant que d'écrire qu'il demeure possible.

Le Président quête-t-il des modèles applicables à son pays ? Possible, pas certain. Il va, nous semble-t-il, à la recherche de « structures mentales » différentes de la nôtre. *Cogito, ergo sum*, je pense, donc je suis. Bien vu, René Descartes, mais lorsque les mécanismes de raisonnement diffèrent, le fossé s'agrandit entre les peuples. Les Allemagnes sont le terrain idéal pour une telle observation. Les catholiques et les luthériens sont le plus souvent séparés d'un Électorat à l'autre, mais parfois cohabitant, nous l'avons vu, ne parlent la même langue qu'au Nord-Est et au Sud. Ailleurs, les sujets de l'Empire, ceux de la bonne société s'entend, ne communiquent qu'en français ou encore en latin. Les guerres intestines, en particulier celle de Trente Ans, ne sont pas tellement anciennes que leur souvenir n'influe sur les comportements. Sans vouloir phagocyter l'esprit de Leibniz, serait-ce à cette situation du monde germanique ou satellisé par les Habsbourgs que l'unique philosophe laïque mais chrétien faisait allusion en écrivant : « Il est dans le grand ordre qu'il y ait un petit désordre. » Évidemment non, le propos revêt un caractère métaphysique, mais on nous pardonnera de l'avoir tenu pour politique.

L'époque des atroces déchirements est passée, et quiconque ne peut prévoir que la pragmatique sanction de Charles VI, assurant l'élection de son gendre, sera refusée par la France et que Charles de Wittelsbach, Électeur de Bavière, deviendra empereur. Non, les Allemagnes demeurent tranquilles ou presque. Cela les change un peu.

Le Président séjourne à Munich dans les premiers jours d'août 1729. La ville ne lui déplaît pas, mais comme il adore mélanger le sérieux et les traits piquants, il assure que « l'Électeur [le futur Charles VII] couche avec ses filles et les marie ensuite avec une dot qu'il ne verse jamais ». Lorsque l'on se souvient de l'accusation d'inceste portée contre le feu régent de France par M. de Lagrange-Chancel, l'on est nullement tenu de vous croire, monsieur le Président. Puisque vous aimez à rapporter ce genre de choses, avec la famille de Hanovre, vous allez être servi.

Une couronne et un bonnet

On reprochera fort au Président ses liens privilégiés avec le chef de la maison de Hanovre, portant bonnet dans l'Électorat du même nom et couronne fermée au Royaume-Uni (si l'on peut dire !). C'est pécher contre la chronologie. À l'époque, la quadruple alliance dont l'Angleterre est contractante, nouée par le Régent et le cardinal Dubois, existe même si elle va s'effritant. Lord Bolingbroke lui-même, après avoir tout mis en œuvre pour appeler Jacques III lorsque se mourait la reine Anne, Stuart mais Stuart anglicane, est, après un temps d'exil en France, revenu dans son pays. George II, roi d'Angleterre et Électeur de Hanovre depuis deux ans, est monté sur les deux trônes laissés par son père George Ier, non moins méprisable que son fils. Pour autant, ne nous montrons pas plus jacobites que les Jacques. Le comte de Waldegrave, gendre du maréchal de Berwick, donc gendre d'une Stuart de la main gauche, ne vient-il pas de Vienne pour accueillir en Hanovre son souverain ? Bientôt, il lui présentera M. de Montesquieu. La « légitimité » de George II tient au fait qu'il est l'arrière-petit-fils, en ligne féminine, de Jacques Ier, premier roi d'Écosse ayant ceint la couronne d'Angleterre, au décès d'Élisabeth, assassin de Marie, mère dudit Jacques. Si vous n'avez pas compris, ne vous affligez pas. C'était simplement pour vous montrer qu'avec son antipapisme, la Grande-Bretagne mêle la tradition à la fantaisie.

Voilà donc M. de Montesquieu présenté par le comte de Waldegrave à Sa Gracieuse Majesté George II. Gracieuse, c'est l'adjectif de son prédicat, en général elle ne le mérite guère, mais, pour une fois, elle accomplit un effort pour le justifier. L'étape à Hanovre présentera, suite à cette audience, une utilité pour le séjour londonien. Lorsque le Président aura passé la mer du Nord, nous lierons plus ample connaissance avec le ménage royal-électoral. Pour l'instant, le moment est venu de gagner les Provinces-Unies de Hollande.

Au pays des tulipes noires

À l'égard d'Amsterdam, l'on pourrait s'attendre à quelques préjugés favorables. Les Hautes Puissances, c'est leur prédicat, n'apparaissent-elles point avec quelques cantons helvétiques comme le pays où l'on imprime et fait passer dans les nations absolutistes une littérature libertine et corrosive ? Peut-être le voyageur vide-t-il une chope avec le sieur Jacques Desbordes, premier libraire (éditeur) des *L.P.* ?

Non, le Président vit à son époque et non aux temps passés. Ici, il faut bien peser ses mots, et ce d'autant plus qu'ils ne sont pas écrits durant le voyage mais dans l'*E.L.* (XI-13) :

> « La ville d'Amsterdam est une aristocratie la plus sensée [pas sensée, censée] : le peuple est gouverné par un petit nombre de personnes mais ne viennent pas par jure, mais par élection. C'est un beau morceau que celui de bourg-mestre d'Amsterdam. Quatre bourgeois distribuent toutes les charges, chacun de leur quartier. Il y a de plus les échevins et les conseillers. Les conseillers représentent le peuple et élisent les échevins et les bourgmestres aussi (je crois). »

Tout cela ne paraît pas très clair, mais l'on peut en déduire qu'il s'agit d'élections à plusieurs degrés sans que nous sachions s'il existe un cens puisque la qualification de bourgeois n'implique pas en tous pays un minimum de charges fiscales. De fait, nous le constatons : les ploutocrates se partagent le gâteau :

> « Le malheur de la République est que la corruption s'y est mise tellement que les magistrats qui s'entendent avec ceux qui afferment les revenus publics, pour avoir des pots-de-vins, les leur afferment à bon marché. Aussi un député aux États, un bourgmestre ont-ils d'abord fait leur fortune. Il règne à Amsterdam un dégoût général pour les magistrats dont on tient la conduite reprochable. Cette république ne se relèvera jamais sans un stathouder. »

Stathouder signifie littéralement lieutenant mais veut dire un gouverneur général. Ainsi, le voyageur s'en rend-il compte. Seule une puissance, au vrai plus ou moins héréditaire, pourrait ramener la Hollande à de plus saines pratiques. Un stathouder ne peut passer pour un tyran, et M. de Montesquieu ne prône pas plus ici le despotisme qu'ailleurs. Si la corruption trouve son origine dans des mécanismes institutionnels vicieux, elle s'exprime aussi dans le cas de la Hollande par le fait qu'il est difficile d'être et d'avoir été. La guerre de Trente Ans, la Fronde, les luttes intestines britanniques avaient favorisé l'extraordinaire développement d'un pays dont les exigences protectionnistes offusquèrent le Roi-Soleil et son terrible Colbert. Certes, les Hautes Puissances le redevinrent, mais plus au degré dont elles se targuaient. Pour usurper le trône d'Angleterre, l'infâme Guillaume d'Orange, gendre de Jacques II par son mariage avec Marie, avait renoncé au stathoudérat, et cette magistrature ne sera rétablie qu'après la prise par Waldemar de Lowendal de Berg-op-Zoom... Nous en sommes loin, mais M. de Montesquieu, une fois de plus, aura vu juste. Son voyage nous étonnerait par l'absence de visites aux bibliothèques, et surtout aux chefs-d'œuvre picturaux. Les livres ? Bah, il possède une infinité de volumes, quant aux grandes compositions et aux portraits, ils sont bien connus en France.

M. Bernard Saurin n'a point laissé dans l'histoire du protestantisme un nom fameux. Ce n'est point sa faute ; un anonyme au prénom d'Élie s'était fait connaître par ses controverses avec M. Jurieu. Ce que nous préférons chez Élie c'est qu'il s'abstint de porter les armes contre Louis XIV — c'est-à-dire nous — au service de Victor Amédée de Savoie. Bref, le Président s'en va visiter à La Haye ce Saurin II, réputé prédicateur, et habile « débatteur » comme l'indique son *Abrégé de la morale chrétienne en forme de catéchisme*, et en train de mettre la dernière main à son *État du christianisme en France*. Peut-être le pasteur s'est-il mis en quête auprès de son hôte de nouvelles fraîches quant aux sectateurs du brûleur de Genève. L'essentiel pour M. de Montesquieu ne réside pas dans l'interprétation des vérités révélées mais dans le droit de dire ce qu'on en pense. Sur ce point, la Hollande ne saurait paraître comme un modèle : les hérétiques s'y persécutent mutuellement. Autrefois, les Juifs ont exclu de leur communauté, mis au *herem* Isaac de Spinoza. Bientôt, M. de La Mettrie, pour son *Homme-Machine*, devra se sauver à Berlin.

Les sots ont coutume d'aller répétant : « Le monde est petit. » Rien n'est plus faux : le monde est le monde, et c'est pour cela qu'il est petit. Dans l'Europe du XVIIIᵉ siècle, tous les gens de qualité se rencontrent, et, souvent, se lient. Ainsi, sur une simple recommandation du comte de Waldegrave, le Président est accueilli par l'ambassadeur d'Angleterre à La Haye, Philippe Dormer Stanhope, comte Chesterfield. Le personnage aurait-il laissé une trace dans l'Histoire s'il s'était contenté de servir les Hanovre ? Pas sûr ; le lord, s'il aime la politique, raffine surtout sur l'esprit et les lettres. S'il se montre incisif, redoutable à ses pairs, il écrit à ravir comme en témoigneront ses *Conseils à mon fils*. Il se montre très heureux d'être invité, pour un moment, à regagner Londres ; bonne occasion de revoir MMr. Pope, Swift et quelques autres *gentlemen* jamais étouffés par le respect. Il a naguère rencontré M. de Voltaire et ils ont pu grincer à dents que veux-tu.

7

LONDRES ET L'OMBRE

Paris, Vienne et même la plus récente Madrid sont des têtes bien proportionnées. Entendons par là que leur population, par une trop forte densité, ne déséquilibre point la puissance qu'elles dirigent. Il n'en va point de même de Londres. On y recense six cent mille âmes alors que le royaume en compte à peine huit millions, Écosse comprise. Pareille disproportion s'explique par la position d'une ville portuaire en train de s'assurer la prépondérance mondiale du commerce. Gageons que M. de Montesquieu, en débarquant du yacht du comte de Chesterfield, le 3 novembre 1729, ne se livre point encore à semblables considérations. De même qu'il connaît l'italien, il a pris la précaution de réviser le vocabulaire de la langue de Shakespeare car, si la société s'exprime en français, la bourgeoisie et le petit peuple en restent à leur mode d'expression d'ailleurs un peu particulier avec le *slang*, parler familier, imagé, changeant comme tous les argots.

L'insuffisance de ponts encore chargés de boutiques à vitrines que surmontent des immeubles assez pittoresques donne à la grand-ville un petit air de fête puisqu'il faut emprunter, pour traverser ou longer la Tamise, des embarcations. On croirait assister chaque jour à des régates même si les peintres placent sur leurs toiles plus de bateaux qu'il n'en navigue. La sinistre tour semble toujours menacer la ville, mais elle a bien perdu de sa valeur dissuasive, et puis pour quelle raison la capitale de la Grande-Bretagne ne posséderait-elle point sa Bastille ou plutôt son Château-Trompette ? London, *the first city in the world* ? Pas encore, mais cela ne saurait tarder. Il semble que Paris l'emporte pour les deux ou trois décennies à venir. Quoi qu'il en soit de cette concentration, elle ne saurait stupéfier *le gonze*, comme l'on dit à Bordeaux pour désigner un ami. Le Président ne s'est pas embarqué sans biscuit — entendez sans savoir. Jugez de son étonnement lorsqu'il découvre une ville sale, et en bien des endroits vétuste, alors qu'ayant été la proie du grand incendie des cinq jours de septembre 1666, elle ne date en majeure partie que d'un demi-siècle. Quatre cents rues, treize mille deux cents maisons, quatre-vingt-neuf églises étaient alors parties en fumée, puis un architecte de génie, sir Christopher Wren, s'était mis à la tâche, réédifiant non seulement la cathédrale Saint-Paul mais des palais, des hôtels, des immeubles et des sanctuaires pour les fidèles d'une ample variété de croyances chrétiennes.

Hélas, sir Christopher, s'il avait joliment construit, n'avait pas profité de l'occasion pour se donner un plan d'urbanisme.

Depuis la chute de Jacques II Stuart, plus question, bien sûr, de laisser se réunir les papistes. Ce serait ce que nous nommons de nos jours une atteinte à la sûreté de l'État. Londres ne se situe point à cent lieues de Paris, mais sur une autre planète. Cela ne devrait pas déplaire à l'auteur des *L.P.* Au dépaysement imaginaire d'Usbek s'ajoute désormais le dépaysement réel. Selon un joli mot de M. Pierre Gascar, « On recherche l'étrange dans l'étranger ». Sans soute le Président va-t-il s'occuper des institutions et de leur fonctionnement dont nous ne nourrissons pas la moindre raison de considérer qu'ils les tient *a priori* comme préférables à d'autres, sauf sur un point : la Déclaration des droits de 1689, manière de contrat ayant permis à Guillaume III d'Orange et à son épouse Marie, l'indigne fille de Jacques II, de se faire prolamer roi et reine. Après tout, pourquoi pas ? Même si la Déclaration n'a point vu le jour dans l'élégance, elle peut, selon certains, favoriser le développement des libertés.

Premières impressions

Les hôtels à la française sont rares, coûteux, et si le voyageur doit tenir son rang, rien ne l'oblige à trop dépenser pour le vivre et le couvert. Nos compatriotes se logent et prennent leurs repas chez l'habitant dans les quartiers de Leicester Fields et de Sohe Square. Est-ce la solution choisie par M. de Montesquieu ? Nous n'en sommes point sûrs. Pourquoi ? Parce qu'il veut en connaître, non pas d'un îlot français, mais du Londres londonien et qu'en outre le gentilhomme doit d'autant plus tenir son rang qu'il va rencontrer, non seulement des hommes (et des femmes, bien sûr) de qualité, mais encore George II et la reine Caroline d'Ansbach.

Ses premières impressions apparaissent fâcheuses, mais non dénuées d'humour :

« Il n'y a rien d'aussi affreux que les rues de Londres ; elles sont très malpropres, le pavé y est si mal entretenu qu'il est presque impossible d'y aller en carrosse, et qu'il faut faire son testament lorsqu'on va en fiacre [omnibus] qui sont des voitures hautes comme un théâtre, où le cocher est plus haut encore, son siège étant de niveau à l'impériale. Ces fiacres s'enfoncent dans les trous, et il se fait un cahotement qui fait perdre la tête. »

Ainsi, monsieur le Président, avez-vous loué quelque équipage, à moins qu'il ne s'agisse de ceux d'amis et vous êtes monté dans une voiture de place. Peut-être vous êtes-vous contenté de regarder par votre fenêtre. Cela nous surprendrait passablement. Et les *pounds* ? D'évidence, pour vous en procurer, vous ne passez point par vos correspondants dans l'exportation de votre vin de bordeaux, ce serait mauvais genre, mais vous les utilisez sans doute indirectement comme répondants bancaires. S'il faut nous appesantir sur ce détail, c'est que, tout en gardant vos distances, vous allez comprendre pourquoi le commerce à Londres n'implique pas ou peu de dérogeance.

Un observateur, si lucide soit-il, n'échappe pas aux généralités, mais c'est si joliment écrit que l'on est tenté de vous croire :

« C'est une chose lamentable que les plaintes des étrangers, surtout des Français qui sont à Londres. Ils disent qu'ils ne peuvent y faire un ami ; que plus ils y restent moins ils en ont : que leurs politesses sont reçues comme des injures… : ces gens-là veulent-ils que les Anglais soient faits comme eux ? Comment les Anglais aimeraient-ils les étrangers ? Ils ne s'aiment pas eux-mêmes. Comment vous donneraient-ils à dîner ? Ils ne se donnent pas à dîner entre eux. Mais on vient dans un pays pour y être aimé et honoré ? Cela n'est pas une chose nécessaire ; il faut donc faire comme eux, vivre pour soi, comme eux, ne se soucier de personne. Enfin, il faut prendre les pays comme ils sont : quand je suis en France, je fais amitié avec tout le monde ; en Angleterre, je n'en fais à personne, en Italie, je fais des compliments à tout le monde ; en Allemagne, je bois avec tout le monde. »

Oui, mais s'il faut prendre les pays comme ils sont, l'Angleterre, elle, n'est point à prendre avec des pincettes. Encore qu'avec des réserves, il nous faut croire M. de Montesquieu. Pourquoi un personnage aussi bienveillant juge-t-il ainsi les Londoniens ? Réponse : toute l'Europe, sauf la Hollande et d'évidence l'Angleterre, s'était mise à l'école de Versailles et de Paris. Chaque prince, jusqu'au czar, avait ressenti les effets de la brise venue de France. Depuis la chute des Stuarts, les Britanniques ne possèdent plus de théâtre, et, hors Pope et Defoe, la littérature et la philosophie retournent à leurs balbutiements. La peinture ne se porte pas mieux. Quant aux sciences parvenues au zénith avec Newton, elles ne sont plus zébrées par l'éclair d'un tel génie. Il subsiste, outre quelques hommes de pensée, un peuple laborieux mais brutal ne quittant ses travaux que pour la taverne. Les filles tarifées ne manquent pas de clients, mais elles seraient plus heureuses si elles pouvaient s'établir à leur compte. L'homosexualité, rarement gratuite, demeure masculine depuis les temps lointains de la reine Anne, dernière Stuart (dernière parce que anglicane). Sans doute le capitalisme a-t-il pris naissance en Espagne et au Portugal par l'abus de circulation métallique et provoqué par l'extraction de l'or et de l'argent aux Indes occidentales (le Président nous en parlera), cependant, il s'agit là d'une conséquence, pas d'effets d'une mentalité. La modification radicale des comportements est venue du puritanisme. Ainsi, les tenants de la théocratie, dont on sait qu'ils n'admettent que deux sacrements, le baptême (et encore) et la Cène, ont contaminé cette nation alors qu'ils demeurent minoritaires. Comble du comble, ils ont même, un siècle plus tôt, porté le ruban vert des niveleurs. Par un paradoxe stupéfiant, les enragés du retour à la simplicité biblique ont instauré comme à Genève, mais avec des moyens d'une autre puissance, le culte du veau d'or. Les manufacturiers, afin de s'ouvrir le plus largement possible à l'exportation, imposent les plus bas salaires. Quelques organisations, plus ou moins religieuses, pratiquent la charité en argent ou bien en nature. Est-ce afin que de se donner bonne conscience ou pour éviter les émeutes ? L'illustre voyageur, même s'il étudie tous les régimes, demeure trop un gentilhomme de la terre pour associer ici le social au politique. Sûr ? Non, puisqu'une partie de ses notes sera détruite par son petit-fils, le colonel Charles-Louis, baron de Montesquieu, réfugié près de Londres au sortir de l'enfer de Quiberon.

Une cour pas comme une autre

Le 5 octobre 1730, le Président, comme convenu depuis son séjour à Hanovre, est admis à la Cour, au château de Kensington où résident George II, la reine Caroline d'Ansbach, Frédéric, prince de Galles. Il écrit :

> « Je regarde le roi d'Angleterre comme un homme qui a une belle femme, cent domestiques, de beaux équipages, une bonne table ; on le croit heureux. Tout cela est au-dehors. Quand tout le monde est retiré, que la porte est fermée, il faut qu'il se querelle avec sa femme, avec ses domestiques, qu'il jure contre le maître d'hôtel ; il n'est plus si heureux. »

La description paraît plutôt indulgente ; il est vrai que George II ne succède que depuis trois ans à son père, lequel ne parlait même pas l'anglais. Le nouveau souverain n'a point encore donné sa mesure. S'il connaît la langue de « son peuple », c'est pour l'utiliser comme un charretier. Qu'il s'attache à des maîtresses, mon Dieu, cela l'occupe, mais qu'il entretienne des rapports incestueux avec ses filles, c'est un peu beaucoup. L'Angleterre l'ennuie — on le comprend — et il ne va point manquer une occasion de

127

retourner dans son cher Hanovre dont il n'aurait jamais dû sortir. Il hait son fils aîné, ne portera d'estime qu'à l'un des cadets, le sauvage duc de Cumberland. Posséderait-il tout de même une vertu ? Oui, il se montrera, sinon haut stratège, du moins remarquable entraîneur d'hommes. L'attitude du monarque accélère l'amenuisement de la prérogative royale. On pourrait en conclure : tant pis pour les Britanniques et tant mieux pour nous. Ce serait émettre un jugement trop hâtif ; Albion ne ressent pas le besoin d'un pouvoir fort pour nous nuire, et M. de Montesquieu s'en aperçoit lorsqu'il note :

« Il faut que l'Angleterre entretienne une armée de terre : c'est ce qui lui coûte le plus cher. »

L'accusation d'inceste avec ses filles, fausse quant à l'Électeur Charles de Bavière, n'est pas portée par le voyageur contre George II. Elle se vérifiera pourtant, mais il faut laisser aux princesses le temps de grandir… Si le roi encourt le mépris, et en tout cas ne suscite pas le respect de ses sujets (anglais s'entend, car les Hanovriens se reconnaissent en lui), la reine, elle, joint la finesse à la beauté. Bavaroise, elle ne traite pas les Britanniques en étrangers. N'a-t-elle point connu Newton avant que de le faire inhumer à Westminster ? Peu lui chaut des infidélités de son mari. Mieux, elle noue des liens de sympathie avec ses maîtresses afin que de mieux gouverner le lourdaud par personnes interposées. M. de Montesquieu, moins timide qu'il ne le prétend — il reconnaît lui-même ne l'être qu'avec les sots —, a tôt fait d'obtenir l'amitié de la reine. Ils causent un peu de sciences, plus de lettres (toujours réputées belles). Un jour, à la promenade, Caroline :
— Je rends grâce à Dieu de ce que les rois d'Angleterre peuvent toujours faire le bien et jamais le mal.
— Madame, il n'y a point d'homme qui ne dût donner un bras pour que tous les rois pensassent comme vous.
La bonne foi de la Reine ne saurait être mise en doute, quant au Président, il ne peut prévoir la suite, mais comment pourrait-on lui en vouloir ? Il ne voit que la coordination des pouvoirs à l'intérieur, au demeurant la France est encore l'alliée de la Grande-Bretagne.

Un soir, à dîner, chez le duc de Richmond, M. La Baume, envoyé de France en Hollande, de passage à Londres, le soutient : l'Angleterre n'est pas plus grande que la Guyenne. Le Bordelais pourrait se montrer flatté, mais le paradoxe lui paraît un peu gros et il s'associe à l'indignation des hôtes anglais de Sa Grâce. Le soir, la reine :

— Je sais que vous nous avez défendus contre M. La Baume.

— Madame, je n'ai jamais pu imaginer qu'un pays où vous régnez ne fût pas un grand pays.

Qu'en termes élégants ces choses-là sont mises.

Caroline, honnête femme, ne s'en montre pas moins coquette ; elle tient le Persan sous le charme. Ne va-t-il point jusqu'à lui déclarer :

— La grandeur de votre esprit est si connue dans l'Europe qu'il semble qu'il ne soit plus permis de la louer. C'est cet heureux talent, ce charme séducteur qui fait que vous vous communiquez à tous vos sujets sans perdre de votre rang et sans confondre les conditions. Vous régnez sur un peuple nombreux. Le Ciel qui vous a accordé de régner sur tant de royaumes n'a accordé à aucun de vos sujets le bonheur dont vous jouissez dans votre famille.

M. de Montesquieu est pourtant bien renseigné, mais il cherche à éteindre les feux de l'enfer essuyés par Caroline avec son George. Osons évoquer une manière de tendresse.

On a souvent accusé le Président d'avoir été séduit par l'Angleterre au point d'oublier le bonheur d'être né français. Non, si l'on demeure en droit d'évoquer l'ombre de deux fois rien d'une amoureuse amitié pour la reine, M. de Montesquieu ne laisse pas le lion piétiner les lys. Une preuve ? La voici : le prince de Galles lui demande de faire établir un recueil des chansons de chez nous. Lorsqu'il s'aperçoit que nos *ponts neufs* pratiquent l'autodérision et peuvent, pris au premier degré, nous nuire dans l'esprit de Frédéric et de ses entours, il s'abstient de remettre les textes assemblés.

Deux doigts de politique

M. de Montesquieu, s'il se rend à la Chambre des communes, assiste à deux reprises au débat portant sur l'armée permanente, armée de terre s'entend ; pour la marine, la question ne se pose pas ; les équipages sont formés de volontaires et de malheureux embarqués de force. Cela se nomme la presse, et semblable pratique n'a jamais troublé les consciences au pays de l'*Habeas Corpus*. Le Président est choqué par l'acharnement des orateurs. Ils s'agitent, s'invectivent, mettent en doute la bonne foi, l'honnêteté, le patriotisme de leurs adversaires, mais la violence demeure verbale, encore qu'au sortir des séances quelques querelles soient vidées sur le pré. Deux groupes s'affrontent, les *tories* et les *whigs*, et pour pimenter l'affaire, il existe des whigs dissidents, c'est-à-dire opposés une fois sur deux au cabinet du Très Honorable Horace Walpole, pas encore lord.

Dans d'autres pays, l'on connaît des factions, mais il revient aux Anglais d'avoir inventé les partis. Le Président connaît leur origine ; elle remonte à la restauration de Charles II. Tories signifie brigands irlandais, donc papistes déguisés. Whigs est l'abréviation de *whiggamore*, groupe de puritains de l'ouest de l'Écosse. D'évidence, les deux définitions péjoratives, mais revendiquées par chacun des deux partis, ne touchent que de très loin à la réalité. Que les catholiques soient tories, c'est exact, mais ils ne peuvent ni pratiquer leur culte ni siéger aux Lords ou bien aux Communes. Que les jacobites soient tories, c'est exact, mais ils demeurent proscrits ou bien se sont ralliés aux Hanovre, témoin lord Bolingbroke. Moralité : les tories du moment sont anglicans et se recrutent parmi les propriétaires terriens. Certains de ces messieurs donnent dans le mercantilisme, et si, par substitution, il s'en trouve pour soutenir la prérogative royale, ils n'abandonneraient point, pour une fortune, une once de leur pouvoir parlementaire. Pouvons-nous fournir une définition univoque des whigs ? Des puritains ? Peu, car passé de mode. Des gens de négoce ? Beaucoup, mais cela n'exclut pas les *gentlemen farmers*. Des gens opposés à la prérogative royale ? Nullement, car faire pièce à George II reviendrait à favoriser le retour du prétendant Jacques III Stuart.

Les députés aux Communes sont-ils élus ? Oui, mais il faut voir comme ! Certes, on connaît quelques scrutins réguliers au suffrage censitaire masculin, mais la plupart des voix s'achètent, et le nombre de *bourgs pourris*, circonscriptions sans électeurs, ne se compte plus. Chez les lords, où l'on se montre moins tonitruant,

130

certains seigneurs d'ancienne extrace siègent de droit, mais lorsque la majorité s'oppose au ministère, le roi fait remonter un plateau de la balance en nommant « une fournée de pairs ». Au demeurant, l'accord entre la Chambre haute, la basse et le souverain, son cabinet ne présente qu'une importance de caractère législatif ; la responsabilité ministérielle n'est pas encore inventée. Charles II, dissolu mais esprité, mélangeait dans l'exécutif les tories et les whigs. Les Hanovre ne désignent que ces derniers. Étrange système : il prive le pays de la moitié de ses compétences dans l'exercice du pouvoir, et semblable situation explique la violence des débats. Pour le Président, il importe de savoir où poser ses pattes de chat. Jugez donc ; George II, mené par Caroline, n'accorde sa confiance qu'à Horace Walpole et à ses whigs alors que M. de Montesquieu, s'il fréquente les comtes de Waldegrave et de Chesterfield, lord Townshend, beau-frère de l'Honorable Walpole, lord John Hervey et son épouse, née Mary Lepell, célébrée pour sa grâce et son esprit par Pope, Gray, Chesterfield et Voltaire, voit surtout, outre des dissidents tels John Carteret, comte de Granville ou Guillaume Pulteney, comte de Bath, tous deux assez ignobles, des tories de grand cru, les ducs de Montaigu, personnage supérieur, et de Richmond, petit-fils de l'exquise Louise de Kéroualle, favorite de Charles II et agent de Louis XIV auprès de ce prince. L'avant-dernier roi Stuart l'avait créée duchesse de Portsmouth, puis le Roi-Soleil érigé en duché sa terre d'Aubigny. C'est vieux cela mais demeure présent dans les esprits ; c'était du temps que le Bourbon achetait le Stuart, et l'Europe ne s'en portait que mieux. Pour l'instant, même si Robert Walpole endort le jeune Louis XV et le cardinal de Fleury, même si certains tories nous sont favorables, la majorité, sinon des Britanniques, du moins des Anglais et plus encore des Londoniens, nous honnit. Ne songerait-elle pas à nous que les huguenots réfugiés se charge-raient d'attiser la haine. Que l'anglicanisme de *high church* et même de *law church* (au rituel différent mais à la pensée commune) se situe à cent lieues du calvinisme ne change rien à l'affaire, les deux religions partagent la même détestation du papisme. Il suffit de regarder les peintures de Hogarth pour voir sous quels traits grotesques le peintre nous représente ; de véri-tables pantins ployés en révérence.

131

Franc-maçon, ah ! Monsieur est franc-maçon !
Comment peut-on être franc-maçon ?

Que le Président soit admis, le 26 février 1730, à la *Royal Society*, manière d'académie, mais ne remontant qu'à 1662, avec Newton, Halley... et Samuel Pepys, quoi de plus naturel. En revanche, il peut paraître peu conforme à son esprit d'indépendance de se faire ouvrir les portes de la Grande Loge de Londres, le 13 mai de la même année. La maçonnerie vient d'Écosse (1600), et, bien avant son séjour en Angleterre, M. de Montesquieu en connaît l'existence ; elle est arrivée en France avec l'exil doré de Jacques II au château de Saint-Germain sans pour autant qu'elle rassemble quelques-uns de nos compatriotes avant 1725. Ainsi, cette machine de guerre bandée contre la religion romaine nous est venue du seul souverain catholique ayant régné sur l'Angleterre depuis Marie Tudor ! À ses débuts, elle ne présente pas un caractère subversif. Aucun de ses adhérents « ne peut être un athée stupide ou un libertin irréligieux » précise son règlement. Elle ne sera condamnée qu'en 1738 par la bulle *In eminenti*, signée par Clément XII. Certes, si l'on voulait innocenter l'impétrant, on pourrait le soutenir : deux raisons ont guidé sa démarche. *Primo :* Faire plaisir au duc de Montaigu, alors maître de la loge de Londres se réunissant à la *Horn Tavern* dans le Westminster. *Secundo :* Satisfaire sa curiosité, et ce d'autant plus que les pro-Hanovriens et les jacobites déguisés se rencontrent à la loge.

Par malheur, de retour chez nous, il n'hésitera point à s'affilier de nouveau, cependant il ne semble pas qu'il ait persévéré lorsque Benoît XIV, par la bulle *Providas* de 1751, confirmera la sanction de son antéprédécesseur. Au demeurant, les deux arrêts de la cour de Rome ne revêtiront jamais, ô paradoxe ! l'importance aux yeux de nos compatriotes de l'*Unigenitus*, et Louis XV ne tancera pas plus le duc d'Antin que le comte de Clermont, prince du sang, et mieux ou pis, il semble que pour contrôler l'entreprise, notre monarque ait désigné lui-même au moins le second des deux grands maîtres français. À défaut de se montrer plus papiste que le pape ne soyons point plus royalistes que le Roi.

Incident diplomatique

Dès son arrivée à Londres, le Président s'en était venu saluer notre ambassadeur. François-Marie, comte de Broglie. Lieutenant général au passé des plus glorieux, colonel à vingt-trois ans, après dix exploits, il s'était ensuite illustré sous le maréchal Catinat, le duc de Vendôme, le maréchal de Villars à Malplaquet. À Denain, il forçait les lignes du prince Eugène. Mari de Thérèse Locquet de Granville, il avait acquis, en Normandie, la baronnie de Ferrière, le futur duché-pairie de Broglie lorsqu'il sera devenu maréchal de France. Sa famille, dans la course au bâton, ne sera battue que par les d'Estrées, par quatre contre trois. Nous n'en sommes point encore là, mais l'ambassadeur est en poste à Londres, depuis 1724, il a tenté des accordailles entre la fille aînée du prince de Galles; désormais George II, et Louis XV après la rupture des fiançailles avec l'infante Anne-Marie-Victoire. La disparité du culte a fait échouer le projet. Ainsi, mis en place par le duc de Bourbon, M. de Broglie est conservé par Louis XV et le cardinal de Fleury. Par grâce, n'allons pas confondre le premier maréchal de Broglie avec le second, connu pour son caractère plus que difficile. François-Marie exerce son métier du moment avec souplesse et habileté. À cela s'ajoute un désintéressement des plus louables. À son retour, M. de Broglie sera contraint de vendre l'un de ses domaines, Buhy, tant il a dépensé pour le prestige de la France.

Dans les débuts du séjour, la cordialité des rapports entre le Président et l'ambassadeur apparaît indiscutable et rien ne prouve que M. de Montesquieu vise M. de Broglie lorsqu'il note :

« Comme les Anglais ont de l'esprit, sitôt qu'un ministre étranger en a peu, ils le méprisent d'abord, et soudain son affaire est faite, car ils ne reviennent pas du mépris. »

Certes, « ministre étranger » peut être pris pour ambassadeur, mais il existe toutefois une hiérarchie et elle ne saurait échapper au Président. En outre, il voit d'autres diplomates ; il a pu juger maladroits des représentants d'autres puissances que la nôtre. Toujours exorable, il fréquente peu, mais un peu tout de même, des réfugiés mal vus du comte de Broglie. Quel besoin ressent-il de voir des

133

gens tels que Jean-Théophile Désaguliers, rencontré en loge, et interprète à sa façon de la philosophie de Newton, Pierre des Moisons, ami de l'athée Bayle et traducteur en anglais de son *Dictionnaire historique et critique*, Pierre Costes, parpaillot venu d'Uzès ? Ce dernier, éditeur de Montaigne, amuse d'ailleurs le Président :

> « M. Costes (disais-je en riant) croit avoir fait Montaigne, et il rougit quand on le loue devant lui. »

Un comportement plus répréhensible inquiète tant notre ambassadeur qu'il en rend compte à M. Chauvelin, ministre secrétaire d'État aux Affaires étrangères, le 31 octobre 1729 :

> « J'ai différé jusqu'à présent, Monsieur, à Vous rendre compte de la conduite de M. le président de Montesquiou *[sic]* croyant toujours qu'il ne resterait pas longtemps en Angleterre et qu'il repasserait en France d'un jour à l'autre, n'aimant pas d'ailleurs à desservir personne. [...] La reine [Caroline] s'étant aperçu qu'il parlait volontiers de toutes sortes de choses, elle le mit insensiblement sur la Cour et le gouvernement de la France, et j'ai lieu de croire par des gens même à qui la reine d'Angleterre l'a dit qu'il était entré très avant sur ces deux chapitres, beaucoup même au-delà de ce qu'il aurait dû, comparant l'un avec l'autre, louant avec exagération celui de l'Angleterre et condamnant le nôtre. »

Jusque-là, rien de très grave ; il ne s'agit que de renseignements de seconde main, et lorsque l'on connaît M. de Montesquieu, toujours galant avec les dames, l'on ne saurait s'étonner qu'il ait voulu complaire, ne serait-ce qu'un brin, à la souveraine. Hélas, l'ambassadeur poursuit :

> « Comme je m'étais aperçu, même chez moi, qu'il parlait beaucoup et qu'il disait des choses qu'il aurait dû taire, je lui dis en particulier et en amitié que le moyen de réussir en Angleterre était d'écouter beaucoup et de parler peu, que les Anglais aimaient fort à les faire parler dans les

commencements pour s'en moquer après, que j'avais plusieurs exemples depuis que j'étais ici, mais soit qu'il n'ait pas pris cet avertissement pour lui, ou qu'il n'ait pas fait d'attention, il n'en a pas fait son profit. C'est un homme fort vif qui parle beaucoup comme très informé de tout, et à mon sens avec de l'esprit, pour me servir d'un terme de son pays, à la tête fort à l'escarbillade, et qui, quoique peut-être sans mauvaise intention, dit beaucoup de choses qu'il ne devrait pas dire. »

Prétendre que le comte de Broglie aurait écrit cette lettre parce que l'incriminé convoitait sa place nous paraît déraisonnable. Que quelque malintentionné l'ait soutenu devant l'ambassadeur n'est pas à exclure, mais le diplomate le sait : M. Chauvelin ne donnera jamais Londres comme premier poste au baron de La Brède et de Montesquieu. Le ministre n'accrédite auprès d'une grande puissance qu'un militaire de haut rang, ou bien un duc et pair, à la limite un conseiller d'État, pas un président à mortier en rupture de siège, fût-il une célébrité européenne. Maintenant, que l'ambassadeur se soit mal fait comprendre, cela se lit entre les lignes, il l'avoue presque. À la vérité, le voyageur, avec cette tendance des timides à ne plus s'arrêter une fois lancés, a certainement, oh ! sans le vouloir, desservi la France. Quels propos a-t-il tenus ? Nous l'ignorons, mais M. de Broglie évoquant la Cour et le gouvernement, nous sommes en droit de le subodorer. *Primo :* Il a clamé sa dilection pour la simplicité de Kensington en l'opposant au pharaonisme versaillais. Gardons-nous de l'oublier : il ne connaît pas encore Louis XV, à moins qu'il ne lui ait été vaguement présenté lors de son élection à l'Académie. *Secundo :* Et là, il est plus facile de nous aventurer, car ses notes reflètent, à l'évidence, ses dires :

« À Londres, liberté et égalité. La liberté de Londres est la liberté des honnêtes gens, en quoi elle diffère de celle de Venise qui est la liberté de vivre obscurément avec des p... et de les épouser ; l'égalité de Londres est aussi la liberté des honnêtes gens en quoi elle diffère de la liberté de la Hollande qui est la liberté de la canaille. »

Bien entendu, pour divertissante qu'elle nous apparaisse, la définition demeure théorique et prouve que le voyageur, si l'on peut conserver ce terme pour définir un homme résidant au bord de la Tamise depuis plus d'un an, dissocie, à l'instar de tous ses contemporains, le politique du social, dichotomie qu'on ne saurait lui reprocher dans ses observations ayant trait aux pays du continent. Un séjour aussi prolongé demeure une énigme, et ce d'autant plus que le Président ne paraît pas s'être éloigné de la capitale, sauf, peut-être, pour jeter un œil sur les collèges d'Oxford et de Cambridge. Son intérêt pour la pédagogie a dû lui dicter ces deux excursions. Peut-on juger une nation par l'examen de sa seule capitale, même si elle est devenue tentaculaire ? Les bourgs, les campagnes n'ont pas intéressé le vigneron de La Brède, à moins, encore une fois, que des déplacements à l'intérieur de la Grande-Bretagne n'aient été notés dans les fameux papiers détruits par le petit-fils de l'écrivain. Cela reste douteux ; M. de Broglie en eût rendu compte à M. Chauvelin. Si nous revenons à la lettre au ministre secrétaire d'État aux Affaires étrangères, c'est qu'elle a modifié le destin du Président. En effet, le 23 février 1730, renouvelant sa démarche de Vienne, il écrit à M. Chauvelin pour lui demander « quelque place honorable » dans notre diplomatie. La requête, selon toute apparence, ne remonte point jusqu'à Louis XV ; M. Chauvelin, jugeant le cardinal de Fleury bien fatigué, brigue son fauteuil au Conseil d'en haut. Tout porte à le croire : il ne lui soumet pas la candidature de M. de Montesquieu, et du même coup Son Éminence ne peut en référer à son maître. Le monarque eût-il acquiescé ? Peut-être ; dans ce cas, il eût comblé M. de Montesquieu mais nous eût desservis ; il n'eût plus trouvé le temps de poursuivre son œuvre. Un doute subsiste quant aux véritables intentions du Président. Certes, il regrettera bien plus tard de n'avoir pu empêcher « ce fou de Belle-Isle » de monter l'opinion au point de contraindre Louis XV, d'abord plus réticent, d'entrer dans la guerre de Succession d'Autriche, mais fera-t-il allusion à sa première démarche ou bien à la seconde, ou bien à une plus qu'hypothétique troisième ? Rebuté depuis Vienne, il était logique qu'il le fût depuis Londres. S'il avait réellement voulu une légation, selon toute vraisemblance auprès d'un Électeur de l'Empire, il n'eût pas écrit, mais à son retour, il serait monté dans son carrosse, et fouette cocher ! aurait pris le chemin de Versailles. M. Pierre Gascar avance une opinion que nous ne sommes pas loin de partager ; il n'a écrit, double à l'appui, que pour justifier sa longue absence et apaiser l'ire de la Présidente.

Bilan des voyages

Nulle part M. de Montesquieu n'a trouvé le régime idéal, en dépit de l'optimisme le rendant tellement attachant, il s'en doutait un peu, mais le voici documenté de première main, sauf en Grande-Bretagne où sa vision se limite à Londres, et, peut-être, on l'a dit, à deux fois rien de la campagne anglaise. Malaisé est-il au commun des mortels de comprendre un génie. Lorsqu'il arrive à Londres, il ne cache point sa déception (sauf à l'égard de la reine Caroline), puis il passe, ou presque, à l'enthousiasme, mais lorsqu'il établit le bilan, il nuance son opinion. La morgue de certains grands, l'âpreté des gens de négoce — ce sont parfois les mêmes —, la brutalité du petit peuple ont heurté le gentilhomme. Dans un deuxième temps, il étudie les institutions, lit les gazettes dont le *Craftsman*, va jusqu'à se constituer ce que l'on nomme de nos jours un dossier de presse. Étrangement, il s'occupe de la justice, encore qu'il note :

« Celui à qui on fait son procès et qui sera pendu le lendemain est plus libre qu'aucun citoyen du reste de l'Europe. » (*Mes pensées* 751 [1805]).

Le propos, si surprenant soit-il lorsque l'on connaît la brutalité des gardiens de prison britanniques, s'explique par l'*Habeas Corpus*, loi datant de 1679, prescrivant que, sauf pour trahison, nul individu ne peut demeurer plus de vingt jours en prison sans qu'un juge ne commence d'instruire son affaire. Reste que les pauvres pèsent plus lourd que les riches sur les balances de la Thémis anglaise et que la désignation des magistrats relève de la plus haute fantaisie. Tel avocat devient procureur si ce n'est président avant que de redevenir avocat, s'il a cessé de plaire ou que l'état de défenseur lui rapporte plus gros. Encore content, M. de Montesquieu enchaîne :

« L'Angleterre est à présent le pays le plus libre qui soit au monde, je n'en excepte aucune république. »

On le comprend, après ce qu'il a vu dans les Italies et en Hollande, il ne peut que raisonner ainsi, et encore ne connaît-il pas Genève ! Si vous objectez qu'un État persécutant les catholiques ne peut être réputé libre, il vous répondra que sur le continent, sauf chez les quatre Électeurs de l'Empire, il ne fait pas bon être protestant.

Vous. — Soit, mais vous appartenez à la religion romaine.

Lui. — Je parle de politique, pas de confessions.

Vous. — Si le cardinal de Polignac vous entendait !

Lui. — Comme disait M. de Fénelon à l'abbé de Caumartin, louant à l'excès Mgr de Clermont-Tonnerre, Son Éminence déclarerait : « Je vous ai entendu et entendu. »

Vous. — Vous vous en tirez par une pirouette !

Lui. — Ne me reprochez pas la rupture entre Londres et Rome.

Vous. — Vous pourriez au moins la déplorer.

Lui. — Mon affaire à moi, c'est d'étudier les institutions.

Vous voyez, cher lecteur, vous n'aurez pas le dernier mot.

Vous. — Laissez-moi la permission de lui dire encore un mot.

Lui. — Soit.

Vous. — Monsieur le Président, vous faites bon marché du droit divin.

Lui. — La monarchie britannique n'est plus de droit divin depuis la chute de Jacques II. Elle est, depuis Guillaume III d'Orange, contractuelle.

Vous. — La monarchie de droit divin est elle-même contractuelle, puisque le sacre de Reims commence par l'*electio*.

Lui. — L'*electio* est un rite rappelant les temps que Carlovingiens et Robertiniens se disputaient le trône de France.

Vous. — Nos rois, à travers les trois races, ont poursuivi leur quantième à l'inverse de ceux d'Angleterre où l'on compte, par exemple, deux Edouard Ier.

Lui. — Les souverains britanniques ont perdu cette habitude, fâcheuse, j'en conviens.

Vous. — Mais…

LUI. — Par grâce, n'insistez pas. Pourquoi voulez-vous que M. de Montesquieu, persan en Perse, ne soit pas anglais en Angleterre ?

VOUS. — Les *Lettres persanes* sont un ouvrage de fiction, les notes consacrées aux voyages, et notamment au séjour londonien, un reportage...

LUI. — ... D'usage interne. Au reste, n'allez pas croire les médisants ; M. de Montesquieu demeure royaliste.

VOUS. — Il serait bien le seul en France à ne pas l'être. Écoutez-le :

> « Le prince [en Angleterre] n'a le pouvoir de faire aucun tort imaginable à qui que ce soit pour la raison que son pouvoir est limité par un acte [du Parlement] ; mais si la Chambre basse devenait maîtresse, son pouvoir serait illimité et dans le Roi et le Parlement. Il faut donc qu'un bon Anglais cherche à défendre la liberté également contre les attentats de la Couronne et ceux de la Chambre [des Communes]. »

Il mesure la distance entre les principes et leurs applications. Ladite distance vient du fait qu'un grand nombre d'Anglais est corrompu :

> « Ils [pour lui tous les Anglais] ne sont plus dignes de leur liberté. Ils la vendent au Roi ; et si le Roi la leur redonnait, ils la leur revendraient encore. »

La phrase ne va point sans ambiguïté ; la revendraient-ils au monarque ou bien aux Communes ? On l'accuse souvent de cosmopolitisme. C'est là confondre le regard qu'il pose sur l'Europe et même sur les quatre continents (l'insularité de l'Australie n'est pas découverte) et son souci des intérêts de son pays. À preuve :

> « Il est de l'intérêt de la France de maintenir le Roi en Angleterre, car une république [nous] serait bien plus fatale : elle agirait par toutes ses forces, au lieu qu'avec un roi, elle agit avec des forces divisées. »

Qu'il évoque la République ne présente rien de surprenant ; certes, Olivier Cromwell, le Lord Protecteur, avait assassiné Charles Ier, institué le Commonwealth, mais Londres avait connu le mouvement extrémiste des niveleurs.

« Cependant, les choses ne peuvent pas durer longtemps comme cela. » Alors ? Les Hanovre vont-ils briser les Communes, en finir avec la prérogative royale ? Les Stuarts, une seconde fois restaurés, remettront-ils au pas la Chambre basse ? Il n'y croit pas, en dépit de son attachement pour le maréchal de Berwick. Pourquoi ? Parce que, seuls, les Irlandais, d'ailleurs odieusement persécutés, demeurent catholiques. La partie, donc, se jouera entre les Hanovre et les députés. Le Président voit juste, mais à longue échéance ; sa vie terrestre aura pris fin lorsque George III tentera de reprendre une partie du lest lâché depuis Guillaume III d'Orange. M. de Montesquieu connaît trop les exigences de notre direction de Librairie — c'est-à-dire notre censure — pour ne point apprécier, en Angleterre, la liberté de la presse. Il se réjouit d'apercevoir un couvreur lisant une gazette sur un toit. Il en déduit un peu naïvement que les ouvriers exerçant ce métier sont tous alpha-bétisés et s'intéressent à la chose publique. M. Louis Desgraves montre toutefois bonne raison lorsqu'il l'assure : M. de Montes-quieu pressent la naissance de ce que l'on nommera le quatrième pouvoir, entendons la presse, mais de pouvoirs en Angleterre, il n'en distingue que deux, l'exécutif et le législatif. Raisonna-blement, il ne place point à part le judiciaire dont l'indépendance, là comme ailleurs, reste sujette à caution. Jamais, contrairement à ceux dont on sait qu'ils le liront de travers, il ne confond le rôle des parlements de France et le Parlement britannique — Lords et Communes. Le même terme ne présente pas des deux côtés du Channel la même signification.

Que le Président, à la Royal Society (moins littéraire que scien-tifique), se soit pris de sympathie pour Mr. Martin Folques, athée notoire, ne tient nullement à cette prise de position mais au fait que le personnage s'entend en mathématiques et passe pour bon antiquaire (archéologue). C'est le temps que dans notre capitale les convulsionnaires du cimetière Saint-Médard saucissonnent sur la tombe du diacre François de Pâris, et les Anglais en font les gorges chaudes. Semblable négation des miracles — en l'occurrence improbables — n'empêche pas M. de Montesquieu de constater « le respect éclairé » des Londoniens pour la religion. Le substantif et l'adjectif semblent *a priori* en contradiction. Un esprit éclairé n'est-il pas une Lumière, et, partant, un déiste, un panthéiste, un agnostique ou pire ? Eh bien, non, l'observateur des modes de vie et des institutions d'outre-Manche reste catholique et comprend l'anglicanisme, accident historique plus que rupture entre théologiens. Bien sûr, le fossé s'est au fil des temps élargi, mais, en dépit de leur antipapisme frénétique, les Anglais, s'ils se donnent les violons d'accueillir des huguenots, haïssent les calvinistes et prisent peu les luthériens.

À la fin d'un séjour d'une durée inexplicable, il est édifié, comprend enfin les méfaits, sinon du capitalisme, du moins du mercantilisme :

> « Il faut à l'Anglais un bon dîner, une fille, de l'aisance ; comme il n'est pas répandu [qu'il s'intéresse à peu de domaines], dès que sa fortune se délabre et qu'il ne peut plus avoir cela, il se tue ou devient voleur. »

Voleur, ça, nous savions, mais nous ignorions la vague de suicides. Or, elle correspond à la réalité ; la notation revêt d'autant plus d'importance que mettre fin à ses jours est tenu pour un crime, et qu'en France le cadavre est traîné sur la claie. Le voyageur, même s'il admet cette pratique dans l'Antiquité parce qu'il admire — *via* Cicéron — les stoïciens, la condamne à partir de l'Incarnation, d'où la phrase méprisante que nous venons de citer. Nous reprochera-t-on de trop « tirer » vers le catholicisme ? Tant d'exégètes procèdent à l'inverse que pour écrire un rien vulgairement, cela fait une moyenne. Au vrai, le Président aime la vie et pas forcément menée à grandes guides, et la tenant pour un don du Créateur, il n'admet pas que l'on y mette fin volontairement.

> « La nation anglaise n'a guère de manières, ni même de mœurs qui lui soient propres [...] Elle est prodigieusement attachée à des lois qui lui sont particulières ; et ces lois doivent avoir une force infinie quand elles choquent ou favorisent le climat. »

141

Monsieur le Président, votre dernière phrase ne présente pas le mérite de la clarté ; « doivent avoir une force infinie » signifie-t-il qu'il importe qu'elles l'exercent ou qu'elles l'ont probablement. L'ambiguïté n'est là que faute vénielle, mais vous devenez vraiment obscur dans la dernière proposition : « quand elles choquent ou favorisent le climat ». Si elles le choquent, comment seraient-elles appliquées ? Si elles le favorisent, il va de soi qu'elles le seront.

Pardonnez-nous, mais nous ne résistons pas à l'impertinence d'instruire le procès d'un haut magistrat. Bien sûr, nous vous acquittons, il ne s'agit que de notes, pas d'un ouvrage construit. En revanche, vous faites allusion au climat et icelui sera l'une des pièces maîtresses de vos œuvres à venir, et pour anticiper encore, tous les sages se réclamant de vos travaux, du comte de Rivarol à « Monsieur Taine », comme on l'appelait dès l'École normale supérieure, poursuivront dans cette voie, jusqu'au jour que, par une étrange confusion entre la Déclaration des droits de l'homme et les différences d'ethnie, et surtout l'abîme entre les nations du G 7 et celles en voie de développement, certains responsables politiques l'oublieront : si Dieu, bien sûr, a créé l'homme et la femme, il les laisse façonner par le climat. Le Président avait pressenti l'influence dudit climat dès son séjour à Rome et à Naples, mais, constatation lugubre, il est conduit à peaufiner sa thèse en constatant la fréquence de suicides à Londres. De nos jours, les progrès du confort font baisser la statistique des autodestructions au Royaume-Uni, mais les monarchies nordiques, et en particulier la Suède, continuent de battre ce triste record malgré une société d'assistance et de redistribution.

Good bye, Britannia

M. de Montesquieu fait boucler ses portemanteaux en avril 1731. Il n'a perdu que l'amitié de lord Bolingbroke et n'en paraît point très affecté. Le personnage, hier jacobite et rallié du bout des lèvres aux Hanovre, en veut au Président de la faveur accordée par la reine Caroline. Le pair, du temps qu'il était proscrit, avait été près de six mois l'hôte de La Brède. Ingratitude ? Non, mais sectarisme.

Au vrai, cet homme supérieur, au moment de la rupture, se trouve en porte-à-faux. Alors qu'il apparaît comme l'une des figures de proue du torysme, parti plus exigeant dans le domaine religieux que le whigisme, il se relie au courant libertin, frôle le théisme, sinon l'agnosticisme. La contradiction pouvait-elle échapper au châtelain de La Brède ? Assurément non, mais il accueillait alors un personnage contraint à l'exil, et ce seigneur était doté d'un esprit piquant. Il s'en était alors fallu d'un rien pour qu'avec l'accord de la reine Anne, il n'ait rappelé Jacques III que l'on nommait en France, avec son consentement, le chevalier de Saint-George. Il est moins assuré qu'il ne l'écrit que le Président n'ait pas été chagrin de la rupture. Tout au long de son existence, il se montrera fidèle en amitié. Il a vu fréquemment Mr. John Arbuthnot, créateur du personnage de John Bull (Jean le Taureau), selon lui le prototype de l'Anglais. Écrivain tory, il se trouve un rien en contradiction avec le parti de MMr. Pope et Swift. Si l'Anglais peut se comparer au taureau, il ne peut s'agir que du Londonien, une fois encore, il faut le constater : la capitale tendant à la mégapole dénature le reste de la Grande-Bretagne. Pourtant l'assimilation du sujet (si peu) de Sa Gracieuse (encore moins) Majesté George II à la terrifiante bête à cornes s'explique par la concentration urbaine. On l'a dit et répété : John Bull apparaît comme un symbole, une figure mythique dans laquelle tous les Anglais, sans doute les Gallois — mais assurément pas les Irlandais, les Écossais — se plaisent à se reconnaître. L'on est allé plus loin, on l'a prétendu : John Bull est l'Anglais comme Jacques Bonhomme est le Français, Michel l'Allemand. Or, les deux figures emblématiques de chez nous et de l'Empire, voire de la Prusse, sont des paysans ou des villageois parfois colères mais le plus souvent placides. Mr. Arbuthnot, auteur d'un *Art de mentir en politique*, ajoute à l'art du pamphlet une connaissance que l'on ne nomme pas encore biologie, et rédige un *Essai sur les organismes* dans lequel il établit un rapport scientifique. Enfin, ne nous grisons point, entre les lois et le climat. Moralité : en fréquentant cet auteur insolite, M. de Montesquieu n'a point perdu son temps. À propos de morale, nous le savons, la sienne n'est point rigide quant aux cotillons. A-t-il connu quelques aventures ? Sur le sujet il demeure muet comme une carpe de l'étang de Chantilly, mais ces poissons dépassent parfois deux siècles alors que lui est plutôt bien de sa personne, et ne le serait-il pas qu'il eût pu séduire par le seul charme de sa conversation. M. de Fontenelle a, par lettre, demandé que son ami procède au nécessaire pour qu'une danseuse, Mlle Sallé, chassée de Paris par la Camargo, donne des leçons aux princesses, filles de George II et de Caroline. Le Président présente-t-il la requête à la souveraine ? On l'ignore. En tout cas, il organise un concert à *Lincolns'field* pour faire briller la demoiselle, puis écrit à lady Mary Wortley Montaigu afin qu'elle et ses nombreux admirateurs permettent à la danseuse de reprendre le fil de sa vaporeuse carrière. M. de Montesquieu se montre trop gentilhomme pour faire payer un service en nature, toutefois il n'est pas impossible que Mlle Sallé, animée par un sentiment de reconnaissance, ait abandonné la position verticale afin que de récompenser son bienfaiteur. Il n'a sûrement pas fréquenté les Vénus tarifées grouillant autour de *Lincolns'field* non plus que celles se pressant sur les quais du *Nore*. Curieusement, les capitaines les plus féroces du monde laissent monter les filles à bord de leurs vaisseaux. Non, le Président a contracté naguère une petite maladie vénérienne et, guéri, ne veut, en aucun cas, s'enrhumer à nouveau du caleçon. En conséquence, lorsqu'il nous entretient des Anglaises, il ne s'agit que de dames de la haute société :

> « Les femmes y sont réservées [à Londres] parce que les Anglais les voient peu ; elles s'imaginent qu'un étranger qui leur parle veut les chevaucher. "Je ne veux point, disent-elles, *give to him encouragement*." »

Entre nous, Monsieur le Président, le verbe « chevaucher », lorsqu'il s'applique aux ladies, est un peu… cavalier. Au temps de votre séjour londonien courait à travers l'Europe une historiette venue jusqu'à nous :

> *Quand un ambassadeur dit « oui », c'est peut-être,*
> *Quand il dit « peut-être », c'est « non ».*
> *Quand il dit « non », ce n'est pas un diplomate.*
> Notre affaire vient comme un cheveu sur la soupe ?
> Vous plairait-il de porter attention à la suite ?

Quand une dame de qualité dit « non », c'est « peut-être »,
Quand elle dit « oui », ce n'est pas une dame de qualité.

Prévenu contre vous par le comte de Broglie, M. Chauvelin ne vous a même pas répondu, vous ne serez jamais ambassadeur. Prévenues contre vous, deux ou trois dames de qualité vous ont sans doute dit « non » et s'y sont tenues. Mais combien d'autres vous ont dit « peut-être » ? Vous ne donnez pas de chiffres, mais nous ne voyons là qu'une marque de plus de votre délicatesse. Parce qu'enfin on ne séjourne pas dix-huit mois dans une ville où l'on ne mange les pommes que cuites et où l'on compte plus d'apothicaires que de boulangers, ainsi que l'affirmera le plus illustre de vos disciples, Antoine, comte de Rivarol. Conclusion : si vous êtes demeuré si longtemps au pays des George, c'est que la chair l'a emporté sur la chère, c'est que vous n'avez pas toujours conversé dans un fauteuil.

Allons assez parlé des femmes ; il est temps, grand temps, d'aller rejoindre la vôtre.

Soit, mais ne serait-il pas opportun de passer par Paris ? Pourquoi ? Bédame, ne serait-ce que pour faire trois ou quatre fois acte de présence à l'Académie française. Hors quelques ecclésiastiques en plus ou en moins, mitrés ou non, la compagnie n'a guère changé, mais, que voulez-vous, la politesse impose au titulaire du siège de s'y caler confortablement pour sommeiller un peu, sauf quand l'ami Fontenelle intervient. Est-ce durant ce bref séjour que le Président est admis dans le salon de Claudine de Tencin ? Comme rien n'est moins assuré, nous présenterons la dame en son temps. Cela ne va point tarder.

8

HEUREUX QUI COMME ULYSSE

On aimerait à se faire souris afin que d'assister aux retrouvailles, en mai 1731, entre le Président et la Présidente. Faites excuse, à Paris et dans toute l'Europe, M. de Montesquieu est salué du titre de président, mais sur ses terres on lui donne du monsieur le Baron. Le retour du mari prodigue (et prodige) est-il marqué par un salut à la joue ?

Le ménage, s'il fait lit commun, l'utilise-t-il à d'autres fins que le sommeil ? Pourquoi pas ? L'absence de passion ne saurait exclure un sacrifice sur l'autel de l'hymen, et puis, soit dit entre nous, Mme de Montesquieu l'aurait bien mérité tant elle s'est battue pour la conservation du patrimoine. Des fermiers (en rien généraux), des métayers ont tenu pour opportun de léser celle qu'ils prenaient pour une faible femme. Forte, elle se sent néanmoins fatiguée. C'est maintenant au très haut et très puissant seigneur de montrer que son prédicat n'est point une simple formule érodée par les siècles. Il intente un procès aux jurats de Bordeaux responsables d'avoir ordonné le déplacement des limites entre les paroisses de Martignac et de Léognan, modifiant et aggravant le montant des dîmes perçues sur les vignobles. Il obtiendra gain de cause, mais non sans mal ; l'on sait l'animosité portée par les jurats aux familles parlementaires.

Une autre affaire indigne le baron ; certains de ses fermiers et métayers se sont arrogé un droit de chasse. Qu'icelui existe dans d'autres provinces ou du moins qu'une tolérance s'y soit établie, on en dispute encore, mais dans le cas de l'Aquitaine, l'on ne saurait confondre la concession de fermage ou de métayage accordée par le propriétaire et le droit de chasse que se réserve le seigneur même s'il ne fait qu'un avec le propriétaire. Le courroux du baron nous semble d'autant plus compréhensible que les braconniers ne se contentent pas de rapporter à leur femme un lièvre à faire cuire en civet, mais qu'ils vendent ces prises illicites à d'autres amateurs, créant de la sorte un marché parallèle. Le gros gibier manque à Martignac, Léognan, La Brède, et le seigneur des lieux ne semble pas se montrer grand chasseur, toutefois, lorsque les lapins de garenne et les lièvres prolifèrent, c'est à lui qu'il appartient d'organiser une battue, quitte à en faire, pour partie, profiter ses féaux. S'il est quelqu'un pour ne point abuser des droits féodaux, c'est bien M. de Montesquieu, mais comme il réunit deux couvre-chefs, le tortil et le mortier, il ne se laissera décoiffer pas plus de l'un que de l'autre. D'où l'intérêt de se montrer un rien féodal et juriste d'exception.

Bon maître, il arpente ses vignes, met souvent la main à sa bourse ; s'il déteste qu'on le vole, il donne volontiers. Il laisse ses beaux habits au vestiaire. Se vêt-il en paysan ? Ce serait s'aventurer un peu, mais si le sol est trop meuble, il lui serait advenu de chausser des sabots. S'est-il entendu demander le chemin de La Brède par un étranger désireux d'être reçu par le président de Montesquieu ? Cela relève de la légende tout en montrant bien qu'il ne ceint pas son épée pour parcourir ses domaines.

Petit à petit, tant par procédure que par persuasion, il recouvre une honnête fortune pourtant admirablement défendue pendant ses trois années d'absence par son épouse. Heureux qui comme Ulysse… ? Oui, car tandis que Jean-Baptiste de Secondat étudie à Louis-le-Grand et que Marie brode dans un couvent du voisinage, M. de Montesquieu découvre la dernière-née. Denise atteint quatre ans, enchante son père de son babil, manifeste une précocité surprenante. Le temps va venir pour la délicieuse enfant d'aller à la petite école du bourg. Gageons que, pour la première fois, le baron la conduira par la main.

147

Considérations sur les richesses de l'Espagne

Si le Président donne quelques communications à sa chère académie de Bordeaux, nous ne nous attarderons pas sur ces textes inspirés le plus souvent par ses voyages. En revanche, il n'a point fini de nous étonner. Va-t-il nous entretenir, allocutions mises à part, des institutions des pays qu'il vient de visiter ? Allons donc, dans son cabinet, ancienne salle des gardes où, grâce à Dieu, la cheminée est suffisamment vaste pour que l'on y jette assez de bûches afin que de combattre l'humidité, il s'attelle aux *Considérations sur la richesse de l'Espagne*, royaume où, selon nous, il n'a jamais mis les pieds. Il démontre que l'abus de circulation métallique déséquilibre une économie, saine avant les exploits de don Hernando Cortès, marquis des Vallées, des frères Pizarre, du seigneur de Valdivia, et de tant d'autres conquistadores. Il le sait d'autant mieux qu'il a connu, à Venise, Mr. John Law, comte de Tancarville, et qu'il communique avec l'ancien secrétaire du feu contrôleur général, M. Jean-François Mellon. Or, l'Espagne ne va point posséder avant Charles III une banque d'État, la banque Saint-Charles, chargée de réguler les mouvements du bimétallisme. Or, qu'avaient réalisé Mr. Law, aidé de son fidèle secrétaire, sinon un institut d'émission ? Que M. de Montesquieu prise peu l'Espagne, « son vol de gerfauts » et ses sévérités inquisitoriales se ressent dans de nombreuses lignes. Il mesure parfaitement l'enchérissement des denrées, la fuite des cerveaux vers le Nouveau Monde, une certaine paresse s'emparant des *hidalgos*, des laboureurs. Fait étrange, quiconque ne s'apercevra que la désertification des provinces concomitante avec l'afflux des métaux précieux procédera, en outre, d'une autre raison. C'est seulement en 1958 que don Ignacio Olagué révélera les ravages occasionnés par une baisse sans précédent de l'indice pluviométrique ; comment utiliser l'or quand l'on ne possède plus d'eau ? Après quoi, très sagement, M. de Montesquieu prouve l'insanité d'une monarchie réputée par ses soins « universelle » mais limitée à l'Europe. Si, à ses yeux, il peut s'édifier une économie mondiale, les nations, avec leur disparité de langue de psychologie, d'attachement spécifique à leur indépendance ne sont pas près de disparaître.

148

Considérations sur les causes de la grandeur des Romains et de leur décadence

Le Président fait des gammes. Les *Romains* ne constituent pour lui qu'un exercice préparatoire à l'élaboration de l'*Esprit des lois*. C'est du moins ce qu'il nous affirmera, et nous voyons mal pourquoi nous douterions de sa parole. S'il s'agit de gammes, elles prennent du temps mais ne présentent pas de longueurs. Aller des prémices à la fondation de Rome vers 750 avant la naissance du Sauveur à la chute de Constantinople — 29 mai 1453 — revient à rédiger une histoire presque universelle, et c'est l'une des raisons pour lesquelles les *Romains* sont comparés au *Discours sur l'histoire universelle* de Bossuet. Ce n'est pas la seule. On trouve chez l'évêque de Meaux une ampleur, une majesté passablement analogues à l'œuvre du Président. En outre, on ne saurait douter du fait que le Bordelais a pris connaissance du travail du Bourguignon. Les sources des deux génies sont sensiblement les mêmes, mais M. de Montesquieu, pour s'économiser de temps en temps, s'appuie parfois directement sur le précepteur du Grand Dauphin. L'œuvre du prélat revêt un caractère didactique. Il s'agit d'instruire le fils du Roi-Soleil. Celle du magistrat, tout aussi historique, incite les adultes à la réflexion. Tous les exégètes l'affirment : Bossuet se montre trop théologien, M. de Montesquieu ne tient point assez compte des problèmes religieux. Or, l'un porte la mitre et l'autre s'est longtemps coiffé du mortier. Le reproche est donc mal fondé. Un autre demeure valable. L'aigle de Meaux fait toujours intervenir la Providence, laquelle se met quelquefois en congé. Le Président, tout comme son devancier, ne vérifie pas toutes ses sources et finit par obtenir des soutiens auxquels les Romains ne croyaient plus eux-mêmes. Il mêle à l'esprit critique une certaine naïveté.

Son culte pour la République romaine procède de son admiration pour le civisme des citoyens, et, préface à l'*E.L.* pour la coordination des puissances. À force de louer les ambassadeurs du S.P.Q.R., il rend leur « impérialisme » et leur chantage parfaitement odieux, mais nous ne sommes pas entre enfants de chœur (pardon, entre vestales). Pour l'art militaire, il montre une surprenante compétence, il souligne la faculté d'adaptation des Romains, inventant une marine pour avoir saisi une monère carthaginoise.

Japonais de l'époque, ils copient puis améliorent ce qu'ils voient. L'auteur paraît regarder vivre ses citoyens, et partant, ils deviennent ses sujets. Importe-t-il de lui faire tenir le courtois reproche de Jean-Louis Guez de Balzac à Pierre Corneille : « Vous l'avez [Rome] reconstruite de marbre là où elle était de briques. » De la chute de Tarquin le Superbe à l'agitation des Gracques, le régime, en dépit de quelques secousses, le fascine par la souplesse de ses institutions. Ainsi, nombre de plébéiens rejoignent le patriciat dans la noblesse, mais la somme des intérêts particuliers n'a jamais formé l'intérêt général. Admirant les stoïciens, et Caton plus que Cicéron, il dénonce l'épicurisme qu'il confond selon nous avec l'édonisme. Pour lui, le goût effréné du luxe marque l'amorce des prémices au début de la décadence. La stupéfiante machine de guerre peut continuer ses conquêtes, elle se détraque néanmoins lorsque les légionnaires ne servent plus la République mais Sylla (Sulla), Marius, Pompée, César, Antoine, Octave, bientôt Auguste, etc. Et pourquoi selon lui ? Parce que ces chefs ne cessent d'augmenter les soldes, et Sylla en tête, de distribuer des terres à leurs vétérans.

Certes, les appétits ne sont pas étrangers au changement, toutefois, il faut considérer que la mutation procède du fait qu'il devient plus aisé de se dévouer pour un général que pour l'État. M. de Montesquieu le sait aussi bien que vous et nous, mais il néglige volontairement de le préciser. Cela dérangerait son système. En revanche, il se montre autrement lucide que les écrivains du Grand Siècle lorsqu'il met l'accent sur la médiocrité d'Auguste.

On l'a souvent prétendu : il aurait créé le trop fameux sens de l'Histoire dont se repaîtront les marxistes. Rien de plus faux. Il analyse les causes, puis en mesure les effets. Qu'il joue sur un certain déterminisme ne saurait toutefois être mis en doute. Ainsi : « Si une bataille est perdue c'est qu'elle devait l'être [pour d'autres causes]. » Gentilhomme monarchiste et catholique en France, il ne l'est point à Rome, encore qu'il salue au passage l'adoucissement des mœurs apporté par le christianisme. Avec sa manière incomparable de développer les sujets encore obscurs et de sauter à pieds joints sur ce qu'il tient pour des évidences, il nous prend parfois pour plus esprités que nous ne le sommes. Les cuistres évoqueraient « le non-dit ». Pas du tout, après son immense effort, il nous en réclame un, infiniment moindre. Qu'importe s'il n'a point vu que depuis Sylla, Rome aspirait au principat, ou plutôt si. S'il ne l'a point vu, ou pas voulu voir, c'est que l'Olympe et les cultes orientaux étaient usés jusqu'à la corde, et qu'à défaut du vrai Dieu, les républicains de la veille voulaient un dieu vivant quitte à le faire dépêcher avant une crémation en grande pompe. Au vrai, bien que connaissant son Plutarque sur le bout des doigts, la *Vie des hommes illustres* l'intéresse médiocrement. De même qu'avec les *L.P.* il avait créé la sociologie, il découvre l'histoire des mentalités et même celle de la mémoire collective. Comme il incarne tout et son contraire, il ne répugne pas cependant à s'attarder sur quelques destinées individuelles. Comme Bossuet, il peint Julien dit l'Apostat, mais à l'inverse de Sa Grandeur, accablant Attila, il considère le roi des Huns comme un prince éclairé, et il montre bonne raison.

L'Urbs ayant dominé l'Europe, le limes africain, l'Asie Mineure et mille autres lieux, considérer les causes de la grandeur des Romains et de leur décadence revient à l'analyse non seulement des régimes successifs des conquérants, mais encore de ceux des conquis. M. de Montesquieu ne s'y risque que pour établir des comparaisons, se réservant d'aller plus loin dans l'*E.L.* C'est encore une élégance et une manifestation de son génie de procéder de la sorte. Certes, l'on peut relever des contradictions ; ainsi, s'il déplore l'initiative de Constantin créant la seconde capitale sur le Bosphore, puis nous donne les raisons géographiques de la survie de l'Empire romain et d'Orient, il admet la domination latine de Constantinople, ne s'insurge nullement contre l'entreprise de Boniface, marquis de Montferrat, de Baudouin, comte de Flandre, et du sire de Villehardouin, alors qu'ailleurs il condamnera les croisades. Les Grecs, de retour, il avoue lui-même « ne pas avoir le courage » de raconter le drame de 1453. Lassitude ? Que non point. Les Byzantins (fermée la parenthèse d'un demi-siècle de la dynastie issue de la IVe croisade) ne sont plus des Romains et ne possèdent de grecs que le nom. Autre cause de cet abrégé, M. de Montesquieu, s'il admet la féodalité qu'exportent les barons francs, ne trouve pas de mots assez sévères pour condamner la dictature du basileus encore obérée par la tentative théocratique du patriarche orthodoxe et, surtout — c'est sa hantise —, l'influence des moines, car, s'il aime les prêtres, il déteste les « pertuis », comme les nommait, en Occident, Rabelais.

Si Bossuet nous séduit par des antithèses préhugoliennes, il alourdit parfois son discours par un abus de noms propres tel qu'une louve ne reconnaîtrait pas ses petits. Le Président n'exerçant pas un métier de pédagogue peut se dispenser d'énumérations un rien fastidieuses, encore qu'il se prenne parfois au jeu, histoire de montrer à l'abbé Dubos, à M. de Voltaire et à quelques autres qu'ils ne sauraient le battre sur le terrain de l'érudition. De même que l'évêque de Meaux abandonne les formes oratoires, M. de Montesquieu se départ du persiflage des *L.P.* ou des grâces du *Temple de Gnide*. Sa force tient à l'adaptation perpétuelle de son style à son sujet. Grave sans pédantisme, majestueuse sans emphase, l'écriture néglige tout effet ; elle demeure au service du récit et de la pensée. Alors que M. de Voltaire, pourtant historien de race, gâche son talent même dans ses *Lettres anglaises* en amusant son monde, le grand Bordelais remet ses flèches dans son carquois. Il évite un autre écueil. Jamais, comme tant d'historiens de Rome, il n'utilise des tournures syntaxiques du genre traduction littérale, sentant la version latine. L'ordonnancement de la phrase ne s'inspire ni de Suétone, ni de Tite-Live et pas même de Tacite. D'évidence, l'historiographie n'a pas manqué, depuis les *Considérations*, d'accomplir des progrès : inventaire de *Mémoires* perdus — tels ceux de Sylla —, nouveaux textes mis au jour. En outre, l'archéologie est venue modifier la donne, et nous en savons plus de la vie quotidienne. Si le Président voit juste quant aux hellénistiques, et en particulier les Lagides, il ignore le soubassement pharaonique, puisque nous sommes encore loin de la pierre de Rosette et du décryptage des hiéroglyphes. Cependant, si l'on a complété les *Considérations*, on ne les a jamais dépassées. Pourquoi ? Parce qu'en dépit d'un déterminisme abusif, M. de Montesquieu, mieux encore que l'évêque de Meaux, nous offre une histoire globalisante. Certes, il existe un manque : l'évocation des guerres serviles, et le nom de Spartacus n'est même pas prononcé. La carence s'explique ; les victoires, puis l'échec et la mise en croix de l'ancien gladiateur et des siens n'ont pas remis en cause les institutions. Ce n'est point s'aventurer de le soutenir : nul historien de Rome, du XVIIIᵉ siècle à nos jours, ne prend la plume sans avoir lu les *Considérations*. Elles constituent ce que les stratèges nomment un passage obligé. Pour les raisons évoquées plus haut, certains spécialistes apporteront du neuf à propos des Anciens. C'est le cas d'Edward Gibbon, de Théodore Mommsen, dont l'œuvre (*Histoire de Rome*, 1850) se recommande par la couleur, la vivacité de portraits. Toutefois, le bel ouvrage est un peu gâché par le mélange de la méthode scientifique et le post-romantisme, le parti pris anticeltique, l'apologie effrénée de César et même du césarisme. Enfin, l'auteur, dans son amour pour ceux de jadis, regarde de trop haut ses contemporains. Pour nous limiter maintenant aux grands chercheurs français, rappelons Jérôme Carcopino, et son admirable analyse des grandeurs et des folies de la famille julio-claudienne, Jean Longnon pour l'Empire latin de Constantinople, Claude Nicollet et Edmond Bloch pour l'économie romaine, et enfin le plus proche de M. de Montesquieu par l'étude des mentalités (et des superstitions), le tant regretté Pierre Grimal, sans omettre la fille d'icelui, Mme Florence Dupont, pour l'organisation des armées romaines entrevue déjà par la reconstitution des camps par Salomon Reinach. Comment ne pas citer aussi l'admirable *Histoire de la République et de l'Empire* en deux volumes de Marcel Le Glay ? Enfin, notre vision de Carthage, infiniment plus hellénistique que négrifiée, a changé du tout au tout depuis les découvertes de notre ami M. Gilbert Charles Picard.

Le christianisme et le destin de Rome

Avant de publier les *Considérations*, le Président les avait soumises à l'examen d'un ami jésuite, le R.P. Castel. C'est à ce digne ecclésiastique que nous devrions d'avoir soufflé quelques phrases apologétiques ayant trait au christianisme à M. de Montesquieu. Que M. Castel ait modéré deux ou trois jugements, notamment sur Constantin tenu pour un médiocre par le Président, cela demeure hautement probable. Qu'il ait encore mis une sourdine à l'apologie, au demeurant discrète, de Julien, peut-être, mais, jamais, comme tant d'autres après lui, le Président ne s'est mis en contradiction avec lui-même. Pourquoi, n'aimant point le principat et encore moins l'Empire, aurait-il tenu les chrétiens pour responsables de la décadence parce qu'ils refusaient de sacrifier sur les autels de César-Auguste ? Reste leur comportement plus ou moins fraternel vis-à-vis des Barbares. Soit, mais les gentils n'ont-ils pas eux aussi tenté une forme d'assimilation ? Et les ariens ? Faut-il rappeler qu'un seul groupe sur trois, les anoméens, niaient la divinité de N.S. Jésus-Christ ? Les homéens affirmaient le Fils semblable au Père mais non identique, quant aux homéousiens ils ne s'insurgeaient que contre la consubstantialité. Ce n'est point parce que Alaric, Atauf, Odoacre (?), Théodoric avaient embrassé l'arianisme — dans sa forme modérée — qu'ils ont fait tomber l'Urbs, puis Ravenne, mais parce que les derniers empereurs d'Occident ne les laissaient point accéder aux plus hautes charges.

Au début de l'année 1734, M. de Montesquieu s'installe dans un appartement, peut-être la moitié d'un hôtel, rue Saint-Dominique. Attendons, s'il vous plaît, qu'il ait meublé son logis à son goût et à sa convenance pour décrire l'habitation. Il envoie une première lettre à Mme de Tencin, corrige les épreuves des *Considérations*, dont un extrait est publié par le R.P. Castel dans le *Journal de Trévoux*, à la fois mémoires — nous dirions fascicules — et gazettes rédigés par la Société de Jésus dans la principauté des Dombes. En ce même mois de juin 1734, le 12, devant Philippsburg, un boulet emporte la tête du maréchal de Berwick et déchire le cœur du Président. Sa peine se révèle trop violente pour qu'il prenne la plume sinon pour des billets de condoléances aux membres de la famille. *L'Esquisse de l'éloge* du héros ne viendra que bien plus tard. Le 20 juillet, les *Considérations* sont mises en vente chez le libraire Huart à Paris.

Si l'œuvre ne surprend pas les lettrés aquitains habitués aux graves communications du baron devant l'académie de Bordeaux, elle pourrait étonner le public parisien. N'en est-il pas demeuré, le plus souvent, au hautain persiflage des *L.P.* ? Non, hors M. de Voltaire, dont la jalousie prend la forme de ce que nous nommons de nos jours un complexe, on ne relève pas de critiques, ou bien minces. Il faut tenter de comprendre Arouet le fils. L'envie n'est pas la seule raison de son dénigrement. Bon historien, à l'égal de l'abbé Dubos, il ne comprend pas les ellipses et la répartition inégale des volumes d'intérêts. Voilà la raison pour laquelle il ose parler d'une « table des matières », nous dirions de nos jours d'un sommaire. Pourtant, il ne saurait s'aventurer trop loin. Pourquoi ? Parce qu'il brûle de compter parmi les Quarante et qu'il ne pourra jamais trouver un siège (on commence de dire un fauteuil) sans l'appui de la grande électrice, Claudine Alexandrine Guérin de Tencin.

Un ange noir doté de quelques plumes blanches

La famille entre dans l'Histoire par la petite porte. Sans doute est-ce le fait de tout un chacun, mais le premier personnage connu, le juge, apparaît comme l'anti-héros du carnaval de Romans, épisode tragique d'un règlement de comptes entre catholiques et protestants durant lequel — c'était au XVIᵉ siècle — une fête fut mise à profit pour hacher du parpaillot, non sans que le magistrat, contrairement à ses devoirs, n'attise le feu. M. Emmanuel Le Roy Ladurie se tailla, voici vingt ans, un assez joli succès exhumant ce drame parcellaire mais révélateur. Le petit-fils du méchant bonhomme (pas M. Le Roy Ladurie, le juge) devient président au parlement de Grenoble. Il place Claudine au couvent de Mont-fleury, dans le Dauphiné. Lorsqu'elle apprend qu'il veut en faire une nonne, elle conjure un ami de la précipiter de la terrasse du monastère dans le ravin. En 1698 — elle atteint seize ans —, elle parvient à déclarer devant notaire que ses vœux sont sans valeur puisque extorqués. Démarche sans résultat comme la suivante devant un autre tabellion. En 1709, elle parvient à joindre un banquier lyonnais en cour de Rome. Le financier parle trop sans atteindre le Saint-Père. Qu'à cela ne tienne, elle obtient d'un argentier plus éveillé qu'il plaide sa cause devant Clément XI. Chanoinesse, elle est déliée de ses vœux mais on continuera de lui donner du madame. C'est la cornette honoraire.

« Le temps perdu ne se rattrape jamais. » Voire. Elle dort avec le Régent. Incident de parcours. Mgr Philippe la chasse ; il déteste qu'on l'entretienne de politique entre deux draps. Elle va s'étendre auprès de Guillaume Dubois, prince archevêque de Cambrai, lequel, « de maquereau devint rouget » grâce aux démarches de l'abbé Pierre de Tencin. Le bon frère est maintenant mitré, et la pourpre ne tardera point. Précisons-le : M. de Tencin a converti Mr. John Law, lequel enrichit Claudine. Nouvel épisode fâcheux. Le chevalier Destouches, commissaire général de l'artillerie, braque si bien la sienne que sachant la dame enceinte de ses œuvres, il la veut épouser. Elle le fait éloigner et, en son absence, abandonne l'enfant sur les marches de l'église Saint-Jean-le-Rond. Il sera recueilli par un ménage de pauvres vitriers, les Rousseau, et deviendra parfaitement éduqué grâce à la rente servie par le chevalier Destouches dit Canon. Lorsqu'il sera homme d'importance, elle le voudra reconnaître. Jean Le Rond d'Alembert s'y refusera.

1726. Scandale d'une autre ampleur : le conseiller La Fresnaye se brûle la cervelle chez la dame. Incarcérée au Châtelet, elle obtient son transfert à la Bastille, puis une « confrontation » avec le suicidé. Le Grand Conseil la blanchit. Elle ne manque ni de charme ni d'esprit, elle se fait admettre dans le salon de la bonne Mme de Lambert, et tout porte à le croire : le Président la rencontra (mais sans la voir). La marquise passée chez les ombres, Mme de Tencin ouvre, à son tour, un salon rue Neuve-Saint-Honoré, puis se transporte rue Vivienne.

Elle écrit, et fort bien, des romans même si ses deux neveux, MM. d'Argental et de Pont de Veyle, mettent la main à la plume.

Elle rompt des lances pour le Président, se désespère lorsqu'il s'attarde à La Brède. Elle le nomme avec fierté « mon petit Romain ». Il exprime avec grâce son attachement pour elle et s'amuse, un temps, lorsque Jean-Baptiste, son fils, s'éprend de l'ancienne chanoinesse. Ce n'est pourtant pas à lui, mais à son ami M. de Marivaux qu'il importe de s'adresser pour la mieux connaître. Dans la *Vie de Marianne*, il peint, après la marquise de Lambert, Mme de Tencin sous le nom de Mme Dorsin :

> « Mme Dorsin est belle. Encore n'est-ce pas là dire ce qu'elle était ; ce n'aurait pas été la première idée que l'on aurait eue d'elle ; en la voyant, on avait quelque chose de plus pressé à sentir ; voici un moyen de me faire entendre. Personnifions la beauté et supposons qu'elle s'ennuie d'être si sérieusement belle, qu'elle veuille essayer du seul plaisir

de plaire, qu'elle tempère sa beauté, et qu'elle se déguise en Grâce ; c'est à Mme Dorsin qu'elle voudra ressembler. Ajoutez à présent une âme qui passe sur cette physionomie, qui va y peindre tout ce qu'elle sent, qui la rend aussi spirituelle, aussi délicate, aussi vive, aussi fière, aussi badine, aussi sérieuse, qu'elle l'est tour à tour elle-même, et jugez par là des accidents de force, de grâce, de finesse, et de l'infinité des expressions rapides qu'on voit sur son visage. »

Or, ni M. de Marivaux ni le Président ne brûlent des feux de l'amour pour une dame de dix ans l'aînée du premier et de sept du second. Certes, cette différence d'âge demeure ténue, mais la belle hôtesse a naguère suffisamment rôti le balai pour le laisser maintenant froid. Elle s'est acheté, cher, il est vrai, une conduite et l'observe. Hypocrisie ? Que non pas. Problème de morale ? Un peu. D'époque sûrement. C'en est fini de la Régence, et Louis XV commence à peine d'effeuiller les sœurs Nesle (quatre sur cinq), mais le Très-Chrétien ne s'occupe encore que de Louise, comtesse de Mailly-Rubempré.

Pour avoir refusé de garder l'état de chanoinesse, Mme de Tencin n'en conserve pas moins des préoccupations religieuses si prononcées qu'elle écrit à Benoît XIV et se voit souvent honorée d'une réponse. On l'a souvent prétendu : la conversation aurait été plus « libre » chez elle que chez Mme de Lambert. L'assertion nous paraît aventurée. À cela trois raisons. *Primo* : La marquise, ayant mené toujours une existence sans reproche, eût pu tolérer, voire solliciter des échanges un rien lestes, voire irrévérencieux face à la morale. Son passé ne permet pas à Mme de Tencin pareil comportement. *Secundo* : On représente les salons du XVIIIᵉ siècle comme allant de plus en plus loin dans la « contestation ». Rien n'est plus faux, c'est encore un « appel » au sens de l'Histoire, laquelle n'en connaît aucun. *Tertio* : Le plus bel ornement de la rue Vivienne n'est autre, avec le Président, que Pierre de Marivaux, et le plus considérable homme de théâtre de l'époque — et des suivantes — ne transige jamais au chapitre de la foi, quant aux institutions, s'il les juge, comme tout un chacun, amendables, il les estime bonnes. Comme le maître de la comédie et du roman s'inscrit au nombre des meilleurs amis du Président, on voudra bien trouver bon que

157

nous tentions de l'approcher quelques secondes. Il se montre peintre tant avisé des esprits et des cœurs que l'entreprise se révélera malaisée. Tant pis ! Jetons-nous à l'eau.

La triple constance

De tous les écrivains des Lumières de la première génération, le plus proche de M. de Montesquieu paraît être Pierre Carlet de Chamblain de Marivaux. Ils se rencontrent dans le salon de la marquise de Lambert, puis chez Mme de Tencin, et le Président assurera l'élection chez les Quarante de l'auteur comique (?)- romancier.

Commençons par les différences : M. de Montesquieu ne badine pas sur le lignage. M. de Marivaux fait dire sur le théâtre qu'il ne saurait exister deux sangs différents (le rouge et le bleu). M. de Montesquieu fait honneur aux femmes autres que la sienne mais demeure à cheval sur les conventions. M. de Marivaux préconise l'union libre, et la pratique dès son veuvage avec Mlle Angélique-Gabrielle de La Chapelle-Saint-Jean. Pour le reste, s'ils n'étaient tous deux gentilhommes, on pourrait l'affirmer : ils s'entendent comme larrons en foire. Ils méprisent les philosophes, et si ces messieurs n'osent trop s'en prendre au Président, ils s'acharnent à faire tomber les pièces de l'auteur du *Jeu de l'amour et du hasard*. À l'inverse de ce joli monde — sauf Jean-Jacques, mais il déraisonne —, ils ne peignent pas leurs contemporains mais s'interrogent sur la condition humaine avant que de la définir du mieux qu'ils peuvent, et c'est déjà beaucoup. Certes, le Bordelais est moins pieux que le Parisien, toutefois l'un et l'autre demeurent catholiques… à leur façon, mais elle ne se révèle point des plus mauvaises, ils aiment leur prochain. Ce n'est pas figure de style. On dirait aujourd'hui qu'ils sont des royalistes sociaux. Ils tiennent l'État pour responsable du mieux-vivre des citoyens, tous doivent subsister décemment même s'ils ne souhaitent pas une société de caractère égalitaire, pas plus politiquement que socialement. Le point commun jamais souligné et le méritant d'autant plus que le reste de la gent littéraire s'en contre-moque : la lutte constante pour, non seulement la dignité, mais encore la responsabilité féminine. En ce sens : Silvia répond à Roxane. L'un et l'autre, sans le dire ouvertement, font comprendre que, dans une Europe où des dames régissent de leur chef, ou sont régentes, il se révèle anormal que des personnes du sexe ne disposent que très rarement de simples pouvoirs familiaux, voire ménagers. D'évidence, ils semblent badiner dans les salons, mais ce n'est point parce que ces paradis de beaux diseurs sont animés par Mmes de Lambert et de Tencin, et plus tard, par la marquise du Deffand et Mme Geoffrin, qu'ils se comportent ainsi. Ce qu'ils veulent c'est en finir avec une misogynie latente dans toutes les couches de la société, sauf, peut-être, dans le cercle très fermé de Mme de Pompadour. Enfin, MM. de Montesquieu et de Marivaux se passionnent, quant au second c'est normal, quant au premier c'est plus inattendu, pour le jeu des comédiens. Le premier veut que les sentiments se reflètent sur les visages avant que n'arrive le texte ; le second préconise avant tout la sobriété. Ainsi écrit-il à Silvia, sa petite amie et « la plus grande comédienne de l'Europe » (d'Argental) :

« Vous avez tort de montrer de l'esprit dans votre rôle. Vous flattez votre vanité, mais c'est un contresens. Il faut que les comédiens ne paraissent jamais sentir la valeur de ce qu'ils disent : la nature ne s'étudie pas avant de parler. Il faut bien laisser quelque chose à faire à l'esprit du spectateur. »

Ainsi, quant au public, le Président se montre plus optimiste que son ami.

Hélas, depuis le trépas de M. Regnard, le théâtre est aux mains de médiocres, et il faut aller assister aux représentations des tragédies à mourir de rire de M. de Voltaire. Pierre de Marivaux s'y ennuie, et le baron s'y endort. L'auteur de *Tancrède* lui jette son bonnet à la face :

— Monsieur le Président, vous vous croyez à l'audience !

La bonne société de la première partie du XVIIIᵉ siècle est moins différente de la nôtre qu'on ne le croit. Elle glorifie des médiocrités par l'intermédiaire des gazettes, et notamment celles de Hollande. M. de Montesquieu en est conscient. On lui reproche d'avoir perdu son temps dans les salons, et ce faisant, l'on ne montre pas de bon sens. La Cour et les Conseils, sous l'impulsion de Louis XV, se préoccupent utilement des sciences, de l'astronomie à l'agriculture en passant par les disciplines mathématique, physique, médicale, cette dernière en ayant sérieusement besoin. Ils négligent les lettres, sauf, bien sûr, Mme de Pompadour. Pourquoi MM. de Montesquieu et de Marivaux ressentent-ils l'impérieux besoin de converser même avec des sots sinon pour se donner un magasin de documents sur la nature humaine ? Que la marquise de Lambert ait, en femme supérieure, reçu des gens pas très doués, d'honnête moyenne, sans plus, que Mme de Tencin, dévergondée mais si remarquable qu'elle correspond avec S.S. Benoît XIII, en ait fait autant, ne gêne en rien MM.de Montesquieu et de Marivaux. Le premier connaît les paysans depuis son enfance, le second les a fréquentés tant à Riom qu'à Limoges où son père exerçait des fonctions d'autorité financière ; pour le clergé et la noblesse ils en savent beaucoup mais jamais assez pour leur parentèle et leurs relations. Reste la bourgeoisie. La part qu'elle prend aux affaires — entendons la politique —, son ascension par la robe, la finance, voire la maltote, lui confèrent une importance de plus en plus considérable. Elle mérite d'autant plus d'être observée que ses ambitions vont grandissantes. Or, si l'Ancienne France présente un défaut (parmi trois ou quatre autres) c'est de trop limiter l'accession au deuxième ordre. Elle crée des aigris, et quand viendront les prémices de la Révolution, des seigneurs fieffés donneront le signal, mais la roture riche emboîtera le pas. Reste une catégorie innombrable, celle des domestiques, comportant elle-même une hiérarchie interne. Le Président dispose de plus de laquais et de femmes de chambre que Pierre de Marivaux. Ils leur appartiennent, mais n'importe-t-il pas de regarder agir ceux des autres ? Naïfs ou rusés, parfois hébétés encore qu'attendrissants, ils peupleront l'œuvre du cher cœur de Mlle de La Chapelle-Saint-Jean. De nos jours, certains metteurs en scène exigent que niaisent les maîtres tandis qu'ils réclament de la distinction chez les valets et les soubrettes. C'est, constate M. Jean Levrais, la rançon de la démagogie. Pourquoi nous attarder sur la question des « relectures » ? Tout simplement parce qu'elle conduit à la déformation, et, dans bien des cas, au contresens. En l'occurrence, si le Président a, nous ne le répéterons jamais assez, créé la sociologie, M. de Marivaux l'a suivi dans la même voie. Vous daignerez le constater : même si l'un et l'autre sont allés au tréfonds de la connaissance de types universels, il leur fallait bien considérer les contemporains, et, partant, fréquenter les salons puisqu'ils prisaient médiocrement les cabarets, d'ailleurs moins riches d'enseignements.

Pour M. de Marivaux, l'Histoire commence avec Pascal et s'épanouit avec Racine, pour M. de Montesquieu, elle plonge jusqu'à l'Égypte pharaonique. Nous ne sommes point là pour distribuer des bons points, et quitte à scier la branche sur laquelle nous nous sommes installés, nous nous interrogeons : la psychologie passe-t-elle forcément par la connaissance du passé ? Gageons que le Président et l'auteur du *Prince travesti* n'ont pas manqué d'en débattre, mais pas en cuistres, avec la légèreté d'apparence conférant tout son prix à la profondeur.

Mademoiselle (si peu) de Charolais

Au nombre des relations du Président, figure Anne-Louise de Bourbon, Mademoiselle de Charolais. Assez belle personne et dotée d'esprit, elle reçoit au château de Madrid meublé par ses soins avec raffinement. Sa liaison avec le lieutenant général duc de Richelieu ne va point sans orages, mais comme le duc et l'altesse sérénissime sont aussi volages l'un que l'autre, l'on ne sait lequel condamner. L'indépendance de Mlle de Charolais est célèbre à la Cour comme à la ville. Chez elle, elle s'habille en moine pour se faire plus aisément trousser. Seule sœur célibataire, sauf son aînée l'abbesse de Saint-Antoine-lez-Paris, de Monsieur le Duc, elle fait foin du Charolais et veut qu'on la nomme avec une grandiose simplicité Mademoiselle tout court, dérogation à l'étiquette sur laquelle le Très-Chrétien ferme les yeux. M. de Voltaire lui dédie des compliments rimés, tantôt coquins, tantôt grivois. Mademoiselle aime tant l'amour qu'elle conseille au Roi de prendre une favorite ; le monarque y mettra le temps. M. de Montesquieu obtient-il de la princesse qu'elle adopte avec lui la position horizontale ? On ne prête qu'aux riches, mais l'essentiel ne nous paraît point là. Mademoiselle s'oppose à l'austrophobie ambiante. La première, après Louis XIV mais peut-être avant Louis XV, elle l'a compris : il faut mettre fin à la rivalité nous opposant aux

Impériaux. Influence-t-elle le Président ou partagent-ils le même avis ? La seconde réponse nous paraît la bonne. Ainsi, la plus dévergondée des altesses sérénissimes se montre la plus sage en politique extérieure, et qu'il se soit produit ou non un frottement d'épidermes, la volonté d'éradication de la maladie austrophobe rapproche le prétendu provincial et la plus parisienne (et versaillaise) des Bourbons-Condé. Motif bien mince pour un attachement certain ? Pas sûr. M. de Montesquieu, quel que soit son goût pour les institutions britanniques, ne mélange jamais la dilection pour un régime et l'intérêt, non seulement de la France, mais encore de l'équilibre européen. Certes, nos rois, de François Ier à Louis XIV première manière, sont allés jusqu'à s'allier au Grand Turc et aux princes protestants afin que de faire rabattre les prétentions de la maison d'Autriche, mais quel danger courons-nous depuis les traités de Westphalie et le passage de l'Espagne entre les mains de Philippe V ? Si l'honnête homme qu'est le futur maréchal de Belle-Isle croit, en rêvant de cette fausse croisade, appliquer le testament du cardinal de Richelieu, si certaines plaies se cicatrisent malaisément, les plus enragés austrophobes ne nourrissent qu'une intention : abattre une puissance à majorité catholique. Certes, le Président ne porte pas dans son cœur l'Espagne, et encore moins le Portugal, mais ses sévérités, au demeurant parfois abusives, ne vont pas au catholicisme mais à ses excès, notamment en Amérique latine. On le prétend : la guerre idéologique serait née à la fin du XVIIIe siècle, avec l'agression des Girondins. Faux. Elle date des conflits de la Réforme prolongés par l'horreur de la guerre de Trente Ans. Qu'on en soit revenu plus ou moins à des conflits territoriaux ne change rien à l'affaire. Les beaux esprits veulent faire choir la couronne crucifère, même si sous elle vivent, grâce au principe *cujus regio, ejus religio*, des sujets attachés aux croyances de leur Électeur, de leur principicule, et non à celle de leur futur empereur. Lorsque Louis XV soutiendra l'Électeur de Bavière, élu sous le nom de Charles VII, c'est parce que ce prince est catholique. Ce n'est pas une excuse mais une explication. M. de Montesquieu, insensible à nos victoires de la succession d'Autriche, préférera toujours François de Lorraine et Marie-Thérèse la Grande à leurs opposants. On comprend mieux dès lors l'opposition Montesquieu/Voltaire si l'on se souvient qu'Arouet le Jeune ira jusqu'à se mettre à la solde de la Prusse.

Gageons qu'au château de Madrid, ces messieurs parlent aussi d'autre chose que de politique internationale.

Une inquiétante amitié

Nous évoquions, tout à l'heure, les médiocres, s'il en est un de triomphant c'est, à coup sûr, Claude Adrien Helvétius, et ce en un temps que les *mass media* n'exerçaient qu'une influence limitée. Originaire du Palatinat, fils d'un médecin ordinaire de Louis XV, M. Helvétius avait obtenu une charge (un office ?) de fermier général grâce à la protection de Marie Leszczynska. Chère Reine, si pieuse, elle introduisait un diable dans un bénitier. Si seulement le financier à cent mille livres de rente était un vrai diable, mais il ne possède pas l'envergure de servir l'ange des ténèbres. Il doute de tout et de lui-même, sauf à considérer qu'il tient l'hédonisme pour une philosophie.

Alors ? Pourquoi le Président l'apprécie-t-il ? D'abord, parce qu'il l'amuse, ensuite parce qu'il le lit et le commente sans toujours le comprendre, mais le fermier général n'est pas seul dans ce cas. Pour donner à fond dans le double anachronisme, et tant pis pour les esprits chagrins, M. Helvétius représente par excellence la gauche-caviar. Lorsqu'il « soufflera » la nièce de Mme de Grafigny (auteur des *Lettres péruviennes*, et un peu persanes sur les bords) à M. Turgot, baron de l'Aulne, il s'entendra demander à propos de Minette de Ligniville :
— Et si l'on vous demande si elle a de l'esprit ?
— Je répondrai : oui, comme une rose.
Il quitte la ferme et achète une charge de maître d'hôtel de la Reine. Pour quelle raison le Président le compte-t-il au nombre de ses amis ? Parce que le personnage est pétri de contradictions ; il va des mathématiques à la tragédie, mais flirte avec l'athéisme. Il prépare un ouvrage, *De l'esprit*, que M. de Montesquieu ne verra point, car l'autre y met le temps. Époux d'une Vénus, ce Crassus présente une vertu. Il harmonise ses idées et son comportement. Il écrit :

« Le malheur presque universel des hommes et des peuples dépend de l'imperfection de leurs lois et du partage trop inégal des richesses. »

Bravo ! Bravissimo ! Mais comment concilier cette déclaration avec son éloge de l'égoïsme ? Rien de plus simple, lui et Minette font preuve d'une inépuisable charité, mais le mot leur paraissant trop chrétien, ils utilisent le terme forgé par l'abbé de Saint-Pierre : philanthropie. Plus question de « l'éminente dignité des pauvres dans l'Église » (Bossuet) mais de l'amitié pour l'homme, en tout bien tout honneur s'entend. Faire l'aumône c'est bien, la faire avec discernement c'est mieux, surtout lorsqu'elle devient une aide apportée avec une infinie délicatesse à M. de Marivaux et à Mlle de La Chapelle-Saint-Jean. Encore une contradiction ; si le génial auteur de la *Surprise de l'amour* voit tomber — nous l'avons dit — deux de ses pièces, c'est à la suite de cabales des petits camarades du maître d'hôtel, matérialiste (à ses heures) de la (constamment) pieuse Marie Leszczynska. Qu'en déduire ? D'abord que M. et Mme Helvétius possèdent plus de cœur que de convictions et surtout que le Président passe sur les idées s'il a devant lui des gens aimables et généreux.

Reste que le cas Helvétius nous fait mesurer l'aveuglement de l'opinion au XVIIIᵉ siècle. Que ce charmant médiocre ait pu balancer la gloire du comte de Buffon ou même de Jean-Jacques demeure consternant. Après tout, on a vu sous Louis XIV un public préférer Pradon à Racine, et l'on verra sous Louis-Philippe les mêmes gobe-mouches tenir Béranger pour l'égal, sinon le supérieur de Lamartine ! La charité chrétienne nous interdit d'évoquer notre époque...

Une relation dangereuse

Parmi les aspects les plus étonnants de la mentalité de M. de Montesquieu demeure, à coup sûr, son comportement à l'égard des gens de plume. La république des lettres, c'est bon pour ses livres, pas pour ses relations. Melchior de Polignac était prince de l'Église, M. de Marivaux est noble, M. de Nivernais duc et pair,

164

M. Helvétius anobli par charge, M. de Voltaire gentilhomme de la chambre... Parmi les cadets du Président, M. d'Alembert est bâtard mais fils d'un chevalier et d'une chanoinesse, quant aux amis ecclésiastiques, ils appartiennent forcément au premier ordre, au figuré, mais le plus souvent au propre. Le baron de La Brède et de Montesquieu conserve cet esprit du siècle l'ayant vu naître, il reste plus « haut et puissant seigneur » qu'écrivain même s'il n'ignore pas être le plus grand de son époque, et selon nous, de quelques autres... et pourtant, pourtant, il discerne les talents au point de se laisser approcher par Denis Diderot. Oui, nous vous entendons d'ici : le fils du maître coutelier de Langres flatte le Président, et lui d'applaudir. Pas certain. Le bonhomme présente une double nature ; rustique en société, il devient d'une extrême finesse dès qu'il égratigne le vélin. Très instruit, il donne des textes corrosifs et, sans l'intervention de la marquise de Pompadour, croupirait encore au château de Vincennes où la soupe était moins bonne qu'à la Bastille. Pour lui, les diables sont les prêtres et les nobles. Dieu ? Il ne l'a jamais rencontré, mais il s'invente une morale laïque :

> « Je me crois passable moraliste, parce que cette science ne nécessite qu'un peu de justesse dans l'esprit, une âme [esprit] bien faite, de fréquents soliloques, et la sincérité la plus rigoureuse avec soi-même : savoir s'accuser et ignorer l'art de s'absoudre. »

M. Diderot se montre honnête avec lui-même, mais l'est-il avec les autres ? Certes, il a tâté de la prison pour ses idées, toutefois cet adversaire de notre monarchie profite de celle de Prusse, il est élu membre de l'académie de Berlin, et, plus tard, la czarine Catherine II achètera sa bibliothèque sans en prendre livraison... Son indépendance est tout aussi sujette à caution que celle de son ami et protecteur M. d'Alembert, pensionné par Frédéric II de Prusse. Sans doute, mais il partage avec le Président le goût de la critique d'art qu'il pratiquera dans ses *Salons*, et celui des techniques auxquelles M. de Montesquieu s'est longtemps intéressé. Même s'il a peu publié, Denis Diderot s'est affirmé déjà comme un grand écrivain ; le fond est souvent détestable, la forme toujours parfaite. Enfin, l'auteur des *Bijoux indiscrets* pousse la littérature galante chère au Président jusqu'au libertinage le plus outrancier. D'évidence, la protection du baron le fait se rengorger, mais sa grande affaire c'est de l'entraîner sur les chemins de la subversion. C'est ici que se pose le problème majeur et déjà évoqué. M. de Montesquieu possède une limpidité d'écriture le plaçant au-dessus de la mêlée, toutefois, il cultive la nuance et admet même dans quelques cas deux hypothèses ou deux solutions, témoin : le miracle de saint Janvier (*Voyage de Gratz à La Haye*). Mieux ou pis, il saute d'une idée à quelque autre alors que l'on attend un paragraphe intermédiaire. En conséquence, un quidam peut mettre en place, mentalement s'entend, les lignes apparemment manquantes. Résultat, il existe, ou plutôt, il est imaginé plusieurs Montesquieu, d'où l'abondance des relectures contradictoires des *L.P.*, des *Voyages* et de l'*E.L.* Gustave Lanson ira jusqu'à découvrir un Montesquieu républicain ! Denis Diderot le voudrait « contestataire », agnostique, voire athée. Il a tort quant au domaine spirituel. Il voit sinon plus juste, du moins pas tout à fait faux dans l'ordre politique. M. de Montesquieu, qu'il écrive *citoyens* pour *sujets* dans ses livres ou parle de ses *féaux* pour désigner ses *manants* (manants : gens restant sur la glèbe, donc rien de péjoratif), M. de Montesquieu, sénateur romain dans ses écrits, et baron sur ses terres et dans la société, donc progressiste et néo-féodal, ne nie point le droit divin, par égard pour Louis XV, mais tend à le prouver : la monarchie demeure contractuelle. Qu'elle soit héréditaire et successive ne retire rien à l'affaire ; à preuve le premier rite du sacre reste l'*Electio*. Que ce soit une tradition et un symbole n'empêche pas qu'elle soit maintenue. M. de Montesquieu ne serait-il pas une référence aux contempteurs de l'ordre établi ? C'est bien ce que pense Denis Diderot, et il voudrait prendre le chat fourré dans sa tapette. Malheureusement pour lui, et heureusement pour nous, les souris n'attrapent point les chats.

« La suzeraine »

Si le Président aime d'amour quelques dames, il en est une dont il dit pis que pendre, avec laquelle il ne semble point avoir dormi mais qu'il déteste si tendrement qu'il ne peut se passer d'elle, et elle de lui.

Anne-Charlotte de Crussol-Florensac, de la maison d'Uzès, apparaît comme une femme supérieure. Elle s'est mariée à Louis de Vignerot du Plessis Richelieu (ces deux derniers noms par raccroc), comte d'Agenais, personnage au-dessous du médiocre, mais leur fils deviendra l'un des plus grands serviteurs de la France. Lorsque M. de Montesquieu rencontre la dame, elle porte le titre de duchesse d'Aiguillon, mais pour écrire un rien vulgairement, ce n'est pas allé sans mal. La compréhension de l'affaire nécessite d'aller en amont ; le cardinal de Richelieu se montrait-il d'une tendresse à faire rougir sa pourpre à l'égard de sa nièce Marie-Madeleine Vignerot de Pontcourlay, veuve à vingt-deux ans du seigneur de Combalet ? Si tout Paris le prétendait, quiconque n'avait tenu la chandelle. La jolie dame veillait admirablement sur les demeures de l'Éminentissime. Louis XIII érigea la baronnie d'Aiguillon en duché pour la jeune femme, avec possibilité de transmission à sa nièce Mlle d'Agenais, lui substituant au cas où elle trépasserait sans postérité, son neveu Louis-Armand de Vignerot, frère puîné de M. le duc de Richelieu, son frère. La IIe duchesse d'Aiguillon, bonne personne, au dire même de Saint-Simon, trépassera en 1704 sans postérité. Louis-Armand, au lieu de profiter de la seconde substitution, demande s'il en possède le droit. En eût-il été sûr qu'il n'aurait pas présenté sa requête au comte de Pontchartrain, ministre secrétaire d'État à la Marine et à la Maison du Roi, celui-là même dont nous avons fait connaissance aux premières lignes de cette histoire lorsqu'il faisait passer des marchands de carpettes pour des ambassadeurs du sophi. M. de Pontchartrain lui demande son avis. Indignation du génial mémorialiste et fieffé menteur. Louis-Armand ! Peuh ! Un triste sire, il a naguère enlevé la duchesse de Mazarin ; cela nous semble, à nous, bénin et plutôt logique ; un cadet des Richelieu se donnant du plaisir avec une collatérale du successeur du cardinal de fer, c'était vraiment jouer sur du velours. L'infortuné laisse passer l'orage et attend le trépas du Roi-Soleil pour revenir à la charge. Le Régent s'étant interdit de décerner des couronnes d'aches a beau jeu de ne pas en confirmer une. Ainsi, lorsque Anne-Charlotte donne un fils à son pauvre mari, l'enfant est simplement déclaré — entendons inscrit — sur le registre de la paroisse Saint-Sulpice sous les seuls prénoms d'Emmanuel-Armand, le 31 juillet 1720. Tout cela peut paraître un peu simplet, car si le couple ne possède d'autre titre que le comté d'Agenais, il aurait pu trouver, en cherchant bien, une vague seigneurie pour le bezot car ils sont seigneurs d'Aiguillon, mais sans casque taré de face pour le mari, et sans tabouret pour l'épouse. Louise-Élisabeth de Bourbon, sœur de Monsieur le Duc, et veuve pour son bonheur de l'horrible, méchant, bossu, prince de Conti, a toujours montré de l'attachement pour M. d'Agenais, et comme Louis XV écoute volontiers sa charmante cousine, il acquiesce à sa requête. Le comte d'Agenais sera duc d'Aiguillon. Le premier, puisque le titre n'a jamais été porté que par deux dames. Le Parlement entérine en 1738. Finalement, Armand-Louis se révèle moins sot qu'on ne le croyait. Membre honoraire de l'Académie des sciences, il écrit une *Suite de la nouvelle cyropédie ou réflexions de Cyrus sur ses voyages*, et peut-être un texte plus que galant, ordurier.

Il reste pâlot au regard de son épouse. Anne-Charlotte brille d'un éclat reconnu par le Président un jour sur deux. Elle traduit un poème d'Alexander Pope, *Épître d'Héloïse à Abailard*. Certains médiévistes le soutiennent de nos jours : les correspondances entre le maître du cloître Notre-Dame et sa ravissante élève seraient postérieures d'une paire de siècles à leurs amours. Nous nous garderons d'émettre un avis. Mme d'Aiguillon entretient un commerce épistolaire avec nombre d'écrivains, leur dispense le vivre et le couvert en son château de Veretz, les fréquente aussi chez la marquise du Deffand. Son tour de force : recevoir les hommages réitérés de l'amant de Mme du Châtelet tout en se voulant la grande prêtresse du culte montesquien. Elle n'appartiendrait pas à l'histoire littéraire sans cette affection orageuse. Ou, plutôt, si, mais son titre — pas ducal, mais à la postérité — ne lui viendra qu'après la disparition du Président lorsqu'elle traduira les *Poèmes d'Ossian* inventés par James Macpherson. Cela ne représenterait que peu d'importance si le barde gaélique n'était devenu l'objet d'une telle admiration que, les Français lassés de la romanité de pacotille, le Premier consul encouragera les créations picturales et musicales exaltant le poète calédonien. Un splendide tableau de Girodet-Trioson nous montrant le barde à la barbe fluviale accueillant les héros morts pour la patrie, Kléber, Marceau, Dugommier et des étoilés plus modestes, ne constitue qu'un exemplaire parmi d'autres de cette vogue. Elle persistera jusqu'au romantisme.

Un jour que le Président s'était emporté contre la duchesse, il écrivit :

« Mme d'Aiguillon est la femme de France qui ment le plus en temps donné [*Mes pensées* 1293-1371]. Elle est bien plus amie de ses ennemis que de ses amis. » [*Ibidem* 1394-1370.]

Cela vise probablement sa coquetterie à l'égard de M. de Voltaire ou de cet abbé de Pradt donnant une thèse pour nier l'existence de Dieu.

« Elle a de l'esprit, mais c'est de la plus mauvaise espèce, elle a l'orgueil d'un pédant et tous les défauts d'un laquais. » [*Ibidem* 1370-1376.]

Au vrai, ils s'étaient opposés dans une affaire de droits féodaux dont l'Ancienne France possédait le secret. La baronnie de Montesquieu dépendait, ou plutôt avait dépendu, du comté d'Agenais et icelui du duché d'Aiguillon. De fait, il ne s'agissait plus de subordination mais de droits de pacages ou de champarts. Bref, comme le Président et la duchesse ne barguignaient pas sur des petits riens ailleurs tombés en désuétude, ils s'étaient envoyé des procureurs sans cesser de se voir, de se chanter pouilles et de se saluer à la joue. On ne sait trop lequel des deux l'emporta dans ces affrontements obsolètes. Le duc de Saint-Simon de prétendre : Anne-Charlotte aurait manifesté tant d'impatience de recevoir son tabouret qu'elle en aurait contracté la petite vérole, et, partant, serait demeurée grêlée. Possible, pas certain, on peut se montrer à la fois génial et méchant, ou pour le moins potinier, et c'est le cas du seigneur de La Ferté-Vidame ; qu'il croie descendre des leudes ne retire rien au fait qu'il n'est que le IIe duc de son nom, son père Claude ayant été serré d'un peu près par Louis XIII. D'où sa hargne pour le deuxième passage en ligne féminine d'un titre dont

on sait qu'il ne s'éteindra qu'avec le Ve duc, constituant monarchien, maréchal de camp, protestataire au Dix-Août et mort en
émigration à Hambourg.

La mystérieuse Mme de Saint-Maur

Marie-Marthe Aléon, dame Dupré de Saint-Maur est l'épouse
d'un conseiller à la Chambre des comptes de Paris et la mère d'un
futur intendant de Bordeaux. Il semble que le Président se montre
plus aimable avec elle qu'à l'égard de la duchesse, mais ne nous
laissons point abuser par une colère intermittente contre
Mme d'Aiguillon ; il ne peut se passer d'Anne-Charlotte.

Mme Dupré de Saint-Maur serait-elle plus jolie que « la suzeraine » du baron de Montesquieu ? Hélas, nous ne possédons de
portrait ni de l'une ni de l'autre. Mme d'Aiguillon ne devait pas
être vilaine si l'on en juge par son fils Emmanuel-Armand peint par
Drouais, mais peut-être le futur ministre du triumvirat tenait-il de
son père ? Une certitude, enfin une certitude si l'abbé de Guasco
n'a point travesti la vérité : le Président aurait tenu ce propos à
l'ecclésiastique :

— Mme Dupré de Saint-Maur est également bonne à en faire
ma maîtresse, ma femme ou mon amie.

Si l'abbé « n'en remet point », tel que nous connaissons notre
chat, il a dû frotter sa fourrure à l'épiderme de la dame. Prenons
garde où nous posons notre patte ; Anne-Charlotte et Marie-Marthe
ne se sont jamais chamaillées, du moins à notre connaissance. Elles
ne se sont pas disputé leur idole, en revanche, Mme de Saint-
Maur, nous verrons cela plus tard, ne ménagera point toujours le
Président. Elle le veut constamment brillantissime, et lorsqu'il joue
au taciturne, l'épouse du conseiller à la Chambre des comptes et
des Quarante en 1733 règle les siens avec M. de Montesquieu.
Sort-elle ses griffes parce qu'ils ont joué naguère à la main
chaude ? Mystère.

9

SIÈCLE DE LOUIS XV OU SIÈCLE DE MONTESQUIEU ?

Chacun connaît l'exergue du livre admirable de Théodore Quoniam : *Montesquieu, mieux qu'un philosophe des Lumières, une lumière de la philosophie.* La définition, belle à l'évidence, correspond-elle à la réalité ? Que M. de Montesquieu apparaisse, avec M. de Marivaux, comme le plus grand écrivain d'un siècle prodigue en beaux brins de plume, cela ne saurait prêter à polémique. En revanche, le mot de philosophe s'applique-t-il aux Lumières ? La Mettrie, peut-être, encore que l'athéisme ne soit chez lui qu'une position de principe, même observation pour le curé Meslier, capable de dire trente ans la sainte messe sans y croire. L'abbé de Condillac, avec son sensualisme et l'apologie de la statue de la rose donne dans une création de concept, son frère l'abbé de Mably est un réformateur et l'un des responsables d'une révolution qu'il n'eût pas voulu sanglante. Pour Jean-Jacques, le problème demeure plus complexe. La magie de son style, sa thèse de l'excellence de la volonté générale l'érigeraient en maître de Maximilien. Antoine, duc de Lévis Mirepoix, démontrera, après Jacques Bainville, que le tyran, bien qu'il se recueillît sur la tombe de Rousseau, à Ermenonville, fut plus l'adepte de Mgr de Fénelon et de sa Salente que du Genevois et de son *Contrat social.* Alors ? Faut-il en conclure : le XVIIIe siècle compta peu de philosophes. Certains iront jusqu'à le prétendre : le Président et le marquis de Vauvenargues ne seraient que des moralistes (Pléiade, *Histoire de la philosophie*). Que chacun ait voulu « la cité idéale », c'est exact depuis… les présocratiques. Le vouloir ne suffit pas, encore faut-il pouvoir le dire et l'écrire. André Gide écrira (ou à peu près) :

> « Les peuples malheureux ne font pas la révolution, ils sont trop à leur aise pour en trouver le temps. »

De bons biographes de M. de Montesquieu n'ont pas tenu compte de cette évidence ; ainsi M. Pierre Gascar, attentif à son sujet, oublie le Roi et va jusqu'à traiter Mme de Pompadour de courtisane. Un écrivain de cette classe doit le savoir : *courtisane* n'est pas le féminin de *courtisan*, ou bien le même auteur affecte de ne rien comprendre à Louis XV que l'on voit soumis à l'une de ses filles, Madame Henriette, et peu capable de réfléchir lui-même. Un tel attentat à la vérité procède-t-il d'une ignorance ou du désir de masquer la réalité ? Nous ne saurions mettre en doute la bonne foi d'un très honorable confrère, il faut donc s'en remettre à la première proposition. Si l'on peut comparer un sujet à son roi, il est aisé de voir en quoi ils sont proches ; l'un et l'autre se montrent soucieux, anxieux du bien public, tous deux se servent sans cesse de microscopes et de lunettes astronomiques. Seulement voilà, il est plus difficile de conduire la France que d'administrer La Brède.

Des légistes pour l'un, des juristes pour l'autre

Le monarque s'en tient à saint Louis et ne remonte point à Épictète. Louis XV le sait : la perfection n'est pas de ce monde. Le Président aussi, mais il la voudrait. Comment ? Par une connaissance plus approfondie de l'esprit des lois. Ici, le problème devient plus complexe ; pour le Roi, la loi c'est lui, en son Conseil. Pour le Président, la loi, même si elle implique la soumission au monarque, ne procède point de sa volonté mais d'une infinité d'expériences. Louis XV veut des légistes, M. de Montesquieu des juristes. La distinction s'applique au droit politique, mais point au criminel et encore moins au délictuel. Certes, la barrière n'est pas mince, mais n'empêche pas de vivre en bonne intelligence. M. de Montesquieu voit dans le sacre un contrat, Sa Majesté Très Chrétienne un sacrement, toutefois le monarque et le Président tombent d'accord sur un point : on ne règne pas sans l'adhésion de ses peuples. Certains politologues reprocheront à l'auteur de l'*E.L.* d'avoir encouragé la bipolarisation à l'anglaise. Sans remonter jusqu'aux Anciens, la France et l'Europe se sont souvent déchirées en factions — guelfes et gibelins, Montaigus et Capulets, Armagnacs et Bourguignons, réformés et catholiques. Pourquoi ne pas discuter plutôt que de régler les affaires la lance au poing ? Oui, la langue plutôt que la lance, mais il ne faut abuser de l'une ni de l'autre, d'où le scepticisme de M. de Montesquieu tant face à l'absolutisme non arbitraire qu'au système des assemblées. Bien sûr, elles peuvent déposer des projets de loi, après étude en commission, mais peut-on être assuré de la compétence des commissaires ? Alors, pourquoi ne point, à la Chambre basse, répartir les aptitudes ? Louis XV, si l'on insistait pour réunir les états généraux (mais quiconque, même le maréchal de Belle-Isle, n'ose insister), admettrait peut-être que les députés à la Chambre basse soient élus par professions. Ils n'interviendraient que selon leur compétence. Laissons cela : le monarque ne veut ni réunion des états généraux ni même une convocation des Notables. Il existe un chancelier, des conseillers d'État, d'épée, de robe et des maîtres de requêtes à foison, des membres du Grand Conseil. Ils peuvent suffire à la tâche. D'évidence, le Roi montre bonne raison et cela d'autant plus qu'il existe des cours supérieures, tant dans les pays d'états que dans ceux d'élection. Et le petit peuple ? Il s'exprime par les corps intermédiaires ou bien en jetant des pavés sur les receveurs et les archers de la ferme. Observons-le : on ne relève pas un désaccord fondamental entre le Très-Chrétien et son Persan. Leur psychologie est opposée. François VI de La Rochefoucauld est passé sur le tard au jansénisme en retenant moins la prédestination que le pessimisme (l'un n'allant pas d'obligation avec l'autre). M. de Vauvenargues s'est-il placé sous l'influence montesquienne ? Pas sûr puisque de nombreux textes non politiques demeurent alors inconnus et que le Provençal trépasse sept années avant l'Aquitain. Peut-être même que le capitaine ne s'est jamais entretenu avec le Président. Et pourtant que de réflexions du marquis semblent sortir tout droit de *Mes pensées* ou du *Spicilège* :

« C'est un grand signe de médiocrité que de louer toujours médiocrement. » « On dit peu de choses solides lorsqu'on cherche à en dire d'extraordinaires. » « La clarté est la bonne foi des philosophes. » « Il est faux que l'égalité soit une loi de la nature. La nature n'a rien fait d'égal ; la loi souveraine est la subordination et la dépendance. »

Là, M. de Vauvenargues s'éloigne un peu de notre Persan, mais cette soumission touche à la mécanique céleste ainsi qu'à la différence entre *animus* et *anima*. Ainsi, dans l'ordre du moralisme, Vauvenargues égale Montesquieu. L'hostilité marquée au jansénisme n'y est pour rien.

Le siècle est-il en marche ?

Peut-être, mais vers quoi ? Qu'un moralisme plus souvent laïque que religieux soit à mettre au compte du Président, du marquis, de Denis Diderot et même du pauvre Marmontel n'est pas douteux. Que l'histoire médiévale progresse avec l'abbé Du Bos, que les événements plus récents soient rapportés, et avec quel brio, par un Voltaire dont le caractère n'égale point la lucidité (un jour sur deux), c'est encore vrai, quant à Jean-Jacques, servi par un style tantôt geignard, tantôt enchanteur, il ne peut tenir la route en raison d'une éducation première trop négligée. Par un paradoxe stupéfiant, on nommera « siècle des Lumières » celui dont la philosophie fut la plus absente. Le cartésianisme revu par le R.P. de Malebranche et le baron de Leibniz reste, avec les Anciens, la grande voie de méditation. Helvétius ne pèse pas lourd, et l'abbé de Pradt encore moins. Et le Président, parce qu'il sait tout ou presque, peut-il rendre à la philosophie sa sagesse ? Quitte à passer pour un peu primaire, il nous semble que sa plus grande force réside dans son optimisme. Ses contemporains, sauf le guère argenté Marivaux ou le millionnaire et fermier général Helvétius, sont empreints d'une tristesse dissimulée sous les mots d'esprit. Loin de nous la pensée de tenir le siècle des Lumières pour une période inutile et pernicieuse. Même le cosmopolitisme ne nous paraît pas bien méchant puisque la langue française domine partout. M. de

Montesquieu diffère de ses contemporains parce qu'il ne considère point la philosophie comme une mode, en un temps qu'elle n'est jamais tombée si bas. Les Lumières ne sont pas des philosophes, sauf peut-être l'abbé de Condillac. Le sensualisme doit être tenu pour un mode de pensée et se prolongera chez les idéologues. Le rôle que s'assigne la république des lettres touche rarement à la philosophie, c'est plutôt, mais nul ne le prétend, du moins dans la première partie du siècle, comme une contre-théologie. La valeur et le mauvais côté des Lumières procèdent d'une ambition compréhensible mais périlleuse : substituer à l'idéal de l'honnête homme cher au XVIIᵉ siècle celui de la technicité. M. de Montesquieu fera joujou toujours avec la science, mais ce ne sera plus bientôt qu'un délassement. L'époque est, chez d'autres, marquée par une confusion des genres. Le Président, lui, sait ses études trop précieuses pour ne point s'y consacrer entre deux contes ou deux amourettes. On l'a prétendu : le châtelain de La Brède aurait mis en marche le siècle, et, partant, porterait quelque responsabilité dans le drame final. Rien ne nous paraît plus faux. Certes, de véritables conspirateurs utiliseront l'*E.L.* pour faire pièce au pouvoir royal, mais comment oublier que les ultra-gallicans et les jansénistes ont toujours été les plus farouches ennemis du Président ?

Un univers qu'il embrasse

L'œuvre montesquienne fait l'objet d'une scandaleuse exploitation. Alors, objectera-t-on, elle n'est pas claire. Si, mais elle témoigne d'une honnêteté parfaite, avec des *oui mais*, des *non mais*, il sera facile de transformer les doutes en certitudes dans un sens monarchiste ou néo-féodal. Dans un ouvrage légitimement célèbre, Daniel Mornet évoquera les *Origines intellectuelles de la Révolution française*. Elles paraissent incontestables. Pour autant, sauf le cas de l'abbé de Mably, d'Helvétius et du curé Meslier, elles tiennent plus à l'action de sociétés de pensée (*cf.* Augustin Cochin) qu'aux attitudes souvent contradictoires des Diderot, d'Alembert et autres Voltaire. Plus triste apparaît la vérité. L'absolutisme non arbitraire est mort d'une maladie de tiroir-caisse, entendez les exorbitantes dépenses de la trop longue guerre d'Indépendance américaine. M. de Saint-Victor affirme non sans raison, dans *la Chute des aristocrates*, que la droite de la Constituante s'inspirera de M. de Montesquieu. Sans nul doute, mais l'esprit de l'*E.L.* ne soufflera qu'après la réunion des trois ordres et la chute de la Bastille. Nous y reviendrons en nous penchant sur les épigones du Président. Contentons-nous de constater qu'il n'existe pas de révolution programmée. Sans l'atroce hiver de 1788, nous n'aurions pas connu les deux grandes peurs de 1789, et M. de Montesquieu n'a rien à voir avec les atermoiements d'un Louis XVI, monument de savoir mais incapable, depuis le congédiement de M. de Calonne, de tenir la barre, peut-être parce qu'il faisait trop le tour des problèmes, il ne s'arrêtait plus à l'une des solutions, et que sa phtisie n'arrangeait rien. Jamais, au cœur de notre histoire, les « intellectuels » n'ont inféré dans la vie politique. Ils l'ont cru, c'est tant mieux pour eux. Le Président, nous l'avons dit, n'emploie le mot qu'adjectivement. S'il souhaite le bonheur à ses compatriotes et même à tout le genre humain, s'il s'appuie sur tous les travaux des philosophes et des juristes, il n'appartient pas à son temps... même s'il en profite. Vivant dans le pays le plus heureux du monde — certains écriraient le moins malheureux —, il voudrait apporter par le droit naturel une dimension supplémentaire à chacun d'entre nous, et c'est pour cette raison qu'en dépit de quelques négligences de forme, il demeure sinon détaché de son siècle, du moins au-dessus. Il n'entre dans aucune coterie, il ne tape pas sur le tam-tam pour se faire valoir. Sa timidité toute relative ne l'empêche point de savoir qu'il embrasse un univers, le sien, mais est-ce sa faute si ledit univers va s'agrandir. Il ne croit point au progrès, sinon dynamisé par les lois et, on l'a dit, il n'oppose point le droit au Roi, sauf à considérer que le monarque délègue sa main de justice, mais n'est pas grand justicier. En période paisible, il montre bonne raison. Face à des situations exceptionnelles, il nous paraît moins sûr que la vérité soit de son côté : si Jean II le Bon eût pu se dispenser de faire supplicier des adversaires dont la cause prêtait à examen, Henri III a sauvé la monarchie, c'est-à-dire l'État, en faisant dépêcher le duc et le cardinal de Guise. Il ne faut pourtant pas s'y tromper. M. de Montesquieu s'accorde le droit de sanctionner un tueur de lièvre, cependant que, figure d'école, il dénie à Louis XV la latitude de faire abattre un serviteur infidèle. Bien sûr, cela prête à rire ; le Bien-Aimé, lorsqu'il écarte un secrétaire d'État, se contente de l'envoyer méditer sur ses terres, habitude dont l'Impératrice-Reine soutiendra qu'elle relève d'une pratique digne du Grand Seigneur et de son Divan. Sa Majesté Très Chrétienne n'utilise pas les lettres de cachet pour le seul exil, mais pour embastiller, envincenniser ou faire mener à Fort-L'Évêque des gens douteux, maltôtiers, écrivains sentant le soufre, ou des comédiens ou des comédiennes n'ayant point honoré leur contrat. D'évidence, par égard pour le monarque, et peut-être pour sa propre tranquillité, M. de Montesquieu, même allusivement, n'attaque pas cette coutume, mais tout l'*E.L.* en implique la condamnation. Est-ce parce que la durée de toute détention devait être déterminée, chacune des parties entendues ? Probable, pas certain.

Contre la loi du nombre

Aujourd'hui, nous avons tendance à voir d'un même œil tous les magistrats qu'ils soient assis ou debout, à cela près que les premiers montent lentement alors que les seconds connaissent des ascensions rapides et des chutes non moins vertigineuses. Il n'en va point de même au XVIIIe siècle ; les procureurs généraux bénéficient, une fois en charge d'une situation aussi stable, non pas que les premiers présidents — ils sont nommés — mais que les présidents à mortier et les conseillers. Une interprétation erronée de la pensée montesquienne consiste à croire le publiciste hostile au partage à part égale entre les gens du parquet et ceux du siège. Pareille fusion provient du fait que, remontant jusqu'à l'aurore de la féodalité, M. de Montesquieu constate que les requérants, alors nommés gens du Roi, s'asseyaient sur le parquet. Il n'a jamais insinué qu'il importait de rétablir cet usage. Au chapitre des erreurs, pas forcément innocentes, certains commentateurs, relecteurs (appelez cela comme vous voudrez) accusent le Président d'avoir voulu mettre en place un gouvernement des juges. Son amitié pour le comte de Maurepas, grand défenseur des prérogatives parlementaires, ne doit pas être l'arbre nous cachant la forêt.

Jamais M. de Montesquieu ne préconise l'élaboration des lois par ceux dont la mission consiste à rendre la justice. Ce qu'il veut, c'est un dépôt des lois, mais il ne dénie point au Conseil des dépêches de dire le droit sous l'impulsion du monarque et du chancelier. Que les membres des deux assemblées du Royaume-Uni soient devenus législateurs ; à travers l'affrontement des tories, des whigs et des whigs indépendants il peut se dégager une conception de l'intérêt général. Pourquoi cependant les lords et les députés disposeraient-ils des moyens techniques et intellectuels pour entrer dans les détails ? Certes, ils peuvent préparer en commission les textes à faire adopter par les deux Chambres. Oui, mais encore faut-il que les Lords et les Communes soient en état de comprendre. Il en va de même pour eux que pour les ministres ayant désigné les seigneurs et les électeurs s'étant prononcés pour les députés aux Communes. Or, pour M. de Montesquieu, la démocratie, même censitaire, ne sert qu'à départager les délibérants. Pourquoi les plus nombreux seraient-ils dans le vrai, la minorité dans le faux ? Et encore, il faut des contre-pouvoirs mais pas au détriment de la Couronne, en sa faveur. Si le Président lui en accorde un peu, c'est qu'il tient compte du poids de l'Histoire. Les Tudors, les Stuarts, Olivier Cromwell, puis de nouveau les Stuarts n'ont pas donné l'exemple de la modération, mais, on l'a dit, le danger peut venir d'ailleurs, et avant tout d'une dictature d'assemblée d'autant plus redoutable qu'elle serait unique. Quelques « philosophes », Claude Helvétius, Denis Diderot, voudraient entraîner le maître (il n'eût point aimé un tel titre) sur le chemin de la démocratie. Leur délit ? Celui de Jean-Jacques, et encore pour le Genevois avec circonstances atténuantes. La démocratie le plus souvent ploutocratique, est une *private joke* entre une poignée de citoyens et quelques métèques fraîchement admis à voter (à « urner » comme disait Jean-Louis Tixier-Vignancourt). De cela, le Président possède une conscience nette mais, non sans raisons, il désire que, pour qu'une loi soit promulguée, elle recueille l'assentiment du plus grand nombre, et pourquoi pas ? de l'unanimité.

Le droit naturel ne nous vient pas du bon sauvage, au demeurant pas encore inventé, le droit naturel, et partant, la loi naturelle sont les fruits d'une conscience qu'il importe de codifier selon les habitudes et, on l'a souligné, les climats.

Sujet du Roi ? Citoyen du monde ?

On a si souvent évoqué le cosmopolitisme de M. de Montesquieu qu'il nous faut bien, sans dissimuler quelques écrits imprudents, remettre les choses au point. De tout temps, les écrivains se sont préoccupés du présent et du passé hors de nos frontières. Les Gallo-Romains n'en sont-ils pas l'exemple et faut-il rappeler que Julien, césar en Gaule, décrit Lutèce en grec ? Du vivant même du châtelain de La Brède, les thèses de droit et — hélas ! — de médecine sont soutenues en latin. Certes, à quelques exceptions près, telles les découvertes biologiques ou bien astronomiques, les facultés ne se préoccupent que de travaux concernant le royaume. Pourquoi le Président a-t-il tenu les *Causes de la grandeur des Romains et de leur décadence* comme une manière d'immense préface à l'*E.L.* ? Pour démonter le mécanisme du plus éclatant des empires et établir que la puissance tient à l'observation des lois dans la mesure où elles sont bien adaptées. Ainsi, l'historien ouvrait la voie au publiciste, mais un publiciste tel qu'on n'en avait jamais lu. Est-ce parce qu'on définit l'*E.L.* pour le monde que l'on n'est pas bon Français ? La réponse irait de soi si la question n'avait pas été posée. À l'appui d'un Montesquieu cosmopolite, on souligne ses longs voyages après son élection au nombre des Quarante. Or, il est vrai, il n'observe pas un pays particulier comme nombre de ses prédécesseurs sur les grands chemins. Il ne se spécialise pas et passe par mille et une lectures pour définir l'Orient alors qu'il s'attarde dans les Italies, l'Empire et surtout la Grande-Bretagne. Il ne va point à la recherche d'un modèle, il se contente de consigner le bon et le mauvais pour aller vers ce qu'il tiendra pour le meilleur. La documentation des Cujas, des Bodin demeurait livresque, messire d'Aguesseau ne fait pas exception, en dépit de son immense savoir et de son talent scrupuleux. Au demeurant, le chancelier, on l'a vu, ne marchande pas son admiration au Président. Que peut-on reprocher à M. de Montesquieu ? De s'être trop engoué de Londres ? Ce serait vrai s'il ne mesurait pas la distance entre le système et son application ; à supposer que l'*E.L.* donne un peu raison à l'Angleterre des Hanovre, elle n'est point la préoccupation principale de l'auteur, il veut d'abord, et en France l'affaire revêt la plus haute importance, savoir comment est né le droit coutumier, comment a subsisté le droit romain. Pourquoi ne pas en faire profiter le monde en général et le royaume du Très-Chrétien en particulier ?

L'un et l'autre ne veulent pas entendre parler de démocratie. M. de Montesquieu en souhaiterait l'expression par un renforcement des pouvoirs des corps intermédiaires. Son problème, ce sont les lois : doivent-elles être élaborées par ceux dont la mission va consister à les appliquer ? Malgré la vieille solidarité des grandes robes, l'Aquitain ne le souhaite pas. Explicitement, il dénonce — à mots couverts — les lenteurs de Thémis, obtient que soit mis fin aux bûchers consumant les sorcières. Sur l'application de la peine de mort, il se montre moins définitif que ne sera le marquis de Beccaria. Il est vrai que Louis XV use très largement de son droit de grâce au point de favoriser les récidives. Ainsi, l'espace mental entre le Roi et le Président apparaît relativement proche. Il ne faudrait pas voir pour autant une identité de vues, même s'ils cultivent des goûts communs pour les microscopes, les lunettes astronomiques.

Certes, Louis XV se montre, à l'inverse de son bisaïeul, d'une patience archangélique à l'égard des cours supérieures ; la frauduleuse théorie des classes de Parlement ne sera qu'une scandaleuse déformation de la pensée du Président, l'incitation à la révolte ne viendra point de lui ; le greffe ultra-gallican et janséniste fera parler un mort. À l'heure que paraît l'*E.L.* (1748), le mort est bien vivant, et le monarque saisit la distance entre la conception politique de M. de Montesquieu et la sienne propre. Certains vont même jusqu'à confondre la condamnation du despotisme et celle de l'absolutisme. Serait-il, et c'est le cas, non arbitraire ? Si Louis XV se montre affable, il n'est pas dupe. Au-delà de sa bénévolence à l'égard d'un écrivain que des excités voudraient annexer, il importe de déceler une forme de calcul, et le mot ne présente rien de péjoratif. M. de Voltaire, ne doutant de rien, en tout cas pas de lui-même, avait défini le XVIIe siècle en ces termes : « Siècle de grands talents mais non pas de lumières. » L'expression fit fortune.

Louis XV, bien inspiré par la marquise de Pompadour, décide de se faire roi des Lumières. Or, en est-il une plus brillante que M. de Montesquieu ? Voltaire, nommé gentilhomme de la chambre, adopte une attitude incompatible avec sa qualité de sujet du Très-Chrétien, mais M. Pinot-Duclos est anobli, Georges Leclerc voit sa terre de Buffon érigée en comté, et il est statufié de son vivant. Certes, Denis Diderot est un temps envincennisé, mais ce n'est pas en raison de l'*Encyclopédie* dont Louis XV était souscripteur, mais pour la *Lettre sur les aveugles à l'usage de ceux qui voient*. Le *Devin du village* est joué devant la Cour avant que Jean-Jacques n'écrive les pires sottises dans un style sublime. On s'étonnerait de voir que le Président n'a point la poitrine barrée du cordon noir de Saint-Michel si l'on oubliait que cette décoration est donnée aux savants, et surtout aux architectes, peintres et sculpteurs, pas aux écrivains. Le marquisat, on l'a dit, n'a jamais été demandé. Somme toute, l'on en revient aux contradictions de M. de Montesquieu, il se tient pour le sujet fidèle de Louis XV, pour l'ami de toujours de la marquise, et pour un « bon citoyen ». Le vocable de contradiction, tout bien pesé, est de trop : Élisabeth II, souveraine représentative et plus symbolique qu'arbitre, règne sur des sujets, les présidents de la V\ :sup:`e` République sont, hors cohabitation, dotés de pouvoirs plus étendus que ceux de Louis XIV et Louis XV. Mensonge des mots ? Non, routine, ou, pour se montrer plus poli, tradition. À la vérité, selon le mot de Chamfort, « La France est une monarchie absolue tempérée par des chansons. » Défense d'imprimer des textes hostiles à la religion et au gouvernement. Soit, mais peut-on tenir des propos subversifs ? Le Roi n'en a cure, mais pas le lieutenant général de police, M. d'Argenson s'en inquiète. Un matin, il convoque Sophie Arnould. Des amis du Président, Louis-Antoine et Jean-Pierre de Bougainville, ont tenu, durant le souper de la veille chez la cantatrice, des propos hostiles au Conseil. Sophie, malgré l'insistance de l'argousin en chef, prétend ne pas se souvenir du nom des convives. M. d'Argenson revient à la charge :

— Il me semble, mademoiselle, qu'une femme comme vous n'oublie pas aisément ces choses-là.

— En effet, monsieur, mais devant un homme comme vous, je ne suis pas une femme comme moi.

Le Roi répugne à sévir, et comme M. de Montesquieu, raffole des historiettes. Elles le délassent de son labeur. Seulement, il ne les consigne point alors que le grand Bordelais, entre deux pensées sublimes, intercale dans son *Spicilège* et ses *Voyages* des récits où les alcôves ne protègent pas de l'indiscrétion. On dort moins qu'on ne veille, et quand on ne sommeille pas à deux (ou à trois) il faut bien s'occuper. Une différence : le souverain en fait plus qu'il n'en dit, le seigneur en dit plus qu'il n'en fait. Détail piquant, M. de Montesquieu rédige pour Mademoiselle de Charolais *Arsace et Isménie*, sous-titré *Histoire orientale*. Que le conte soit soumis à la marquise (et bientôt duchesse de Mirepoix) nous semble moins étonnant ; il n'est pas certain que la ravissante dame ait accordé ses faveurs au Président ; Mademoiselle de Charolais se montre-t-elle moins cruelle ? La question n'est point là. La princesse, au demeurant femme de goût, donne, on l'a signalé, sinon dans les égarements de l'esprit, du moins dans ceux du cœur et surtout des transports dictés par un tempérament de feu. Or, c'est pour cette gourgandine de haut vol qu'est écrite l'histoire d'un amour exclusif et réciproque. Les malheurs d'Arsace et d'Isménie ne vont point sans alternances d'extase, de combats du héros, tantôt contre des guerriers méchants, de lions farouches. Ici, point de génie et de métempsycose comme dans *Histoire véritable*. La trame est volontairement très serrée. L'affaire commence par un long *flash-back* et confère aux émotions d'Arsace un accent de vérité. Rassurez-vous, tous se terminera dans la félicité. Comme le seigneur et sa dame deviennent roi et reine, nous profitons de quelques enseignements sur l'art de gouverner. Si l'œuvre montesquienne se limitait à *Arsace et Isménie*, son auteur serait-il passé glorieusement à la postérité ? Presque tous les critiques répondent non. Nous, nous soutenons que si. *Histoire orientale* se recommande d'abord par la pureté de son style et une manière si subtile que point n'est besoin de recourir à l'ombre d'un érotisme pour saisir dans toute sa frénésie l'attachement non seulement moral mais physique des deux héros. L'inspiration vient à la fois des romans de chevalerie, de l'Arioste et du Tasse, de l'*Astrée*, et, avec une écriture plus nette et plus apurée, de Georges et Madeleine de Scudéry. Voilà pour l'amont. Et l'aval ? Seul, l'ami Marivaux, jouant aussi du dédoublement (Ardisite est la sœur d'Isménie, et

Arsace s'habille deux fois en femme) tient la distance, et Jean-Jacques, avec *la Nouvelle Héloïse*, serait dans le peloton de tête s'il savait faire court. Anticipons un brin ; un jeune gentilhomme demandera bientôt un conseil à l'un de ses oncles :

— Qu'acquérir pour se meubler l'esprit ?

Réponse :

— Achetez l'*Encyclopédie* et asseyez-vous dessus pour lire les *Contes* de Voltaire.

Qu'importe si *Candide* procède des *Voyages de Gulliver* et des *Lettres persanes*. Le bonhomme Arouet pourrait rétorquer :

— Mon imitation n'est pas un esclavage.

En revanche, le fait qu'il se targue d'être poète prête à sourire, mais M. de Montesquieu ne taquine point la muse avec plus de bonheur. L'on comprend Jean Le Rond d'Alembert lorsqu'il interroge :

— La poésie, qu'est-ce que cela prouve ?

MM. Lefranc de Pompignan, Jean-Baptiste Rousseau, Gilbert sauvent l'honneur. Reste, bien sûr, le chevalier de Florian, seul fabuliste depuis La Fontaine, car si le duc de Nivernais se veut aussi disciple d'Ésope, chez lui la quantité prime la qualité. Heureusement, l'arrière-neveu du Mazarin se montre un diplomate hors pair et servira en toute occasion les Quarante, et, surtout son ami Montesquieu.

Quelques pas en poésie

Reste à s'interroger sur la faillite de la poésie au temps des Lumières ; il ne suffit pas de citer l'adage culinaire : « On naît rôtisseur, mais l'on devient saucier. » MM. de Montesquieu et de Voltaire connaissent la métrique sur le bout des doigts, n'ignorent aucun secret du dactyle et du spondé, toutefois ils seront nés rôtisseurs mais ne deviendront jamais sauciers. Importe-t-il de les tenir pour responsables d'une telle carence ? Lorsque l'on est homme-orchestre, ou réputé tel, l'on doit savoir jouer de tous les instruments. Leur formation est antérieure au coucher du Roi-Soleil, et Nicolas Boileau et ses amis, tout en exaltant un théâtre merveilleux, ont condamné la poésie lyrique ; comment peut-on se gausser en ces termes :

> *À Malherbe, à Racan, préférer Théophile*
> *Et le clinquant du Tasse à tout l'or de Virgile ?*

Que Malherbe et surtout Racan offrent une prenante sensibilité n'est point niable, mais Théophile de Viau nous émeut autant que le président François de Maynard (non cité). Quant à se rire de la *Jérusalem délivrée*, même pour la comparer à l'*Énéide*, commande officielle d'Auguste, prouve que le bon Boileau, tout talentueux qu'il fût, aimait la littérature au garde-à-vous. Faut-il suivre M. Marc Fumaroli lorsqu'il juge le Grand Siècle en rupture avec une poésie infiniment plus libre avant la chute de Nicolas Fouquet ? Certes, le théâtre et les vers consacrés à l'apologie de Louis XIV avaient presque tout envahi, si l'on excepte La Fontaine et Saint-Évremond. Oui, mais n'obscurcissons point le Soleil, d'abord parce qu'il l'eût mal pris. Ensuite, parce que Charles-Louis de Secondat à Juilly, et François Arouet à Louis-le-Grand ne se sont jamais vus empêchés de lire Ronsard et du Bellay. Comme l'un et l'autre ont été formés au XVIIᵉ siècle, on vous l'affirmera : leurs éducateurs les ont coulés dans le moule de l'école de 1661 ; objection : encore que disciplinés, ils se montraient fort capables de découvrir tout seuls les trésors de sensibilité des époques précédentes. Sans doute, surtout à Louis-le-Grand, les jésuites accordaient-ils la primauté tant au latin qu'au grec, mais à Juilly l'on demeurait libre de parler le français.

Après tout, les deux futurs académiciens n'ont peut-être pas goûté la forme des poèmes des thuriféraires de Charles IX et de Henri III. Se seraient-ils laissé enfermer dans le carcan malherbien ? Qu'ils aient vécu surtout avec l'Antiquité ne prête point à doute, seulement Charles-Louis ne commet qu'une tragédie, *Brilomare*, inspirée par le roman *Cléopâtre* de Gautier de La Calprenède. M. Louis Desgraves n'emporte pas notre conviction lorsque, après avoir cité quelques vers honorables de la pièce, le savant montesquiologue va jusqu'à les comparer à ceux de M. de Lagrange-Chancel. Lancé par Racine, Lagrange n'aurait connu que des succès assez brefs s'il n'avait écrit les cinq géniales et odieuses

Philippiques contre le Régent. En revanche, nous en convenons : « Ce style est ciselé, la phrase travaillée et brillante. » Charles-Louis de Secondat ne poussera point l'expérience au-delà de *Brilomare* mais, outre la délicatesse des sentiments, il aura compris que les protagonistes ne doivent point apparaître comme des porte-parole de l'auteur. Bref, il aura découvert l'autonomie de la langue employée par chacun des personnages. Le fait nous paraît capital ; il explique le pourquoi de l'attrait des grands dialogues et des contes même si des sots, tout en aimant *Arsace et Isménie*, reprochent à Sylla de s'exprimer avec autant d'élégance qu'Eucrate. Pourquoi le langage d'un dictateur ne serait-il point châtié ? C'est même parce qu'il joignait au talent militaire le sens de la phrase frappée comme une médaille que ce génie terrible et énigmatique mena ses Cornéliens à la victoire. Le mieux, pour réussir devant les feux de la rampe, c'est encore de s'abstenir, à moins de se nommer Marivaux. Bien « ficeler » ne suffit pas. Encore faut-il bannir le théâtre à thèse. Une question, pourtant, demeure sans réponse ; pourquoi les personnages des contes de M. de Montesquieu nous ravissent-ils à l'égal de ceux de l'ami-ennemi Voltaire alors que les tragédies de l'amant de la divine Émilie ont fait tirer des larmes abondantes à ses contemporains et nous font tordre de rire ? Assurément, l'hôte des *Délices* était lesté d'un prodigieux bagage, mais trop soucieux de son temps, il ne saura point créer des types éternels. N'allons surtout pas croire que le théâtre est affaire d'expérience. Les pièces de Voltaire n'iront jamais en s'améliorant, quant aux premières, elles ne souffrent point la comparaison avec *Agesilas* et *Attila*. Au Siècle des Lumières, sauf pour MM. Lesage, de Marivaux et Gresset, il vaut mieux moucher les chandelles.

Les philosophes, arrière-parents des intellectuels

M. de Montesquieu n'emploie le mot *intellectuel* qu'adjectivement. Le substantif ne viendra qu'avec l'affaire Dreyfus, l'*Affaire* comme la titre Me Jean-Denis Bredin. Du coup, l'on a tendance à considérer que l'écrivain d'avant les Lumières n'intervient pas ou peu dans la vie politique, sauf à parler, bien sûr, des philosophes de l'Antiquité grecque. Certains hommes de plume, certains maîtres de la chaire se sont toujours occupés de servir la cité. Parfois, ils ont servi le pouvoir, rarement ils l'ont combattu. Pourquoi ? Parce que la vérité est une. Ainsi, les rhétoriqueurs de Bourgogne n'attaquent point le roi de France. Si le bourgeois de Paris, dans son journal, injurie la p… aux Armagnacs, les habitants de la capitale n'ont point accès à ce document. Même la majeure partie des textes calvinistes ne met point en cause le trône, sauf à considérer l'affaire des Placards. En France, la généralisation de l'imprimerie ne modifie pas la donne jusqu'à ce que soient répandues les gazettes de Hollande. Vraie dans l'ordre politique, notre assertion se révèle fausse dans le domaine social. Des fabliaux des XIIᵉ et XIIIᵉ siècles à de nombreux poèmes de Ronsard la « contestation » apparaît violente. De quoi réjouir M. de Montesquieu : le seigneur est rarement mis en cause, mais le curé, plus encore le moine sont pris à partie avec moins que de la révérence. Ici, encore méfions-nous. Quels que soient les prodigieux efforts de nos médiévistes, ils ne peuvent pas lire des textes disparus et, sans tomber dans l'antiféodalisme, d'ailleurs moins réel que l'on ne l'a prétendu, nous demeurons en droit de le penser : dans quelques satires irrémédiablement perdues, le seigneur n'était pas plus ménagé que le doyen ou le pertuis. Il importe de n'approcher ces revendications que sur la pointe des pieds même si elles ont été rédigées avec de gros sabots. Ces réserves faites, l'on demeure assuré d'un point. Le royaume n'a pas contenu de ferments antireligieux, mais il s'est montré souvent anticlérical. La désertification des moutiers, l'inaction des abbés commandataires ne peuvent qu'accentuer le sentiment de bien des populations à l'égard des congrégations de vie comtenplative.

M. de Montesquieu juge (point partout) la religion mal enseignée alors que par les mêmes éducateurs, oratoriens, jésuites, dévotionnaires, les connaissances profanes sont fort bien distribuées. Nous l'avons dit, les ecclésiastiques séculiers ou réguliers ne devraient pas constituer le premier ordre mais se fondre avec le deuxième. Ce génie possède une âme d'enfant. Pourquoi, lorsqu'il n'était encore que Charles-Louis de Secondat, ses maîtres à La Brède, à Juilly et ailleurs, ont-ils négligé sinon la Bible du moins l'Histoire sainte ? S'il en était allé de la sorte, se serait-il plus tard complu dans la mythologie ? Pas certain, d'autres, bien instruits des vérités de la foi, se sont délectés sur les sommets de l'Olympe. Le jeu, s'il demeure innocent, ne va point sans susciter quelques inquiétudes. Le Président se tient pour catholique, mais le Proche-Orient l'intéresse peu. Qu'il croie à la Rédemption ne l'amène que rarement à la commenter. Venu très tôt à la philosophie grecque, *via* Cicéron et Caton, il doit à René Descartes, au R.P. de Malebranche une forme incisive. De toute évidence, il goûte peu les prophètes, même s'il admet qu'ils ont annoncé l'Incarnation. Ce n'est pas que le fond le gêne, mais la forme. Habitué dès son adolescence au langage conceptuel, il répugne aux paraboles et surtout aux vaticinations prêtées aux patriarches. Il leur en veut, en outre, de prêcher pour un Dieu de colère. Serait-il aventureux de prétendre qu'il se taille un catholicisme sur mesure ? Pardon pour l'ironie : il déteste le prêt-à-penser. On croit comprendre la raison principale de son attitude. Elle nous ramène à son interrogation : « Les païens sont-ils damnés ? » Nous nous aventurons, mais à le suivre et à le lire entre les lignes, nous sommes en droit de considérer que si, pour lui, N.S. Jésus-Christ est bien venu racheter les péchés du monde, il n'existe pas de péché originel. Sinon, pourquoi le fameux « Dieu immortel (pour éternel), le genre humain est votre plus bel ouvrage » ? Attention, il n'affirme point à l'instar de Jean-Jacques : « L'homme naît bon, c'est la société qui le corrompt. » Bien au contraire, le *genre humain* peut se traduire par *la société.*

Que l'on n'aille pas nous reprocher de mêler sans cesse religion et politique. Le Président pratique lui-même l'amalgame, peut-être à son insu, mais comme tous ses prédécesseurs sur les grands chemins de la pensée. À peine avons-nous écrit cette dernière phrase que nous sommes pris d'un remords. Non, tous les grands esprits, s'ils se sont posé les trois éternelles questions — D'où venons-nous ? Que sommes-nous ? Où allons-nous ? — n'ont pas tenté de les résoudre sinon par les voies théologiques (Bossuet, Fénelon, la pauvre Émilie, le curé Meslier, mais son communisme le coupe non seulement des paysans mais de l'instinct national). Avec le Président, il importe toujours de prendre garde. Cet homme assez heureux (assez seulement) est-il en proie à la métaphysique ? Comme tout un chacun, mais plus qu'un autre. D'évidence, les moralistes laïcs ou religieux ont précédé les sociologues. Mais il va de soi qu'après la parution des *L.P.* à la morale individuelle

187

se substitue la morale collective, la somme des deux ne formant pas le total. Denis Diderot l'avait appris. Son correspondant, le baron Grimm, un peu moins bien. De nombreux analystes s'étonneront, en 1973, lorsque, dans son *Histoire de la philosophie*, M. Yvon Bellaval réunira, et à la portion congrue, le baron de Montesquieu et le marquis de Vauvenargues. Dans l'ordre événementiel, il est méchamment difficile d'émettre une opinion. Que M. de Montesquieu se soit jamais pris pour un philosophe, soit.

De même, nous acceptons l'étiquette socialiste collée à l'Aquitain comme au Provençal. Luc de Clapier, marquis de Vauvenargues, capitaine d'infanterie, rentre à mi-mort de la retraite des Dix Mille. Les pieds gelés, il emploie ses mains à solliciter un secrétariat d'ambassade. En vain. Il s'adonne à la littérature. Ses *Dialogues* (réconciliation, par exemple, de l'évêque de Meaux et du prince-archevêque de Cambrai) présentent un petit rien de scolaire deux fois rien ennuyeux. Il n'en va point de même des *Réflexions et Maximes*, chef-d'œuvre entre les chefs-d'œuvre. L'amusant, si l'on peut dire, c'est que M. de Vauvenargues est lancé par M. de Voltaire et non par M. de Montesquieu. Comme l'un épouse le genre saltimbanque, et l'autre le genre réservé, il est difficile de savoir lequel des deux a remarqué le premier le marquis. Accordons le bénéfice du doute à l'amant d'Émilie. M. de Vauvenargues rompt avec les *Maximes* du sombre et acerbe duc de La Rochefoucauld. Si leurs vies, nourries de désillusions, se ressemblent quelque peu, Luc de Clapier, lui, ne sombre pas dans le jansénisme.

M. de Voltaire voudrait compter au nombre des Quarante, et Mme de Tencin, malgré le côté mécréant du personnage, juge non sans raison qu'une telle présence rendrait du relief à la Compagnie. Pour une fois, le Président — on l'a vu — y va d'un mot assez cruel :

— Il serait scandaleux qu'il en soit maintenant comme il serait scandaleux qu'il ne le devienne pas plus tard.

Semblable sévérité peut surprendre. Elle s'explique toutefois. Pour M. de Montesquieu, M. de Voltaire n'a point encore donné toute sa mesure. Qu'il soit riche de promesses ne retire rien au fait qu'il traîne son théâtre derrière lui et que le Bordelais s'endort aux tragédies de celui dont d'aucuns voudraient faire son rival en histoire. Le baron, pourtant, laisserait Mme de Tencin organiser la victoire d'Arouet le fils si n'étaient tout d'abord élus deux amis, M. de Marivaux et le duc de Nivernais. Le gentillâtre de génie ne faillira jamais aux devoirs de l'amitié. Le grand seigneur, adroit diplomate et charmant fabuliste, rendra, dans une affaire délicate, le plus signalé des services au châtelain de La Brède. N'anticipons pas. Certains littérateurs, pourtant armés d'une documentation sûre, croient distinguer une stagnation intellectuelle sous le ministère du cardinal de Fleury. Quelques-uns de ces dix-huitiémistes vont jusqu'à le soutenir : la France n'a point changé depuis les derniers Valois. De même qu'il existe dix Moyen Âge et non pas un, l'Ancien Régime ne cesse de se modifier. Que le mouvement apparaisse moins sensible sous l'ancien évêque de Fréjus qu'aux temps de S.A.R. Mgr le duc d'Orléans, puis quand Louis XV tiendra seul les rênes, c'est indiscutable. Mais évoquer une stagnation n'en est pas moins insane. Certes, et cela n'est point nouveau, certains esprits établissent une ligne de partage entre la théologie et la métaphysique. La double acception du mot rationalisme entretient et entretiendra l'ambiguïté. Pour les uns : rationalisme égale évacuation du divin. Pour les autres : connaissance du divin, avec les ressources de la raison. Chacun le sait : le *Discours de la méthode* privé de sa quatrième partie reviendrait à méconnaître ou peu s'en faut.

Le jeune Charles-Louis de Secondat a probablement approché le R.P. Nicolas de Malebranche lors de son premier séjour parisien dans les milieux de l'Oratoire auxquels le philosophe appartenait. Une certitude : l'ami Fontenelle a lu les ouvrages de ce personnage dont l'œuvre continue de connaître après sa disparition, le 13 octobre 1714, un immense retentissement. C'est en prenant connaissance du *Traité du monde*, ouvrage posthume de Descartes, que le R.P. de Malebranche abandonne l'étude de l'histoire, le thomisme, et ne conserve de goût que pour l'étude des sciences, mais surtout acquiert la volonté farouche, lui, petit prêtre à la santé chancelante, de concilier la raison et la foi.

Certes, M. de Montesquieu, et il le répétera souvent, n'est pas théologien, mais Mme de Tencin l'est pour quatre. Donc, pas question, ne serait-ce que par courtoisie, de se dérober aux conversations religieuses. Et puis, si le Président boude un peu la société

de l'Oratoire, parce que certains de ses membres virent au jansénisme, ce n'était point le cas du temps que le R.P. de Malebranche, sans dénaturer, à l'instar du P. Quesnel, la pensée de saint
Augustin, la conciliait avec celle de Descartes :

« L'évidence, l'intelligence subsistera éternellement. La
foi est véritablement un grand bien, mais c'est qu'elle conduit
à l'intelligence. »

C'est le contraire du charbonnier mais c'est très montesquien.

Chez le plus petit des ducs mais non le moindre

Le 13 août 1734, le baron (pas le Président, vous allez
comprendre pourquoi) vient en séjour au château de La Ferté-
Vidame, aux confins du pays d'Ouche, chez Louis de Rouvroy, duc
de Saint-Simon.

Pour le minuscule seigneur, un magistrat ne représente pas
grand-chose, mais un gentilhomme d'ancienne extrace beaucoup.
Comment le baron a-t-il appris que le duc rédige ses *Mémoires*
et le sait-il précisément ? Il nous faut confesser notre ignorance.
M. de Saint-Simon vit retiré, tantôt à Paris, assez rarement, tantôt
sur ses immenses terres de La Ferté-Vidame, achetées par feu son
père, favori de Louis XIII, et premier duc du nom. Nous serions
en droit d'attendre un portrait de l'amphitryon par son hôte. Hélas,
M. de Montesquieu ne prend pas cette peine. Il ne nous donne
même pas une description du château aujourd'hui disparu mais
dont subsistent les quatre lieues de murs d'enclos derrière lesquels
sera essayée, en 1955, la Citroën DS 19… M. de Saint-Simon, bien
qu'ayant placé ses espoirs dans le duc de Bourgogne, n'a donné
ni dans le fénelonisme ni dans la polysynodie. Comme Louis XIV
s'en méfiait, il rend plus ou moins justice au Roi, c'est bien le
moins, mais point à l'homme, quant à M. de Montesquieu,
avouez-le, il aime entendre dire ce qu'il pense. Étonnez-vous donc
qu'il accorde quelques pages de son *Spicilège* à des récits de troisième main concernant M. de Lauzun, Mme de Maintenon, et,
surtout sa bête noire, le marquis de Louvois. M. de Saint-Simon

maudit encore une autre mémoire, celle du cardinal de Richelieu, parce que l'Éminentissime porta tort à Claude, le premier duc du nom. On peut porter casque taré de face au tortil, posséder du génie en dessous et demeurer des concierges, c'est le cas du visiteur et du visité. Ne nous en plaignons pas. Les anecdotes ont toujours pimenté l'Histoire et réjouissent les lecteurs sauf deux ou trois bonnets carrés. N'allons pas confondre. Certes, hors le système de Mr. John Law, les deux écrivains ont apprécié, sinon la Régence, du moins le Régent, mais les critères de convergences, pour parler comme au siège de Maëstricht, s'arrêtent là. Le châtelain de La Ferté-Vidame pense que les ducs et pairs doivent servir et non être attachés par des rubans, celui de La Brède veut voir toute la noblesse intéressée aux affaires. Ce n'est pas qu'il méprise la bourgeoisie mais il considère qu'elle accède trop rapidement aux hautes magistratures, aux intendances, voire aux subdélégations. Autre différence et de taille : s'il est vrai que quelques dames de qualité, dont la marquise du Deffand, le savent : M. de Saint-Simon rédige des *Mémoires*, il n'entre pas dans ses intentions de les publier de son vivant, et surtout pas sous son nom. Ce serait, selon lui, déroger. Il ne règle ses comptes, moins justes que La Varende ne le soutiendra, que pour un avenir lointain. Il n'en va point de même de M. de Montesquieu ; même si certaines de ses publications sont couvertes d'un anonymat ne trompant d'ailleurs quiconque, il entend instruire et même infléchir son siècle sans peut-être savoir qu'il en ira de même des deux suivants. Voilà pourquoi, même au prix de quelques concessions, le plus souvent galantes, le baron écrit dans un style inimitable mais imprégné de son temps, alors que le duc, encore que ses trouvailles soient stupéfiantes de mouvements et de « croquis », archaïse souvent. Il ne rédige pas à l'intention d'autrui. Il n'attend de satisfecit que de... M. de Saint-Simon.

Les deux personnages se sont-ils plu ? Il le faut croire, puisque le Bordelais reviendra, en juin 1735, au pays d'Ouche. Le duc, s'il trempe souventes fois sa plume dans du fiel, connaît tous les secrets de la politesse et dissimule mal sa joie de faire les honneurs de La Ferté-Vidame à M. de Montesquieu, écrivain de profession, encore que cela se discute, heu ! mais gloire européenne. Bravissimo ! N'allons point accuser M. de Saint-Simon d'avoir par trop terni l'image du Roi-Soleil au regard de son visiteur ; il consigne dans le *Spicilège* autant de notes et d'impressions que de critiques et ne se départ pas du respect qu'il doit à l'institution.

On l'a prétendu : la lecture, ou plutôt la compréhension de certains textes du Président se révèle parfois difficile. Oui et non. Oui, lorsqu'il note à la diable, quitte à se contredire. Exemple : retour de La Ferté-Vidame, le personnage de Louis XIV se « rétrécit », mais des éléments plus favorables au Grand Roi nous sont venus de propos naguère tenus par le cardinal de Polignac. Si le duc n'a point manqué d'étonner son hôte, ils ne sont pas liés d'une amitié profonde, alors que M. de Montesquieu porta la plus authentique affection au cardinal, bien plus proche de lui par son exorabilité et son goût assez vif pour les dames, fussent-elles princesses. Et pourtant, pourtant les critiques du petit duc semblent avoir pesé plus lourd que les louanges de l'Éminence, quant à Louis XIV s'entend.

Au Montesquieu se plaisant à des annotations, et même au collage de coupures de gazettes, se superpose l'autre Montes-quieu, destinant ses textes à la publication. Cela l'expose toutefois au travers commun à tous, ou presque, les écrivains, même de génie ; il place aussi haut quelques vers anacréontiques que les pages les plus extraordinaires des *L.P.* ou des *Considérations*. Non, n'allez pas lui demander d'établir des morceaux choisis, il rétor-querait que tout est bon ou que tout est mauvais selon, non pas son humeur, mais l'opinion qu'il professera ce jour-là de lui-même. Tandis qu'un sourire éclaire son visage, il demeure énigmatique ; son indulgence, il la réserve aux autres.

Et si l'on reparlait un peu d'amour ?

Oui, mais pas tout de suite, histoire de faire durer, sinon le plaisir, du moins l'attente. Allons d'abord muser dans le salon du maréchal marquis de Brancas. Issu d'une famille sicilienne, ce seigneur reçoit bien, parle peu, mais pourrait en raconter beaucoup. D'abord marin, il a retrouvé la terre ferme pour s'illustrer aux Pays-Bas espagnols (les provinces belgiques), puis cap sur l'Espagne elle-même où la fortune, tantôt lui sourit, tantôt grimace, notamment lorsque l'hostilité de la princesse des Ursins l'oblige à quitter notre ambassade de Madrid. Durant la polysynodie, il occupe une place — elles sont nombreuses — au Conseil du dedans. D'évidence, ce n'est ni Villars ni Berwick, mais il a servi sous eux, et pas sans mérite. Lorsqu'en 1741, après une nouvelle mission diplomatique chez Philippe V, il reçoit le bâton, il n'est plus en âge de le brandir, mais l'attention du Président est sollicitée par le fils et la bru de l'amphitryon, le comte et la comtesse de Forcalquier (titre de courtoisie, le père de M. de Brancas ayant été le sénéchal de cette ville-forteresse alpine). Si l'on en croit les Goncourt, suivis par M. Pierre Gascar, le salon vert des Forcalquier aurait été le cénacle d'une perfidie si feutrée, tellement étonnante sous les dehors de la plus parfaite courtoisie qu'il aurait servi de modèle à l'une des plus profondes comédies de l'époque, le Méchant, de Jean-Baptiste Gresset (« Elle a de jolis yeux pour des yeux de province. ») Or, certains lecteurs attentifs le soutiennent : le Méchant annonce — il est vrai que Thierry Maulnier l'a de même prétendu pour certaines œuvres de l'ami Marivaux — les Liaisons dangereuses, de Laclos. M. Gresset s'est acquis l'immortalité par Vert Vert, le perroquet ayant appris des sottises au cours d'un voyage de Nevers à Nantes, mais, au-delà de ce ravissant poème, le futur académicien donne une peinture assez inquiétante de la société. Comme les bons sentiments, les mauvais viennent toujours d'en haut. Louis XV, bourreau de travail et homme de science, possède le savoir et le savoir-faire mais pas le faire-savoir. La coupure entre la Cour et la ville explique la dérive encore bénigne de la moralité publique et privée. L'étrange, chez M. de Montesquieu, c'est qu'il s'amuse et déplore tout à la fois cette situation. Écoutons-le :

« J'avais le bonheur que tout le monde me plaisait, et ce caractère a été la chose du monde la plus heureuse pour moi, car mon visage était ouvert, qu'il m'était impossible de cacher mon amour, mon mépris, mon amitié, mon ennui, ma haine, et que la plupart des gens me plaisait, ils trouvaient sur mon visage un bon témoignage d'eux-mêmes. »

Faut-il prendre l'assertion au premier degré ? Le Président sait tout des uns et des autres (ceux de jadis et ceux de son temps), sauf de lui-même. Certes, il se montre bienveillant à l'égard des commensaux des salons fréquentés par lui, mais, autant il aime les échanges avec Mme de Tencin, MM. de Marivaux, de Fontenelle, de Montcrif, autant il apprécie MM. Gresset ou Jean-Pierre de Bougainville, autant il joue la comédie de l'attention courtoise avec les médiocres :

« Plaire dans une conversation vaine et frivole est au jour le seul mérite. »

Ou encore :

« Rire sur rien et porter d'une maison à une autre une chose frivole s'appelle "science du monde", et on craindrait de perdre celle-ci, si l'on s'appliquait à une autre. »

Si la « science du monde » lui semble si futile, pourquoi s'adonne-t-il à elle ? D'abord, parce que ce travailleur forcené ressent le besoin d'une détente. Ensuite, encore qu'il s'en défende, parce qu'il manifeste un penchant pour les commérages… lorsqu'il n'est point assailli par sa timidité. Il nous semble qu'il existe une autre raison ; la société noble ou bien érudite (parfois les deux à la fois) attend trop de sa conversation, et comme il demeure introverti, il préfère écrire que parler. Prétendre qu'à l'instar de l'abbé de Bernis, dit alors Babet la Bouquetière et futur cardinal, il brigue toujours un grand emploi nous semble aventuré, que trois petits tours chez les maçons de Louise de Kéroualle, duchesse de Portsmouth et d'Aubigny, ou même chez les « frères » de Bordeaux, puissent avoir conduit l'intendant Boucher à dénoncer le Président au cardinal de Fleury, ne risque pas d'avoir porté préjudice à M. de Montesquieu. Encore une fois, la secte n'est pas encore condamnée. Au demeurant, pourquoi parler de l'ancien évêque de Fréjus ? Il ne décide rien sans l'approbation de Louis XV, et le Roi sait que l'auteur des *Considérations* ne va pas mettre un terme à des travaux absorbants. Si M. de Montesquieu exprime beaucoup plus tard son regret de ne point s'être vu confier quelque ambassade, voire un secrétariat d'État, ne concerne en rien cette période où s'achève la guerre de Succession de Pologne, mais celle de Succession d'Autriche.

Cythère et fleurette

Alors, et ces amours promises ? Rassurez-vous, les voici. Charles-Just de Beauvau-Craon est le fils du grand écuyer de François III de Lorraine et devient prince du Saint-Empire en même temps que son père en 1722, à l'âge de deux ans. Les duchés de Lorraine et de Bar passent à Stanislas Leszczynski, et à vingt ans Charles-Just est promu colonel. Il porte beau et annonce de brillantes qualités. Parfait, mais croyez-vous que cela suffise pour que le Président fréquente un peu plus que de raison l'hôtel de Beauvau situé en ce temps faubourg Saint-Germain et non Saint-Honoré, actuel ministère de l'Intérieur. Non, le troisième prince de Beauvau, à peine hors de page, est le frère de Marguerite. Comme en elle la beauté le dispute à l'esprit, M. de Montesquieu conte fleurette à cette marguerite. Il atteint quarante-cinq ans, elle entre dans sa dix-huitième année. Il n'est pas un barbon mais sa délicatesse l'emporte sur un goût plus que prononcé. Alors, il met tout son cœur à rimer des madrigaux, au demeurant perdus et probablement gentillets mais n'ajoutant rien à son génie, car, pas plus que l'ami-ennemi Voltaire, il n'est habité par la muse. Marguerite Gabrielle épouse Jacques Henri de Lorraine. Ce grand cheval, comme l'on désigne les hauts seigneurs de la province, meurt prématurément. Les amours vont-elles adopter une forme plus précise ? L'histoire ne le dit pas, et tout donne à croire qu'il n'en fut rien. La veuve sublime se remarie au marquis de Mirepoix, soldat de race et ambassadeur habile. Louis XV juge la dame si espritée qu'il érige la terre de Mirepoix en duché pairie. Viendra même le bâton, et la gloire sera complète lorsque le neveu des Mirepoix, François-Gaston de Lévis, ayant au Canada forcé les portes de l'impossible, deviendra, à son tour, pas de bête, duc et maréchal de France sous Louis XVI. Que Marguerite ait été le dernier amour blasonné du Président, tous les montesquiologues l'affirment, toutefois nous n'en sommes point assurés, à moins qu'un autre cœur, mais non percé d'une flèche, ne soit tenu pour une pièce héraldique...

Les hommes de lettres sont-ils fréquentables ?

Un biographe de M. de Montesquieu consacre de nombreuses pages à sa vie mondaine (l'expression n'appartient point au langage du XVIIIᵉ siècle). Cet écrivain, romancier et féru d'Histoire, raconterait fort bien celle du Président s'il la replaçait dans son contexte. Ainsi soutient-il que son héros (et le nôtre) n'est reçu dans la haute société qu'en raison de sa gloire littéraire et le présente comme un cas presque exceptionnel, avec MM. de Fontenelle, de Marivaux, Gresset et quelques autres qu'il compte sur les doigts de ses mains. C'est commettre une erreur. Paris et même la province ne sont pas découpés en trois tranches, clergé, noblesse et tiers état. D'évidence, les deux premiers ordres conservent deux ou trois privilèges (dont le clergé régulier abuse parfois), mais lesdits privilèges n'apparaissent pas comme l'apanage — c'est le cas de l'écrire — des prêtres et des nobles. Privilèges et libertés sont alors synonymes et s'étendent à des bourgeois, à des collectivités. Si le baron de La Brède et de Montesquieu voit s'ouvrir toutes les portes, c'est, bien sûr, parce qu'il est, sinon le plus lu, du moins le plus célèbre des écrivains, mais d'autres aux siècles précédents ont connu les mêmes prévenances, et ce depuis les derniers Valois. Cela posé, notre biographe pose un problème, et pas plus que nous ne donne, sinon partiellement, une solution. L'affaire ne se révèle pas simple. Elle touche à la dualité de M. de Montesquieu. Il juge normal que quiconque écrive. Peut-être même trouve-t-il le privilège royal accordé alors par M. Rouillé, ministre secrétaire d'État, directeur de la Librairie (censeur en chef) abusif. Vrai ? Faux ? Vrai pour les sciences, le roman, le théâtre, mais pour lui, l'Histoire, la sociologie, et, partant, la politique ne font qu'un, or, ce un est-il à mettre entre toutes les plumes ? Sans nul doute, il accorde une certaine confiance, en la matière, aux gens esprités, et ne se berce pas d'illusions sur les facultés de passablement de grands seigneurs. Encore fait-il allusion à leurs capacités d'écrire et non de participer aux affaires du Roi. Nous avons suffisamment exprimé l'aversion que nous inspire, à bien des égards, l'homme-orchestre nommé Voltaire pour soutenir que la distance prise envers lui par l'auteur des *Considérations* ne procède pas seulement du côté *pushing* du personnage. M. de Montesquieu veut bien de l'orchestre mais sans Histoire, sociologie, politique. Un fils de notaire, même possédant deux degrés de noblesse, n'est pas missionné pour traiter de la chose publique. Certes « le lézard », *dixit* Jean Orieux, servira Louis XV en dénonçant les iniquités de quelques parlements. À quoi, rétorque M. Jean-M. Goulemot, le défenseur du chevalier de La Barre et *tutti quanti* ne contribuera point médiocrement à ruiner l'institution monarchique. Cela se discute, mais valait d'être rappelé. L'essentiel n'est point là. Ce que ne supporte point le très haut et très puissant seigneur Charles-Louis de Secondat, c'est de voir un fils de tabellion proposer des réformes alors qu'il n'a point qualité pour. Au demeurant, Arouet le fils joue un jeu dangereux. Son idéal, rappellera Pierre Gaxotte : « C'est Louis XIV sans les curés. » Bien sûr, mais sans curés, que reste-t-il de Louis XIV ? Éclairé ou non, le Président ne prise pas le despotisme, qu'il soit personnel en monarchie, ou collectif en république. Qu'il ternisse l'image du Roi-Soleil nous semble évident, mais quelle que soit son aversion pour les ordres contemplatifs, dont le nombre va décroissant, mais dont les privilèges un rien vexatoires — pour les assujettis — subsistent, il ne conçoit pas de société sans morale, or, en est-il une aussi admirable que la chrétienne ? Alors, « l'opium du peuple » ? Pas du tout. Si le Président paraît prendre ses distances à l'égard du catholicisme, ce n'est point que la foi en l'Incarnation soit absente, c'est qu'il entend dégager de toutes les religions, et même de leur absence — cas des Huns — les modes de vie. De tous temps, même avant que les Grecs ne créent les concepts, les hommes se sont gouvernés. Que ce soit bien ou mal n'est point la question. Elle réside dans le *processus* ayant conduit des bons ou des mauvais à se donner un appareil juridique. De même que l'on ne saurait philosopher en ignorant l'histoire de la philosophie, on ne peut légiférer sans connaître l'histoire du droit. Hélas ! Plus nous reculons dans le temps, moins nous en savons de nos ancêtres. Il importe donc de subodorer ce qu'ils furent et comment ils se constituèrent, vaille que vaille, en société. Jean-Jacques affirmera : « L'homme naît bon c'est la société qui le corrompt. » M. de Montesquieu se garde d'opposer l'individu et le groupe auquel il appartient. Il se contente, on l'a dit, de distinguer trois formes de gouvernement. Une bonne pour les Anciens, la République appuyée sur la vertu, une bonne pour nous, la monarchie basée sur l'honneur, une mauvaise en tous temps et tous pays, le despotisme reposant sur la crainte. Soit, mais la plus haute qualité du Président réside dans son amour de ce qu'il n'appelle pas ses prochains, mais « le genre humain ». Pour quelle raison n'utilise-t-il pas le terme prochain ? Bédame ! Comment nommer de la sorte des hommes dont l'existence se situe avant le Nouveau Testament ? Au demeurant, il importe de ne pas sortir du sujet ; que Moïse se soit vu transmettre par Yahvé les Tables de la Loi demeure un épisode capital de l'Histoire sainte, mais sainte, toute l'Histoire ne l'est pas, pas plus d'ailleurs dans l'Ancien Testament que chez les gentils. M. de Montesquieu, d'abord parce que ce serait contraire à sa pensée, et peut-être parce que ce serait imprudent, ne nie pas l'intervention divine, toutefois, il l'exclut ou presque du domaine de son étude. Plutôt satisfait de son époque, il mesure à leur aune bien des médiocrités, il est armé d'une force singulière ; cet optimisme dont il ne se départira jamais va se perdre chez les autres plus le siècle avancera, ou reculera. Auguste Comte affirmera : « Les morts gouvernent les vivants. » M. de Montesquieu ne l'écrit pas, mais le pense, et à ses yeux l'expérience de nos ancêtres doit servir à l'amélioration du statut des générations à venir. Fidèle sujet de Louis XV, il se veut citoyen des quatre continents. Position contradictoire ? Non, les moteurs montesquiens demeurent la loyauté, le civisme, le souci permanent de se rendre utile.

L'honneur de servir

L'auteur de l'*E.L.* nous déclare : « La monarchie repose sur l'honneur. » Or, l'honneur, si l'on en croit les feuilletonistes de cape et d'épée, est l'apanage des gentilshommes, donc de 2 à 2,5 pour cent de la population française. C'est ici confondre l'honneur et le point d'honneur auquel l'on doit tant de rencontres sur le pré. M. de Montesquieu, s'il ne néglige pas les parchemins, tout en se moquant des grands seigneurs qu'il fréquente avec assiduité, possède un cône de vision infiniment plus large de la société. La monarchie héréditaire et successive ne s'appuie pas seulement sur la noblesse, même si l'auteur de l'*E.L.* préfère la moyenne à la haute. Il est d'ailleurs le premier à constater que le Roi ne procède point à suffisamment d'anoblissements. Il va très au-delà de cette remarque. Quand il évoque l'honneur, il va sans dire et encore mieux en le disant, qu'il s'agit de l'honneur de servir. On pense tout de suite à l'élite : chefs militaires, hauts magistrats, diplomates, sans compter, bien sûr, les membres des Conseils d'en haut, des dépêches, des finances, etc. M. de Montesquieu, même s'il prise peu les jurats — ce n'est qu'une querelle de clochers —, tient compte de tous les hommes participant à la vie de la nation, que ce soit à titre officiel ou privé. Les viguiers, les baillis, les maires ne sont pas seuls concernés dans un pays où « l'administration » parfois élue demeure extrêmement légère. Les corps de métier, les laboureurs, les artisans, bref, tous les Français sont habités par l'honneur de servir, et cet honneur-là, dans l'esprit du Président, ne serait-ce pas le civisme ou plus simplement la probité ? L'auteur de l'*E.L.* ne combat rien tant que la corruption. Qu'elle ait existé de tout temps il le sait aussi bien que vous et nous, mais elle l'inquiète ; il a connu les profiteurs du système et ceux de sa liquidation.

Continuation du même sujet (et pas le plus glorieux)

Les moralistes et les juristes d'aujourd'hui s'interrogent : lequel est le plus coupable du corrupteur ou du corrompu ? Le plus souvent, ils accablent le corrupteur, puisque le corrompu ne fait que céder à la tentation. Mme Sylviane Agacinski parle du mythe de Faust, moins condamnable que le diable. M. de Montesquieu ne se pose point la question et réclame le dépôt des lois avec pour corollaire la conservation des arrêts afin que de créer une jurisprudence. Au demeurant, la seconde exigence est déjà satisfaite.

Sur un point, toutefois, il nous semble que le châtelain de La Brède s'engage sur un terrain glissant. Certes, nul ne peut lui faire grief de prôner le développement des corps intermédiaires, il se montre l'initiateur du « dialogue », si commode de nos jours. En revanche, en manifestant sa mauvaise humeur à l'encontre des intendants, il favorise ce qu'il voudrait éviter. Comment ! allez-vous vous exclamer, vous donnez dans la critique du plus étincelant génie du XVIIIᵉ siècle ! Bédame, c'est bien parce qu'il possède du génie que nous nous jugeons en droit de nous montrer exigeant. Quand la corruption active ou passive s'est-elle montrée la plus scandaleuse ? Toutes les fois que des représentants locaux du pouvoir élu n'ont pas été suffisamment tenus en lisière par des administrateurs nommés. Cela s'est produit sous les régences (moins sous celle de S.A.R. le duc d'Orléans que les autres), sous la Thermidorienne, le Directoire... la Vᵉ République. L'élu local est rarement véreux, mais manque parfois d'expérience. Alors, le vautour se jette sur une proie facile, et l'argent du contribuable passe dans des marchés sans soumission. Le gouverneur, l'intendant, pendant deux siècles, le préfet de région, le préfet départemental, de nos jours, possèdent, eux, des connaissances les mettant, sauf exception, à l'abri de semblables pratiques. M. de Montesquieu ne portait pas un culte à la démocratie, et il ne s'agit point de savoir si nous sommes dans le même cas. Nous soulignons au contraire que l'instauration de chambres des comptes (régionales) permettra de mettre fin à la corruption. Voilà pour les provinces, quant au problème du Parlement, surtout de l'Assemblée nationale, nous ne l'effleurons pas. Ce serait sortir de notre sujet.

Si seulement les Secondat s'étaient croisés

Des rares jugements discutables portés par le Président, il en est un pour nous choquer plus que les autres. Sans trop motiver l'assertion, il parle de « la folie des croisades ». Comme il écrit peu de bêtises, cette billevesée sera reprise par nombre d'historiens, gens des Lumières, romantiques, voire positivistes. Comment M. de Montesquieu, très sévère pour le despotisme moyen ou extrême-oriental, peut-il se contredire à ce point ? Certes, la 1ʳᵉ croisade, si glorieuse qu'elle nous apparaisse, n'est point allée sans méthodes plus coercitives que persuasives, mais est-ce la faute de Godefroi de Bouillon si l'annonce d'un retour des Seldjoukides l'a contraint de passer au fil de l'épée hommes, femmes et enfants à Jérusalem ? La suite, on en conviendra, apparaît extrêmement brillante, sauf à considérer que les Francs inventent un système de transmission de la couronne de Baudouin Ier allant au mari de l'héritière compromettant ainsi l'autorité, et, partant, l'unité des *poulains*, entendons de la descendance des chevaliers (fils de chevaux = poulains). À la vérité, le Président assimile les croisades à la fondation des empires français, anglais et surtout latino-américain. Il ne voit pas, ou ne veut pas voir que dans le cas du royaume hiérosolymitain les chrétiens ne pratiquèrent pas ou peu de conversions forcées. Mauvaise foi ? Non, agacement dans l'hagiographie des héros des croisades. Si le Président croit aux miracles, c'est seulement à doses « homéopathiques ». Et c'est bien là qu'il nous agace un brin. Alors que les dieux, les déesses, les nymphes dévalent, sous sa plume, les pentes de l'Olympe, il se montre un peu sceptique face au merveilleux chrétien. Autre peccadille, lui, prophète — il n'eût point aimé le mot — de la mondialisation économique, il ne discerne pas que les échanges entre les marchands latins et les Vénitiens, mais aussi les mahométans, préfigurent l'extension du commerce et le va-et-vient des idées.

Monsieur le Président, sous le règne de Baudoin IV en avance sur son temps, puis de saint Louis peut-être en retard sur le sien, les Secondat, alors angevins ou poitevins, n'étaient pas encore sortis des brumes de l'Histoire. Si l'un ou l'autre de vos arrière-parents a pris la croix, le fait est passé, faites excuses, inaperçu ; nous n'irons point instruire contre vous un procès d'intention. Nous en sommes tentés, car si vous étiez descendu des croisés, vous auriez ouvert une fenêtre sur la délivrance du Saint-Sépulcre. Pourquoi vous accordons-nous un non-lieu ? Parce que, vous notez (on l'a vu) : « Les deux plus mauvais citoyens — Richelieu et Louvois. » Or, le ministre secrétaire d'État à la Guerre — vous le racontez vous-même — fut exorable pour monsieur votre père. L'Éminentissime — vous vous gardez bien de le nommer ainsi — fut moins un despote que le metteur en scène d'un despotisme. Il voulut qu'on le craigne, mais frappa peu. Vous l'affirmez, et c'est un peu vrai :

« Il réduisit Louis XIII à l'état de valet mais il en fit le plus grand roi du monde. »

M. de Voltaire nous tancerait ; nous vous citons de mémoire. Certes, il existe un aspect déplaisant dans la manière d'agir du prince de l'Église.

Lorsqu'il discerne un conjurateur en puissance, il « le pousse à la faute ». Ainsi procédera-t-il pour Monsieur le Comte (de Soissons), pour le maréchal Henri II de Montmorency, et même pour le jeune marquis de Cinq-Mars. À la vérité, l'homme rouge a plus fait plier de genoux qu'il n'a coupé de têtes.

La profonde raison de l'hostilité du Président au cardinal ? Son action centralisatrice et concentralisatrice. Bien sûr, M. de Montesquieu connaît trop bien son histoire pour ignorer que ce mouvement se situe très antérieurement au règne de Louis XIII, il remonte aux premiers Valois. M. Raymond Cazelles l'avait souligné. En fait, les renforcements du pouvoir se justifient toujours face au péril extérieur, mais, le danger passé, la Couronne « ne desserre point la vis ». C'est moins vrai que ne l'affirme M. Edgar Morin dans la foulée du Président, mais il demeure incontestable que l'autorité des gouverneurs, et, surtout, des commandants en chef et des intendants, n'a point manqué d'y gagner. Seulement, une partie des magistrats se tient pour la police du royaume. Or, le Président rappelle ses confrères à leur devoir : connaître le droit pour le dire et le dire bien.

Anticlérical, un peu, antireligieux, jamais.

M. de Montesquieu, sans tomber dans l'excellence de la volonté générale chère à Jean-Jacques Rousseau, accorde au genre humain une confiance antérieure à la remise des Tables de la Loi par Yahvé. C'est ici qu'intervient l'optimisme de l'écrivain. Admirateur et connaisseur des grandes civilisations, il pense néanmoins qu'avant qu'elles ne soient établies, le genre humain avait acquis ses lettres de noblesse. Rappelons-le encore une fois, Jean-Jacques va prétendre : « L'homme naît bon, c'est la société qui le corrompt. » Le Président soutient le contraire : les hommes ne deviennent hommes que lorsqu'ils se constituent en société. Qu'ils en aient ressenti le besoin ne saurait être nié. Qu'il s'agisse d'un empire ou d'une tribu, d'une république, d'une monarchie ou d'une horde, le problème est identique. Il importe de fixer les règles d'une vie en communauté. Pour quelle raison un acte est louable ici, et réputé délit, voire crime, ailleurs. Exemple : la polygamie. Les Orientaux ou les Nègres vont jusqu'à mesurer la puissance d'un chef au nombre de ses épouses et de ses concubines. Si l'on nous permet de nous amuser un peu, nous rappellerons que la polygamie fait souvent rêver passablement d'Occidentaux. Entre nous, monsieur le Président, vous ne la condamnez qu'à ce que l'on nomme en langage judiciaire l'admonestation paternelle. Motif : les bois de cerf que vous faites porter à Mme de Montesquieu ? Allons donc, il ne faut pas confondre bagatelle et reproduction. La vérité vous apparaît tout autre. Pour vous, la croissance de la natalité demeure un élément essentiel. L'avenir vous donnera raison. Si la France de Louis XV ne connaît aucune invasion, c'est certes parce que Sa Majesté Très Chrétienne excelle dans l'art de la guerre et choisit bien ses officiers généraux, mais c'est aussi parce qu'elle règne sur la nation la plus peuplée de l'Europe occidentale. Dans un demi-siècle, nous tiendrons encore tête aux coalitions grâce à notre supériorité démographique (Russie exceptée). Voilà pour l'intérêt du royaume, mais M. de Montesquieu voit beaucoup plus loin. Il le pense : les biens de la terre peuvent nourrir des milliards d'êtres humains. Et comme, une fois de plus, il se montre optimiste, il considère que, sous de bonnes lois, ces hommes peuvent accéder au bonheur. La véritable hantise de M. de Montesquieu face au problème démographique le conduit à juger, avec une sévérité rare, l'abondance de moines, et s'il ne s'en prend point à ceux de son temps — prudence est mère de sûreté —, il dénonce avec violence l'accaparement des terres par les congrégations sous les Carlovingiens. Qu'il ne comprenne point l'ascèse des contemplatifs n'est pas pour nous étonner, en revanche, qu'il ne prenne pas en compte le prodigieux travail de défrichement, de lancement de ponts des actifs, nous paraît injuste, même si les domaines des moutiers étaient alors trop considérables... et le sont encore au XVIIIe siècle. Le Président ne reproche pas seulement aux religieux leur chasteté, leur âpreté collective, il voit en eux un péril :

la théocratie. Pareille accusation est injustifiée dans le monde occidental au XVIII° siècle (sauf dans la Genève calviniste), mais il n'en va pas de même chez les musulmans chiites de la même époque, et pour reculer de nouveau dans le temps, exercice favori de l'auteur jonglant avec la géographie et l'histoire, il est incontestable que des papes, tel Innocent III, tentèrent de confisquer à l'Empereur, aux rois et aux princes le pouvoir temporel. Sur ce point, le cas des ordres mendiants mis à part, M. de Montesquieu ne raisonne pas différemment que tous les Capétiens ; hors Louis VIII le Lion, tous nos monarques, y compris saint Louis, furent anticléricaux. Rappelons pour les distraits qu'*anticlérical* ne doit pas être confondu, au grand jamais, avec *antireligieux*.

Des contradictions malaisées à réduire

La pensée du Président sera scandaleusement déformée par des parlementaires ultra-gallicans ou jansénistes. Certains chats fourrés se rendront coupables de complots contre la sûreté de l'État, mais ces menées subversives ne prendront un tour aigu que longtemps après la fin de la vie terrestre de l'auteur de l'*E.L.*. Au nom de la chronologie, il doit être mis hors de cause. Au demeurant, nous n'avons pas pris la plume pour soutenir le principe de la monarchie absolue non arbitraire ou celui de la monarchie constitutionnelle, ou plus exactement contractuelle. L'important consiste à s'efforcer de comprendre une différence, parfois importante, parfois ténue.

M. de Montesquieu se montre partisan des corps intermédiaires, Louis XV aussi. M. de Montesquieu ne conçoit pour la France qu'une monarchie héréditaire et successive, Louis XV aussi. M. de Montesquieu est, ou plutôt fut franc-maçon, Louis XV, jamais, mais le détail ne revêt qu'une importance mineure.

Tous deux sont catholiques encore que leur goût pour les jupons les éloignent des sacrements.

Tous deux sont liés aux Stuarts, mais le Président par une amitié déférente, et le Roi par le sang et la politique. Ici, les affaires se compliquent. Si M. de Montesquieu proteste de sa vénération pour le monarque, il ne se dit pas son sujet mais se proclame « bon citoyen » *(Mes pensées)*. Est-ce très grave ? Après tout, Jean Bodin parlait de *res publica* pour exalter les us et coutumes du royaume, tout de même, il subsiste une légère antinomie. On l'a vu, sans l'affirmer explicitement, l'auteur n'accorde qu'une mince importance au sacre de Reims alors que pour le souverain les onctions — après l'*electio* de pure forme — impliquent le pacte avec le Ciel signé par lui, évêque du dehors. Comprenons-nous bien, le Ciel ne dérange pas le sociologue, mais la consécration par l'Église — en l'occurrence l'archevêque-duc de Reims et les cinq autres pairs ecclésiastiques — lui fait appréhender une manière de subordination de la couronne à la tiare. Tant pis pour l'anticipation, mais d'excellents royalistes nourriront les mêmes craintes pour... Charles X. Après cette avance en amont, on nous pardonnera de remonter en aval ; lorsque Louis XIV et Bossuet ont proclamé les libertés de l'Église gallicane, que l'on voudra bien ne pas confondre avec l'ultra-gallicanisme, ne partageaient-ils point la même inquiétude que M. de Montesquieu ? N'avons-nous pas frisé, dogmes mis à part, un anglicanisme à la française ? On reste à se demander si le Président n'a point souhaité que le roi de France s'instaure chef de l'Église. Un fait demeure certain, confirmé par le voyage en Angleterre, si M. de Montesquieu eût été souverain de Grande-Bretagne, il serait, comme Charles II, demeuré maître de l'Église anglicane et n'aurait pas imité Jacques II passant au catholicisme. Il importe de le souligner : ces supputations ne présentent qu'un caractère politique, nous avons vu le Président fréquenter des calvinistes (en dépit de leur rage prédestinatrice offensante pour la liberté) et Louis XV protéger les Juifs, mettre fin à la persécution des réformés. Plus tard, le souverain tentera vainement de favoriser les mariages mixtes catholiques-protestants.

Continuation du même sujet (à propos du citoyen)

Défaut ou qualité, l'Ancien Régime, lorsqu'il procède à la création d'une autorité nouvelle, ne supprime pas ou laisse tomber en désuétude une ancienne. Résultat : quand la première ne devient pas obsolète, se produisent des conflits d'attribution. Exemple : Louis XV précisait dans la titulature de certains de ses intendants *de justice, et police et finances*. Or, les membres des cours supérieures se tenaient pour responsables des mêmes domaines. Louis XV affirme, non sans raison : « Les magistrats sont mes officiers. » Oui, Sire, mais les parlementaires, sauf les Premiers présidents, achètent leur charge, alors que les intendants sont nommés par le Conseil d'en haut. Dans de nombreuses correspondances du temps, le mot charge est employé pour office. Anormal ? Pas tout à fait ; la vénalité de la charge ne suffit point pour l'exercer. Il faut encore que, après examen, l'acquéreur ou l'héritier soit habilité. En ce sens, l'exercice de la charge devient office. Un exemple va nous montrer combien la superposition, voire la confusion, apparaît préjudiciable.

M. le Président se montrerait-il hostile au progrès ?

Si certains gouvernements de province demeurent effectifs, ce n'est plus le cas pour l'Aquitaine depuis le trépas du maréchal duc de Berwick. Le véritable représentant du Roi, c'est l'intendant. Que le Président n'ait guère apprécié M. Claude Boucher peut se comprendre, moins d'ailleurs pour des motifs locaux que, nous l'avons vu, pour une conception différente de la manière d'administrer la communauté juive ou de considérer la traite des Noirs. Ne jetons point la pierre à M. Boucher dans le moment qu'il s'en va ; il avait, conformément aux instructions de Louis XV, rajeuni Bordeaux.

Le pouvoir grise toujours un peu, et le chef de la généralité d'Aquitaine eût, sans doute, obtenu de meilleurs résultats s'il s'était montré moins impérieux. Lorsqu'en 1743, il quitte Bordeaux pour, semble-t-il, devenir conseiller d'État (de robe ; il n'en est que quatre d'épée), il est remplacé par le marquis de Tourny, natif des Andelys, d'abord maître des requêtes, puis intendant de Limousin, région peu prospère jusqu'à la découverte de l'utilisation du kaolin, dont naîtra la porcelaine du comte d'Artois, appelée ensuite de Sèvres. Certes, les maigres ressources de la généralité n'ont pas permis à l'intendant de créer un pays de cocagne, mais, par des réglementations prudentes, il avait développé l'élevage et évité les disettes. Il avait tenté de substituer une taille tarifée à la taxe arbitraire, mais ses subdélégués n'étaient point parvenus, mauvais vouloir ou bien incompétence, à procéder aux estimations. Les malicieux le prétendront : l'absence de cour supérieure lui rendait la tâche plus aisée. Pas si sûr, car il avait à compter avec le parlement de Paris dont l'immense ressort s'étendait jusque-là. Treize ans passés à Limoges rendaient apte Louis-Urbain-Aubert, chevalier, marquis de Tourny, à prendre en charge l'Aquitaine. Louis XV venait de promouvoir M. de Tourny pour deux raisons : il fallait un excellent administrateur pour tous les Aquitains, et un seigneur d'assez ancienne extrace pour se faire entendre des messires et des messieurs du palais de l'Ombrière, toujours enclins à descendre les degrés de noblesse de leur interlocuteur. Dans les débuts, tout se passe à merveille. M. de Montesquieu prend la mesure du vaste entendement, de la profonde connaissance témoignés par le marquis de ce que l'on nommera bientôt les rouages administratifs. Le Président pressent-il que la postérité, toujours sélective, ne retiendra quant à Bordeaux que trois noms : Montaigne, Montesquieu, Tourny ? N'allons rien exagérer, mais tout porte le châtelain de La Brède à nouer des liens amicaux avec le chef de la généralité, tout, sauf ses fonctions... Sous un régime glorieux, la France se montre prodigue en *Te Deum*. M. l'Intendant ne manque jamais d'inviter M. de Montesquieu. Il vient en la cathédrale Saint-André pour rendre grâce à la guérison de Louis XV après la maladie de Metz, pour remercier de nos victoires de Flandres, pour la naissance du pauvre duc de Bourgogne, frère aîné des trois futurs rois, Louis XVI, Louis XVIII et Charles X. Séjournent à Bordeaux la Dauphine Marie-Josèphe de Saxe, puis deux infantes d'Espagne, M. de Tourny met les petits plats dans les grands, et le Président, avec ou sans la Présidente, on ne sait trop, participe aux agapes. La plus belle fille du monde ne peut donner que ce qu'elle a. De quoi dispose M. de Montesquieu, sinon de l'académie de Bordeaux ? Il y fait élire M. de Tourny, siège à ses côtés avec Sa Grandeur l'évêque d'Agen. Détail ? Assurément non. En vingt ans, M. Claude Boucher n'avait jamais connu l'honneur d'être admis dans la compagnie savante, annexe, ou plutôt maison mère du Parlement. Lorsque les magistrats, leur clientèle et leurs entours s'aperçoivent que le marquis entend aller beaucoup plus loin que son prédécesseur dans la rénovation de la ville, et des

207

routes y menant, ils se prennent à regretter d'avoir fait leur aussi promptement M. le marquis de Tourny.

M. de Fontette en Normandie, M. Trudaine en Auvergne, bref les trente tyrans — ils se comptent au vrai trente-cinq — affrontent les mêmes difficultés. L'opposition ne revêt pas un caractère systématique, mais il demeure net qu'aux yeux de bien des chats fourrés, l'intendant marche sur leurs plates-bandes. Un président, s'il s'agit du président à mortier, le trait devient *a contrario* piquant, déclare :

— M. de Tourny, reçu à l'Académie, n'est pas devenu académicien, mais il veut nous rendre maçons et architectes, suivant la fureur qui le possède.

Cette micro-histoire ne nous préoccuperait pas si elle ne mettait en cause « sur le terrain » le grand auteur politique du siècle. Le principal grief du greffe ? Priver de lumière, par la construction de bâtiments lui faisant face, l'hôtel du feu conseiller Jean-Jacques de Bel, devenu la bibliothèque et le dépôt des appareils scientifiques de l'académie. L'intendant propose de percer une rue latérale pour rendre de l'éclairage à nos « chercheurs », mais il tient à créer les allées dégageant la vieille esplanade du Château-Trompette. En tête des opposants se trouvent le président à la Cour des aides Jean Barbot, ami de toujours du châtelain de La Brède, et le propre fils d'icelui, le conseiller Jean-Baptiste de Montesquieu. Son père va-t-il se ranger dans l'autre camp ? Oui et non ; trop délicat pour mettre en balance son prestige européen et la notoriété encore modeste de l'intendant, il adresse une lettre au marquis de Paulmy, adjoint de M. d'Argenson, et une autre à M. Trudaine, désormais intendant des ponts et chaussées, lequel termine parfois ses missives « administratives » à M. de Tourny en lui demandant de lui choisir quelques bonnes bouteilles…

Selon un mot célèbre de Renée Passeur, « tout s'arrange mais mal ». Le marquis laisse à M. de Montesquieu la propriété des chemins traversant ses domaines, et qu'il voulait transformer en voie royale, mais laisse l'hôtel Bel dans l'ombre. M. de Tourny perce des boulevards, remplace des logements insalubres par des habitations décentes, crée les splendides allées portant son nom, assainit les terrains marécageux, ouvre de larges avenues, trace les grandes voies reliant Libourne, Marmande et Périgueux à Bordeaux.

On regrette cette lettre du Président à l'abbé de Guasco, en date du 5 décembre 1750 : « Il est bon d'avoir l'esprit bien fait, mais il ne faut pas être la dupe de l'esprit des autres. M. l'Intendant peut dire ce qui lui plaît ; il ne saurait se justifier d'avoir manqué de parole à l'Académie et de l'avoir induite en erreur par de fausses promesses. Je ne suis pas surpris que, sentant ses torts, il cherche à se justifier ; mais vous qui avez été témoin de tout, ne devez pas vous laisser surprendre par des excuses qui ne valent pas mieux que des promesses. Je me trouve trop bien de lui avoir rendu [retiré] mon amitié pour en vouloir encore. À quoi bon l'amitié d'un homme en place, qui est toujours dans la méfiance, qui ne trouve juste que ce qui est dans son système, qui ne sait faire le plus petit plaisir, ni rendre aucun service ? Je me trouverais mieux d'être hors de portée de lui en demander, ni pour les autres, ni pour moi ; car je serais délivré par là de bien des importunités. »

Le côté rageur s'explique. La lettre est écrite par trois Montesquieu : l'ancien président à mortier, académicien de Bordeaux, le baron, et l'adversaire des jurats, car c'est grâce à eux que le marquis mène à bien son programme.

Les partisans de la décentralisation (législative) et de la déconcentration (administrative) peuvent aujourd'hui défendre une position d'une telle sévérité. Il n'en reste pas moins que si trop d'importants avaient réagi de la sorte, Louis XV, ses Conseils, ses intendants n'auraient jamais pu refaçonner et embellir le royaume. Certes, le Président n'a point conduit la révolte ouvertement et, après tout, il ne s'agit que d'un épisode local et peu connu. Il est toutefois singulier de voir M. de Montesquieu, gentilhomme de progrès, se situer du côté passéiste. Il aura donné le mauvais exemple et, en 1760, le marquis, las des intrigues parlementaires, obtiendra son rappel et sera nommé conseiller d'État. Sur sa lancée, le fils de Mme Dupré de Saint-Maur parachèvera l'œuvre du grand commis.

Quelle morale tirer de l'incident ? Il existe une harmonie entre l'homme et l'œuvre : le civisme, mais l'écrivain politique, ainsi que se définit lui-même le Président, recherche un monde meilleur sans trop se préoccuper des solutions « administratives ». N'allons point jusqu'à le soutenir : toutes les provinces françaises sont tenues par des gens de même mentalité, reste que dans la plupart d'entre elles, ils ont préféré servir le Roi de loin plutôt que de près. Or, quelle autorité rapproche les sujets du pouvoir sinon celle des intendants ? Étonnez-vous après cette constatation que M. de Montesquieu privilégie les corps intermédiaires. Seulement, dans son souci de servir la liberté, il veut prouver qu'elle se révélait plus complète avant l'unification, au demeurant toute relative, opérée par les derniers Capétiens directs, les Valois, et en allant un peu plus loin dans ce sens, les Valois-Angoulême, et surtout les Bourbons. En fait, le Président, en dépit de son optimisme, ne cherche pas à retrouver l'âge d'or pour l'excellente raison qu'il le sait n'avoir jamais existé.

Les théocrates à la lanterne

Louis XV est assuré de son droit divin. Pour autant, il ne nie pas l'utilité, et même l'impérieuse nécessité de ces corps intermédiaires tant vantés par M. de Montesquieu. La différence ? Le Roi, pas le Roi seul, mais en ses Conseils, entend garder le dernier mot, encore qu'il n'utilise ce droit que rarement. Pour le Président, s'il n'amenuise pas l'autorité de son souverain, il souhaite un dialogue plus équilibré. L'erreur fréquente chez de nombreux dix-huitiémistes, voire chez certains montesquiologues, consiste à commettre un anachronisme en opposant *le Roi* et *la loi*, termes cohabitant sur nos drapeaux de fin juillet 1789 au 10 août 1792. On nous l'objectera : après les scènes de cannibalisme des Tuileries, *le Roi* va disparaître, et *la loi* demeurer. Faux dans la plupart des cas : sur les drapeaux et étendards on lira : Liberté, Égalité ou la mort. Plus tard, la camarde s'effacera devant Fraternité. Le mot loi ne va subsister que sur les papiers officiels jusqu'au Consulat. M. de Montesquieu n'oppose jamais les deux mots, et si le second triomphera quelque temps un peu partout, et pour toujours sur la plaque de ceinturon des gardes champêtres, c'est parce qu'il importera de substituer une mystique à la réalité.

Autre confusion : ce n'est point parce que Louis XV règne de droit divin que la France apparaît comme une théocratie. Toute la législation, sauf celle des tribunaux ecclésiastiques, tempérée par la procédure d'appel comme d'abus, demeure laïque même si des conseillers clercs siègent à la Grand-Chambre du parlement de Paris. Ainsi, le plus remarquable juriste du siècle de Louis XV, le chancelier d'Aguesseau, ne pense que du bien de l'*E.L.* Ici, encore, il faut faire justice d'une légende : l'immobilisme de l'autorité judiciaire sous l'Ancien Régime. Il est allé du code Michau sous Louis XIII aux immenses réformes et aux créations de messire d'Aguesseau sous Louis XV, et le Roi, lorsqu'il se séparera de messire de Lamoignon, donnera lui-même le Sceau.

Autre confusion fréquente : le Président n'aurait condamné le despotisme oriental que pour tailler des croupières à l'absolutisme français. D'évidence, on ne saurait nier les malices des *L.P.* Toutefois, l'*E.L.* n'obéit point au système du renversement de la perspective créant, nous l'avons souligné maintes fois, la sociologie. Cette fois, nous sommes en présence d'une véritable ethnologie. Qu'importe si la Chine est plus froide que chaude. Qu'importe si certains récits de voyageurs sont sujets à caution et repris de seconde main. Qu'importe si l'état de la biologie reste plus que sommaire ; on ne peut travailler qu'avec les informations dont on dispose. L'essentiel consiste à savoir comment arrêter, voter, voire édicter les lois. Réponse : en fonction des climats et des religions façonnant les hommes. D'évidence, la théorie des climats perd de nos jours un peu de son actualité, encore que tous les Africains ne soient pas munis de l'air conditionné, que les aborigènes d'Australie vénèrent encore le *cargo cult*, réplique en bois d'un avion passé sur leurs têtes. La religion, en revanche, est le plus puissant moteur des conflits : IRA, fondamentalisme islamique, luttes tribales, etc.

Pourquoi avons-nous affirmé que les *Considérations sur les causes de la grandeur des Romains et de leur décadence* se présentaient comme les gammes avant l'*E.L.* ? Parce que la religion (et la superstition) des anciens Romains héritée des Grecs a dicté leurs lois, même si des problèmes sociaux, tels l'apologue des membres et de l'estomac de Menenius Agrippa, le rôle des Gracques les ont modifiées.

Le droit naturel

D'évidence, et l'auteur l'affirme à différentes reprises, la religion chrétienne est la seule « qui puisse faire d'eux [les hommes] des modèles de vertu », mais

> « je n'examinerai les diverses religions du monde que par rapport au bien que l'on en tire par rapport à l'état civil […]. La religion, même fausse, est le meilleur garant que les hommes puissent avoir de la probité des hommes ».

Parfait, mais avant que les mortels contemplent l'Olympe, adorent des idoles, adoptent des gnoses orientales, ou cueillent à la faucille le gui l'an neuf, il leur fallait bien (ou mal) vivre en société. Cette vue de l'Histoire avait hanté John Locke, et même le sage et érudit Jean Bodin. Peu nous chaut que le Président se soit contenté de feuilleter les ouvrages, il émet l'hypothèse — il va toujours sur la pointe des pieds — que le droit, et partant, la loi « sont nés dans les bois ».

Chez la marquise du Deffand

Suivons de nouveau le Président dans les salons de Paris et de Versailles. Pas besoin de faire atteler pour aller de la rue Saint-Dominique à la rue de Beaune, n° 3. M. de Montesquieu se rend à pied à l'ancien hôtel de Saint-Simon où demeure Mme du Deffand.

Moins bonne âme que Mme de Lambert, moins savante mais aussi belle que Mme de Tencin, elle a, comme l'ancienne chanoinesse, été honorée, mais quelques nuits de plus, par le Régent. Ce n'était point un exploit ; Son Altesse Royale avait froissé plus de jupons que son bisaïeul Henri IV. Marie de Vichy-Chamrond n'avait pas vu le jour dans la première de ces deux localités, mais dans la seconde, pas dans la ville thermale mais en Bourgogne. Elle ne pétille pas, garde toutefois le sens du trait piquant lorsqu'elle ne se consume point d'ennui. Elle déclare d'elle-même « ni tempérament, ni roman ». Au moment de ses fredaines avec Philippe II d'Orléans, puis quelques moindres seigneurs, elle convolait en légitime mariage avec le marquis du Deffand de La Lande, lieutenant général (ou grand bailli d'épée ?) de l'Orléanais, dont la postérité n'aurait pas retenu le nom sans cet hymen. Comme il lui faut bien tuer le temps, elle est liée au président Hénault, touche-à-tout (guère à elle), auteur de tragédies médiocres, de comédies passables et d'un excellent *Abrégé chronologique de l'Histoire de France*. Familier de la Reine, il deviendra surintendant de sa maison. Il siège à l'Académie française depuis 1723. Lorsque l'on a l'un de ses pieds à Versailles et l'autre au Louvre, l'on exerce une influence. Est-ce pour cette raison que tant d'écrivains se pressent chez la marquise ? Pas forcément, MM. de Montesquieu, de Fontenelle, de Marivaux comptent parmi les Quarante. Pour MM. Sedaine, Marmontel, d'Alembert, cela viendra.

L'appartement de la rue de Beaune

« est composé de deux antichambres, un salon donnant sur la tribune de la chapelle, un second salon, une chambre à coucher, avec garde-robe (commodités), et un escalier de menuiserie conduisant à une autre chambre conduisant à un entresol où sont diverses autres pièces de service ». (C. Ferval.)

Chaque soir, à 6 heures, Mme du Deffand reçoit. Peu de monde ? Dans sa chambre. Beaucoup ? Dans le grand salon tendu de moire à boutons d'or. À l'angle de la cheminée, la maîtresse de maison se tient dans un fauteuil à pavillon nommé par elle « mon tonneau ». Éternellement frigorifiée, la marquise s'encapuchonne sous un lourd bonnet garni d'un triple rang de dentelles, se boutonne jusqu'au cou. Si le tableau d'Achille Devéria ne ment point, car il s'agit d'une adaptation romantique, la dame offre un visage d'une étonnante régularité. Elle n'a point été jolie, mais belle : ovale parfait où s'encadrent un front haut, des paupières peu profondes, des yeux en amande, un nez aquilin, une bouche en cerise (mais toutes le sont au XVIIIe siècle). Seule, la fossette au menton défie l'esthétique grecque. Mme du Deffand affirme :

« J'aimerais mieux le sacristain des Minimes pour compagnie que de passer mes soirées toute seule. »

Bien née, titrée, fortunée, elle s'ennuie, et si nous nous répétons, c'est qu'elle ne cesse pas d'évoquer cette misère. Ennuie-t-elle les autres ? Messire Hénault quelque peu ; à preuve il lui déclare :

— Vous m'êtes un mal nécessaire.

Nécessaire, parce qu'elle possède un esprit orné. Mal, parce que le haut magistrat craint de le contracter. N'allons pas préjuger de sa croyance. En tout cas, elle ne repose pas sur l'Ancien Testament ; un jour que Mme du Deffand, désœuvrée, ouvre la Bible, elle la feuillette et s'écrie :

— Quel ton ! Quel effroyable ton !

À son écritoire, elle se porte mieux. Elle n'atteindra le sublime d'Adrienne Lecouvreur ou de Julie de Lespinasse que lorsqu'elle tombera follement amoureuse de Horace Walpole. Pour l'instant, elle rédige comme toutes les dames, nobles ou bourgeoises, de son temps, entendez très bien. Il advient qu'au souper, des commensaux, tels le fermier général Helvétius ou le marquis de Condorcet, s'en prennent, sinon au trône, du moins à l'autel. Alors, la marquise les rappelle à l'ordre. « Elle surveille la forme plutôt que le fond. » (Ghislain de Diesbach.) Elle a connu M. de Montesquieu chez Mme de Tencin, montée au Ciel après avoir frisé l'Enfer, le 4 décembre 1749. Comment Mme du Deffand ne se prendrait-elle pas d'amitié pour son contraire ? Rien ne la distrait. Tout la passionne. Certes, elle se montre fière de recevoir un tel génie, mais même si elle doute de l'immortalité de l'âme, la sienne n'est pas assez basse pour qu'il s'agisse de « snobisme ». Un point la rapproche du grand Bordelais. Ils sont tous deux affectés d'une faiblesse oculaire. Ils le savent bien : on va du jour à la nuit mais pas de la nuit au jour.

Une petite cause sans grand effet

« Il faut savoir jusqu'où l'on peut aller trop loin. » (Jean Cocteau.)

Lorsqu'en 1749 devint vacant le siège de M. Languet de Gergy, prélat honorable, Alexis Piron se présente. Il avait déjà tenté l'aventure. Battu par M. de La Bletterie, dont Louis XV ne voulut point, il ne tint pas devant le duc de Nivernais, puis devant M. de Vauréal, plus qu'ami de Mlle de Charolais, évêque, et comme le Président, pourfendeur des austrophobes. Enfin, voici M. Alexis Piron élu, ou du moins presque, car il faut l'agrément du protecteur. L'abbé d'Olivet porte à M. Boyer, évêque de Mirepoix et tenant la feuille des bénéfices, *l'Ode à Priape*, et le méchant homme place ce texte vulgaire, pornographique et sot sous les yeux de Louis XV. Le monarque aime trop l'amour pour qu'on le ravale à des « saloperies ». Alors, le baron, président en exercice de la Compagnie, intervient pour trois raisons. La première ne nous paraît pas la meilleure ; Alexis Piron crible d'épigrammes M. de Voltaire, et l'autre le craint comme la *petite sœur de la mort* (la variole). La deuxième l'emporte de loin en excellence. La *métromanie* du même Piron balance presque en talent les comédies de MM. de Marivaux et Gresset. La troisième n'est pas moins louable. M. Piron, fils d'un pauvre apothicaire-poète de Dijon, vit chichement et souffre des yeux.

Le Président à Mme de Pompadour :

« Madame la Marquise,
Piron est assez puni pour les mauvais vers qu'on dit qu'il a faits ; d'un autre côté, il en a fait de très bons. Il est aveugle, pauvre, infirme, vieux. Le Roi ne lui accorderait-il pas une petite pension ? C'est ainsi que vous employez le crédit que vos belles qualités vous donnent, et parce que vous êtes heureuse, vous ne voudriez point de malheureux. Le feu Roi exclut La Fontaine d'une place à l'Académie à cause de ses Contes et la lui rendit à cause de ses Fables. Il voulut même qu'il fût reçu avant Despréaux [Boileau] qui s'était présenté depuis. »

Il semble que le Président soit allé plus loin. Comme l'amitié de la marquise ne se démentait jamais à son égard, il s'en autorisa pour obtenir une audience du Très-Chrétien. Souhaite-t-il toujours l'assentiment royal à l'admission de l'auteur de *l'Ode à Priape*, écrite un soir de beuverie et publiée sans son consentement ? Probable, mais si nous admettons la véracité du second épisode, il veut surtout qu'Alexis Piron mange (et boive) comme il lui convient. Louis XV, le plus souvent généreux, se montre parfois près de ses sous. Finalement, pris sous les feux croisés de Mme de Pompadour et du directeur, il accorde une pension de mille livres au recalé du priapisme, d'où l'auto-épitaphe célèbre :

> *Ci-gît Piron qui ne fut rien,*
> *Pas même académicien.*

Le siège passe à Georges-Louis Leclerc de Buffon, bientôt comte de Tuffières.

Une belle lettre au comte de Maurepas

Le 24 avril 1749, Jean-Frédéric, comte de Maurepas, ministre-secrétaire d'État à la Marine et à la Maison, est envoyé en exil… Oh ! Pas très loin ! À Bourges. M. de Montesquieu, sans crainte du Cabinet noir, fait tenir cette lettre au disgrâcié :

« La patrie croit avoir perdu son père, chaque citoyen, son ami ; chaque infortuné, son protecteur […] Si vous n'avez pas réparé tout le mal fait, ceux qui viendront après vous seront obligés de chercher à finir ce que vous avez commencé ou de renoncer à la gloire […] Vos grâces et vos refus étaient toujours en faveur de la patrie. Vous refusiez comme un père à ses enfants et vous accordiez comme un ami. »

Que l'épistolier, dans la manière du temps, force la note pour consoler M. de Maurepas, ce n'est pas douteux. Qu'il partage avec l'ancien ministre un goût très vif pour l'équilibre entre parlements et généralités, *idem*. Il ignore, en revanche, le motif d'un congédiement ; Mme de Pompadour avait été victime d'un petit accident intime et visible à travers sa robe, le vertueux ministre-secrétaire d'État avait répandu ces vers ignobles :

Par vos façons nobles et franches,
Iris, vous enchantez les cœurs.
Sous vos pas, vous semez les fleurs
Mais ce ne sont pas des fleurs blanches.

Si le Président avait appris qu'un homme d'esprit le pouvait avoir aussi bas, il ne se serait pas rendu, en mars 1754, avec la duchesse d'Aiguillon, au château de Pontchartrain où le comte de Maurepas, se mourant d'ennui à Bourges, avait obtenu de Louis XV la permission de réinstaller ses pénates, en dépit de la proximité de Versailles.

10

FAITES CE QUE JE DIS, PAS CE QUE JE FAIS.

On peut être promu maréchal de France de père en fils.

On ne saurait être réputé de même un écrivain de génie. Jean-Baptiste de Secondat ne fera point exception à la règle dont, seuls, les deux Alexandre Dumas seront exemptés.

Au sortir de sa jésuitière, et commençant d'étudier le droit, Jean-Baptiste s'accorde celui de faire sa cour à Mme de Tencin. C'est un peu fort de café, cependant, succéder, même de très loin, au Régent, au cardinal Dubois, au chevalier Destouches-Canon, et à bien d'autres importants, cela ferait bien dans le tableau. Loin de s'offusquer, l'ancienne chanoinesse rit de bon cœur. Elle écrit, le 24 décembre 1734, ces mots charmants à son ami Montesquieu :

> « J'ai vu le petit garçon plusieurs fois. Il n'ose m'en dire autant qu'il m'écrit. Il tâche cependant toujours de me donner quelque petite signifiance des sentiments qu'il a pour moi parce qu'il me prend pour une femme [*sic*]. Si vous le plaisantez jamais sur ce sujet, je vous étranglerais. »

Si Claudine s'est acheté une vertu, elle a gardé bien de l'esprit, et le Président amusé ne souffle mot à Jean-Baptiste de son impertinence, mais « le petit garçon » devient grand, passe d'un commerce épistolaire à des relations charnelles déplaisant fort à son père. S'agit-il de dames perdues de réputation, d'hétaïres, ou simplement de bonnes bourgeoises, à moins que ces personnes ne figurent au tableau de chasse de M. de Secondat, toutes catégories confondues. Lorsque l'on connaît autant que faire se peut le haut et puissant seigneur, baron de La Brède, on peut supposer que deux raisons l'incitent à tancer son fils, la crainte qu'il ne contracte, comme lui, quelque rhume de caleçon, et qu'une existence dissipée l'empêche de réaliser un noble et riche hymen. Le 18 avril 1737, il faut que M. de Montesquieu soit fort colère pour ne pas ménager la forme de son expression : « Je t'en prie, laisse les femmes en repos. » À quoi l'autre se garde de répondre qu'il s'est contenté de suivre l'exemple venu d'en haut.

Le Président tient à ce que Jean-Baptiste ajoute à la connaissance du droit une grande application pour les sciences exactes, telle la physique, ou spéculatives comme les mathématiques. Bien entendu, Jean-Baptiste, devenu conseiller au parlement d'Aquitaine, est élu, sans difficultés majeures, à l'annexe, ou plutôt à la maison mère, l'académie de Bordeaux, le 14 novembre 1734. Une curieuse lettre de M. de Montesquieu adressée au chevalier de Vivens nous renseigne sur l'état d'esprit du père et du fils :

« Mon fils qui est un docteur [...] possède éminemment l'art du syllogisme qui est un bataillon triangulaire qui perce et qui pénètre, mais avec de bons canons, il est aisé d'en rompre les angles. »

L'image nous paraît un peu étrange, mais cette comparaison entre le raisonnement philosophique et la géométrie appartient à l'époque. Jean-Baptiste se sent-il complexé par l'écrasante érudition et le génie paternels ? Il ne le semble point puisqu'il discute avec lui, mais tout porte à le croire : les débats se limitent aux sciences, péchés mignons de l'un et de l'autre. Le fils, pas plus porté que son père sur la magistrature, renonce à sa charge et épouse Mlle Marie-Catherine de Mons. Appartient-elle à la famille provençale établie non loin de Fayence ? Nous en doutons, mais la région est pauvre ; or, Marie-Catherine apporte dans la corbeille une dot de trois cent mille livres et une rente annuelle de vingt mille.

Marie de Secondat

La Présidente met au monde, un an après Jean-Baptiste, le 22 janvier 1717, une enfançonne. Elle est prénommée Marie. Elle sera confiée au couvent de Notre-Dame-de-Paulin sis dans la ville d'Agen. Là, sa tante, Thérèse de Secondat, religieuse dans ce moutier, dont elle deviendra supérieure, veille à l'éducation de sa nièce... peut-être un peu trop. Elle ou l'une de ses compagnes rédigent les lettres de la pensionnaire. Réaction un rien déplaisante de M. de Montesquieu :

« Écris-moi toi-même, ma chère fille, j'aime mieux tes petites niaiseries que tous les traits d'esprit que ces dames peuvent te fournir. »

Nous aurions préféré lire *naïvetés* plutôt que *niaiseries*. Enfin, passons. À vingt et un ans, Marie prend pour époux, à moins qu'on ne lui donne, un M. Joseph-Vincent de Quichaner d'Armaillan dont nous ne savons s'il est d'épée, de robe ou simplement seigneur-propriétaire terrien.

Denise de Montesquieu et Secondat

Marie-Josèphe-Denise est la cadette de dix ans de Marie. La Présidente en était grosse de sept mois lorsque M. de Montesquieu commença de prolonger son séjour parisien. Denise paraît appartenir à la catégorie des enfants « non voulus » dont parle le poète. Le père prodigue découvre, à son retour, une petite fille de quatre printemps, et est d'emblée conquis par son babil, son sourire, sa joliesse. Elle retrouve son frère et sa sœur, lors de leurs vacances, à La Brède, à Clairac, à Raymond, mais la benjamine ne peut guère participer aux conversations des grands. Sans doute est-elle menée à la petite école de La Brède à moins que ses parents ne l'initient eux-mêmes à la lecture et aux premiers rudiments d'écriture. En 1741, la voici pensionnaire chez les dominicaines de Prouillan, près de Condom. Le couvent bénéficie d'une bonne réputation ; les fillettes de la noblesse y sont gentiment élevées, toutefois, le

Président, dont les séjours à Paris s'allongent encore, entend contrôler lui-même l'éducation de Denise et la fait « monter » dans la capitale et admettre chez les bénédictines du Bon-Secours. Il l'a persuadée sans ordonner. Il prenait moins de gants avec Jean-Baptiste et Marie. L'intérêt de la province, c'est d'être moins chère que la rue de Charonne, laquelle n'est pourtant point aussi dispendieuse que le « pensionnat » de Panthémont. La révérende mère Jeanne-Françoise de Chambon d'Abouville, supérieure de l'institution, voudrait boucler ses fins de mois et, le moins que l'on puisse affirmer, c'est que M. de Montesquieu ne contribue que très médiocrement à l'équilibre du budget du pensionnat. Les retards de paiement s'accumulent. Le père songe, un instant, à faire prendre le voile à Denise, mais, pour pieuse qu'elle soit, la jeune fille ne tient pas à coiffer une cornette, et le baron de La Brède va tenter de tirer de ses revenus de quoi maintenir sa cadette dans le siècle. Hélas, la récolte est mauvaise, à moins que le vin mis en fût les années précédentes ne se vende mal. Denise éprouve des ennuis dentaires, et il faut payer l'homme de l'art, si l'on peut nommer ainsi l'arracheur. « Que de choses dans un menuet », écrira bientôt le fameux Marcel, c'est exact, mais cela se paie. Après le maître à danser, le professeur de chant réclame ses honoraires. La révérende mère s'impatiente, et, manquant de tact, demande à Denise de prier son géniteur de tenir ses engagements. Une demoiselle d'Urfé, descendante ou collatérale de l'illustre écrivain, s'intéresse à la jeune fille et semble avoir calmé Jeanne-Françoise de Chambon d'Abouville. Pas pour longtemps. Elle revient à la charge, et cette fois, le père rassure sa fille ; il se rendra de La Brède à Bordeaux pour expédier une lettre de change au couvent du Bon-Secours. Denise convoite un corps (un bustier), et le pauvre M. de Montesquieu se voit contraint de l'inciter à ne pas s'offrir cette innocente fantaisie. La Présidente, lors d'un séjour de son époux dans la capitale, laisse percer son amertume d'être écartée de l'éducation d'une fille qu'après tout elle tient pour sienne à l'égal de M. de Montesquieu. Elle lui décoche cette flèche postale :

« Mes amitiés à la belle Denise à supposer qu'elle ait toujours autant de part dans tes bonnes grâces que par le passé. »

Jeanne de Lartigues passe pour auréolée, mais s'il en est ainsi, elle n'est pas une sainte du genre commode ; on adresse plutôt des *affections* que des *amitiés* à sa fille, on voussoie son mari, et, enfin, le dernier membre de phrase prête à considérer que Charles-Louis de Secondat est capable de versatilité. Le 20 mai 1744, Papa-baron, avec la plus grande gentillesse, invite Denise à rentrer en Aquitaine. Il faut croire que la mignonne ne se languit point au couvent et en sort pour des visites à Mme Geoffrin et même pour quelques bals de société, car, si nous ignorons les termes de sa réponse, nous connaissons ceux qu'emploie M. de Montesquieu pour accuser réception :

> « Que vous êtes injuste, petite Denise ! Il semble que vous affectiez de me gronder dans le temps que vous avez le plus sujet à vous louer de moi. C'est précisément quand je vous aime le plus que vous me faites le plus de reproches comme si c'était à vous de me punir de ce que j'ai pour vous trop de tendresse et d'amour. »

En septembre 1744, Mlle de Montesquieu rejoint ses parents et retrouve la vie familiale, tantôt à La Brède, tantôt à Clairac. Elle accompagne son père dans les bois, et, elle, si primesautière, respecte son silence lorsqu'il médite quelque élément de l'*Esprit des lois*. Bien plus tard, elle écrira ces lignes au libraire Plassan :

> « Il m'avait honoré du titre de sa petite secrétaire [...] et je l'ai conservé depuis. Il me dictait son *Esprit des lois* avec autant de facilité qu'il l'aurait fait d'une lettre ordinaire, mais je crois très fort qu'il composait ses chapitres dans les longues promenades qu'il faisait. »

L'abbé de Guasco montre que les attributions de Denise dépassent ce qu'elle en dit. Ne va-t-elle point jusqu'à préparer les derniers livres de l'*E.L.* portant sur les us et coutumes médiévaux ? Les ouvrages laissés par les sires de Joinville, et surtout de Beaumanoir, ne prêtent point à sourire quant à leur fond, mais elle s'amuse de leur forme.

Si l'abbé est loin d'être sot, il se montre un très médiocre poète. Il veut chanter la gloire de Denise et prend son luth. Par bonheur, ces vers sont traduits par le président de la Cour des aides de Montauban, Jean-Jacques Lefranc, marquis de Pompignan. Haï par M. de Voltaire parce que catholique, le haut magistrat pince sa lyre. Il chante d'autant plus volontiers le charme d'une Montesquieu qu'il sera reçu parmi les Quarante par le mari de Mme Dupré de Saint-Maur. L'on comprend mieux, par moments, l'agacement, et c'est peu dire, de la Présidente. Les vers de M. de Pompignan, les voici, en un siècle peu favorisé en serviteurs d'Érato. Ils méritent une mention :

> *D'un père illustre adorable portrait,*
> *Honneur des Arts, jeune et belle Sylvie,*
> *Des dons de plaire, assemblage parfait,*
> *Vous qu'amour fuit et que Vénus envie,*
> *Tous les talents qu'en vous l'on voit fleurir,*
> *Votre vertu, vos charmes et votre âge*
> *Méritaient un seul genre d'hommage,*
> *Mais l'amitié ne saurait vous l'offrir.*

L'écrasant labeur de l'*E.L.* s'achève, et Denise prend un peu de repos ; un jour que son père pénètre dans la bibliothèque du château de La Brède, il la voit en train de lire les *L.P.* :

— Fermez ce livre, mon enfant, c'est un ouvrage de ma jeunesse qui n'est pas fait pour la vôtre.

M. Louis Desgraves considère la formule comme trop bien martelée ; elle serait l'œuvre d'un faussaire. Quel dommage, il advient que la mauvaise monnaie soit préférable à la bonne.

Un fief pour Denise

Maintenant, il importe de marier Denise, pour son bonheur, et encore parce que dans les ménages de Jean-Baptiste et de Marie aucun heureux événement ne s'annonce (rassurez-vous, cela viendra). Logiquement, Denise devrait être appelée Mlle de Secondat, mais négligeant son nom patronymique, le Président la désigne souvent comme Mlle de Montesquieu. Pourquoi ? Parce qu'il entend procéder en sa faveur à la substitution, sinon de La Brède revenant à Jean-Baptiste, du moins de sa seconde baronnie, celle de Montesquieu, toujours dans le cas où son fils demeurerait sans postérité mâle. Afin que de rendre possible une telle opération et sachant qu'un fief n'est transmissible qu'en ligne masculine, le Président décide d'accorder à son cousin Geoffroy de Secondat, la main de « sa petite secrétaire ». Elle atteint trente-deux ans. Geoffroy, quarante-trois. Bah ! Personne n'est parfait, et puis ce M. de Secondat possède de la fortune, et un hôtel dans la ville d'Agen. D'évidence, un contrat n'est point mince affaire, mais après discussions sur un mode amène, le couple est uni par le doyen du chapitre Saint-Seurin, l'oncle Joseph, en l'église de Clairac, en mars 1745. Bien qu'elle se trouve en ville, Denise emprunte fréquemment une chaise pour aller embrasser son père et (peut-être) sa mère. Vient une fille, puis le 30 janvier 1748, un petit garçon, Jean-Cyrille, enfin un autre mâle en novembre 1749. Lequel des deux fils de Mme de Montesquieu-Secondat meurt à l'été de 1750 ? Les registres ne nous l'apprennent pas.

Le chagrin du Président est tempéré par la venue au monde de Charles-Louis au foyer de Jean-Baptiste de Secondat et de Marie-Catherine de Mons, le 12 novembre 1749. Comme l'on dit dans le peuple, ils y auront mis le temps, mais M. de Montesquieu mesure la peine de sa préférée :

> « J'ai été, ma chère fille, sensiblement touché par la perte
> de ce petit enfant qui me semblait promettre beaucoup, mais
> Dieu est le maître et il sait mieux ce qu'il faut pour nous. »

En cette première partie du XVIIIᵉ siècle, la vie d'un petit être demeure si fragile que le baron craint pour les jours de Charles-Louis. En conséquence, il prend des dispositions testamentaires pour que si le fils de Jean-Baptise venait à passer, ses deux baronnies reviennent au fils de Denise, le chevalier de Secondat. François de Paule Latapie, inspecteur des manufactures et fils du juge de La Brède, homme de confiance du Président, prend-il ses désirs pour des réalités lorsqu'il nomme Denise « sa chère et sainte baronne de Montesquieu » ? Qu'importe, n'allons pas nous égarer dans les titres et l'aspect touffu des arbres généalogiques, retenons plutôt ces lignes de M. Latapie :

« C'est un composé si rare d'esprit, de douceur, de raison, de force, de sensibilité que je ne sais si l'on pourrait citer une autre femme qui réunisse plus de perfections. On regrette fort qu'elle soit devenue sourde, et peut-être un peu trop dévote [admirons le peut-être], quoique sa dévotion ne se répande jamais sur les autres. »

L'âme de Denise monte au Ciel le 27 février 1800, trois mois avant celle du fils de la suzeraine, Emmanuel Désiré, duc d'Aiguillon. Le sourire de la dame fixé sur la toile illumine toujours un mur du château de La Brède.

11

DE L'ESPRIT DES LOIS

Auguste Comte et Émile Durkheim l'ont répété sans trêve : Montesquieu est l'inventeur de la science politique. Qu'on nous pardonne de nous inscrire en faux contre l'assertion de si hautes autorités. Avant le Président, nombre d'Anciens — Platon, Aristote, Épictète — et de Modernes — Bodin, Bossuet, Hobbes, Spinoza, Leibniz — peuvent être tenus, dans le sillage de Machiavel et de Guichardin, pour des chercheurs d'une théorie de la Cité. Mieux ou pis, deux saints Thomas — d'Aquin et More — participent du même mouvement. M. de Montesquieu, lui, a créé, on l'a dit, et ce depuis les *Lettres persanes*, la sociologie. Que ses *Romains* constituent une introduction à l'*Esprit des lois*, exact, mais Usbek, Rica et Roxane elle-même, par le renversement de la perspective évoqué précédemment, nous ont fait passer de l'Histoire (Mézeray), ou du souhait à ce que nous oserons nommer la méthode expérimentale. Et tant pis pour l'offense à Claude Bernard. Alors, nous objecterez-vous : et Machiavel ? Pardonnez. Maître Nicolas raisonne à partir de César Borgia quand il donne le *De principatibus* et s'interroge encore sur les Romains, cette fois, ceux de l'Antiquité, lorsqu'il écrit le *Discours sur la première décade de Tite-Live*. Parfait, mais le monde ne se résume point à la Ville éternelle, à Florence, non plus qu'à la République romaine et au début du principat (Machiavel s'arrête à la mort de Drusus, frère de Tibère). M. de Montesquieu va satisfaire une autre ambition. S'il n'a visité qu'une partie de l'Europe, il n'a cessé d'accumuler une prodigieuse documentation ayant trait aux quatre continents.

Oui, quatre, puisque, on l'a vu, l'insularité de l'Australie n'est pas encore découverte, les Bataves n'ayant qu'entr'aperçu l'ouest et le sud de la Nouvelle-Hollande avant que de prendre pied en Tasmanie. Tant pis s'il faut prendre notre respiration, mais voici le titre de l'ouvrage : *De l'Esprit des lois ou du rapport que les lois doivent avoir avec la constitution de chaque gouvernement, les mœurs, le climat, la religion, le commerce, etc., à quoi l'auteur a ajouté des recherches nouvelles sur les lois romaines touchant les successions, sur les lois françaises et sur les lois féodales.*

S'il est impossible de mieux annoncer la couleur, il est non moins aisé de saisir le mot-clef : *rapport*. Oui, le Président se propose, ou mieux, nous propose de voyager dans l'espace et dans le temps pour aller à la découverte des enchaînements logiques comme des accidents ou des contradictions présentés par tous les régimes. C'est à dessein que la religion passe après les mœurs et le climat. Pourquoi ? Bédame ! Parce que l'auteur est le sujet du Très-Chrétien, et parce que, même s'il ne se rend point aux vêpres chaque dimanche, il n'en demeure pas moins catholique. Or, il lui faut traiter de l'incidence de toutes les religions sur le comportement des législateurs. S'il ne doute pas de l'Incarnation, il doit tenir compte de toutes les croyances, de toutes les gnoses. Cela signifierait-il qu'elles seront placées à égalité ? Non, dans l'ordre de la foi. Oui, quant aux conséquences politiques, économiques, financières, sociales. Le très regretté Jean Orieux comparait son cher Voltaire à quelque lézard. Ce n'est pas pour rien que M. de Montesquieu, un temps, a coiffé le mortier. Si son blason porte « de gueules à deux coquilles et en abîme un croissant de lune », un chat fourré devrait figurer sur son écu. Chat fourré, il fut, chat fourré, il reste ; il en possède la curiosité et la prudence. La curiosité ? Elle se révèle insatiable. La prudence ? Hé ! Hé ! Pas toujours. Dans sa préface à l'*Esprit des lois*, il croit circonspect de prévenir :

> « Platon remerciait le ciel de ce qu'il était né du temps de Socrate ; et moi je lui rends grâces de cette grâce de ce qu'il m'a fait naître dans le gouvernement où je vis, et de ce qu'il a voulu que j'obéisse à ceux qu'il m'a fait aimer. »

Soit la phrase témoigne un sincère attachement pour la monarchie française et pour Louis XV que, cher Président, vous préférez et de loin à son bisaïeul, mais, entre nous, vous avez posé votre patte sur un terrain glissant. Faut-il vous l'observer ? Le ciel de Platon n'est pas celui du Bien-Aimé. Certes, le Roi vous a toujours protégé, et ne s'offusquera point. Il vous estime, vous sait l'honneur de son règne, mais ne pensez-vous pas que des médiocres, ou même d'honnêtes dévots pourraient vous desservir auprès de Sa Majesté pour avoir confondu deux « ciels » ?

Le plus frappant lorsque l'on avance un peu dans l'*Esprit des lois*, c'est la fluidité, la limpidité de l'écriture. Si les magistrats batifolent souvent dans les salons, voire avec les filles, ils utilisent un galimatias, et même un double galimatias dès qu'ils motivent un arrêt.

> « Le galimatias, affirmait le grand Corneille au jeune comédien Baron, c'est lorsque les autres ne me comprennent pas, le double galimatias c'est lorsque je ne me comprends pas moi-même. »

Hors le chancelier d'Aguesseau, remettant sans cesse sur le métier son ouvrage, tout le greffe, haut ou bas, jargonne à plaisir, même et surtout pour en juger d'un procès de bornage.

Sous la plume du « publiciste » — Pierre Larousse croit diminuer l'écrivain en le qualifiant ainsi, et pourtant il n'a point tort puisque le terme ne peut s'appliquer qu'aux hommes traitant du droit public et privé —, sous la plume du publiciste donc, plus les sujets apparaissent ardus, plus ils sont lumineusement exposés. Nous retrouverons ce balancement qu'il reproche paradoxalement à M. de Saint-Évremond :

> « Point de monarchie sans noblesse, point de noblesse sans monarchie. »

Ainsi sommes-nous dans la musique sérielle par le retournement de la portée. Plus tard, il définira le style dans son *Essai sur le goût dans les choses de la nature et de l'art*, publié dans l'*Encyclopédie*. Comme à l'accoutumée, il écrira ce qu'il pense. Et ce n'est pas une justification de sa manière, mais la démonstration de son excellence. N'importe-t-il pas de rompre le rythme pour relancer l'attention du lecteur ? De même on s'étendra sur un sujet quitte à résumer le suivant même s'il revêt la même importance. À l'instar de son ami-ennemi Voltaire, il pourrait proclamer : « Tous les genres sont bons sauf le genre ennuyeux. » Il ira plus loin : faute de procéder ainsi, l'on s'ennuierait à mourir.

S'il évite les hiatus, il ne recule jamais devant les répétitions, et, reconnaissons-le, il en abuse de crainte d'être incompris. Sa syntaxe atteint à la perfection.

Oserons-nous critiquer sa morphologie ? Cela nous semble d'autant plus insolent que le plus illustre de ses disciples, Antoine de Rivarol, s'en est bien gardé. Il est pourtant temps, comme dit la chanson, de dénoncer l'abus du mot *chose*. S'il est vrai que lorsqu'un terme savant vient sous la plume, il se hâte de l'expliquer, en revanche, il utilise par trop les verbes plats — *avoir* pour *posséder* — *être* et *avoir* sans fonction d'auxiliaire. On ne fait pas un tableau, on le peint, on ne fait pas un mur, on l'élève, on ne fait pas une monnaie, on la frappe, on ne fait pas une surprise, on la ménage. Le comte de Rivarol lui-même commettra de ces peccadilles, et seul de tous les écrivains politiques, Paul-Louis Courier évitera ces petites misères, sans doute parce qu'à l'inverse de MM. de Montesquieu et de Rivarol, l'illustre pamphlétaire, et bien méchant homme, sera plus helléniste que latiniste.

Dans une lettre à Jean-Baptiste Trochin, M. de Voltaire :

> « Mme la duchesse d'Aiguillon [...] aurait bien dû fournir à l'auteur de l'*Esprit des lois* de la méthode et des citations justes. Ce livre n'a jamais été que par les côtés qui font sa force, il prêche contre le despotisme, la superstition et les traitants. Il faut être bien mal avisé pour lui faire son procès sur ces trois articles. Ce livre m'a toujours paru un cabinet avec de beaux lustres de cristal de roche ; je suis un peu partisan de la méthode et je tiens que sans elle aucun grand ouvrage ne passe à la postérité. »

Avant que de nous scandaliser de ce poulet, citons encore Arouet le fils :

« L'humanité avait perdu ses lettres de noblesse, M. de Montesquieu les lui a rendues. »

Alors ? Pourquoi ces contradictions ? Il existe un Voltaire jaloux, souffrant mille morts de voir opposer le sérieux du Président à sa légèreté (au demeurant relative, voir les *Lettres anglaises*) et un Voltaire trop intelligent pour ne pas s'incliner devant l'un des monuments les plus admirables de tous les temps et de tous les pays. Ledit monument nous apparaît-il obéré par les déficiences de construction ?

Organisation de l'*Esprit des lois*

Que le Président ait douté de lui face à l'ampleur de son sujet ? Assurément :

« J'ai mille fois envoyé au vent des feuilles que j'avais écrites. »

Qu'il s'en soit finalement montré satisfait ? Assurément encore :

« Si cet ouvrage a du succès, je le devrai beaucoup à la majesté de mon sujet : cependant je ne crois pas avoir manqué de génie [au sens de Minerve]. Quand j'ai vu ce que tant de grands hommes, en France, en Angleterre, en Allemagne, ont écrit avant moi, j'ai été dans l'admiration ; mais je n'ai pas perdu courage : "Et moi aussi, je suis peintre", ai-je dit avec le Corrège. »

Le découpage par livres brefs subdivisés en chapitres courts constitue un agrément de lecture et permet à l'auteur de placer des éléments oubliés plus loin sous d'autres titres. L'*Esprit des lois* ne peut, d'évidence, suivre la chronologie, il est forcément thématique, mais dans son souci de multiplier les références, M. de Montesquieu passe avec une... nous allions écrire : une désinvolture, non, le mot serait impropre ; disons avec une souveraine indifférence pour les lumières de ses lecteurs, des Ottomans de son siècle aux Chinois de la formation de l'Empire céleste pour revenir aux Romains, aux Germains, à la France et l'Empire en tous temps, avant de s'en aller, bien sûr, en Perse, où, comme chacun le sait, il se trouve en pays de connaissance, sans jamais s'être rendu jusqu'à la cour du sophi. Comprenez-le : cette érudition vertigineuse nous donne parfois le tournis. Qu'on nous pardonne un mot étranger au XVIIIᵉ siècle : nous sommes *complexés* par le Président.

Ce qu'il connaît le mieux c'est le monde, ce qu'il connaît le moins bien c'est la France. Et c'est là que ses commentateurs relèvent un vice de construction. Pourquoi les derniers livres (XX et XXI) sont-ils consacrés à la théorie des lois féodales chez les Francs ? Nous n'attendions pas les Mérovingiens et les Carlovingiens à cette place-là, d'autant que notre pays sous les trois races a déjà fait l'objet de passablement d'analyses de la part du Président.

Tant pis si nous prenons l'affaire par la fin. Elle revêt trop d'importance pour ne pas mériter une priorité.

Au vrai, le baron de Montesquieu entend d'abord prouver, non pas comme les magistrats infidèles, l'antériorité des parlements sur la monarchie mais l'antériorité des lois de droit naturel sur l'établissement de Pharamond (dont on sait aujourd'hui qu'il n'a point existé). Les Francs Ripuaires ou Saliens viennent de Germanie. Donc, pour connaître leurs us et coutumes, et même leurs lois, l'auteur doit faire appel à César et Tacite. Pour le Président, les premières lois, cette fois anglaises, « sont nées dans les bois ». Admettons-le. Hélas, quinze ans après la parution de l'*E.L.*, les « cours souveraines », expression interdite par Louis XV, se serviront abusivement de l'exposé de M. de Montesquieu pour tramer une conjuration contre le pouvoir royal.

Ainsi, l'auteur, à son insu, fournit-il les pires arguments à ses adversaires, les jansénistes et les ultra-gallicans.

Son intention apparaît tout autre : il a prouvé que pour promulguer des lois, il fallait des rois et que pour les proposer ou bien y consentir, il fallait des nobles héréditaires ou viagers. Ici, il combat sur deux fronts. Le comte de Boulainvilliers, dans une langue approximative, avait soutenu que toute la noblesse d'ancienne extrace était d'origine franque, et donc germanique, et, on le sait, cette théorie inepte se situe à l'origine du mythe de la race des seigneurs. Elle mènera, *via* Darwin et Chamberlain, à Rosenberg. L'auteur de l'*E.L.* pulvérise semblables prétentions. Serait-ce parce que la maison de Secondat possède trois cents ans de noblesse reconnue *(Spicilège)* ? Que non point. Le baron ne pousse pas la solidarité des parcheminés jusque-là. Il expose seulement la vérité, vérité toutefois n'allant pas sans arrière-pensée ; comme les lois de jadis ne sont point allées sans consensus, les ministres de Louis XV pourraient en prendre de la graine et créer un dépôt des lois confié, bien sûr, à ces messieurs du Parlement. À Paris, sans doute, dont le gigantesque ressort se réclame — historiquement — du droit coutumier, mais peut-être à Bordeaux, de tradition romaine, et jusqu'à la cour d'Aix, de tradition grecque. D'évidence, les privilégiés des temps mérovingiens et carlovingiens n'ont point été les seuls Francs, il a fallu que les nouveaux convertis composent avec les Gallo-Romains, et notamment avec les évêques, et comme les hauts dignitaires de l'Église se mariaient, ils ont fait souche. Voilà pour le compte de M. de Boulainvilliers ; reste celui de M. l'abbé Jean-Baptiste Dubos. L'ecclésiastique, académicien, et pas pour de rire, peut se targuer légitimement d'une solide réputation, et M. de Montesquieu salue son talent. L'abbé, toutefois, soutient que les autochtones ont appelé les envahisseurs. Non. Même après l'assassinat d'Aetius, vainqueur d'Attila, par Valentinien III, les Gallo-Romains, s'ils s'accommodent des princes ariens, Burgondes ou Wisigoths, craignent les Francs, et on les comprend ! Qu'Odoacre ait déposé Romulus Augustule et renvoyé les insignes impériaux au basileus Zénon n'empêche pas le roi de Soissons, Syagrius, de combattre Clovis en faisant porter devant lui, étoiles éteintes d'un soleil disparu, les aigles romaines. Vaincu, le malheureux se réfugie à Toulouse, mais il est livré par les Wisigoths et mis à mort par le féroce Mérovingien. Le Président assure que le consulat accordé par Zénon à Clovis après sa conversion ne prouve rien. Pourquoi ? Tout simplement parce que la fonction demeurait annuelle et n'a point été étendue au proconsulat. Il omet le titre de patrice, mais on le lui pardonne, la fonction, ou plutôt l'honneur demeurant mal défini. Ainsi, à ses yeux, il n'existe pas de lien entre la monarchie franque et l'Empire romain d'Orient. Que l'affection portée à M. de Montesquieu ne nous égare point. Autant il a réduit

232

à néant la thèse du comte de Boulainvilliers, autant, hormis l'appel des Gallo-Romains aux tribus armées de francisques, il n'a point triomphé de M. l'abbé Dubos. Au VIᵉ siècle, et pour quatre encore, Constantinople dépend de Rome entièrement pour le spirituel, et d'un deux fois rien pour le temporel. Or, ce deux fois rien s'explique aisément. Le basileus, tout comme l'évêque Remi de Reims, voudrait extirper l'arianisme professé par les Wisigoths, les Burgondes et *tutti quanti*. N'allons pas pour autant instruire le procès du Président. Les Wisigoths n'ont pas influé sur l'*Esprit des lois* sinon pour conserver en théorie celles de Justinien. Important ? Peut-être, mais le chat se garde de poser une patte sur le fourneau brûlant des controverses théologiques. À son époque, la doctrine d'Arius ne peut plus se réclamer d'un seul adepte. Même les protestants de toutes couleurs, et Dieu sait s'il en est, reconnaissent la consubstantialité. N'allons donc pas remuer les cendres d'un schisme disparu. Reste que le baron s'étant extasié sur les mœurs de la République romaine avec ses gladiateurs et sa nuée d'esclaves, le lecteur demeure étonné de toute absence de condamnation des Barbares francs. Pardon, mais pour un écrivain du XVIIIᵉ siècle, les guerriers à la francisque ont cessé d'être barbares dès lors qu'ils ont embrassé le christianisme.

Le climat

Si le Président tient le genre humain pour le plus bel ouvrage de Dieu, il répute les hommes différents. Pour lui, les peuples ne peuvent présenter la même mentalité puisqu'ils vivent à des latitudes et des longitudes éloignées. Belle leçon pour les mondialistes ! Encore que M. de Montesquieu souhaite un commerce à l'échelle de la planète. Récemment, M. Claude Morilhat l'a bien montré : l'auteur de l'*E.L.* entend favoriser les échanges sans que l'on tombe dans le mercantilisme et surtout les prêts à taux élevés sauf pour les risques de la navigation. Il n'accorde pas pour autant un primat de l'économique sur le politique. Ici, M. de Montesquieu anticipe sur Maurras et saute à pieds joints par-dessus Marx. On ne saurait s'en plaindre. Non seulement, les sujets des monarques du Nord boivent et mangent plus que ceux des rois du Sud mais encore

233

ils raisonnent différemment et de ce fait n'observent pas les mêmes lois. Et, d'évidence, qu'un autocrate n'aille pas les froisser inutilement : témoin le czar Pierre Ier rendant un ukase proscrivant le port de la barbe. Les barines se révulsent. Cette barbe, elle leur tenait chaud, l'hiver, et les faisaient beaux, l'été. Qu'eût dit le Président s'il avait pu le prévoir : Charles III devra, quelques jours, quitter sa capitale pour avoir provoqué la fureur des Madrilènes en leur interdisant le *sombrero*. Aucune loi ne doit jamais contrarier les us et coutumes dans la mesure où, bien sûr, ils ne contreviennent point à la morale. Car, M. le Baron unit la morale et la politique. Sans doute, et c'est sa force, il ne systématise jamais. Que les monarchies septentrionales aient embrassé le protestantisme et que les méridionales soient demeurées catholiques constitue un fait, mais le climat n'y est pour rien. En revanche, l'excès de soleil incite au *farniente*, voire à la paresse, alors que l'obligation de se défendre contre les éléments déchaînés contraint au labeur. Sans forcer la note, on est en droit de l'affirmer : les climats tempérés produisent des régimes modérés. Peut-être ne l'a-t-on point assez souligné : le Bordelais aime passionnément la France. Qu'importe s'il préfère Paris à Versailles et oscille entre son hôtel de la rue Saint-Dominique et son château de La Brède. Il adore son pays. Toutes les déductions qu'il tire du climat ne peuvent être admises. On voit mal pourquoi le froid sévissant en Chine favoriserait un grand empire, pourquoi la touffeur serait responsable de la fragmentation des Italies. Au demeurant, M. le Président établit un constat mais s'interdit d'établir une règle. L'Espagne, elle, ne présente-t-elle pas un caractère unitaire, encore qu'elle n'ait conservé le Portugal que de Philippe II à Philippe IV ? Si la péninsule Ibérique n'est plus à son mieux, il importe de distinguer deux causes : une circulation métallique trop considérable ayant provoqué, on l'a vu, l'enchérissement des denrées mais encore la chute de l'indice pluviométrique. M. de Montesquieu attribue au climat (et au trop grand nombre de moines) une stagnation démographique, due, dans le premier cas, à la paresse de procréer. Ne possédant point les résultats de l'enquête statistique lancée par le contrôleur général Orry, il ne nous attribue que seize millions d'âmes alors que le royaume en compte vingt millions. Il l'affirme : la France pourrait nourrir cinquante millions d'habitants.

Vue prophétique, si l'on songe qu'en son temps un foyer réunit environ cinq personnes, qu'en 1960, nous étions à 3,2, et qu'en 1998 nous sommes tombés à 1,7. Certes, nous sommes parvenus à cinquante-cinq millions d'habitants, mais, outre le fait que les nés natifs peuvent à peine pénétrer dans les zones de non-droit, les nations du Maghreb, ou Machreq et de la Turquie, elles, envahies par les errants du Sud-Est asiatique, déferlent sans cesse — ni papiers — sur notre territoire. Or, ce péril, le Président l'a encore envisagé, du moins quant aux sujets du Grand Seigneur.

Les régimes

Chacun connaît la définition : le despotisme s'appuie sur la crainte, la république sur la vertu (politique, est-il précisé dès la deuxième édition de l'*E.L.*). Quant à la monarchie, elle repose sur l'honneur. Or, il existe bien un quatrième mode de gouvernement : l'aristocratie, mais comme elle ne dispose d'aucune base sinon les lumières (?) d'une poignée de ploutocrates se tenant pour les meilleurs — c'est l'étymologie du terme —, M. de Montesquieu la néglige.

Le despotisme

Sous la plume du bon Président, il est toujours oriental ou extrême-oriental. Louis Althusser le prétendra : il ne s'agit que d'une figure de style. Selon l'auteur de *Montesquieu, la politique et l'histoire*, le baron de La Brède avancerait masqué, visant la royauté française et ses voisines, prussienne, espagnole, portugaise.

Vrai pour certaines nations européennes. Notre auteur, à l'inverse de M. de Voltaire, réprouve le militarisme prussien, contrairement à Diderot, se moque comme de colin-tampon de l'autocratisme russe. Qu'il prise médiocrement l'Espagne et le Portugal pour des raisons déjà évoquées (*cf.* la Lettre sur la Juive de seize ans brûlée à Lisbonne), c'est encore vrai. En revanche, il apprécie la mosaïque moins gouvernée que guidée par la maison d'Autriche. Quant à la France, il s'y trouve on ne peut mieux. Il la voudrait moins centralisatrice, et sans apparaître, autant qu'on l'a prétendu, comme un néo-féodal, il porte au cœur la nostalgie d'époques qu'il sait révolues. Certes, il apprécie peu l'admirable labeur des commandants en chef ou des intendants de provinces, mais pour quelle raison appréhenderait-il l'instauration d'un despotisme ? Le règne de Louis XV est absolu — plus ou moins — jamais arbitraire, et depuis le congédiement de Monsieur le Duc, le Roi n'a jamais nommé quelqu'un d'où pourrait venir le péril, à savoir un Premier ministre dont le prince de l'Église ne portait même pas le titre.

M. de Montesquieu se garde de mettre en cause le droit divin, mais croit plutôt à la nécessité d'un consensus. Que Louis XV déclare : « Je ne tiens mon pouvoir que de Dieu », c'est son intime conviction et elle demeure hautement respectable. Le Président, lui, guère attentif aux serments du sacre, n'y voit qu'un engagement envers l'Église. Pour lui, le rôle des prêtres séculiers, des membres des sociétés — Jésuites, Oratoriens, Dévotionnaires — ne saurait être discuté. En revanche, il déplore, à mots couverts, le nombre excessif des réguliers — Dominicains, Franciscains et autres ordres mendiants — encore que leurs effectifs décroissent. Son hostilité envers les moines s'explique pour deux raisons. *Primo* : ils perçoivent des droits de péage abusifs. *Secundo* : les contemplatifs n'enseignent pas ou peu. S'ils étaient restés dans le siècle, ils se seraient mariés et auraient procréé. Toujours la préoccupation démographique. Loin de se montrer, même un soupçon, antireligieux, il n'est pas non plus résolument anticlérical. Le très haut et très puissant seigneur Charles-Louis de Secondat baron de La Brède et de Montesquieu trouve un moyen pour concilier respect et défiance devant les clercs. Au lieu de distinguer trois ordres, il n'en souhaiterait que deux : clergé-noblesse confondus, et tiers état. La proposition peut choquer, ne sape-t-elle pas les fondements de la monarchie ? Louis XV a signé le pacte avec le Ciel, et comme tous ses prédécesseurs, Sa Majesté Très Chrétienne tient le clergé pour le premier ordre. Sans doute, mais à la Grand-Chambre du parlement de Paris siègent seulement les six prélats consécrateurs de Reims, le métropolitain de la capitale, duc de Saint-Cloud, une

236

poignée de conseillers-clercs en service ordinaire, alors que les ducs et pairs forment une légion.

Contre-argument : et en cas de réunion des états généraux ? Nul n'y songe depuis l'échec de 1614, et M. de Montesquieu sera depuis beau temps au Ciel lorsque le maréchal duc de Belle-Isle, ministre d'État, secrétaire d'État à la Guerre, proposera devant le Conseil d'en haut ladite réunion. Vainement. Lorsqu'elle viendra, en mai 1789, les calculs de l'*E.L.* seront déjoués. Il avait compté sur de hauts prélats, mitrés ou pour le moins crossés, par sur l'insurrection des soutanes vertes des Grégoire et autres Don Gerle.

Le Président voulait–il une Chambre haute et une Chambre basse à l'imitation du Royaume-Uni ? C'est l'opinion quasi générale de ses exégètes. Pas la nôtre. Certes, il s'est parfois contredit, mais combien de fois l'a-t-il précisé ? Si le principe est bon, l'application ne va point sans heurts. Chers critiques, nous vous voyons venir ; vous allez nous imputer à crime de faire passer le géant de La Brède pour absolutiste. Que nenni, mes amis. Il juge insuffisantes les lois fondamentales du royaume ; il veut une déclaration des droits *(Spicilège)*. Il ne nous entretient que très vaguement d'une Constitution. Croyez-vous sincèrement que Louis XV, Mme de Pompadour, le chancelier d'Aguesseau et passablement de hauts serviteurs de la Couronne l'eussent tant apprécié s'il en était allé autrement. La marquise se fera même peindre par Nattier, une main posée sur l'*E.L.*

Non, M. de Montesquieu embrasse, comme tout un chacun, la cause de la monarchie héréditaire et successive. En revanche, il républicanise dans la Rome antique. Maintenant, qu'il ait préparé la troisième génération des Lumières, et surtout de la Lanterne, à délirer sur la roche Tarpéienne, les oies du Capitole, les Gracques — voyez François Babeuf —, les Vénus de barrières transformées en vestales et les toges grotesques dessinées par Jacques Louis David pour les membres ventripotents du Conseil des Cinq-Cents, cela ne prête point à discussion.

Allons plus loin : quand le pauvre et lumineux Gavroche tombe, lors de l'affaire de 1832, consécutive aux obsèques du général Lamarque, il fredonne dans un dernier souffle :

Si j'suis tombé par terre
C'est la faute à Voltaire
Le nez dans le ruisseau
C'est la faute à Rousseau...

Il expire, mais le refrain précédent nous indique qu'il allait prononcer le nom de Rousseau... pas celui de Montesquieu.

On apprenait naguère sur les bancs de la classe de rhétorique — la Première : Montesquieu est le créateur (ou l'inventeur) de la séparation des pouvoirs. C'est encore proclamé du haut de bien des chaires.

Certains vont même jusqu'à croire les pouvoirs législatif, exécutif et judiciaire séparés de nos jours. Première erreur : la Constitution de la Ve République évoque le pouvoir législatif — le Sénat et l'Assemblée nationale — le pouvoir exécutif — le président de la République, le Premier ministre et la kyrielle de porteurs de maroquins rouges ou verts — mais Marianne V ne parle que d'autorité judiciaire.

Pour remédier à ce que d'aucuns tiennent pour une anomalie, M. Valéry Giscard d'Estaing a émis une proposition : que le garde des Sceaux ne fasse point partie du Cabinet mais soit nommé pour la durée du septennat. Ainsi l'interrogation et la réponse de Henri Rochefort deviendraient sans objet : « Quel est le seul magistrat indépendant ? Le président de la Cour de cassation s'il est grand-croix de la Légion d'honneur. »

Voici plus fort, la légende de la séparation procède d'une lecture distraite du livre XI, chapitre sixième, de l'*E.L.* Le Président écrit :

« La puissance exécutrice [fait] partie de la législative par sa faculté d'empêcher, elle ne saurait entrer dans le débat des affaires. Il n'est même pas nécessaire qu'elle propose, parce que pouvant toujours désapprouver les résolutions, elle peut rejeter les décisions des propositions qu'elle aurait voulu qu'on n'eût pas faites. »

Et plus loin :

« Les grands sont toujours exposés à l'envie ; et s'ils étaient jugés par le peuple, ils pourraient être en danger, et ne jouiraient pas du privilège qu'a le moindre des citoyens dans un État libre. Il faut donc que les nobles soient appelés non pas devant les tribunaux ordinaires de la nation, mais devant cette partie du corps législatif qui est composée de nobles. »

Certes, l'auteur suppose ici la justice élue alors qu'il tient à la vénalité des charges pour garantir le savoir, mais il n'en demeure pas moins, qu'alors que seuls les ducs et pairs relèvent de la Grand-Chambre du parlement de Paris, dans le projet *tous* les nobles ne peuvent répondre que devant une haute assemblée.

Enfin, si le Roi ne peut exercer seul la justice — M. de Montesquieu condamne Henri III pour avoir fait dépêcher le duc et le cardinal de Guise — il conserve le droit de grâce, incidence régalienne sur le judiciaire et le *veto*, non pas suspensif pour la durée d'une législature mais définitif.

Ainsi faut-il conclure que le Président crée la corrélation des trois puissances et non la séparation ? Mieux ou pis, il déclare :

« Celle de juger est en quelque sorte nulle [elle n'est] que la bouche qui prononce les paroles de la loi, des êtres inanimés qui n'en peuvent modérer ni la force ni la rigueur. »

Pour en finir avec le livre XI, nous demeurons en droit de nous interroger : M. de Montesquieu s'est-il préoccupé d'une éventuelle Constitution française ou s'est-il contenté d'analyser ce que devraient être les mécanismes politiques en Grande-Bretagne ? La question reste sans réponse.

Une vision immense… mais parfois fausse.

Depuis le seigneur Pic de la Mirandole, personne n'avait accumulé tant de connaissances que M. de Montesquieu, mais le savant de Modène avait trépassé deux ans après que Christophe Colomb eut touché les Indes occidentales. C'est assez dire que le champ d'investigation s'était considérablement élargi. Si le

Président n'écrit ni l'arabe ni l'hébreu, non plus que l'araméen, il dispose de solides traductions. Notre comparaison ne présente point un caractère arbitraire ; entre l'auteur des *Conclusions philosophiques* et celui de l'*E.L.* existe la même aspiration — presque satisfaite — au savoir universel. C'est sans doute la raison pour laquelle les historiens contemporains, hors MM. Louis Desgraves et Pierre Gascar, nous entretiennent de Montesquieu et ci, Montesquieu et ça, Montesquieu et autre chose (pour écrire un mot qu'il affectionnait).

Le Président, dans sa préface à l'*E.L.* se dit aidé par la majesté de son sujet, et nous donc ! Hélas, notre sujet c'est M. de Montesquieu. Or, un maître ne peut apparaître comme un sujet. N'allez pas croire que nous sommes victime d'une maladie vénérante. Et nous l'allons prouver. Si aucun épistolier ne peut se priver des *Lettres persanes* (et, soyons juste, de la correspondance de Mme de Sévigné, du roman par lettres, *l'Émigré*, de Sénac de Meilhan), si nul fabricateur de Constitution — raisonnable — ne saurait esquiver l'*E.L.*, force est bien d'admettre que le châtelain de La Brède s'est parfois trompé, ou du moins, a vu les événements de travers.

Rome, unique objet de mon... assentiment.

Le baron, alors qu'il n'a jamais mis les pieds en Grèce (et pour cause ; elle est sous le joug de la Sublime Porte), y va sur les différents régimes hellènes ou hellénistiques d'analyses que ne démentirait pas Mme Jacqueline de Romilly. En revanche, il ne discerne point l'inéluctabilité du principat, dont les débuts sont balisés par la dictature de Sulla. Pour une fois, la modération du Président lui joue un tour. Que le vainqueur d'Orchomène soit malgracieux, c'est vrai, mais il arrête pile ses proscriptions et étend les pouvoirs du Sénat. Auparavant, sa bataille de la porte Colline contre le Sabin Pontus Télésinus préfigure le passage par Jules César du Rubicon. Sulla s'était déclaré *Felix*, César s'est fait élire grand pontife. Pourquoi ? Parce que les Romains sont las de faire joujou : leurs dieux de l'Olympe n'étant plus crédibles, ils en veulent un, et un seul sur la terre. De la même façon, le principat d'Auguste conduit à la dynastie julio-claudienne, dont l'erreur consiste dans l'adoption préférée longtemps à l'hérédité. M. Pierre Grimal l'a démontré : « Dès avant Marius, l'idée du principat était dans l'air. »

Viendra le temps que s'opposeront le divin César Auguste (nom générique de tous les empereurs jusqu'à la tétrarchie distinguant deux Césars sous deux Augustes), et dès lors le culte du prince viendra s'opposer à celui du vrai Dieu.

Des droits ou bien une Constitution ?

M. de Montesquieu redoute qu'en Grande-Bretagne un nouveau courant républicain ne renverse la monarchie et que la rupture de l'équilibre trône-assemblées n'engendre le despotisme. En France, nous l'avons vu, son appréhension apparaît inverse ; il craint de voir un autre monarque que Louis XV passer de l'absolutisme (modéré) à ce même despotisme. Or, nous objectera-t-on, la Grande-Bretagne vit toujours en monarchie alors que la France, après des retours sous trois spectres de nature différente, en est à sa Vᵉ République. Tout le monde peut se tromper, et l'erreur du Président s'explique par les changements de dynasties anglaises et par le précédent Olivier Cromwell. L'essentiel n'est point là : un écrivain politique n'est nullement tenu de se montrer « futurible ». L'essentiel réside en ce que l'auteur du *Spicilège* note : « Je suis né en 1689, l'an suivant la Déclaration des droits. » (en Grande-Bretagne). D'évidence, il juge un peu maigres les us et coutumes du royaume de France, et souhaite, au-delà des règles de politique générale que Valois, Valois-Angoulême et Bourbons se sont toujours imposées, une déclaration garantissant les droits de l'homme. Juriste plutôt que légiste, le Président a trop fréquenté le sérail — pas celui d'Ispahan, celui du palais de l'Ombrière — pour ignorer les carences, les lenteurs du parquet, des magistrats du siège et la foire au pain d'épice. Son ambition, cependant, dépasse de loin la présomption d'innocence, les garanties des accusés. Sans refuser au catholicisme romain son statut de religion d'État, il entend que soit respectée la liberté de conscience. Pourquoi l'admet-on pour les officiers étrangers au service du Roi et pas pour leurs homologues français ? Il voit clairement que les livres subversifs connaissent plus de succès publiés sous le manteau qu'avec le privilège. Somme toute, il définit ce que nous nommons de nos jours un État de droit. Une Constitution s'impose-t-elle à ses yeux ? Non. Le Royaume-Uni n'en possède point et ne s'en porte pas plus mal (si l'on exclut le sort des Irlandais). Que les constituants droitiers de 1789 se soient inspirés de Montesquieu est une autre affaire. Ce sera pour répondre aux constituants de gauche, nous verrons cela, le temps venu.

Un génie souriant

Les notes satisfaites du Président sur son heureux état de fortune et sur sa (relative) ancienne extrace participent de l'autosuggestion, sauf ces mots d'un étonnant romantisme :

« Je construis à La Brède ; mon bâtiment avance et moi je recule. »

Cette fois, l'appréhension de la dégradation physique et du dernier rendez-vous n'est point soulignée. Au vrai, il a connu des traverses dans ses amours, et la déception de se voir refuser un grand emploi. Si, selon nous, il demeure néanmoins un génie souriant, cela ne tient point à sa situation non plus qu'à celle de sa famille. Qu'une prodigieuse boulimie de savoir ait amorti des chocs ? Soit, mais n'allons pas plus loin. Le sourire du génie de La Brède se dessine toutes les fois que le sociologue, l'ethnologue constatent que si l'homme n'est point naturellement bon, il peut le devenir à la condition que la société place juste ce qu'il faut de barrières à ses mauvais instincts. Quelles barrières ? Les lois, mais pas d'inutiles, elles rendraient les utiles inopérantes.

Trois pas en avant, deux à l'arrière.

On l'a répété quelque trois cents fois : M. de Montesquieu met tout en œuvre pour nous présenter le monde féodal sous un jour riant parce que, haut et puissant seigneur, il conserve la nostalgie des temps que ce prédicat conférait bien d'autres privilèges qu'une poignée d'écus versés par les paysans pour l'utilisation d'un four banal ou le plaisir de froncer les sourcils lorsqu'un rustaud prend au collet un lapin de garenne. Qu'il voie rouge si l'on cherche à lui dénier son sang bleu n'est pas niable, mais ses recherches sur les capitulaires carlovingiens ne sont pas destinées à conduire ses contemporains à faire revivre des droits tombés en désuétude. Le néo-féodalisme, advenu plus de trente ans après la publication de l'*E.L.*, ne saurait être imputé, en aucun cas, à sa lecture. La montée de l'espérance de vie, la diminution de la mortalité infantile conduiront la petite noblesse à se donner des feudistes, des commissaires à terriers pour assurer l'existence de familles éloignées des grands emplois. On le sait : ces pratiques provoqueront l'ire des fermiers et des métayers avant que de déclencher la Grande Peur et l'incendie d'un tiers des châteaux, le plus souvent avec leurs propriétaires à l'intérieur. Non, ce que recherche l'auteur apparaît d'une tout autre nature même si sa folle érudition, tantôt étalée en grande longueur, tantôt concise, nous déroute parfois, ce qu'il recherche ce sont des exemples de contre-pouvoirs restant entendu qu'ils ne peuvent être les mêmes au XVIIIe siècle qu'au Xe. Il le sait : Louis XV ne passera jamais de l'absolutisme non arbitraire au despotisme, mais au-delà du monarque-gentilhomme, il veut écarter, on l'a vu, tout risque d'un vizirat. Même si le jugement qu'il porte sur Richelieu et Louvois nous heurte, force est bien de répéter qu'il n'admet que la modération. La modération ? Elle implique des modérateurs. La Grand-Chambre du parlement de Paris ? Bien sûr, mais si elle possède le droit de remontrance, elle ne dispose point de l'initiative des lois. Le mécanisme projet (du gouvernement), proposition (d'un membre d'une Chambre), n'est pas encore inventé, du moins en France, et fonctionne mal aux Lords et aux Communes en Grande-Bretagne, pas mieux à la Diète de l'Empire, pas du tout dans les royaumes du Nord. Le rôle essentiel des magistrats consiste non point à légiférer, mais à se prononcer conformément à la loi. Parfait, mais ces lois seront établies par quelles instances ? Le Conseil des dépêches, des commissions de conseillers d'État, de maîtres des requêtes. L'intérêt du système réside dans la compétence des personnages désignés par le monarque. Soit, mais il existe un inconvénient ; les édits, les ordonnances viennent toujours de haut en bas. C'est l'illustration du vieil adage : « Que veut le Roi, veut la loi. » On peut, au demeurant, intervertir l'ordre des facteurs : « Que veut la loi, veut le Roi. » Si l'on retient la seconde formule, ce que M. de Montesquieu se garde bien d'expliciter nettement, l'on en vient à disjoindre les intérêts de la communauté nationale de ceux de son chef. Ce n'est pas le calcul du Président. Son souci : ne pas laisser aux seuls Conseils, en particulier celui des dépêches, le pouvoir de légiférer, créer d'autres organes d'élaboration des textes, restant entendu qu'il revient au Roi de les promulguer. Quelle sera la fonction de ces assemblées ? Où seront-elles réunies ? Seront-elles permanentes. Légiférer ? Oui. Limiter le rôle des Conseils ? Dans la mesure où leurs décisions enfreindraient la loi. Cela revient-il à la permanence ? Par forcément, mais peut-être à la régularité des cessions. Où siégeront-elles ? À Paris et en province. Pour les premières, elles s'occuperont de légiférer dans le domaine national. Pour les secondes, dans le domaine local. Ce projet, M. de Montes-quieu ne le met pas noir sur blanc. Certes, nous sommes à peu près certains qu'il recherche une monarchie à l'anglaise, mais « son imitation n'est pas un esclavage ». Qu'il projette la réunion des deux premiers ordres en un seul et en une Chambre haute, nous l'avons dit. Cela pour le clergé et la noblesse. Les grands disciples du Président se prononceront dans ce sens. Toutefois, quand on connaît sa défiance à l'égard des grands seigneurs, l'on peut douter qu'il veuille leur conférer une préséance.

La Chambre basse serait élue par bailliage, au scrutin censi-taire à deux degrés. Une certitude : le Président ne confond jamais le parlement de Londres et ceux de France, pas même la Grand-Chambre. Le mot ne recouvre pas et ne peut recouvrir le même contenu. Alors, les cours supérieures se contenteront-elles de rendre la justice ? Oui, si tous les pays deviennent d'État, et, partant, que soient supprimés ceux d'élection. Ici, nous nous aven-turons un peu ; est-il concevable qu'un ancien président à mortier dépouille ses anciens collègues de leur droit de regard (et un peu plus) sur les taxations et les impôts ? Cela n'est point impossible, si nous admettons, cette fois avec tous les montesquiologues, que la préoccupation première de l'auteur de l'*E.L.* consiste à servir les libertés.

Vous. — Pourquoi pas la liberté ?

Nous. — La liberté relève, avant la lettre, d'un concept idéologique.

Vous. — Que de fois les masses populaires se sont levées à ce cri !

Nous. — Liberté de ci, liberté de ça, pas de liberté tout court.

Vous. — M. de Montesquieu écrit : « La liberté, c'est faire tout ce que les lois permettent. »

Nous. — Donc, il subsiste, dans sa pensée, des interdits.

Vous. — Dans les domaines civils, pénaux et criminels.

Nous. — C'est exact, mais le baron de La Brède revendique hautement une justice supérieure, pour, non les ducs et pairs, mais pour tous les nobles.

Vous. — Nous n'avons jamais prétendu que M. de Montesquieu combatte pour l'égalité, mais en faveur de la liberté.

Nous. — Vous montrez bonne raison, et il nous faut nous incliner... encore que libertés et privilèges soient synonymes dans tous les textes de l'époque.

Vous. — Vous revenez au pluriel et c'est cela que nous jugeons singulier. Croyez-vous servir la mémoire de Montesquieu en lui prêtant le langage des autres ? Que Louis XV, le chancelier d'Aguesseau, les membres des Conseils et des cours supérieures raisonnent de la sorte, dont acte, mais pas le génie de La Brède, et c'est en cela qu'il reste un précurseur. Au demeurant, sa chère ex-chanoinesse le nommait « Mon petit Romain », pas « mon grand Byzantin ».

Nous. — Admettons : pour vous rendre hommage, intitulons un nouveau paragraphe :

Le roi, le pain, la liberté.

Nos ancêtres, lorsqu'ils avaient à se plaindre, s'exclamaient : « Ah, si le Roi savait ça ! ». Justement, M. de Montesquieu voudrait que Louis XV sache tout, ou du moins en connaisse plus des désirs de ses sujets en un temps que la statistique n'est pas encore inventée par M. Deparcieux. Si l'auteur montre une défiance trop systématique à l'égard des intendants, c'est qu'il les soupçonne — c'était vrai sous Louis XIV, c'est faux sous Louis XV — de masquer au maître la vérité. Veut-il des « administrateurs » élus ou cooptés ? Un peu des deux, et c'est d'ailleurs l'usage, mais il les souhaite plus responsables. Ainsi parvient-il à la coordination des puissances. Faut-il, comme M. de Rivarol, tenir ladite coordination comme une délégation royale ? Certes, l'enfant de Bagnols-sur-Cèze sait mieux lire que nous, mais constitutionnel de droite, n'a-t-il pas tiré la couverture à lui ? Pour anticiper une formule célèbre : « Le trône n'est pas un fauteuil vide. » (Guizot), le Roi ne règne pas seulement *inter pares*, mais ne pouvant enfreindre les lois, ne sera jamais un despote. Le monarque détient de droit l'exécutif fondé non sur une consultation, mais un pacte héréditaire, ou disons mieux, un consensus. Le défaut du système procède du recrutement du législatif dans le cas d'une Chambre basse élue. S'il ne s'agit que du vote du budget, il est juste que les représentants des contribuables ventilent l'argent, mais quant à se prononcer pour ou contre une loi, c'est faire preuve d'une science ne sortant pas tout armée des urnes comme la sagesse du casque de Minerve. Que M. de Montesquieu n'exclue pas un travail préparatoire, puis une mise en forme par les conseillers d'État et les maîtres des requêtes ne porte pas totalement remède à la chose d'autant qu'on le sait, certains représentants ne se prononcent qu'en vue de leur réélection. En revanche, les assemblées locales, états, municipalités, se révèlent plus près des réalités à la condition évoquée déjà qu'elles ne paralysent point l'action des agents du pouvoir central.

Le Président, continuant de soutenir le principe de la vénalité des charges, maintient une certaine autonomie du judiciaire, mais sans aller jusqu'à sa séparation des deux autres puissances ; il ne s'élève point contre la nomination des premiers présidents par le Roi.

Bien que fort ami de membres du clergé, son frère l'abbé, MM. Berthier, Demollet, d'autres, M. de Montesquieu, sans se montrer très explicite, le laisse entendre : les « ministères sociaux » ne pourront toujours être assurés par l'Église. Qu'elle éduque et qu'elle se montre charitable, assurément, mais c'est au Roi en ses

Conseils d'organiser les formations d'« enseignement supérieur », la répartition des subsistances lorsque le travail vient à manquer.

Les premières des libertés consistent à dîner quand on a faim, à boire quand on a soif. L'on a voulu voir dans cette exigence du Président vis-à-vis des pouvoirs un deux fois rien d'idéal collectiviste. Ce deux fois rien semble encore de trop. La démarche relève du sens de l'équité.

Nous l'avons vu : le Président ne se montre ni fénelonien ni polysynodiste mais il tient aux corps intermédiaires, et à cet égard montre bonne raison. Il pourrait presque affirmer avant Maurras : « Nous voulons des républiques sous le Roi. » Soit, mais pour que ces républiques soient prospères il faut un monarque fort. Oui, pour les parlements, quand ils demeurent sages, oui pour les capitouls, les corporations, les maires, mais pas sans commandants en chef, intendants et subdélégués. Or, ces derniers, disons les administrateurs, vous n'en voulez pas, monsieur le Président, ou dotés de pouvoirs archilimités. Résultat, encore que vous soyez vous-même un seigneur bienveillant, vous annoncez la réaction nobiliaire, le néo-féodalisme, cauchemar du règne de Louis XVI et prélude à la « grande » Révolution que jamais, au grand jamais, vous n'eussiez souhaitée.

Nous ne saurions vous en vouloir, comme dit le vulgaire, « Tout le monde peut se tromper ». Or, nous ne formulons pas une critique, tout juste une représentation.

Au demeurant, vous ne nous avez pas encore offert toute l'étendue de votre génie. Nous allons en connaître mieux avec la *Défense de l'Esprit des Lois*.

12

LE CHAT SORT SES GRIFFES

Lorsque l'on est doté d'un naturel heureux, lorsque l'on est né bienveillant, on peut tout à loisir ronronner dans sa gloire.

Hors un grand emploi, rien n'a fait défaut à M. de Montesquieu. L'affaire du casque taré de front à sept grilles refusé ressortit à la fable. Pour que l'érection de la baronnie de Montesquieu ou de celle de La Brède en marquisat ait été refusée, il eût fallu qu'elle ait été demandée. Or, le Président ne tenait nullement à porter couronne d'aches et perles. À cela deux raisons. Les marquisats, depuis que Louis XIV et M. Colbert en avaient vendus puis fait payer une seconde fois aux titulaires, étaient déconsidérés (*cf.* Molière, Regnard). En outre, M. de Montesquieu, un rien néo-féodal, accordait plus d'importance à son tortil. Baron, cela donnait un petit côté Charlemagne et ses leudes bien fait pour satisfaire le châtelain de La Brède.

Si le bonheur n'existait pas, il l'aurait inventé. Il se connaît peu d'ennemis, il ne devrait même n'en affronter aucun ; il guerroie contre des idées, jamais contre des hommes. Le connaître, c'est l'admirer, voire l'aimer si l'on admet que les autres lui ressemblent. Hélas, cela contredit la vérité. La république des lettres n'est pas composée que de seigneurs. Que d'honnêtes gens ne partagent pas ses vues, quoi de plus naturel, encore faudrait-il que ses adversaires s'expriment avec cette modération dont on sait qu'elle lui vaut le respect de tous les gens de bien. Le siècle, sous son sourire, son élégance, son raffinement connaît aussi des gens mal. S'il fallait donner le prix d'excellence à la méchanceté, il irait aux *Nouvelles ecclésiastiques*, feuille clandestine des jansénistes et des ultra-gallicans. Le titre du journal ne doit point faire illusion. Certes, il dispute de théologie, mais surtout de politique. Le fameux avocat Le Paige, grand bailli du Temple, cherche à paralyser la machine judiciaire afin que d'attenter au pouvoir royal. Différent est le cas des *Mémoires de Trévoux*. Des jésuites si savants que leurs textes seront souvent copiés par les encyclopédistes animent le journal en pleine légalité, ne tentent point d'offenser le trône. La figure la plus saillante de l'entreprise : le R. P. Berthier, très avant dans la confiance du dauphin Louis-Ferdinand.

Le Président entretient de bonnes relations avec la Société de Jésus. Lui, ancien de Juilly, n'a point confié son fils Jean-Baptiste à l'Académie royale, car elle se teinte de jansénisme. Les loyolistes, d'un naturel indulgent, sont contraints de se montrer sévères pour éviter l'accusation de laxisme portée par leurs adversaires. M. de Montesquieu, et il le proclame, n'est pas théologien mais s'indigne de ne pas être réputé bon catholique. Les jésuites n'iront pas jusqu'au procès d'intention. Les jansénistes vont se déchaîner avec leur mauvaise foi coutumière. Alors, le chat sort ses griffes. Longtemps plongé dans des études réputées austères, il retrouve la verve des *Lettres persanes*. Qu'il ait mûri ne l'empêche point, après les austères travaux de l'*E.L.*, de retrouver ce sourire purificateur dont on sait qu'il lui vaudra tant d'amis de son siècle au nôtre.

Le ton varie selon que le Président répond aux jansénistes ou bien aux jésuites. Les port-royaliens, couverts par l'anonymat, adoptent une manière vipérine et incompatible avec la gravité du débat. Le R. P. Berthier et ses collaborateurs observent les règles de la courtoisie. Le Président va manier le fouet de la satire contre les uns, conserver sa mansuétude à l'égard des autres. Sa technique ? Citer ses propres textes, les éclairer si le besoin s'en fait sentir et ne pas varier d'un iota quant aux passages incriminés. L'une des plus graves accusations concerne le spinozisme. Comme, en dépit de quelques traits piquants, l'œuvre de Baruch (Benedictus) de Spinoza (1632-1677) n'engendre point la gaieté, commençons par le récit du comportement de ce marane, établi dans la Hollande, donné par M. de Voltaire :

Alors un petit Juif, au long nez, au teint blême,
Pauvre mais satisfait, pensif et retiré,
Esprit creux, moins lu que célébré,
Caché sous le manteau de Descartes son maître,
Marchant à pas comptés s'approche du Grand Être :
« Pardonnez-moi, dit-il en lui parlant tout bas,
Mais je pense entre nous que vous n'existez pas. »

Pierre Bayle parle, lui, « d'un athéisme de système » à propos de ce philosophe plus apte à polir les lentilles de microscope que les formules. Au vrai, Baruch de Spinoza ne sombre pas dans l'athéisme, mais il répudie l'Ancien Testament et le Nouveau, affirmant que les principes énoncés dans les Écritures se relient à la religion naturelle, donc ni révélation, ni miracles, encore moins d'Incarnation, mais pour autant, M. de Spinoza croit en Dieu, enfin, un Dieu bien à lui, menant tout droit au panthéisme. Comme le Président a souventes fois évoqué la religion naturelle, il était aisé pour ses détracteurs de le taxer de spinozisme. Comme il a dit et répété qu'une interprétation de Descartes privée de la IV⁰ partie du *Discours de la méthode* était nulle et non avenue, il a tôt fait de pulvériser ses objecteurs. Et Pierre Bayle ? L'auteur du *Diction-naire* n'a cessé d'affirmer : « Mieux vaut être athée qu'idolâtre. » Sans doute, le texte du jeune Charles de Secondat dans lequel il soutenait que les païens ne peuvent ni ne doivent être damnés est-il perdu, mais comme tout au long de l'*E.L.* M. de Montesquieu revient sur cette juste et forte idée, les critiques peuvent alors se cacher dans un trou de souris. Oui, de souris, car c'est la tâche et le plaisir des chats de les croquer. Au vrai, l'on en revient toujours au même problème : le Président a traité toutes les religions à pied d'égalité quant à leur incidence sur les mœurs et les lois, mais n'a-t-il pas écrit de la confession romaine :

« Il ne m'appartient pas d'y faire croire mais de la faire aimer. »

Et, plus loin :

« Chose admirable ! La religion chrétienne, qui ne semble avoir d'autre objet que la félicité dans l'autre vie, fait encore notre bonheur dans celle-ci. » ? (*E.L.* XXIX — III).

Les jésuites sont rassérénés, les port-royaliens, dont la mauvaise foi n'est jamais surprise, finissent par se tenir tranquilles, non point qu'ils soient satisfaits mais ils comptent maintenant déformer la pensée du Président pour saper l'autorité royale.

Fi du bourgeois-gentilhomme

Le fermier général Dupin, comme la plupart des contractants du bail, est un parfait honnête homme. L'institution, plutôt fâcheuse au XVIIIᵉ siècle, se révèle régnicole au XVIIIᵉ. La critique de l'*E.L.* par M. Dupin ne va point sans pertinence. Il démontre fort bien l'avantage pour l'État d'utiliser la Ferme puisqu'elle consent au contrôleur général une avance annuelle des plus confortables.

Pour autant, les commis, et surtout les archers, recourent à la cocrcition pour faire entrer la gabelle, imposer l'achat d'un sel de mauvaise qualité, et mouiller le tabac pour qu'il pèse plus lourd. Somme toute, l'action à la fois bénéfique et maléfique de la Ferme générale corrobore le proverbe : « On ne fait pas d'omelette sans casser des œufs. » Par malheur, M. Dupin s'était donné le ridicule d'ajouter à son patronyme le nom de Chenonceaux sous prétexte qu'il avait, aux Condé, acheté le château de Diane de Poitiers, de Catherine de Médicis, puis de la reine Louise de Lorraine-Vaudémont (Mme veuve Henri III). Le Président prend fort mal la chose. Il ne badine pas sur les degrés de noblesse. L'ami des Amérindiens va-t-il se livrer à la danse du scalp ? Non, il exécute M. Dupin : « Je ne discute pas avec les fermiers généraux. » Trait d'esprit mais point de bonne foi. Cherchons la clef du sarcasme : Mme Dupin reçoit, sur les bords du Cher, M. de Fontenelle, bien, M. de Marivaux, encore mieux, M. de Buffon, comte de Tuffière, ce n'est pas mal non plus, M. de Voltaire, pouah ! quelle horreur ! M. Dupin méritait mieux, mais tant pis pour lui, il ne devait pas jouer le bourgeois-gentilhomme. Pour le baron de La Brède et de Montesquieu, M. Dupin égale M. Jourdain.

Le traitant attaque l'*E.L.* Son livre, de tirage confidentiel, apparaît moins sot que son délire nobiliaire de parvenu. Comme il s'agit de son fonds de commerce, il reproche à l'auteur sa condamnation, d'ailleurs nuancée, des affermages au profit des mises en régie. Le châtelain de La Brède refuse de discuter, soulignant l'espace sidéral séparant un gentilhomme d'un partisan. Les raisons du sieur Dupin méritent mieux : dans les années 1750, la Ferme est redevenue une institution honorable et même régnicole, mais ses procédés de recouvrement d'impôt et sa vente forcée de tabac, et surtout de sel, dans les pays de grande gabelle, irrite le public. Reste que nous ne devons point blâmer M. Dupin (de Chenonceaux) par affection pour M. de Montesquieu. En effet, entre Ferme et régie le débat reste à cette époque ouvert, et sera même relancé dans les débuts de l'État français, dit plus communément « gouvernement de Vichy ».

Coups de roulis sous la barque de saint Pierre

Le 17 août 1740, le cardinal Lambertini, archevêque de Bologne était, à l'issue d'un conclave de six mois, monté sur le trône de saint Pierre en remplacement de Clément XII. Très savant, pieux, soucieux de moraliser les clercs, le pontife Benoît XIV était ouvert aux disciplines modernes, créa des chaires de physique, de chimie, de mathématiques. Hélas, le Saint-Père n'était pas plus maître de l'Église que ses prédécesseurs. On le sait, le Saint-Esprit prend la forme d'une colombe, et la colombe s'apparente au pigeon voyageur. La troisième personne de la Sainte Trinité ne séjournait pas toujours dans la Ville éternelle, et tout le donne à penser : elle était absente lorsque la sacrée congrégation de l'Index se mit en tête d'examiner l'*E.L.* D'où lui vint l'idée ? Sans nul doute, du tapage mené par les *Nouvelles ecclésiastiques* et des critiques plus nuancées des *Mémoires de Trévoux*. Comme à Rome, toutefois, rien ne se passe comme ailleurs, allait se produire une curieuse interversion. C'est incompréhensible, mais c'est ainsi ; les jansénistes vont se montrer favorables au Président, et les jésuites, du moins certains d'entre eux, hostiles. Peut-être pouvons-nous hasarder une explication : à Paris, les port-royaliens mènent avant tout un combat politique, à Rome, leurs préoccupations demeurent plus théologiques.

Comme M. de Montesquieu témoignait toujours d'un goût très sûr, il n'avait jamais barguigné à voter chez les Quarante pour des gens de qualité. Ainsi, M. de Marivaux et le duc de Nivernais lui devaient leur élection. Or, Louis Mancini-Mazarin, duc de Nivernais, représente alors le roi de France près le Saint-Siège. M. de Nivernais tient son fief de son arrière-grand-père, le cardinal l'ayant racheté pour son neveu Philippe Mancini, en 1639, à la maison de Gonzague.

Notre futur ambassadeur naît à Paris, le lendemain de Noël de 1714, et, à dix-huit ans, épouse Mlle de Pontchartrain, devenant ainsi le beau-frère du comte de Maurepas. Que le jeune ministre l'aide dans sa carrière demeure douteux, car le secrétaire d'État à la Marine ne brilla jamais par l'altruisme. Quoi qu'il en soit, M. de Nivernais embrasse la carrière des armes, s'illustre dans le Milanais sous le maréchal de Villars, puis dans les Allemagnes aux ordres de MM. de Noailles et d'Asfeld. Bientôt colonel, parfois il abandonne l'épée pour la plume afin que d'écrire des fables gentillettes, d'imiter Virgile et donner des commentaires d'œuvres contemporaines. Sa santé délicate l'empêche de pénétrer dans le champ des étoiles, mais sa science et la joliesse de son style lui valent le siège de M. Massillon, puis l'entrée à l'Académie des sciences morales. Louis XV, toujours très attentif au choix de ses diplomates, l'envoie à Rome. Sinécure ? Sûrement pas au moment que les évêques constitutionnaires finiraient par rendre les jansénistes sympathiques en exigeant d'eux des billets de confession reniant les articles du R. P. Quesnel.

Que M. de Nivernais éprouve des sentiments de reconnaissante sympathie pour M. de Montesquieu ne saurait prêter à doute, mais un ambassadeur de Louis XV se doit avant tout à son roi. Pourquoi le préciser ? Tout simplement parce que personne ne s'est donné la peine de le faire avant nous. Et pourquoi personne ne s'est donné cette peine ? Tout simplement, parce que si le duc de Nivernais va tout mettre en œuvre pour détourner les foudres de Rome, c'est qu'il n'agit point sans l'accord et l'appui du Bien-Aimé. Le commandeur Solar, ambassadeur de Malte, et ami de longue date du Président, va de même rompre des lances en faveur de l'*E.L.*

253

M. de Montesquieu, encore qu'il se montre confiant, est très affecté que l'on cherche des poux dans sa perruque. Ses adversaires ont, toutefois, beau jeu de s'appuyer sur les *Cinq lettres sur l'E.L.* écrites par Laurent Angliviel de La Baumelle, protestant cévenol, précepteur dans le royaume de Frédéric VII. Ce huguenot avait fait paraître son apologie dans *la Spectatrice danoise.* L'enthousiasme témoigné par un parpaillot n'est point fait pour innocenter aux yeux de Rome l'œuvre maîtresse du Président. Ce n'est point qu'il ne soit prêt à modifier des termes jugés par lui-même imprécis, et prêtant à confusion. Le duc de Nivernais se multiplie auprès des membres de la curie. Mieux, il obtient une audience de Benoît XIV et Sa Sainteté se montre compréhensive mais ne peut que s'en remettre au jugement des soutanes rouges, violettes et noires de la sacrée congrégation. Eh oui ! monsieur de Montesquieu, le pape n'est qu'un souverain élu, et nullement infaillible, sauf en matière de définition du dogme. Certes, vous n'avez jamais critiqué la monarchie héréditaire, ni même l'absolutisme tempéré, mais cela dit, entre nous, vous avez toujours incriminé le despotisme, et certains le prétendent : ledit despotisme réputé par vous oriental aurait été en réalité parfois occidental et même un rien français sous Henri III, Louis XIII et Louis XIV. Somme toute, vous vous seriez avancé masqué. (Thèse d'Althusser.)

Or, cette fois, monsieur le Chat, si vous vous brûlez les pattes, ce sera parce que le Saint-Père ne peut présenter aucun trait d'un despote. Nous ne voudrions pas vous offenser, non plus que nous ériger en apologiste des systèmes autoritaires, toutefois, si Benoît XIV avait les coudées franches, vous respireriez plus à votre aise.

Au vrai, nous revenons toujours à la même crise, si les abominables rédacteurs (anonymes, bien sûr !) des *Nouvelles ecclésiastiques* ne s'étaient point arrogé le droit de critiquer un texte dépassant leur entendement, les membres de la Société de Jésus ne se seraient (peut-être) point tenus pour obligés de faire donner les petites orgues des *Mémoires de Trévoux.* Or, que vouliez-vous que fît Rome sinon instruire contre l'*E.L.* après que les ultra-gallicans et les loyolistes, c'est-à-dire les tenants de deux catholicismes, l'un dévié, l'autre acceptable, sauf aux yeux des port-royaliens, aient reporté leur haine contre vous ? La triste situation de l'Église de

France, à laquelle Louis XV tente de remédier, place l'écrivain le plus considérable du siècle en position d'accusé. D'autres accorderaient peu d'importance à semblable affaire, trouveraient heureuse l'occasion de faire vendre un plus grand nombre d'ouvrages sous le manteau. Ce serait mal connaître le baron de La Brède que de lui prêter un tel calcul. Pour parler comme le vulgaire, il n'a pas besoin de ça. En outre, même si, plus jeune, il s'est donné les violons de l'insolence, il n'estime plus de son âge ces libertés prises avec le Ciel. S'il se montre irrité, c'est aussi parce qu'il répugne à voir chasser sur ses terres. Seigneur de la sociologie et du droit, il s'outre d'une intrusion dans ses fiefs. C'est comme si des braconniers envahissaient ses bois ou que des voleurs buvaient son bordeaux ou l'armagnac de la baronne.

S'occupe-t-il, lui, de théologie ? Alors, pourquoi les théologiens se mêlent-ils de sciences humaines, même si ces disciplines ne sont pas alors ainsi désignées ? Montre-t-il bonne raison en argumentant de la sorte ? Oui, selon les exégètes du XXᵉ siècle. Non, pour ses contemporains : l'inséparibilisme — Dieu et le Roi — existe avant la lettre, et ce depuis l'avènement du christianisme, et même avant la Révélation. C'était alors les dieux et le pouvoir. Croire cependant tous les membres de la sacrée congrégation de l'Index incapables de séparer le spirituel du temporel équivaudrait à prendre ces ecclésiastiques pour des sots. En outre, un fort courant se dessine en faveur de l'*E.L.*. Le cardinal Passionci — le commandeur Solar en informe le Président — lutte pour retarder toute décision, et l'ambassadeur de Malte croit la partie gagnée. Mgr Gaetano Bottari, fondateur de la *biblioteca corsinina*, et fort avant dans les faveurs de Sa Sainteté, continue de se battre pour M. de Montesquieu. Mgr Cerati, ami de longue date, mène, en dehors de la congrégation, une campagne pour l'œuvre maîtresse de l'écrivain le plus célèbre de l'Europe. Nous utilisons l'expression à dessein. En effet, certains clercs obscurs pourraient prendre un malin plaisir à condamner, en une paire de mois, vingt ans du labeur d'un personnage les dépassant de mille coudées.

Peut-être nous verrons-nous reprocher d'instruire un procès d'intention, on aurait tort, car, si remarquable que soit Benoît XIV, ses prédécesseurs ont laissé tonsurer des gens moins préoccupés de servir Dieu que de se servir, et, au passage, de couper les catogans dont ils ne peuvent se parer. Le Saint-Père n'a pas lu l'*E.L.*, mais il mesure la gloire du baron de La Brède, d'abord parce qu'il connaît son Europe, ensuite parce qu'il a correspondu, souventes fois, avec feu Mme de Tencin. M. de Nivernais ne peut, encore qu'il le voudrait, consacrer tout son temps à l'affaire ; l'ambassade de France près le Saint-Siège n'est pas une sinécure. Outre les problèmes d'annates, les complications entre le clergé réputé de France et le clergé d'immédiateté d'Empire, ou de territoires annexés après les Valois, il reste à observer le concordat de Bologne. Le roi de France nomme les évêques, mais encore faut-il que le pape accorde l'institution canonique. Pour autant, le duc fait « monter la pression ». Les États catholiques ne sont plus si nombreux qu'il n'importe de les ménager. Or, Louis XV verrait d'un très mauvais œil la mise à l'Index de l'*E.L.* Que Sa Majesté Très Chrétienne (à ses heures) ne partage pas toutes les vues du Président, cela va sans dire, mais Elle respecte trop la plus haute illustration intellectuelle de son règne pour la voir condamner. Les débats entre absolutisme non arbitraire et coordination des pouvoirs regardent Louis XV et M. de Montesquieu. Au demeurant, leurs opinions sont moins éloignées qu'on ne le prétendra. Ne sont-ils pas, l'un et l'autre, partisans des corps intermédiaires ? La constante protection de Louis XV, la déférente et vigilante amitié de M. le duc de Nivernais vont-elles faire mettre les pouces au gens de l'Index ? Et ce d'autant plus que M. de Montesquieu, s'il vient de graver dans le marbre l'essentiel de l'*E.L.*, se déclare prêt à repolir passablement de formules.

Plutôt les flammes pour soi qu'accepter l'Inquisition pour les autres

On s'est souvent interrogé sur les raisons ayant conduit l'auteur de l'*E.L.* à condamner sans appel l'Inquisition. Ses lointaines origines huguenotes ? Allons donc, les protestants ont brûlé autant de catholiques que les catholiques de protestants. L'Aquitaine, nous objectera-t-on, n'est pas éloignée du Languedoc où l'Inquisition épiscopale s'étant effacée devant celle des frères prêcheurs ou dominicains, les cathares s'étaient vus persécuter. Si le Président s'attache à défendre la liberté de conscience, s'il dénonce le fanatisme (point au sens que M. de Voltaire l'entend, puisque, pour Arouet le fils, fanatisme égale catholicisme), il ne plaint guère les parfaits et autres tenants de l'hérésie bogomile ; il connaît trop bien la nocivité qu'exercent les religions élitaires sur la société civile.

À la vérité, outre l'acquis de ses immenses lectures, il a pu mesurer par les séfarades de Bordeaux le souvenir très ancré dans leur mémoire des sévices exercés en Espagne, au Portugal et dans l'Amérique latine par les juridictions ecclésiastiques. Certes, l'historiographie contemporaine réduit le nombre des victimes. On parlait de cent mille au XVIIIᵉ siècle ; de nos jours, l'on évalue les audodafés à moins de trente mille *maranos*, *mahometanos*, *theostaclanos*. Qu'importe les chiffres ; le Président s'est insurgé contre le principe. Comment lui, un seigneur, a-t-il pu recueillir des renseignements auprès de gens privés d'un statut légal ?

Primo : Sa curiosité l'a toujours conduit à sauter par-dessus les barrières sociales.

Secundo : Des familles de Bordeaux et d'alentour possédant pignon sur rue, casque de profil ou mortier, voire les deux — pensez à Michel Eyquem de Montaigne —, n'ont point barguigné pour prendre les filles et les écus de Juifs plus ou moins, ou plutôt moins que plus, convertis à la religion romaine. Certes, le Vatican pourrait se décharger des excès de l'Inquisition ; alors que Thomas de Torquemada poursuivait sans relâche les suspects d'hérésie, le pape Sixte IV s'efforçait d'instaurer une cour d'appel à Rome. C'est vrai, mais le pontife ne fut pas entendu. Les Habsbourgs se voulurent les gendarmes de la catholicité ; Charles Quint se montrait encore raisonnable, mais Philippe II crut sauver son âme en laissant les/ses inquisiteurs livrer au bras séculier les corps de milliers de malheureux dont le comte d'Egmont, chevalier de la Toison d'or ! Certes, ces folies sanguinaires s'étaient terminées après le règne de cette Majesté Trop Catholique aux yeux du Président, toutefois, même avec l'avènement des Bourbons, Philippe V, Louis Iᵉʳ, re-Philippe V et maintenant Ferdinand VI, l'Inquisition subsiste. Soit, elle ne précipite plus dans les flammes les *maranos* subsistants mais elle incarcère des spoliateurs d'église — bien fait ! —, des assassins — cela ne la regarde pas —, des sodomites — c'est difficile à prouver —, des bigames — de quoi je me mêle !... Voilà pour l'Espagne. En Amérique latine, le métissage favorise une religion catholique-animiste, dont chacun se déclare heureux, mais au Portugal, on brûle encore de temps en temps. Si M. de Montesquieu se déclare prêt — on l'a dit — à modifier certaines formes d'expression de l'*E.L.*, il se refuse à réviser sa copie quant à l'Inquisition. Que ses jugements nous paraissent de nos jours exagérés ne retire rien à sa bonne foi, il place son honneur de gentihomme dans le maintien de ses assertions. Sur ces entrefaites, il apprend que l'*E.L.* vient d'être interdit dans l'Empire. Il écrit alors au marquis de Stainville, père du futur duc de Choiseul, ambassadeur aulique près le roi de France. Étranges jésuites — ou du moins certains d'entre eux ! Il leur revient d'avoir fait courir ce bruit. M. de Stainville rassure le Président. Jamais François Ier, ou plutôt Marie-Thérèse la Grande, n'ont songé, ne serait-ce qu'un instant, à proscrire le maître livre.

Mais voilà que paraît une édition en italien du premier tome de l'*E.L.*. Or, elle ne comporte aucune des modifications consenties par le baron de La Brède à Mgr Bottari. Le duc de Nivernais, prévenu trop tard, mande à l'auteur le 6 septembre 1750 :

> « Si cette édition paraissait dans les circonstances présentes, elle ne pourrait que nous nuire considérablement. »

On voudra bien noter le « nous ». Il témoigne la courtoisie et le dévouement de M. de Nivernais. Ce n'est pas tout, le marquis de l'Hospital, ambassadeur de Louis XV près le roi des Deux-Siciles, futur Charles III d'Espagne, intervient pour empêcher la sortie du deuxième tome. Le Bien-Aimé, décidément, prise fort M. de Montesquieu.

Les prélats castillans et lusitaniens chargent-ils l'écrivain ? Nous n'en possédons point la preuve. Ferdinand VI, mené par sa femme Isabelle de Bragance, intervient-il contre l'*E.L.* ? Pas sûr, mais, de Lisbonne où Marie-Thérèse de Bourbon gouverne pour son mari Joseph Ier, tout porte à le croire : des instructions partent pour Rome. Dans le chassé-croisé des mariages hispano-portugais, il demeure aisé de voir clair. La reine d'Espagne, encore que lusitanienne, ne veut pas encolérer Louis XV. La reine de Portugal, encore moins castillane, ménage notre souverain, et, partant, son illustre protégé. Pour pimenter l'affaire, Sa Majesté Catholique cousine avec Sa Majesté Très Chrétienne, alors que Sa Majesté Très Fidèle est cliente de Sa Gracieuse Majesté, hanovrienne et anglicane. La mise à l'Index de l'*E.L.* intervient le 19 novembre 1751. M. de Nivernais avertit le Président de « la mauvaise nouvelle » le 8 décembre. Le duc le précise : c'est moins à son correspondant que la congrégation a voulu nuire qu'à La Baumelle. En outre, la traduction en italien a produit le plus mauvais effet. Le duc obtient audience du pape. Il n'est point au pouvoir du Saint-Père de casser l'arrêt. Soit, rétorque M. de Nivernais, mais il peut différer la publication de la mise à l'Index. Pas éternellement, bien sûr, Votre Sainteté, pourtant il suffira que, dans un an ou deux, l'*E.L.* passe parmi quelque cent titres proscrits : donc pas, comme l'on écrit de nos jours, d'effet d'annonce ; tant de souris dissimuleront le chat. Benoît XIV acquiesce, et les prélats inscriront à l'index un si grand nombre d'écrivains à la fois que le nom de Montesquieu pourra passer inaperçu. Bien joué, monsieur le Duc, comme coule du sang Mazarin dans vos veines, vous avez su vous y prendre avec le Vatican.

Tempête en Sorbonne

Les institutions de l'Ancien Régime apparaissent parfois aussi complexes que les nôtres. L'assemblée du clergé de France nous semble surtout une machine à ramasser les décimes et à concéder le don gratuit au contrôleur général. Le cardinal de La Rochefoucauld, président, avait été prié d'attirer l'attention du Roi sur les ouvrages antireligieux, par M. Languet de Gergy, archevêque de Sens, confrère du Président chez les Quarante, lequel écrit :

« Il avait fait de grandes écritures sur ce sujet qui roulaient principalement sur ce que je n'avais pas parlé de la Révélation, en quoi il errait dans le raisonnement et dans le fait. »

Comme l'assemblée du clergé de France défère la cause de l'*E.L.* à la Sorbonne, faculté de théologie — elle ne deviendra pluridiscipinaire qu'avec Napoléon Ier —, le Président demande l'aide d'un ami ; M. François de Fitz-James, évêque de Soissons, et longtemps premier aumônier du Roi. On l'a réputé faussement un militaire manqué ; au vrai, il a, très tôt embrassé l'état ecclésiastique. Fils ainé de James Fitz-James, maréchal duc de Berwick, il s'est départi de son duché-pairie en faveur de son cadet, Charles, présentement brigadier, et, dans une paire de décennies, porteur d'un bâton. François de Fitz-James, il convient de l'observer, ne compose point avec les égarements du siècle, et son intransigeance à l'égard de Louis XV lors de la maladie de Metz l'ayant conduit à refuser les sacrements au Roi tant que les duchesses de Châteauroux et de Lauraguais n'auraient pas quitté la ville lui vaut de perdre ses fonctions de premier aumônier du Roi, et de se voir claquemuré dans son diocèse de Soissons.

D'évidence, on peut l'objecter : tous les Berwick, devenus Fitz-James, parce que cette terre est érigée, depuis 1710, en duché-pairie, ne jurent que par M. de Montesquieu. Soit, mais c'est une raison de plus pour M. de Soissons de ne pas farder la vérité. Dans une lettre en date du 29 septembre 1750, l'évêque commence par des généralités :

> « Mes confrères ont autant de goût pour la censure que j'en ai peu. Ils ne font pas attention que la première notion de la censure doit être médicinale et qu'ainsi quand on prévoit qu'on ne guérira pas le mal, il faut s'en abstenir. C'est ce que j'ai dit à plusieurs, non à l'occasion de votre livre dont j'ignorais qu'il fût question, mais sur ce qu'on m'avait dit qu'il y avait une commission nommée de douze docteurs pour examiner et censurer tant de mauvais écrits qui inondent le monde. Je crois que c'est prendre un mauvais parti, d'autant que, par la connaissance que j'ai des personnages qui y seront employés, je crains qu'ils ne fassent quelque chose de ridicule, qui fera plus de mal que de bien. »

Entre nous, Votre Grandeur, ce n'est pas du très joli français, mais votre missive offre le mérite de la clarté et votre suite se présenterait mieux si les noms évoqués ne nous surprenaient un peu :

« Pour couper la racine du mal, il faudrait songer sérieusement à ranimer les études théologiques, qui sont entièrement tombées. [...] La religion chrétienne est si belle que je
ne crois pas que l'on puisse la connaître sans l'aimer. [...]
Si nous pouvions faire revivre des Bossuet [excellent], des
Pascal, des Nicole [deux port-royaliens], des Fénelon [un
quiétiste], la seule considération de leur doctrine et de leur
personne ferait bien plus que mille censures. »

Va pour leur personne, mais pour la doctrine, à part Bossuet...
Enfin, passons... M. de Fitz-James promet à M. de Montesquieu
d'intervenir auprès de Christophe de Beaumont, archevêque de
Paris, duc de Saint-Cloud. Celui-là finirait par rendre sympathiques les jansénistes à force de les persécuter, et Louis XV devra
mettre le holà. Au demeurant, M. de Soissons juge convenablement
le chef de l'archidiocèse de la capitale :

« Il faut mieux, ce me semble, lui parler sur cela que de
lui écrire. Je ne vous promets pas de le faire entrer dans mon
sentiment, il est extrêmement têtu, mais je ferai de mon
mieux. »

Et de se demander si M. de Beaumont jouit d'un crédit considérable auprès des docteurs en Sorbonne. M. de Fitz-James évoque
l'influence de M. Boyer. Que cet ancien évêque de Mirepoix exerce
les fonctions de précepteur du dauphin Louis-Ferdinand ne revêt
qu'une importance secondaire, mais il est chargé, on l'a dit, de la
feuille des bénéfices, entendons qu'il propose au Roi des évêques
et distribue abbayes et chanoineries tant pour les messieurs que
pour les dames. Où donc irions-nous si ce dispensateur des
sinécures n'était pas entendu par des sorbonnicoles en mal de
crosse ou de stalle ?
M. Louis Desgraves, le plus savant des montesquiologues
d'aujourd'hui, cite avec raison la fin de la lettre :

261

« J'ai trouvé que vous étiez moins répréhensible dans ce que vous avez dit que dans ce que vous aviez tu ; je crois vous avoir dit que j'ai été affligé que vous regrettassiez tant les philosophes stoïciens, il est vrai que vous dites « si je n'étais pas chrétien... », mais il est des circonstances où dire « si je n'étais pas chrétien... » semble vouloir dire qu'on ne l'est pas. J'espère que vous l'êtes, mon cher Président, et je le crois. Vous avez un esprit trop solide pour ne l'être pas ; mais un malheureux respect humain s'empare quelquefois des meilleurs têtes : n'avez-vous pas craint de le paraître trop ? N'avez-vous pas craint que votre livre perdît de son mérite auprès des prétendus beaux esprits d'aujourd'hui, si vous aviez professé ouvertement le christianisme ? »

A l'expression « beaux esprits », M. de Montesquieu, bon esprit, a dû sursauter. Aurait-il écrit l'*E.L.* pour complaire à l'amant de la marquise du Châtelet, à celui de Sophie Volland, à d'autres de même farine ?

Il répond, dès le 8 octobre, à Sa Grandeur. Dans sa jeunesse, il a beaucoup lu les lettres adressées par Cicéron à son affranchi et confident Atticus, et c'est par le vainqueur de Catilina qu'il en est venu jusqu'aux stoïciens. Puis :

« Si j'avais voulu parler dans mon livre de manière à discréditer la religion chrétienne, il faut que je sois une grande bête. Tout le monde convient en Angleterre que personne n'a plus ni mieux combattu Hobbes que moi et Spinoza aussi. On convient en Allemagne que j'ai mieux terrassé Bayle, dans deux chapitres, que n'ont fait M. Basnage et autres théologiens dans des livres faits exprès. J'ai, dans toutes les occasions que mon sujet m'a pu présenter, relevé l'excellence de la religion chrétienne : je ne me suis pas contenté de la louer en général ; j'ai fait sentir ses avantages dans chaque occasion particulière. Assurément, si j'ai voulu discréditer la religion chrétienne, j'ai tourné le dos à mon projet. »

À ce moment, l'affaire de l'Index n'a point encore pris fin, et le Président écrit au cher duc de Nivernais qu'il serait heureux d'être condamné par la Sorbonne tant le ridicule jaillirait sur des théologiens de si faible entendement. Les jésuites français se tiennent désormais tranquilles. Le R. P. Castel leur a-t-il démontré qu'ils avaient choisi la mauvaise cible ? À Trévoux, donc, rien de nouveau. En revanche, le torchon osant l'intitulé les *Nouvelles ecclésiastiques* poursuit sa campagne venimeuse. Si, du moins, l'ignominie des gazetiers port-royaliens répondait à la logique ; pas du tout, ces folliculaires vont bientôt déformer, dénaturer la pensée montesquienne, au point de l'utiliser contre la monarchie. Les scélérats tentent d'accréditer la légende selon laquelle le Président n'en aurait « rien à faire » de la décision de la Sorbonne, puisque, sans être entendu, il a quitté la rue Saint-Dominique pour séjourner à La Brède.

M. de Montesquieu n'est pas seul à préoccuper les théologiens, ils se penchent sur les cas d'Alexander Pope, mort depuis huit ans, mais dont le théisme demeure condamnable, et de Georges Leclerc, seigneur de Buffon, dont Louis XV érigera la terre de Tuffière en comté avant de faire statufier le naturaliste de son vivant. Décidément, les docteurs usurpent leur titre, si l'on veut bien s'en souvenir : docteur signifie savant. Comment leur en vouloir ? Ils sont encore moins sociologues et publicistes que le Président n'est théologien. Plus le siècle avance, plus les jansénistes deviennent méchants. À défaut de pouvoir exercer un pouvoir sur les corps, ils tentent de régenter les âmes, en attendant d'envahir la Couronne. Nul doute, les stupidités vipérines répandues par les courageux anonymes des *Nouvelles ecclésiastiques* influencent, sinon terrorisent les occupants de l'édifice construit par le cardinal de Richelieu. Entre août 1751 et... juin 1754, la Sorbonne se prononce tantôt contre un article tantôt contre un autre, elle monte à dix-neuf, redescend à seize, remonte à dix-sept. Condamnera ? Condamnera pas ? L'assemblée plénière — plus on est de fous, plus on rit —, examinant le projet des quatorze commissaires, en ordonne, le 14 juin 1754, la publication de la censure. Ici se pose une énigme : pourquoi la condamnation, partielle il est vrai, ne sera-t-elle jamais portée à la connaissance du public ?

M. de Fitz-James a fait pression sur M. de Beaumont, et il se révèle possible que l'archevêque de Paris, constitutionnaire, soit intervenu pour tenter de dissuader les quatorze commissaires d'examiner un ouvrage dénoncé par les jansénistes. *Idem* pour M. Boyer. Soit, mais les théologiens n'en ont fait qu'à leur tête et ont rapporté devant tous les sorbonnicoles. Alors ? Si le Collège royal (Collège de France) dépend étroitement du souverain, il n'en va point de même de la création de Robert de Sorbon. Le premier a même été fondé par François Ier pour contrebattre l'influence sclérosante et déloyale de la seconde. Alors ? Qu'il nous soit permis d'émettre une hypothèse. Pour éviter la mise à l'Index de l'*E.L.*, le duc de Nivernais et, à de moindres égards, le marquis de l'Hospital s'étaient dépensés. Que le duc soit un ami personnel du Président, nous l'avons souligné, mais, à notre connaissance, il n'en va point de même du marquis. Il a donc agi sur ordre du Roi, lequel le nommera plus tard à Saint-Pétersbourg et accréditera M. de Nivernais à Berlin, puis à Londres. Oui, mais objecterez-vous, la Sorbonne n'est pas le Vatican. C'est entendu, toutefois elle nous semble, révérence parlée, en perte de vitesse, et Louis XV, comme tous nos monarques depuis les Valois, s'en défie. Moralité : le Très-Chrétien a protégé le baron de La Brède à Paris comme à Rome, d'où le silence des docteurs, à l'accoutumée loquaces. Des preuves ? Pas exactement, mais de fortes présomptions ; Mme de Pompadour se fait représenter une main posée sur l'*E.L.* Bon, toutefois, le comportement de la favorite n'engage pas Louis XV, elle recevait avec grâce en son château d'Etiolles le Président avant que de devenir la presque Reine. Alors, faisons appel à M. de Montesquieu lui-même. Il écrit dans *Mes pensées* (2063-98) au moment que l'affaire manque tourner fâcheusement :

« Je crois que je serai à la fin obligé d'abandonner la patrie la plus tendre, le Roi le plus chéri. Allons ! Et en quelque lieu que nous reposions notre tête, tâchons de la mettre sous les lauriers. »

« Le Roi le plus chéri. » Cette fois, la cause est entendue.

Ah ! Monsieur est Président !
Comment peut-on être Président ?

Alors, nous objecterez-vous, pourquoi M. de Montesquieu se laisse-t-il toujours appeler, non pas M. le Baron, mais le Président, alors qu'il a depuis longtemps cédé son mortier ? On le prétendra : il juge son tortil trop étroit pour sa tête. Mais non, et nous avons détruit la légende de la demande d'érection de sa terre en marquisat. S'il entend conserver son titre de haut magistrat, c'est pour demeurer en accord avec ses préoccupations majeures. Nourri dans le sérail, il en connaît les détours, et entend que l'on s'en souvienne. Cela lui confère l'autorité nécessaire pour traiter de l'histoire du monde vue à travers la loi. Des analystes distraits, ou bien aimant à phagocyter s'appuieront sur le sort que la Révolution ne manquera point d'accorder à ce mot de loi pour l'opposer au Roi. Certes, dans l'esprit (mauvais) de certains, il s'agira bien d'opposer le droit au souverain, mais l'antinomie nous semble artificielle. Ce n'est pas au monarque que s'oppose la loi, c'est au despotisme ministériel. Affirmer que le Roi se situe au-dessous de la loi relève de la plus haute fantaisie puisqu'elle ne prend force que dès lors qu'il l'a promulguée. M. de Montesquieu n'a jamais admis la notion de Roi-Grand-Justicier — son blâme à l'égard de Henri III dans l'affaire Guise-Lorraine le prouve — il veut que justice soit rendue au nom du Roi, mais il ne lui donne point latitude de la rendre lui-même. En l'occurrence, contrevient-il aux us et coutumes de l'Ancienne France ? Non, si l'on tient compte de la formule nullement théorique du « Roi en ses Conseils » dont François Ier usera pour renier le traité de Madrid, puisque le Roi-Chevalier était privé desdits Conseils lorsqu'il lui fallut en passer par les exigences de Charles Quint et du connétable de Bourbon. Si dans le cas où l'on admet que Henri III ne fit dépêcher MM. de Guise, non sans avoir interrogé sa conscience, que pour une unique raison : il ne pouvait réunir des magistrats, ce 23 décembre 1588, alors que les deux cadets de Lorraine tenaient le château de Blois.

En bref, M. de Montesquieu scie et abat le chêne de saint Louis. Et, sur ce point, nous hésitons à lui donner raison ; la *curia regis* ne fut-elle pas une institution unique avant que de se séparer en *curia* et en *curia in parlemento*, d'où le terme de Cour indifféremment utilisé pour la désignation de l'entourage du monarque et pour la réunion des magistrats. Le Président ne le nie pas, mais cette dichotomie ne s'est amorcée qu'avec les derniers Carlovingiens et n'est devenue effective qu'avec le développement capétien. Or, on l'a vu, M. de Montesquieu va chercher l'origine des législations bien avant la formation de la France. Lorsqu'il se penche sur les textes grecs et romains, c'est affaire d'érudition et de psychologie. Pardonnez-nous la familiarité : il nage dans son élément, l'eau reste claire avec la renaissance carlovingienne. Elle se trouble et devient chocolat comme les douves de La Brède lorsque le Président barbote dans les sauces celto-ibères, puis gauloises. Simple nous en semble la raison. Antérieurement à Grégoire de Tours, apologiste, au demeurant réservé, du sinistre Clovis et de sa descendance de meurtriers, sauf Dagobert « aimant mieux l'été que l'hiver » (Charles Trenet), la littérature demeure orale. Elle ne se fixe en Irlande et au pays de Galles que deux ou trois siècles après les malheurs de Vercingétorix. Si la valeur n'attend pas le nombre des années, elle est parfois inversement proportionnelle à la chronologie. Si même il importe de se méfier de Suétone et de Tacite, nous demeurons infiniment plus près des Julio-Claudiens que des enfants de Pharamond. Un Mérovingien de moins, c'est toujours cela de gagné ! Le Président, même s'il dispose de moins de textes que n'en peuvent compulser de nos jours les chartistes, s'amuse franchement — pardon, décidément — avec ces hommes des bois dont il fait des flûtes, des mœurs, et, partant, de nos lois. Quel que soit son prodigieux appétit de connaissances, il se trouve en présence, selon la formule de M. Pierre Villar d'une « histoire en construction ». Surtout, n'allons pas toiser de notre haut les gens du XVIIIᵉ siècle ; mis à part quelques textes retrouvés, nous n'avons progressé (un peu) que par la méthode, (beaucoup) par l'archéologie.

Pourquoi l'*E.L.* nous paraît-il indestructible en dépit d'opinions n'engageant que l'auteur ? Pourquoi — et c'est l'avis de Louis XV et du chancelier d'Aguesseau — nul hors M. de Montesquieu n'a étudié les lois sans en rechercher aussi profondément les racines ? Pour parler comme le Président, les lois ne déterminent pas un peuple, le peuple s'identifie par ses lois. Une nuée de sots a ramené l'analyse montesquienne à la vision rationaliste des codes sociaux.

C'est doublement stupide. D'abord, parce que le rationaliste
— voyez Descartes et la IVᵉ partie du *Discours de la méthode* —
ne chasse pas Dieu de ses laboratoires, ensuite parce que M. le
Président nous aime trop pour nous dissimuler ses doutes. Voyez le
miracle de saint Janvier, il démontre scientifiquement les causes
de la liquéfaction du sang de l'évêque martyr. Après quoi, il
conclut qu'on peut admettre le miracle. M. de Montesquieu, c'est
l'évidence, n'est pas doté par le Très-Haut de la foi du charbonnier. Il aime Dieu, après avoir salué les dieux qu'il gratifiait
d'une majuscule. Indépendant, il ne suit la mode que lorsqu'elle lui
plaît. Le Très-Chrétien et le Persan de La Brède ont souventes fois
avancé de trois pas avant que de reculer d'un, voire de deux.

13

APRÈS L'ORAGE

En juin 1747, le Président est invité en séjour chez Stanislas, roi. L'excellent personnage signe ainsi. En deux occasions, il est vrai, il a régné une paire de mois sur la Pologne, puis François, duc de Lorraine et de Bar ayant échangé ses fiefs contre le grand-duché de Toscane, le bon Leszczynski s'est vu donner la souveraineté toute nominale du dernier lambeau de la vieille Lotharingie. Un intendant, M. Chaumont de La Galaizière, porte le titre de chancelier de Lorraine, mais quant aux affaires sérieuses ne reçoit d'instructions que du gendre du Polonais, Louis XV. D'abord impopulaire, Stanislas a forcé la sympathie de ses « sujets », et ce d'autant plus qu'en 1744, le roi de France a refoulé les troupes du prince Charles, frère de François, époux de l'archiduchesse Marie-Thérèse, en passe de devenir Impératrice-Reine.

La cour de Lunéville présente toutes les qualités requises pour enchanter M. de Montesquieu. La favorite, marquise de Boufflers, est combattue par le confesseur jésuite de Stanislas. Bien entendu, tout ce petit monde se sépare en deux camps, celui de la dame et celui du R.P. de Menoux.

Tel gendre, tel beau-père, le bon Leszczynski ne manque pas d'effeuiller les sœurs de Mme de Boufflers. La marquise de La Ferté-Imbault, connue par le Président depuis qu'enfant elle se blottissait dans les jupes de sa mère, Mme Geoffrin, se targue d'avoir fait mille agaceries à Stanislas. Il pénétrait dans la chambre de la jeune femme, « s'amusant à lui faire débiter mille folies ».

268

Elle le prétendra, mais, quinze années plus tard, il ira de cette confidence au duc de Nivernais :

— J'étais si fou d'elle et de moi que je fus au moment de faire doubler ma garde contre elle et contre moi.

Mme de La Ferté-Imbault était alors d'âge tendre et Stanislas cinq fois grand-père. Ne s'est-il pas fait valoir devant l'arrière-neveu du cardinal de Mazarin ? Pourquoi pareille question ? Parce que le propos du roi-duc viager de Lorraine est peut-être dicté par la vantardise, et, partant, n'innocente pas Mme de La Ferté-Imbault d'avoir tenu et consigné des propos malveillants sur des seigneurs et des dames de Lunéville. Arrivée de Plombières, la station thermale la plus en vogue du temps, en compagnie de la princesse de La Roche-sur-Yon (une cadette Condé épouse d'un cadet Conti) et du Président, voici ce que la pie-grièche note à son propos :

« Il fut reçu avec de grands honneurs plutôt pour son nom illustre que pour ses manières et ses discours. Montesquieu, en effet, affectait volontiers une simplicité d'allure qui touchait presque à la rusticité. Dans son domaine de La Brède, on le rencontrait courant les champs, un long échalas de vigne sur l'épaule, un bonnet de coton blanc sur la tête, et il arriva plus d'une fois que des étrangers au pays venus pour lui présenter leurs hommages l'interpellaient en le tutoyant et s'informaient auprès de lui de la demeure du célèbre Montesquieu. Tel à peu près il se montra, à la stupéfaction générale, à la cour de Lunéville. Il venait tout justement alors de terminer l'*Esprit des lois*, et il était si véritablement épuisé par le travail qu'il fuyait toute conversation élevée et n'abordait de parti pris que les sujets les plus vulgaires. Ainsi me prit-il à part pour me demander avec insistance si on me parlait avec étonnement de sa bêtise. J'eus la complaisance de lui dire que c'était un régime qui lui était nécessaire pour lui faire retrouver un jour un peu d'esprit. Il observa si bien son régime que toute la cour de Lorraine, et même les domestiques, ne revenaient pas de lui voir l'air et la conduite d'un imbécile. »

Nous savons par une lettre à M. de Maupertuis, alors président de l'académie de Berlin, que le seigneur de La Brède, à Lunéville, éprouvait une pesante fatigue, mais comment tenir pour véridiques les assertions de Mme de La Ferté-Imbault ?... Songez donc, elle va jusqu'à rapporter qu'au départ de M. de Montesquieu, elle l'aurait, en présence de toute la Cour, interpellé :

— Président, je vous suis bien obligée ; car vous avez paru si sot, et par comparaison, m'avez donné l'air d'avoir de l'esprit, que si je voulais établir que c'est moi qui ai fait les *Lettres persanes*, tout le monde le croirait, plutôt que de les croire de vous !

En réalité, M. de Montesquieu ne s'est pas mis en frais pour la pécore et ses semblables. Il a consacré sa déférente attention à Stanislas. Il s'est extasié devant les œuvres de l'architecte Boffrand, les sculptures de Barthélemy Guibal, des trois frères Adam, les ciselures de Cyfflé. Le passé et le présent du deux fois éphémère roi de Pologne l'intéressent. Il lui prouve, s'il en était besoin, la stupidité de la monarchie élective au demeurant baptisée république dans l'ancien royaume des Jagellon. C'est curieux mais c'est comme cela. Il lui plaît de le constater : Stanislas porte un scapulaire mais tolère qu'on le « chine » sur cette « superstition ». Claude Helvétius, pas éloigné de l'athéisme, côtoie les fils de saint Ignace, et le médecin du Roi est de religion réformée. Les Juifs se livrent paisiblement à leur négoce, et quiconque n'est inquiété pour ses opinions. Certes, semblable tolérance ne s'applique point aux imposables et aux corvéables, mais quel est le pays où l'on ne paye pas de contributions ? Si M. de La Galaizière a la main lourde, ce n'est pas seulement pour que Stanislas transforme Lunéville en un petit Versailles, la Malgrange en un petit Trianon et Nancy en un deux fois rien de la capitale de la France, c'est aussi pour que la Lorraine et le Bar demeurent à l'abri d'un retour de la maison d'Autriche. Dieu sait si M. de Montesquieu ne se montre pas hostile aux Habsbourgs, mais quand le vin est tiré, il faut le boire, et, de préférence, s'il a de la cuisse, du jarret et du bouquet comme l'on dit à Bordeaux. Stanislas se montre d'autant plus heureux qu'il a rencontré force infortunes, et le Président connaît trop bien les bouleversements de l'Europe centrale pour ignorer que le bon prince en fut victime jusqu'au jour que sa fille, la douce Marie, vécut le plus étonnant des contes de fées en quittant un galetas de

Wissembourg pour épouser Louis XV. Stanislas raconte lui-même cette histoire tenant du prodige (de Monsieur le Duc et de Mme de Prie) à son hôte. Le châtelain de La Brède, on l'a dit, émerge d'une immense fatigue, et, partant, les *Souvenirs de la cour de Stanislas Leszczynski* nous renseignent peu sinon sur

> « le goût admirable [du roi de Pologne] pour les maisons et les jardins. Il a fait à Lunéville des choses extraordinaires et ce sont d'aussi beaux jardins qu'il y en avait en Europe. Il y avait un vilain cloaque à Lunéville. Il y a jeté la rivière de la Meurthe et fait par là un très beau canal, qui côtoie ses jardins, outre que cela rend l'air plus sain. Il a fait une belle cascade au bout de ce canal, et après la cascade, un très beau salon, percé de vingt-quatre croisées. Il semble que l'on soit dehors tant il est bien éclairé. Il est très beau et peut-être le plus beau qu'il y ait nulle part. Tout y est singulier et respire le génie du Roi, qui a des idées toutes à lui et a formé son architecte et ses ouvriers. »

Pas plus que son élection à l'académie de Berlin n'avait déterminé le Président à gagner les bords de la Sprée, sa nomination à celle de Nancy ne l'incitera, tant sa vue aura baissé, à revenir en Lorraine, mais après la publication de l'*E.L.* et de leur *Défense* — sur sa demande et par acclamation — il fera l'hommage à Stanislas du conte intitulé *Lysimaque*, lu devant les membres de la Société littéraire en 1751, et prépublié par le *Mercure de France* en décembre 1754. Encore que deux ou trois paragraphes semblent de l'écriture de M. de Montesquieu, il apparaît manifeste que la presque totalité du récit fut dictée. Détail ? Non, car la forme ne présente aucune négligence.

Lysimaque

Callisthène, philosophe grec, refuse d'adorer Alexandre et se voit enfermer dans une cage de fer. Ce que l'auteur se garde de préciser, c'est que le malheureux, accusé de conspiration, sera mis à mort en 328. Pourquoi semblable omission ? Tout simplement parce que l'hommage à Stanislas doit obéir à la règle du *happy end*. Lysimaque, général du conquérant, ne manque jamais d'aller visiter Callisthène, l'âme en repos en dépit de son nez et de ses oreilles coupées. Si l'officier a rendu le culte divin au fils de Philippe de Macédoine, il n'en déclare pas moins au captif : « Vous êtes le seul homme de l'armée. » C'est plus que n'en peut supporter Alexandre. Il livre Lysimaque aux jeux du cirque. Un lion se jette sur lui, mais, parant les coups de son manteau, le général arrache la langue du fauve (probablement lampassée de gueules). Exploit stupéfiant ? Non, puisque Callisthène avait fait dire à Lysimaque qu'il porterait plus tard un bandeau royal sur le front par la volonté de Jupiter. Sa prouesse rend à Lysimaque la faveur d'Alexandre, et lorsque meurt le conquérant, le général devient roi d'Asie (en réalité de Thrace), et l'auteur de prêter ce discours à son héros :

> « ... et à présent que je suis tout, j'ai plus besoin que jamais des leçons de Callisthène [toujours en vie pour les besoins de la cause]. Sa joie m'annonce que j'ai fait quelque bonne action, et ses soupirs me disent que j'ai quelque mal à réparer. Je le trouve entre mon peuple et moi.
>
> » Je suis le roi d'un peuple qui m'aime. Les pères de famille espèrent la longueur de ma vie comme celle de leurs enfants ; les enfants craignent de me perdre comme ils craignent de perdre leur père. Mes sujets sont heureux et je le suis. »

La recette est connue. L'on commence par du noir pour finir dans le rose. Sans doute, mais encore faut-il être bon cuisinier. Si *Lysimaque* se lit de nos jours encore avec plaisir, cela tient, outre les rebondissements, à la tradition des écrivains jouant avec le sacré et le profane au temps des derniers Valois-Angoulême. Si Callisthène n'est pas le châtelain de La Brède, Jupiter = Dieu ; Lysimaque = Stanislas. Le gros et bienfaisant prince mérite bien le délicat hommage de l'un des plus beaux génies du siècle.

Un caractère d'intimité

La parfaite bonne foi de l'auteur, et l'immensité d'une tâche ne permettant pas de revenir sur des jugements de valeur laissent bien des exégètes circonspects. Le guide le plus sûr, le navigateur le plus émérite sur cet océan de connaissance demeure, à coup sûr, M. Louis Desgraves. Le fait que le Président fasse état de la loi naturelle ne nous renseigne pas sur ses préférences, toutefois la complaisance mise à s'étendre sur la Rome antérieure au principat donne à penser qu'il incline vers la république. D'où l'erreur de Gustave Lanson déjà signalée. Au vrai, si les formes républicaines de Rome peuvent attirer, celles de la Grèce concernent des États trop exigus pour qu'ils soient pris en compte. Dès qu'il touche au domaine contemporain, M. de Montesquieu cesse de tenir en estime les républiques, même s'il en vante une ou deux. La monarchie héréditaire est considérée, non seulement quant à elle-même comme le meilleur des systèmes, mais encore comme le plus sûr rempart contre le despotisme. Cela reviendrait-il à condamner la vertu, point d'appui de la république ? Que non point. Il ne s'agit pas d'essuyer ses souliers sur le paillasson avant de franchir un seuil, non plus que de se montrer fidèle en ménage. La vertu, c'est la vertu *politique*. Entendons la régularité des élections, la probité et l'assiduité des mandataires. Et les empires ? M. de Montesquieu n'en approuve qu'un seul : le romain de nation germanique. Forcément. Réfléchissons une seconde. Qu'il soit électif ne présente pas un caractère de gravité. La couronne crucifère est rarement disputée aux Hasbourgs, et, nous l'avons vu, lorsqu'elle est prise par le Wittelsbach Charles VII, l'auteur se fâche. Non, avant tout, il est garant des libertés par le *cujus regio, ejus religio*, et l'autonomie des Électeurs, de leurs vassaux, de leurs vavasseurs, voire des principicules et des républiques de la Hanse. Évidemment, ce qu'oublie le Président, c'est que sans les cardinaux de Richelieu, (« ce mauvais citoyen »), et de Mazarin, la communauté germanique se serait soudée, bien sûr moins que la France ou l'Espagne, mais se serait soudée tout de même. Certains historiens le soutiendront : l'unité ne s'est pas réalisée parce que l'Empire est une tour de Babel ; le domaine héréditaire englobe, outre des Allemands, des Bohêmes, des Magyārs, des Italiens. À noter encore : les sujets de Charles VI, puis de Charles VII et enfin de Marie-Thérèse ne relèvent parfois qu'indirectement de Vienne. Là encore il faut tenir compte de « la mère gigogne » néo-féodale. Au fur et à mesure qu'il avance dans les siècles et les lieux, l'auteur ne craint nullement de paraître se démentir. L'un des charmes de l'*E.L.* procède du fait que son auteur ne réfléchit pas seul, mais semble nous convier à débattre avec lui, comme, souvent, il débat avec lui-même. Lorsqu'il saute une étape du raisonnement, ce n'est point par paresse ou par négligence, c'est pour nous contraindre à *l'investissement de nos propres cellules grises*. Nous ne nous contentons pas de lire l'*E.L.*, nous ressentons l'impression d'y collaborer. Désormais, le Président n'apparaît plus comme un auteur. Comme un maître, cela va sans dire (et encore mieux en le disant), mais encore comme un ami.

Le Président et l'*Encyclopédie*

M. d'Alembert, authentique savant et homme d'une profonde mansuétude, rencontre M. de Montesquieu dans le salon de la marquise du Deffand et celui moins relevé de Mme Geoffrin. Mme du Deffand est frappée de cécité, et le Président la console de son mieux, grondant affectueusement cette misanthrope et lui rappelant avec tact que la vie future ne sera point plus désagréable que la vie terrestre. Semblables propos ne pourraient être prêtés à M. d'Alembert. Le personnage, si doux, contient mal sa fureur dès qu'est évoquée la religion. Dès 1751, dans le *Discours préliminaire de l'Encyclopédie*, le géomètre réquisitionné par Denis Diderot était allé d'un éloge dithyrambique encore qu'un rien compromettant de l'auteur de l'*E.L.* :

> « Un écrivain judicieux, aussi bon citoyen que grand philosophe, nous a donné sur les principes des lois un ouvrage décrié par quelques Français, applaudi par la nation et admiré de toute l'Europe, ouvrage qui sera un monument immortel du génie et de la vertu de son auteur, et des progrès de la raison, dans un siècle dont le milieu sera une époque mémorable dans l'histoire de la philosophie. »

274

Le Président avait prié la marquise du Deffand de remercier M. d'Alembert. « Vertu » et « progrès de la raison » ne durent point le satisfaire. C'était l'embarquer sur la galère dont les fanaux répandaient une lumière trop clignotante à son goût. Qu'importe ! Directeur en exercice, il soutient la candidature de M. d'Alembert ; Louis XV ne veut considérer que le savant et pas l'esprit fort. Sa Majesté donne son agrément, et voilà « le divin géomètre » assis de justesse dans le XXVe fauteuil. Pour vaincre les résistances, selon nous feintes, du savant, M. de Montesquieu avait montré qu'il n'était pas dupe :

> « Vous avez beau vous défendre de l'Académie, nous avons nos matérialistes aussi : témoin l'abbé d'Olivet, qui pèse au centre de la circonférence ; au lieu que vous ne pesez point du tout. »

La plaisanterie prend tout son sel si l'on s'en souvient : l'abbé d'Olivet, adversaire des chapeaux, conduit les bonnets dits olivetains. M. d'Alembert s'en tient au *Discours préliminaire* et laisse la charge du plus grand nombre d'articles à Denis Diderot et au chevalier de Jaucourt, vieil ami du Président. La partie scientifique est largement empruntée aux *Mémoires de Trévoux*. Bientôt, le jeu des renvois du type *Jeanne d'Arc* voyez *voyante* ; *corticole* voyez *superstition* surprendra la bonne foi de Louis XV, souscripteur de l'ouvrage. Comme MM. Diderot et de Jaucourt ne brillent pas au firmament des étoiles, M. d'Alembert sollicite quelques très hautes notoriétés, MM. de Montesquieu, de Voltaire, de Buffon, Jean-Jacques Rousseau. À l'auteur de l'*E.L.*, le géomètre propose *démocratie* et *despotisme*. Réponse :

> « Quant à mon introduction dans l'Encyclopédie, c'est un beau palais où je serais bien curieux de mettre les pieds, mais pour deux articles *démocratie* et *despotisme* je ne voudrais pas prendre ceux-là. J'ai tiré, sur ces articles, de mon cerveau tout ce qui y était. L'esprit que j'ai est un moule ; on n'en tire jamais que le même portrait ; ainsi je ne vous dirais que ce que j'ai dit, et peut-être plus mal que je ne l'ai dit. Ainsi, si vous voulez de moi, laissez à mon esprit le choix de quelque

article ; et si vous voulez, ce choix sera fait chez Mme du Deffand avec du marasquin. Le P. Castel dit qu'il ne peut pas se corriger, parce qu'en corrigeant son ouvrage, il en fait un autre et moi je ne pus pas me corriger parce que je chante toujours la même chose. »

L'*Essai sur le goût dans les choses de la nature et de l'art* sera présenté par le libraire (éditeur) comme un ouvrage inachevé. Lorsque l'on connaît la minutie, l'exigence envers soi-même du Président, on demeure en droit de le penser : il eût encore amélioré son texte autour de trois thèmes. L'existence de l'âme, son union avec le corps, *les plis et les préjugés* forment le goût — goût naturel et goût acquis. Une nouvelle fois apparaît le sociologue, le défenseur des libertés, le contempteur des satisfactions consistant à se moquer d'autrui. L'on ne s'étonnera point de lire l'éloge de la curiosité. Ou l'on est chat ou on ne l'est pas, et pour avoir rentré ses griffes depuis la défense de l'*E.L.*, M. de Montesquieu n'en demeure pas moins un félidé.

Des castrats et des dames

Ce n'est point parce que d'excellents biographes l'ont dit qu'il ne faut pas le répéter : l'auteur de l'*Essai sur le goût* se révèle, comme dans ses *Voyages*, un prodigieux critique tant de la comédie que de l'art : peinture, sculpture, musique. À noter à propos de cette dernière discipline que le Président ne prise que les *virtuosi* (les castrats) :

« 1° Parce qu'il n'est pas étonnant qu'accommodés comme ils sont, ils chantent bien : ils sont comme un instrument dont l'ouvrier a retranché du bois pour produire des sons ;

2° Parce que les passions qu'ils jouent sont trop suspectes de fausseté ;

3° Parce qu'ils ne sont ni du sexe que nous aimons, ni de celui que nous estimons. »

Il nuance pourtant et ne boude pas son plaisir :

« D'un autre côté, ils peuvent nous plaire parce qu'ils conservent longtemps un air de jeunesse, et, de plus, parce qu'ils ont une voix flexible, et qui leur est particulière. Ainsi chaque chose nous donne un sentiment qui est composé de beaucoup d'autres, lesquels s'affaiblissent et se choquent parfois. »

En nombre de domaines il reviendra sur les contradictions ou bien les antinomies apparentes, mais moins réelles que l'on ne le pense.

Hors M. de Marivaux, quiconque n'a mieux vu la condition féminine que le Président :

« La loi des deux sexes a établi parmi les nations policées et sauvages que les hommes demanderaient et que les femmes ne feraient qu'accorder : de là il arrive que les grâces sont plus particulièrement attachées aux femmes. Comme elles ont tout à défendre, elles ont tout à cacher ; la moindre parole, le moindre geste, tout ce qui, sans choquer le moindre devoir, se montre en elles, tout ce qui se met en liberté devient une grâce ; et telle est la sagesse de la nature que ce qui ne serait rien sans la loi de la pudeur devint d'un prix infini depuis cette heureuse loi qui fait le bonheur de l'univers. »

Le texte, écrit ou dicté, nous ne savons trop, n'apparaît pas comme une dissertation. M. de Montesquieu converse avec lui-même ainsi qu'il bavarde chez la marquise du Deffand ou, avec moins de spontanéité, en l'hôtel de Mme Geoffrin. Certes, il fait atteler moins souvent que naguère ; il lui faut se faire tenir la main pour monter les degrés et trouver un fauteuil.

Un provincial fort parisien

Le bourreau de travail ne peut concevoir ses chefs-d'œuvre sans avoir conversé. Non pas qu'il entretienne ses interlocutrices et ses interlocuteurs de ses travaux — il est trop bien élevé pour ce faire —, mais il ressent le besoin des échanges superficiels ou sérieux, mais jamais pontifiants. Certes, à la dérobée, il rode une formule, juge de son effet. Au vrai, il existe deux Montesquieu ; le premier arpente ses vignes et, la tête pleine des édits de Constantin et de capitulaires de Charles le Chauve, rentre au château pour coucher sur le papier sa vendange. Le même Montesquieu marche de long en large dans l'appartement de la rue Saint-Dominique et va vers l'une de ses nombreuses écritoires. Maintenant, voici le second. Gasconne-t-il dans les salons ? On l'a prétendu, mais l'accent de Bordeaux, aux inflexions peu prononcées, au débit bref, ne ressemble que d'assez loin au parler plus chantant, voire plus traînant, d'Auch. Un excellent historien titre son livre *Un grand provincial* ; nous ne faisons pas nôtre l'expression. Que le Président surveille ses baronnies et seigneuries, qu'il demeure fidèle à l'académie de Bordeaux ne l'empêche nullement d'être un bon bec de Paris. Que des gens de Cour satellisés par Versailles négligent de se rendre dans leurs fiefs, c'est l'évidence. Que des écrivains de conséquence n'aillent que du café Procope chez Mme du Deffand, c'est encore vrai, pourtant les allers et retours entre la province et la capitale demeurent fréquents dans une France aux trois quarts agricole ou vinicole. Les Anglais utilisent une jolie expression ; ils ne disent pas « Vous habitez Paris », mais « Vous passez par Paris ». Hors M. de Marivaux, tous les gens de lettres — M. de Montesquieu n'eût point apprécié le terme — viennent dans la grande métropole, puis s'en retournent dans leur manoir ou leur château. Le Président se montre d'autant plus parisien que, s'il aime Louis XV, il déteste Versailles. Refus de l'étiquette ? Absence de goût pour une certaine futilité de *ce pays-ci* ? Sans doute cette hostilité trouve-t-elle surtout sa source dans le soupçon de néo-féodalisme du Très Haut et Très Puissant Seigneur Charles-Louis de La Brède et de Montesquieu. Montre-t-il bonne raison ? Pas sûr si l'on se souvient qu'hors les déplacements militaires du Roi, la Cour est itinérante, ne passe

278

pas plus de cent vingt à cent trente jours par an dans le rêve de pierre du Roi-Soleil. Oui, si l'on considère qu'attacher des grands avec des rubans, entendez des faveurs, ne les prédispose point à défendre des institutions que le Président voudrait voir amender, mais, en aucun cas, détruire.

Non, M. de Montesquieu ressent le besoin de séjourner sur les bords de la Seine, même s'il confie :

« À Paris, je n'ai que cela à penser ; à La Brède j'ai tout cela à dépenser. »

Il le sait trop bien, science et sapience ne s'acquièrent pas uniquement dans les livres. Qu'il se brouille avec Mme Geoffrin parce qu'elle fait refuser sa porte à l'envahissant abbé de Guasco ne revêt qu'une importance mineure ; le salon de la marquise du Deffand, dont on sait qu'elle déclare *l'aimer à la folie* (en tout bien tout honneur) constitue pour le Président un havre de grâce. Nous imaginons malaisément à notre époque où la vie littéraire a disparu, où c'est le chacun pour soi dans la course aux prix et les dernières bassesses pour obtenir un deux fois rien de médiatisation, ce qu'étaient les cafés, les salons, sous le règne du Bien-Aimé. Extraordinaire mélange entre la technicité, le progrès, « l'aménagement du territoire » et les propos charmants, les renvois d'éteuf entre gens de qualité, qu'ils fussent d'ancienne extrace ou fils de leurs œuvres. La France est un royaume, mais elle admet une république des lettres. Les dernières parties de l'*Essai sur le goût* sont achevées à La Brède. Le 25 août 1753, M. de Montesquieu lit (ou fait lire) trois chapitres de l'*E.L.* à l'académie de Bordeaux. Deuil cruel pour le Président, son cadet, Joseph de Secondat, doyen du chapitre de Saint-Saurin et abbé de Nicors, meurt à soixante ans.

Plus de marasquin pour l'instant, le baron revoit les eaux chocolat des douves de son château.

Il loue, le 18 décembre, une maison à Bordeaux, rue Porte-Dijeaux. Souhaite-t-il un pied-à-terre plus proche de ses confrères de l'Académie (pas des Quarante, bien sûr, l'autre) ? En tout cas, le voici de retour rue Saint-Dominique. Depuis trois ans, une affaire d'importance le préoccupe. Il avait rédigé son *Mémoire sur la constitution (Unigenitus).* Le fit-il tenir au Roi puisqu'il s'adresse à lui, ou s'agit-il d'une figure de style ?

Le royaume de la rue Saint-Honoré

Un soir, un commensal de Mme Geoffrin lui demande :
— Qu'est devenu ce monsieur qui ne parlait jamais et se tenait en bout de table ?
— C'était mon mari, et il est mort hier.
À défaut de conversation, l'époux de Marie-Thérèse Rodet possédait une immense fortune. Orpheline à sept ans, Marie-Thérèse est élevée par sa grand-mère, unie à seize à M. Geoffrin, de quarante ans son aîné. La manufacture de vitres et de miroirs rapporte gros ; les sacs abondent sans le moindre parchemin. À cet égard, Mme Geoffrin présente une exception. Depuis la chambre bleue d'Artémise, en l'hôtel de Rambouillet, marquant le début des salons, jamais la roture n'a régné sur l'un d'entre eux. Mme Geoffrin accomplit son apprentissage chez Mme de Tencin, puis s'installe, en 1750, au n° 374, rue Saint-Honoré. Le lundi, elle reçoit les artistes, Vanloo, Boucher, Soufflot, Bouchardon, Carle Vernet, plus tard Vien. Le mercredi, c'est le tour des gens de lettres, et, bizarrerie, des étrangers. Bien sûr, l'on prend les mêmes et l'on recommence : Julie de Lespinasse, brouillée avec la marquise du Deffand, attend son heure. Que Mme Geoffrin gagne le surnom de « ministre de la société » paraît abusif, mais se comprend ; elle ne sera jamais reçue à la Cour. Elle exerce donc un pouvoir parallèle, et ce n'est pas pour déplaire au Président malgré son affectueux respect pour la marquise de Pompadour.
L'action la plus remarquable de Mme Geoffrin ? Avoir renouvelé les vêtements et le mobilier de Denis Diderot. Le bonhomme tirera de cet événement l'un de ses chefs-d'œuvre : *Regrets sur la vieille robe de chambre.* Comme quoi lorsque l'on ne se prend pas au sérieux... Bien sûr, puisque M. de Montesquieu va dîner chez Mme Geoffrin, ne vous étonnez pas de trouver à la même table l'ami Marivaux. On forme l'espoir que Jean-François Marmontel se montre moins ennuyeux dans la conversation que dans ses *Contes moraux.* Claude Helvétius et Mme, née

Minette de Ligniville, présentent l'intérêt de reprendre dans un sens ou dans un autre les opinions de MM. de Voltaire ou d'Alembert. Assez rapidement, M. Helvétius prône une manière de révolution sociale. Il sera pardonné beaucoup à M. Helvétius pour un mot ravissant ; comme on lui demandait si sa jeune épouse, assez sotte, avait de l'esprit :

— Oui, comme une rose.

Fermier général, puis maître d'hôtel de Marie Leszczynska, il assure les fins de mois de M. de Marivaux lorsque le public manque de talent, entendez que tombe une pièce du plus extraordinaire auteur « comique » du siècle. Il advient, en effet, que le parterre se lasse du système de travestissement, moyen d'ausculter les cœurs et de prendre un plaisir rare dans l'observation du partenaire. Cette technique fera dire à Thierry Maulnier : « Le marquis de Sade n'est pas loin. » Grâce à Dieu, il n'est pas encore là. Une toile de Lemonnier nous montre une réception chez Mme Geoffrin. Si notre vue est bonne, il semble bien que trône un buste de Voltaire. Espérons nous être trompés ; une telle effigie agacerait M. de Montesquieu. Quelques cordons bleus ou rouges, beaucoup d'habits élégants, et toujours ces perruques poudrées à frimas conférant une manière d'égalité des âges. N'oublions pas Melchior, futur baron de Grimm. Chargé par l'abbé Raynal d'adresser une correspondance à différents princes de l'Europe, ce Bavarois à la plume alerte puise ses informations chez Mme Geoffrin. Il est secondé par Mme d'Épinay et par Diderot. Le Président semble s'être méfié de cet espion de luxe alors qu'il se montre plein d'indulgence pour le fils du coutelier de Langres.

Mme Geoffrin ne se révèle pas moins prudente que la marquise du Deffand et veille à la retenue des échanges entre ses commensaux, lesquels se situent à des hauteurs bien inégales, mais n'est-ce point la caractéristique de toute société, même policée ? Les gens du monde, pour employer une expression encore à naître, présentent une différence colossale de capital intellectuel.

De Daniel Mornet au comte de Ségur, on s'est longuement interrogé en passant par Augustin Cochin sur le rôle politique des salons, et ces historiens ont souligné son importance. Bien sûr, messieurs, mais ne confondons pas. Michelet ayant écrit sa *Révolution française* avant de revenir aux Valois et aux Bourbons, a tenu les dernières périodes pour un long fleuve se jetant dans l'océan en furie de 1791. Feu notre ami Philippe Erlanger souligna ce vice de construction. Résultat, les pères de l'idéologie des Jules — Simon, Grévy, Ferry — oseront déclarer que la France s'est transformée dans le sillage de l'action montesquienne et des habitués des salons en rupture, ou bien en froid avec Versailles. Toujours l'héritage des vessies volontairement prises par Rabelais pour des lanternes. La *contestation*, mot vieilli depuis la révolutionnette de 1968, serait apparue comme une nouveauté adoptée, au demeurant sans grand risque, puisque l'on peut raconter ce que l'on veut et écrire en Suisse ou bien en Hollande des propos contraires à l'idéal français. Ces assertions, empruntées à Sainte-Beuve et à moins éclairés que lui, sont sujettes à caution. Mettons d'emblée à part la marquise de Lambert et la chère chanoinesse. Elles n'ont jamais troublé l'ordre public même si elles ont pu l'envisager, non pas différent dans sa globalité, mais, quoi de plus naturel ! en pleine évolution. Fronde-t-on chez la marquise du Deffand et au royaume de la rue Saint-Honoré ? Si le Président a commis quelques impairs sur les bords de la Tamise, la Garonne et la Seine l'ont calmé. Renonçant à tout emploi diplomatique, et ce pour la bonne raison qu'il ne disposerait pas du temps nécessaire pour parachever une œuvre sur laquelle il revient sans trêve, il connaît trop bien la complexité de nos institutions pour en parler chez Mme Geoffrin. Nous sommes en droit d'avancer qu'il déplore la dichotomie pratiquée par la maîtresse de maison entre les artistes et les écrivains. Les premiers inventent une esthétique inspirant l'Europe entière, les seconds manifestent une fâcheuse tendance à se répéter, et les plus brillants causeurs n'apparaissent pas forcément comme des stylistes avertis. L'inverse existe de même, mais où se situe M. de Montesquieu ? Certes, il collectionne les titres académiques, ceux de Bordeaux, des Quarante, de Londres, de Nancy, de Berlin, mais se tient-il pour un homme de lettres ? S'« il faut manger pour vivre et non pas vivre pour manger », lui n'écrit pas pour vivre mais vit pour écrire. Soit, toutefois, il demeure un personnage de condition, et laisse à d'autres le soin de s'élever grâce à l'assentiment du public. Sauf dans la *Défense de l'Esprit des lois*, il n'a jamais sorti ses griffes ; les querelles plumitives ne l'intéressent nullement. Alors, pourquoi fait-il atteler son carrosse afin de se rendre chez Mme Geoffrin ? Pour passer le temps ? Non, afin de regarder et d'écouter ses contemporains. En lui, le sociologue et l'ethnologue ne perdent jamais leurs droits. Attentif, d'une parfaite courtoisie, il n'en pratique pas moins la distanciation. Le salon de Mme Geoffrin demeure une manière d'observatoire. Au demeurant, le royaume de la rue Saint-Honoré ne mérite point encore pareille appellation. Elle ne se justifiera, Stanislas Poniatowski, Edward Gibbon aidant, que de nombreuses années après la disparition du Président. Le dernier roi de Pologne ne pourra point mettre en pratique les vues montesquiennes. L'Anglais, en revanche, empruntera beaucoup au génie de La Brède dans son *Histoire du déclin et de la chute de l'Empire romain* (six volumes publiés de 1776 à 1788), mais gâchera son œuvre par une hostilité choquante au christianisme, non seulement analysé trop sommairement mais encore négligé comme facteur de civilisation et d'adoucissement des esprits. À partir de l'Incarnation, Mr. Gibbon s'écarte de Montesquieu pour tomber dans le plus mauvais Voltaire, le plus mauvais car, côté Clio, il en reste du bon et même très bon ; exemple : la défense de la mémoire de Louis XV.

Le Président et le Parlement

Disons-le tout net. Le *Mémoire* ne brille point par la clarté. La distinction entre la tolérance extérieure et la tolérance intérieure n'est pas assez établie pour que l'on suive aisément l'auteur. Nous finissons par comprendre : la tolérance extérieure ce serait la permission de s'adonner, sans troubler l'ordre, à la religion de son choix (*cf.* les Juifs de Bordeaux). La tolérance intérieure serait un appel discret à la liberté de conscience.

Sur un point, le Président se montre formel. La constitution étant une loi de l'État depuis 1713, il appartient au Roi en ses Conseils de la faire respecter, en évitant de mêler les ecclésiastiques à cette affaire dont nul ne sait qu'elle vient de satisfaire les curés consti-tutionnaires trop heureux de refuser les derniers sacrements aux jansénistes sans billet de confession. Il faut que :

« La conscience du Prince ne l'oblige pas de travailler à s'instruire des choses sur lesquelles les théologiens disputent. Cela est si vrai que, pourvu qu'on croie quelques articles fort courts, contenus dans le catéchisme, et dont l'intelligence est refusée à notre entendement [toujours le Dieu en trois personnes] il n'y a point d'homme, dans le royaume, qui, dans cet état, ne soit aussi bon catholique que tous les théologiens réunis. »

Comme il n'existe pas de schisme (le jansénisme est une déviance de l'augustinisme, pas un schisme), il importe de s'en remettre à la foi, bien sûr, mais non moins évidemment à la charité afin que d'éviter la coupure en deux du royaume. Les bons sentiments sont présents ; les obscurités aussi. Beaucoup plus nette apparaît la lettre au président Durey de Meinières. Ce magistrat au Grand Conseil, puis au parlement de Paris, venait de se retrouver en exil à Bourges pour avoir conduit une cessation de service. Les chats fourrés s'en étaient allés ronronner en province dans un exil douillet. La grève durera du 9 mai jusqu'au 8 octobre 1753. La Cour s'était prononcée contre la privation de sacrements pour les jansénistes se refusant à rétracter leurs erreurs. La Grand-Chambre, les Requêtes et les Enquêtes étaient devenues le bastion, pour ne pas écrire le château fort des port-royaliens. Messire Durey de Meinières affiche une belle austérité de mœurs tout en collectionnant les gravures licencieuses. L'on se donne les satisfactions physiques que l'on peut…

De cela, M. de Montesquieu se contremoque, il n'a jamais été du genre pincé, en revanche, si tout le porte à détester le jansénisme, élitaire et attentatoire à la liberté par son soutien à la prédestination presque absolue, il est d'âme trop noble pour garder rancune aux ignobles gazetiers des *Nouvelles ecclésiastiques*, mais il souffre de voir la France coupée en deux entre adversaires et partisans de la bulle. Il va donc rappeler ses anciens confrères à leur devoir :

« Je vais rendre compte de ce que les gens sensés disent des affaires présentes. Comme j'entends parler ceux qui aiment le Parlement et ceux qui ne l'aiment pas, ceux qui aiment ou qui n'aiment pas le clergé et les ministres, que n'étant de rien je n'ai eu à essuyer aucune contradiction, je suis peut-être presque aussi en état de juger de ces choses même si d'autres à tous égards ont de plus grandes lumières. »

On ne saurait mieux revendiquer le sceptre de Salomon puisque l'on peut prendre de la distance, M. de Montesquieu, si souriant à l'accoutumée, ne va point se départir d'une humeur sérieuse :

« Vous devez d'autant moins vous obstiner à peser sur vos remontrances que quoiqu'elles soient souvent pleines de bonnes choses, il y en a qui devant tout esprit impartial sont intolérables et qu'il est impossible de vous accorder. Il y a quarante ans que nous disputons sur la constitution. On l'a déclarée loi de l'Église et loi de l'État et cette déclaration est une espèce de repos et de point de ralliement entre les citoyens. La question si la constitution est une loi de l'Église ou de l'État [elle est les deux] est devenue étrangère aux affaires présentes parce que, soit que la constitution soit de l'Église et de l'État ou non, les ecclésiastiques n'étaient plus en droit de faire des innovations. »

Par innovations, il faut entendre, selon nous, d'une part l'ultra-gallicanisme menant à « l'anglicanisme français », donc au schisme et à l'opposé l'ultra-molinisme conduisant, ou presque, au pélagianisme, plus qu'un schisme, une hérésie.

« Nous ne pouvons comprendre par quelle fatalité le Parlement juge naturel de ces choses, se trouve aujourd'hui partie et comment, au lieu d'être à la tête de la justice, il se trouve pour ainsi dire à la tête d'un parti. Son objet n'est-il point qu'il n'y ait point de schisme ? [...] L'État une grande machine dont vous n'êtes qu'un des ressorts [dans l'acception de territoire judiciaire ? Non, au sens de rouage]. Vous arrêtez cette machine, et cependant il est nécessaire qu'elle aille. Que voulez-vous que nous devenions ? Cet état violent de la justice interrompue et toutes les conséquences qui en

285

suivent, les prisons pleines de criminels, etc., ne demandent-ils pas une volonté sincère de les faire cesser ? »

Un tel rappel à l'ordre de la cour de Parlement éclaire la pensée si souvent dénaturée du Président. Qu'il ait émis l'idée d'une Chambre haute — clergé, noblesse — et d'une Chambre basse, devenant par la contraction des deux premiers ordres communes, ne signifie pas qu'il ait voulu transformer les parlements en assemblées délibérantes. Son bicamérisme n'implique pas une confusion entre les termes français et anglais. Que dit-il au président Durey de Meinières ? Exercez votre métier, ou, plus noblement, remplissez votre charge. Un parti pris politico-religieux ne doit pas vous empêcher de rendre la justice.

L'aveugle voit clair

Certes, il demeure malaisé de dater le dernier écrit ou la dernière dictée de M. de Montesquieu, toutefois feu notre ami Roger Caillois place en fin du tome II des *Œuvres complètes* (moins la correspondance en cours d'impression à la fondation... Voltaire, par M. Louis Desgraves) l'*Ébauche de l'éloge historique du maréchal de Berwick.*

Les premières pages de l'*Ébauche* présentent un exposé très clair et très élégant de la vie de Jacques II et d'Arabella Churchill. Vient le moment que le vainqueur d'Almansa, deux fois sauveur de l'Espagne bourbonienne, maréchal de France, trois fois duc, reçoit — entre autres — le gouvernement de Guyenne. C'est à Bordeaux, on l'a dit, que le Président se lie au plus grand chef du temps avec M. de Villars. Or, après le lieutenant général de Broglie, puis le maréchal de Montrevel faisant pendre, rouer les camisards, ledit Villars s'était montré plus conciliant. Il fut d'ailleurs la dupe du sinistre Jean Cavalier. Comment donc s'y prit le duc de Berwick ? Il revint aux méthodes de ses antéprédécesseurs et n'accorda point un jour de repos à l'exécuteur et à ses aides. Il aurait même dépassé M. de Montrevel en dureté. L'auteur toutefois ne dit mot de la répression dans les Cévennes alors qu'il détaille les autres états de service. Il dit bien :

286

« Lorsqu'il fut nommé commandant en Guyenne, la réputation de son sérieux nous effraya. »

Et d'ajouter :

« Mais à peine y fut-il arrivé qu'il fut aimé de tout le monde, et qu'il n'y a pas de lieu où ses grandes qualités aient été plus admirées. »

Serait-ce un sous-entendu concernant l'action du héros dans le bas Languedoc ? Il serait bien aventuré que de le prétendre : il s'agit plutôt d'une clause de style. Soit l'amitié du Président pour les Fitz-James et les Waldegrave n'allait pas l'amener à restreindre son éloge du plus illustre de leur parent. On peut toutefois tenir compte d'une autre raison à ce silence. Si M. de Montesquieu ne s'oppose point à l'anglicanisme (chacun chez soi !), s'il est l'époux d'une protestante officiellement convertie, oui, puisque Marie et Denise ont grandi dans la religion catholique, et que la seconde a failli prendre le voile, il n'aime pas le calvinisme, et encore moins son succédané le prophétisme cévenol au demeurant abhorré par les autres variétés d'adeptes de la Réforme. Les luthériens trouvent grâce devant lui ? Et alors ? Trouvez-vous une trace de prédestination dans la doctrine du moine de Wittemberg ? Du coup, nous voilà ramenés à la lettre à messire Durey de Meinières. M. de Montesquieu croit à la grâce donnant la foi, mais point à la grâce plus qu'augustinienne nous abandonnant à la prédestination. Il a dit et répété :

« Je ne suis pas théologien. »

Son bon sens, sa liberté d'esprit lui font défense de verser dans le port-royalisme et, *a fortiori*, dans un calvinisme abjuré par les Secondat depuis trois générations avant lui.

287

Un miroir pour Berwick

Un proverbe affirme : « L'amitié vit de contraste. » L'*Éloge* dément l'adage. D'évidence, même du temps que M. de Montesquieu siégeait à la Tournelle, il a bien dû faire pendre et rouer un brin, mais ces arrêts d'un magistrat ne sauraient être comparés en nombre avec les ordres de faire table rase émanant d'un officier général. Il faut le noter, en revanche, le Président, lorsqu'il peint M. de Berwick, semble parfois tracer son propre portrait :

> « Il était surtout exempt de ces fautes sans nombre que commettent continuellement ceux qui s'aiment trop eux-mêmes. Il prenait presque toujours son parti de lui-même : s'il n'avait pas trop bonne opinion de lui, il n'avait pas non plus de méfiance ; il se connaissait avec le même bon sens qu'il voyait toutes les autres choses. Jamais personne n'a su mieux éviter les excès, ou, si j'ose me servir de ce terme, les pièges des vertus : par exemple, il aimait les ecclésiastiques ; il s'accommodait assez de la modestie de leur état ; il ne pouvait souffrir d'en être gouverné, surtout s'ils passaient la moindre ligne de leurs devoirs. [...] »

Et le jeu continue :

> « Il était impossible de le voir et de ne pas aimer la vertu ; tant on voyait de tranquillité et de félicité dans son âme, surtout quand on la comparait aux passions qui agitaient ses semblables. »

Et cette autre notation :

> « Il aimait ses amis ; sa manière était de rendre des services sans rien vous dire ; c'était une main invisible qui vous servait. »

Le Président tend un beau miroir au maréchal de Berwick, et sans avoir l'air d'y toucher, il fait apparaître sa propre image. Il advient qu'il se mente à lui-même. Il écrit :

« Je n'ai jamais connu de chagrin qu'une demi-heure de lecture n'ait dissipé. »

Certains ont cru voir dans cette confidence une marque d'égoïsme, d'insensibilité. Nous n'émettons pas la prétention de le mieux connaître que ses familiers qu'ils appartiennent à son temps ou bien à la dernière partie du XVIIIe siècle et aux deux suivants. Il nous apparaît toutefois qu'il importe de relativiser le mot chagrin. Contrariétés domestiques ou d'ordre pécuniaire, chamailleries administratives, notamment avec le marquis de Tourny, voilà ce qu'il entend par chagrin, mais dès qu'il est question de ses amours, et de ses batailles littéraires, il ne se console point avec tant d'aisance. Encore qu'affectant, comme le duc de Berwick, peint par ses soins, de ne point posséder trop bonne opinion de lui-même, il se porte peu d'estime quand il se juge mais beaucoup quand il se compare. Fort éloigné de mépriser son époque, il la voudrait façonnée et se sait incompris. Il croit planer au-dessus de ses contemporains, et il est tombé de son haut lorsque l'*E.L.* a fait l'objet d'attaques forcenées. Louis XV, le duc de Nivernais, le chancelier d'Aguesseau, M. de Fitz-James ont cru panser la blessure ; elle s'est mal cicatrisée. Pourquoi tant d'allées et venues entre La Brède et la rue Saint-Dominique sinon pour s'étourdir ? S'il ne peut se rendre au château d'Anet où réside, bien assagie, la duchesse du Maine, si, trop handicapé par sa vue, il décline l'invitation de la marquise et bientôt duchesse de Mirepoix dont l'époux nous représente à Londres, et dont nous ne saurons jamais — peut-être — ce que fut l'étendue de leur intimité (pas avec le monsieur, avec la dame) il se rend aux comédies offertes et longtemps jouées par Mme de Pompadour. Certes, Louis XV ne ressent pas le besoin d'être conseillé, toutefois la marquise — on l'a dit — n'est pas étrangère au crédit accordé par le Très-Chrétien au Président. Parmi cent raisons d'admirer M. de Montesquieu, la favorite partage son hostilité pour les austrophobes. L'auteur des *L.P.* n'a barguigné que rarement à remplir ses obligations chez les Quarante. Justement, ils ne se comptent plus que trente-neuf ; M. Nivelle de La Chaussée, père de la comédie larmoyante, s'en est allé rire et pleurer dans l'autre monde. Au XVIe fauteuil se présente M. Jean-Pierre de Bougainville, à l'instar de son frère Louis-Antoine, illustre savant mais encore traducteur de l'*Anti-Lucrèce* de Son Éminence Melchior de Polignac. Cher cardinal, son souvenir, ses précieux entretiens lors du voyage dans les Italies demeurent présents dans la mémoire de M. de Montesquieu. N'est-ce point à ce prince de l'Église qu'il doit, pour partie, sa connaissance du règne précédent ? Avec M. d'Alembert, il votait pour un chapeau, avec M. de Bougainville, il se prononce pour un bonnet et même un archibonnet, le 23 avril 1754. Il n'est pas indifférent de le constater : le Président, avant son dernier séjour à La Brède, et lors de son ultime apparition à l'Académie française, vient de soutenir un catholique pratiquant. Correspondant avec le chevalier d'Aydie, moins célèbre que la circassienne Mlle Aissé, objet de ses amours, mais ami de longue date. S'il prend du marasquin chez Mme du Deffand, ils ne peuvent plus se voir encore qu'ils se regardent avec les yeux d'une amitié confinant à l'amour. M. de Montesquieu s'entretient avec M. de La Condamine et s'enchante de ses récits de voyage. Il fait désembastiller le sieur La Baumelle mais ne peut obtenir de messire de Malesherbes, président de la Cour des aides et directeur de la Librairie, un privilège (une autorisation) de publication en faveur du compromettant huguenot. Un bruit avait couru : le Président aurait brigué la charge d'historiographe lorsque le bonhomme Voltaire partit chez Frédéric II de Prusse. Succéder à l'amant d'Émilie, enfin de la marquise du Châtelet, eût été se placer en position d'infériorité vis-à-vis d'un écrivain dont les ouvrages, selon M. de Montesquieu,

« sont des visages mal proportionnés qui brillent de jeunesse ; Voltaire est un problème ; savoir qui lui ont rendu plus de justice, ceux qui lui ont donné mille louanges ou ceux qui lui ont donné cent coups de bâton. »

La correction administrée par des laquais du chevalier de Rohan est justifiée — ou presque — par Jean Orieux. Autre jugement :

« Il n'écrira jamais une bonne histoire ; il est comme les moines qui n'écrivent pas pour le sujet qu'ils traitent, mais pour la gloire de leur ordre : Voltaire écrit pour son couvent. » (*Mes pensées*, 1, 12/1064-1589/961-1446/919).

M. de Voltaire, conteur, épistolier et même historien vaut mieux que cela, mais M. de Montesquieu n'admettra jamais qu'un fils et petit-fils de notaires, pourtant nobles depuis deux générations, ait renié les siens. De plus, il déteste le côté poseur et les retournements d'un auteur si dramatique qu'il en devient comique, et si le Président tance ses anciens collègues, il ne souffre pas qu'un personnage étranger à la magistrature leur donne des leçons. Bref, selon nous, le baron de La Brède n'a point convoité la charge, échue au demeurant à M. Pinot-Duclos assez avant dans la confiance du Roi pour recevoir un casque de nouvel anobli.

La faveur de messire d'Aguesseau

Messire Henri François d'Aguesseau, chancelier de France, est entré dans l'hiver de son âge. Rien n'arrête sa plume sauf des regrets, entendez des ratures ; s'il va jusqu'au fond, il sculpte la forme. Il refond le code : la jurisprudence et la législation, la procédure, et ce qu'il faut bien nommer, encore que le terme n'appartienne point à l'époque : l'administration.

Bref, nous sommes en présence d'un personnage des plus esprités. Chacun, toutefois, s'interroge sur la nature de sa réaction lorsqu'il aura feuilleté l'*E.L.* Pourquoi ? Le chancelier se révèle non seulement juriste, mais légiste, et cette seconde spécialité consiste, « pour faire court », à tirer le droit vers le Roi. Or, on le sait, le légisme se situe au revers des préoccupations de M. de Montesquieu. Certes, et nous ne cesserons pas de le répéter, loyal sujet mais toujours enclin à défendre les justices seigneuriales. Ne ménageons pas le *suspense*. Lorsque messire d'Aguesseau prendra connaissance de l'*E.L.* il en prescrira la lecture à ses magistrats.

À cela trois raisons. *Primo :* L'intelligence consiste à s'incliner devant le génie. *Secundo :* Le Président rejoint le chancelier quand il préconise un échelonnement plus précis des peines. *Tertio :* Il exclut tout sentiment de vengeance et ne voit dans le rôle de Thémis qu'une fonction nécessaire à l'équilibre des sociétés.

Notons-le au passage : ni l'un ni l'autre ne pressent le trialisme indo-européen de Georges Dumézil : le roi-prêtre-justicier, le guerrier, le paysan. M. de Montesquieu distingue toutefois deux de ces éléments. Le mortier ne l'empêche pas de se souvenir qu'il tient à l'épée ; partant, il considère les rapports entre les laboureurs, les pasteurs et les seigneurs comme un contrat de réciprocité : je te nourris, je te défends. Même Marx, à la tête mal faite mais bien remplie, se fera l'apologiste de la féodalité.

Londres ou Berlin ?

Certes, l'on pourrait lui reprocher de détruire le vieil axiome « Que veut le Roi, veut la loi. » Ce serait exact si la formule ne précisait : « Le Roi en ses conseils. »

Tout théoricien se montre idéaliste ; sans aller jusqu'à la société parfaite, il la voudrait meilleure. Comme bien des écrivains de chez nous, il confond la France, où la légitimité prime depuis 987, et des nations où l'on relève des noms et des quantièmes identiques pour des souverains successifs. Seulement voilà, comme il ne croit point à l'histoire providentialiste, et comme il raisonne en fonction d'un passé lointain pour éclairer l'avenir, il ne le voit pas forcément sous les plus riantes couleurs. Si, contrairement à certains de ses biographes, nous ne le tenons nullement pour un prérévolutionnaire, mais pour un gentilhomme s'interrogeant sur les nécessités de changer de paysage, cela tient au fait qu'il connaît bien notre passé, qu'il appréhende un bouleversement. La France n'a-t-elle pas failli devenir anglaise, espagnole, puis impériale, et Louis XIV tomber du plus prestigieux trône du monde ? Qu'il examine les régimes des voisins ne signifie pas qu'il les veuille voir adopter chez nous. Son faible pour le bicaméralisme anglais nous paraît excessif, mais déjà se profile en Prusse et bientôt dans les domaines héréditaires de l'Archimaison un mal autrement redoutable : le despotisme éclairé, s'annonçant de même en Espagne et au Portugal. Or, le bicaméralisme accorde un excès de contre-pouvoir à deux Chambres, siégeant dans la même capitale, le despotisme, sauf en Espagne (*el Rey* et *los fueros*) n'en laisse aucun. « Entre deux maux il faut choisir le moindre », et c'est pourquoi le Président regarde plus volontiers vers Londres que du côté de Berlin. Oui-da, mais s'il n'était pas nécessaire de se prononcer ? Que rien ne soit parfait chez nous, convenons-en, mais ici s'opposent deux théories (pardon d'anticiper) . Pour certains historiens royalistes, il ne fallait pas bouger (une fois les parlements mis au pas). Il ne s'agit évidemment pas de l'évolution juridique, mais de la nature de la monarchie absolue non arbitraire. Pour Pierre Gaxotte, Louis XV eût amené doucement la nation vers le régime représentatif (préface à *Un ministère réformateur*, de Lucien Laugier). Représenté par les cours supérieures ou par des états généraux permanents ou bien épisodiques ? Quelle que soit la confusion voulue entre les parlements et les intendants, les uns comme les autres réputés de « justice, de finances, et de police », il nous semble clair que M. de Montesquieu n'eût souhaité que des pairs, mais plus nombreux qu'à la Grand-Chambre et aux Communes. Sa méfiance pour les emballements des assemblées l'eût conduit comme tous ses épigones à soutenir un roi-arbitre. Ne l'oublions pas : un régime modéré ne peut être qu'une monarchie héréditaire représentée par un souverain contenu par les lois voulues, acceptées, ou, de toute façon, promulguées par lui.

On connaît la terrible riposte de Louis XV à M. de Lauraguais. Comme le Roi lui demandait :

— Qu'avez-vous fait en Angleterre ?

— Sirc, j'ai appris à penser.

— Les chevaux.

Saurons-nous jamais si le Roi et M. de Montesquieu s'entre-tinrent d'autres sujets que de littérature et du bon fonctionnement de l'Académie ? Ne virons point à l'histoire romancée. Toutefois, qu'il nous soit permis de mesurer la nature du différend. Que le baron de La Brède en ait débattu en compagnie de Mme de Pompadour demeure plus que plausible, mais Louis XV, intimidant parce qu'intimidé, ne favorisait pas ce genre de conversation même si le Président ne se montrait pas contraint, quoi qu'il en ait dit, en présence des seuls sots.

Nous serions tentés comme le marquis de Vauvenargues d'imiter Lucien, et de reprendre le *Dialogue des morts*, mais renonçons à cette facilité. Ce serait une méchante façon d'écrire l'Histoire même si l'échange aiderait à la compréhension. Pour

293

M. de Montesquieu, il importerait de donner, à l'imitation de la Grande-Bretagne, une Déclaration des droits. Déclaration des droits de l'homme ? Certainement pas. Déclaration des droits des Français et des Françaises ? D'évidence. Nous avons déjà souligné l'attachement du Président à la dignité de la femme. Comment une reine peut-elle devenir régente alors qu'aucune dame ne peut occuper un grand emploi, ou tout simplement voter aux élections locales, sauf dans le cas de rares corporations ?

Observons-le au passage, dans certains pays étrangers, les souveraines portent des plaques et des grands cordons. Pas chez nous. Même Anne d'Autriche n'avait jamais ceint le Saint-Esprit, alors qu'elle le décernait. Pour écrire le mauvais français en usage de nos jours, cela compte au nombre des « non-dits » de M. de Montesquieu.

Souhaite-il une constitution au sens laïque du terme ? Qu'il doute du droit divin ne le prouve pas. On pourrait évoquer une monarchie contractuelle, ou mieux consensuelle. Or, pour qu'elle apparaisse telle, elle doit — nous y revenons — présenter une coordination des puissances. Soit, mais lesdits pouvoirs sont-ils autonomes ou procèdent-ils d'une délégation royale ? Sans cesse revient sous la plume du Président l'expression « gouvernement modéré ». Notre nation en bénéficie-t-elle ? La seconde interrogation peut-elle apporter une réponse à la première ? Oui, puisque la monarchie de Louis XV est absolue mais non arbitraire. Seulement, selon M. de Montesquieu, le régime est perfectible. Il se réjouit du non arbitraire mais voudrait moins d'absolutisme. Venant du Roi ? Non, des ministres, et, on l'a dit, d'un éventuel vizir, risque non encouru sous Louis XV. Au vrai, le génie du Président consiste à se mouvoir dans trois dimensions : le passé, le présent, l'avenir. Les cuistres affirmeraient de nos jours qu'il voudrait un plus grand « espace de liberté ». Sans doute, mais au profit de quelles couches de population ? Toutes, mais sans jamais prôner l'égalité, pas même devant la loi ; certes, elle doit s'appliquer à tout le monde, mais, il faut y revenir, pas par les mêmes juridictions. En quoi la conception des pouvoirs, dans l'esprit du Roi, diffère-t-elle de celle du Président ? M. de Montesquieu pense aux droits, et il montre bonne raison. Sa Majesté pense au bonheur, et Elle n'a point tort.

Un livre de chevet

On ne renvoie pas dos à dos l'un des plus grands rois que la France connût jamais, et la plus « prodigieuse machine à penser » (Louis Desgraves). Recherchons donc les motifs séparant ou rapprochant le monarque et la plus belle illustration de son règne. Louis XV déclarera : « Je ne tiens mon pouvoir que de Dieu », et c'est loin d'être une formule. Le Roi le croit fermement, et cette conviction demeure partagée par presque tous ses sujets. Qu'en pense M. de Montesquieu ? À ses yeux, il n'existe pas de décret de la Providence. En revanche, il s'attache à l'institution, ne serait-ce qu'en raison de sa durée. Pourtant, il professe le catholicisme, et demeure royaliste. Oui-da, mais il ne se rattache pas au courant plus tard qualifié d'inséparabiliste. Faut-il croire pour autant qu'il nie les faveurs spéciales conférées au Roi par son sacre ?

On l'a vu lors de son analyse du miracle de saint Janvier, il va jusqu'au bout des causes physiques sans exclure, en fin de compte, le surnaturel. En va-t-il de même pour les onctions de Reims ? Il est sur ce point très difficile de se prononcer. On ne peut qu'émettre une supposition en se fondant sur le caractère sociologique de l'œuvre du châtelain de La Brède. À l'accoutumée, cette science née des *L.P.* ne s'applique pas au souverain, mais son créateur peut avoir tenu ce raisonnement ; qu'importe si Louis XV a reçu des grâces particulières, qu'importe qu'il soit ou non « évêque du dehors », l'essentiel c'est que Sa Majesté Très Chrétienne le croie. Cynisme ? Assurément non. Si le sacre n'est pas à proprement parler un sacrement, il lui ressemble. Pacte avec le Ciel, son contractant ne saurait se dérober à ses engagements, et Louis XV demeure pénétré de ses devoirs.

Que notre hypothèse soit relativiste, c'est exact, mais l'on ne peut nier le résultat. Autre différence de point de vue : M. de Montesquieu fait de la liberté la pierre angulaire de ses travaux. Louis XV admet, et même encourage les libertés. Il tient ce pluriel pour plus positif. Pour lui, la liberté reste une notion abstraite. À ses yeux, le bonheur de ses sujets est plus son affaire que la leur. Non pas qu'il affirme, à l'instar de Frédéric de Prusse : « Tout pour le peuple sans le peuple ». Éclairé, pas éclairé, le despotisme ne lui convient ni par nature ni par opportunité. Simplement, en dépit de son introversion, il juge nécessaire, en bon capitaine, de faire participer l'équipage tout en restant seul maître à bord. L'étrange : Louis XV a parcouru les œuvres de M. de Montesquieu (ou se les est fait lire par la marquise de Pompadour), sans plus, alors que les despotes, Frédéric en tête, le proclament hautement : l'*E.L.* est leur livre de chevet. Certains commentateurs l'affirment : le Président bénéficierait d'un regard planétaire, apparaîtrait comme l'annonciateur du mondialisme, sinon politique, du moins économique. Il montre, c'est vrai, que le commerce intercontinental peut adoucir les mœurs s'il se trouve bien régulé ; ainsi affirme-t-il la primauté du politique sur l'économique, et non l'inverse comme le soutiennent d'excellentes gens l'ayant lu de travers. Louis XV et M. de Montesquieu possèdent en commun le respect de tous les hommes (et de toutes les femmes). Il ne faudrait toutefois pas confondre un personnage analysant l'Histoire et un prince la façonnant. La profonde humanité du Très-Chrétien — souvenons-nous de sa longanimité tant à Fontenoy que tout au long de la campagne des Flandres — ne l'empêche pas de donner, et c'est bien le moins, une absolue priorité tant au prestige de la Couronne qu'aux intérêts de notre pays, c'est-à-dire la même chose. Les obligations du roi de France ne sauraient être comparées à celles du prince de la république des lettres. Louis XV doit compter avec les résistances intérieures ; elles freineraient « l'équipement du territoire ». Il lui faut donc limiter la décentralisation. Chef d'État d'une puissance catholique déchirée entre jansénistes et constitutionnaires, il peut tout juste mettre fin à la persécution des protestants, mais ne peut empêcher le cardinal de Tencin, frère de Claudine, d'interdire les mariages mixtes dont le rétablissement scandaliserait la majorité des Français. Le prélat est imité par les archevêques et les évêques. Il vaut mieux pourtant confesser la Réforme en France que le papisme en Grande-Bretagne. Et les Juifs ? Contrairement à certaines assertions, ils ne sont pas persécutés en Aquitaine, toutefois leur situation est plus enviable en Alsace où les synagogues sont ouvertes, comme Mesdemoiselles de Clermont et de Sens, on l'a vu, n'ont pas manqué de le signaler au Président au retour de leur voyage d'accompagnement de Marie Leszczynska. Les Israélites, il est vrai, ne présentent aucun danger pour l'ordre établi cependant que les réformés, les calvinistes surtout, n'ont jamais pardonné l'édit de Fontainebleau, révoquant celui de Nantes, ou plus exactement la Grâce d'Alès (Alais). Le châtelain de La Brède embrasse-t-il la cause de la liberté de conscience ? Assurément, il déteste les conversions forcées. Il ne pardonne pas aux conquistadores leur cruauté face aux Amérindiens, mais rien dans ses écrits ne permet, sauf, peut-être, les *L.P.*, de soutenir qu'il souhaite plus que la tolérance. Sur ce point, il se trouve en accord avec Louis XV. Le Roi peut-il admettre la coordination des puissances ? Oui et non. Oui, s'il s'agit de concourir au progrès. Non, si, en ses Conseils, il ne conserve pas le dernier mot. Dans le monde entier, sauf la Hollande et quelques principautés germaniques, le pouvoir au XVIIIe siècle demeure d'essence religieuse, et la France ne peut abandonner à l'Espagne, même un rien décadente, le rôle de gendarme de la chrétienté tenu si fâchement jusqu'à l'orée du XVIIe siècle

Une stupéfiante machine intellectuelle

Reste le problème des privilèges ; Louis XV et le contrôleur Machault d'Arnouville ne peuvent parvenir à l'assujettissement du clergé au vingtième, au grand dam du Président. Que le même impôt frappe le deuxième ordre, cela ne saurait le réjouir, pourtant son « civisme » l'amène à se soumettre. Enfin, s'il se montre satisfait de la restitution au Parlement du droit de remontrance, il n'en fait pas, comme ses cadets, une machine de guerre contre la Couronne. On s'interrogera jusqu'à nos jours pour savoir si M. de Montesquieu se montrait progressiste ou néo-féodal. Il soutient les deux causes en même temps. Pour lui, les rapports du seigneur avec ses vassaux présentent la valeur d'un contrat, non pas viager mais héréditaire, et c'est pour cette raison qu'il n'aime pas à voir les terres nobles changer de main, surtout lorsqu'elles vont d'un seigneur à un sieur, en principe (mais en principe seulement) roturier. On l'a vu, dans la pratique, il fait rentrer ses droits, mais il n'en ressuscite point comme ce sera, hélas, le cas sous le règne suivant. Lui, partisan de la repopulation, ne peut le prévoir, les nobles pauvres, par l'action des feudistes et des commissaires à terrier, émettront des prétentions obsolètes afin que de nourrir leur famille nombreuse. Alors ? Un Montesquieu « réactionnaire » et « conservateur » ? La réaction présente un caractère politique, le conservatisme, sauf en Grande-Bretagne, un aspect social. Le Président, moins que François de Salignac de La Mothe-Fénelon, père spirituel de la polysynodie, plus que Louis de Rouvroy, duc de Saint-Simon, fidèle à l'absolutisme, recherche un moyen terme. Politiquement, il se montre progressiste lorsqu'il souhaite des contre-pouvoirs, socialement (l'adverbe n'appartient point à l'époque), il prend de l'avance, nullement antireligieux, il effleure l'anticléricalisme, partant il voudrait voir les ecclésiastiques réguliers, pas séculiers, déchargés de leur rôle d'assistance, selon lui mal assuré. C'est donc vers l'État qu'il se retourne, sans préciser les modalités. Reste qu'il est le premier des écrivains à prôner ce que l'on nomme de nos jours « la solidarité ». Dans ce domaine, il n'est point éloigné du Roi, mais Louis XV, faute d'argent, limite les retraites aux militaires. Ainsi, entre les vœux du Président et la pratique du monarque, l'espace apparaît moins considérable qu'on l'a prétendu. Plus tard, des parlementaires infidèles se réclamant de Montesquieu se lanceront dans un véritable complot contre la Couronne, et Mme de Pompadour les qualifiera tout crûment de républicains. Les cours supérieures, en dépit de leur mauvais vouloir, n'en sont point encore là. On présente souvent la marquise comme le *public relations* de Sa Majesté Très Chrétienne auprès des écrivains ; c'est un peu vrai, toutefois, il ne faut pas suivre M. de Voltaire lorsqu'il écrira : « Au fond, elle était des nôtres. » Rien de plus faux, Jeanne-Antoinette était demeurée bonne chrétienne, et voilà pourquoi elle préférait le Persan de La Brède à l'homme du « Écrasons l'infâme » (la catholicité). Si le XVIIIᵉ siècle avance sur le chemin des libertés (pour le Roi), de la liberté (pour le Président), l'un et l'autre sont d'accord, sans s'être consultés, pour se hâter lentement. Ils connaissent les qualités mais aussi les « pesanteurs » des us et coutumes du royaume. Louis XV, nul n'en disconvient après un siècle et plus de calomnies, bénéficie d'un esprit vif et des plus ornés, le Président, même s'il est tiré tantôt à droite, tantôt à gauche — anachronisme volontaire ; ces notions n'allant venir qu'avec, en 1789, l'affaire du veto —, est habité par le génie. Henri Bergson affirmera : « Le génie, c'est 5 pour cent d'inspiration, 95 pour cent de transpiration. » L'éminent philosophe, juif mais dont on sait qu'il eût demandé le baptême si cette démarche ne fût apparue opportuniste en raison de la présence allemande, dit vrai, encore que l'on puisse discuter son assertion ; le génie, selon nous, c'est une aptitude à embrasser une ou plusieurs disciplines et à la/les faire progresser. Le Président présente deux particularités. *Primo :* L'étendue de ses connaissances dépasse celles de ses contemporains, à l'exception peut-être de M. Fréret et de l'abbé Du Bos. *Secundo :* Il va et vient, faisant tourner sa stupéfiante machine intellectuelle, sans l'ombre d'un préjugé. D'où des allées et venues, mais toujours cohérentes. Telle est la raison pour laquelle il existera toujours des relectures de son œuvre, et surtout des *L.P.* et de l'*E.L.* Loin de nous la pensée de jeter le discrédit sur cette méthode. On observera cependant qu'elle aboutit à des interprétations contraires. Certaines nous paraissent admissibles, telle la critique de Louis XIV et de la Régence (mais pas du Régent). D'autres nous semblent discutables, telle la hantise permanente de l'instauration du régime despotique en France. Une preuve : le Président ne ménage point sa confiance au Roi, mais si l'avenir eût à ses yeux paru sombre, il eût accepté le sous-gouvernement ou même, encore que c'eût été au-dessous de sa condition, le préceptorat du Dauphin. Après tout, M. de Fénelon, d'ancienne extrace, avait bien (?) enseigné le duc de Bourgogne, père de Louis XV. Ici, se posent trois questions. *Primo :* M. de Montesquieu se reconnaît-il le droit d'apporter à Louis-Ferdinand une conception, sinon opposée, du moins différente de celle de Sa Majesté de père. *Secundo :* Le Dauphin, à l'âge tendre, ne bénéficie pas d'une excellente réputation ; il témoigne d'un orgueil luciférien et d'une bigoterie touchant au grotesque. Plus tard, après ses deux mariages — le premier avec Marie-Thérèse d'Espagne, le second avec Marie-Josèphe de Saxe —, il deviendra le prince remarquable que l'on sait, mais, pour l'instant, il en est loin. *Tertio :* Certes, s'il eût accepté la charge d'éduquer l'unique fils de France, le Président eût trouvé le concours de nombreux maîtres, du latin à l'escrime en passant par le menuet. Reste qu'il eût été le superviseur et que « sa culture universelle », pour employer une expression anachronique, ne constitue pas une garantie de bonne fin. Pourquoi ? Parce que le Président, et toute son œuvre en témoigne, sait tout, mais ne traite pas de tout. Il s'étend sur un sujet mais recourt à l'ellipse pour un autre. Niera-t-on ses qualités de pédadogue ? Non, mais lui en doute. Il prétend, même si c'est risible, avoir été mal instruit. Vrai ? Faux ? Un peu de faux, les oratoriens, puis les sorbonnicoles n'ont pas manqué de lui communiquer leur savoir. Un peu de vrai ; lorsqu'il écrit : « Mon âme se prend à tout », cela signifie que dans son inextinguible soif de savoir, il devient autodidacte. Autodidacte ? Pas tout à fait, puisqu'il possède une méthodologie, entendons l'art de savoir apprendre. Une autre raison milite en faveur du baron de La Brède et de Montesquieu. Louis XV le voudrait-il auprès du Dauphin que ce serait une levée de boucliers — si l'on ose dire — de la part, sinon de la Reine, du moins de Mesdames. Songez donc, il est lié d'amitié — *Vade retro Satanas !* — avec Maman P..., entendez la marquise de Pompadour. D'évidence, le Roi porte une immense affection à ses filles, mais sans se laisser dominer par elles, appréhende leurs bouderies. La prétendue dictature de Madame Henriette relève de la fable ; reste que la princesse est entre les mains du clergé le plus intransigeant et le moins éclairé ; peut-être Louis XV et Mme de Pompadour ont-ils reculé devant un diktat des clercs comme pour l'impôt du vingtième. À noter qu'on ne demande l'avis de Marie Leszczynska que par déférence et sans en tenir compte. Autre raison, le baron de La Brède, sauf sa fille Denise, ne comprend pas les adolescents. Comme Pascal, il oppose l'esprit de finesse à l'esprit de géométrie, et c'est le cas avec Jean-Baptiste de Secondat. Nous voyons déjà nos censeurs faire les gros yeux. Pourquoi s'attarder sur un événement puisqu'il n'a pas eu lieu ? Au vrai, l'uchronie demeure une forme de l'Histoire. Nous sommes en droit de le penser : le Président aurait, dans l'œuvre du prince archevêque de Cambrai, séparé le bon grain de l'ivraie. Il eût conservé la vertu, mais chassé l'utopie et mis une sourdine — oh ! petite — aux préjugés nobiliaires : des gentilshommes dans les allées du pouvoir ? Soit, mais pas seulement des grands seigneurs. Quand l'on sait combien le fénelonisme compromettra, *via* le duc de La Vauguyon, l'esprit pourtant très orné de Louis-Auguste, futur Louis XVI, on mesure mieux combien l'abstention de M. de Montesquieu fut préjudiciable au premier des petits-fils de France. Contrairement à la plupart des Lumières, le Président n'apparaît pas comme un homme à système, et il partage avec

Louis XV le pragmatisme sans exclure la volonté politique. Hélas, et il le déplorera, il n'est pas très au contact de la réalité, toutefois, il finit par la cerner. D'où moins d'anglophilie et des préoccupations plus nationales sans renoncer, c'est tout lui, à l'anthropologie générale. À force d'évoquer l'homme et l'œuvre, on se prend de sympathie, sinon d'amitié pour l'un et d'admiration pour l'autre. Qu'on nous permette toutefois de signaler une carence. Livresquement, M. de Montesquieu sait tout… ou presque, mais après les voyages en Europe continentale et en Grande-Bretagne, il a passé son temps entre l'Île-de-France et l'Aquitaine. Lui, champion des libertés, il ne mesure point sur place les nécessités françaises de déconcentration et de décentralisation. Il s'en remet à des ouvrages ou bien à ses correspondants. Ainsi pourrait-on risquer la formule : le Président explore mieux le monde en profondeur que le royaume sur place. Le fait n'est pas nouveau. De nos jours, les salons et les bars regorgent de gens connaissant le Tibet mais pas l'Auvergne. Louis XV n'est pas à l'abri d'un semblable reproche, mais un souverain, même si ses lunettes, assure-t-il, déforment les objets, bénéficie d'une foule d'informations qu'ignore un vigneron herminé.

Un ton poli mais sarcastique

Certes, rien n'est parfait en France, et le monarque ne l'ignore point. On notera pourtant le même goût pour le mouvement, plus pratique chez le Roi, un rien plus théorique chez le Président. Et encore est-ce bien vrai ? Rien n'apparaît plus complexe que les us et coutumes de l'Ancienne France, nommés parfois les constitutions du royaume. Sous l'empire de la nécessité pour le Roi, par un va-et-vient du raisonnement chez M. de Montesquieu, on avance et l'on recule. L'avance, toutefois, l'emporte, car si la république des lettres aime aller plus vite, il en va de même de l'« l'administration ». Hors, peut-être, Claude Helvétius et l'abbé de Mably, apôtre ou semi-apôtre de la « table rase », nul ne veut se hâter que lentement. Les Lumières s'attachent moins à l'art politique qu'à celui de vivre. Cela revient-il au même ? Oui, dans les bourgs, non dans les villes. Hors la secousse donnée par le Système, le progrès va son train. Si des hommes esprités se passionnent pour les sciences, le Roi, le Président, tant d'autres, c'est pour leur trouver un champ d'application. Mais passion pour les sciences ne signifie pas scientisme — dans ce cas ce serait une religion —, et comme chacun le sait, une nouvelle chasse la précédente, c'est-à-dire la véritable. Bientôt, M. de Buffon écrira : « Le style c'est l'homme. » Sans doute, monsieur le comte, mais l'écriture du XVIIIe siècle, du moins dans sa première partie, ne correspond que de loin à la pensée. À l'ampleur majestueuse d'un Bossuet, voire d'un Fénelon a succédé ce ton poli, mais sarcastique, souvent au bord de la dérision. Avoue-le : l'auteur des *L.P.* et de la *Défense de l'Esprit des lois* n'y est pas pour rien. Faut-il lui en tenir rigueur ? En son temps peut-être, car certains personnages engoncés dans leur jabot ne le comprendront qu'à demi, mais la postérité lui donnera raison. S'il continue de nous accompagner, la forme tient parfois presque autant que le fond. Philosophe à ses heures, et à son corps défendant, il ne présente pas les défauts des épigones du XIXe siècle, MM. Sénac de Meilhan, Mallet du Pan, de Rivarol exceptés. Même Mme de Staël, se réclamant de lui, sombrera parfois dans l'obscurité. La raison : l'abus du langage conceptuel venu tout droit de l'allemand. Certes, on eût pu craindre que l'anglais ne jouât quelque rôle fâcheux, mais rappelons que le séjour londonien est postérieur aux *L.P.* et que dans la suite on ne relève rien de brumeux dans les écrits du Président. Il demeure possible de pasticher Saint-Simon (André Ribaud), Voltaire (Benjamin Guitonneau dit Ben, signant Arouet). Pour M. de Montesquieu la partie se révèle plus délicate, à l'exception des *L.P.*, où chaque correspondant possède son style propre et où le récit se développe avec régularité, les autres grands textes se prêtent moins à l'imitation. Pourquoi ? Nous avons effleuré tout à l'heure le motif, surtout sensible dans les *Romains*. L'auteur, tantôt s'attarde, tantôt « accélère » et le rythme devient du même coup imprévisible.

Continuation du même sujet

On s'est souvent préoccupé du nombre de mots utilisés par un écrivain. Ainsi, les plus illustres auteurs dramatiques, Racine y compris, n'emploient guère plus de cinq mille vocables. Il en va de même des romanciers (Mme de La Fayette). Pour les essayistes, le problème se pose différemment. Une analyse historique, sociologique, ethnologique réclame plus de noms propres et singuliers. Quant à la philosophie, elle présente le risque d'employer le même vocable dans une acception différente. Jamais M. de Montesquieu ne tombe dans l'un de ces travers. Il tient à se faire comprendre, mais ne vise point à l'effet. Qu'il s'adresse à Mademoiselle de Blois ou bien à des « chercheurs », il conserve la même sobriété, la même économie de mots. Sauf la renversée de la portée, évoquant, nous l'avons dit, la musique sérielle, on ne relève pas de tics d'écriture alors qu'ils font nombre chez ses contemporains, sauf MM. de Marivaux et Diderot.

Face au premier magistrat de l'univers

Lorsque le Président ne sort pas, la duchesse d'Aiguillon et Mme Dupré de Saint-Maur arrivent rue Saint-Dominique. Elles se plaisent à troubler le travail de leur amphitryon. Il se fâche, elles rient, alors il s'amuse et elles poussent leur avantage en lui rapportant des potins que, par politesse et affection, il juge piquants. Étrangement, alors que Mme de Saint-Maur le désoblige quelquefois par son franc-parler, il s'encolère, oh ! pas longtemps ! contre la duchesse. Au vrai, les deux dames le savent parfaitement : elles n'appartiennent à l'Histoire que pour avoir dorloté M. de Montesquieu. Si elles tirent une traite sur l'avenir, elles souhaiteraient une avance d'hoirie. Quelle avance ? Plus de bons mots à leur portée. Plus d'attention à leur babil. Si belles et bonnes, si prévenantes qu'elles apparaissent, elles ne peuvent le comprendre : un aveugle se renferme en soi-même et doit accomplir un effort pour se conduire en homme normal. De son écriture rendue pataude par la cécité, il trace ces lignes :

« Je distingue une aurore dont je ne verrai pas le soleil. »

Et ces autres :

« Je n'ai plus que deux grandes affaires : l'une de savoir être malade, l'autre de savoir mourir. » (*Mes pensées*, 22, 2-67).

Ce langage nous semble nouveau chez un écrivain guère enclin jusqu'à présent à s'abandonner à l'angoisse métaphysique. Sous quel aspect voit-il le Très-Haut ? Poser la question c'est y répondre ; même du temps qu'il se complaisait en compagnie des hôtes de l'Olympe, et tout en discernant qu'ils représentaient les qualités et les défauts des hommes, ils voyaient en eux des juges. Désormais, la situation se trouve inversée. Le Tout-Puissant a créé les humains à son image. Reste à savoir s'ils ne l'ont pas défigurée. Tout naturellement, l'ancien président à mortier considère qu'il va se retrouver de l'autre côté de la sellette. Pour lui, qu'est-ce que Dieu sinon le premier magistrat de l'univers ? Devant le Grand-Être, M. de Montesquieu se défendra lui-même, et sa plaidoirie pourra tenir en cette seule phase :

« J'ai fait dans ma vie bien des sottises mais jamais des méchancetés. »

Pourquoi le Président est-il plus respecté qu'entendu ?

Les lucioles ou sous-lumières, tout en jouant les esprits libres, voudraient un corps de doctrine, un *vade mecum* pour traverser le siècle. Or, rien ne prédispose le locataire de la rue Saint-Dominique à jouer ce jeu. Sociologue, ethnologue, il indique ce qu'il ne faut pas faire, mais non ce qu'il faut faire. Timidité ? Non, honnêteté. Sa profonde connaissance des hommes et des femmes (sauf des Latino-Américains) le conduit à voir dans leurs ressources un don de Dieu, mais pour autant, s'il incite à la réflexion, il se refuse à devenir un guide. Libre à M. de Voltaire d'aspirer à la royauté de l'esprit. Le Président, lui, demeure le fidèle sujet de Louis XV et n'entend pas se substituer au Très-Chrétien. Il établit le bilan d'un héritage mondial et il lui semble assez considérable pour l'accepter sans la clause : « Sous bénéfice d'inventaire ». M. de Montesquieu, bien que nullement pessimiste — il tient le genre humain pour le plus bel ouvrage de Dieu —, mesure les limites de ses contemporains sans s'accorder le premier rang. Il est trop poli pour se donner les violons de la supériorité. Alors, objecterez-vous, pourquoi sort-il ses griffes ? Ce n'est point sa personne qu'il met en jeu, mais « son œuvre de vignt ans ». M. de Marivaux reflète un peu la pensée de son ami lorsqu'il trace ces lignes :

> « Je voudrais des critiques qui puissent corriger et non gâter [...]. Si la critique est bonne, elle m'instruit, elle m'apprend à mieux faire ; si, au contraire, elle est mauvaise, ou si je la juge telle, franchement, je lève un peu les épaules sur ceux qui la font, je me moque un peu d'eux entre cuir et chair, rire de son prochain c'est toujours quelque chose. »

Nous venons d'écrire : « reflète un peu », mais un peu seulement. M. de Marivaux a souvent vu ses pièces tomber, alors que le Président est allé de succès en succès jusqu'à la querelle de *De l'esprit des lois*. D'où la secrète blessure savamment dissimulée.

Certes, le temps n'est plus qu'un François VI, duc de La Rochefoucauld, ou bien une Marie-Thérèse, comtesse de La Fayette ne signaient pas leurs œuvres, mais chez le Président la part du gentilhomme d'ancienne extrace et celle du littérateur restent malaisées à définir. Le châtelain aime enseigner l'œnologie. Le seigneur demeure à cheval sur les alliances. Le sociologue-ethnologue-historien ne veut pas de disciples alors que les candidats à s'inscrire dans son sillage se comptent légion. Pétri de contradictions, il encourage parfois ses cadets, mais qu'ils insistent et il se mure dans le silence. De ses continuateurs authentiques il n'a pu en connaître qu'un, chez Mme de Pompadour, Gabriel Sénac de Meilhan. Les deux autres balbutient lors qu'il « ressent une difficulté d'être » (Fontenelle) ; Jacques Mallet du Pan atteint six ans, Antoine de Rivarol deux. Il serait malséant d'omettre Jean Le Rond d'Alembert. Que le préfacier de l'*Encyclopédie* n'ait pas possédé deux idées en commun avec le Président ne retire rien au fait qu'il s'instaurera son premier biographe. Sans doute M. d'Alembert est-il rarement habité par le génie, mais il rejoint M. de Montesquieu par sa bonté ; c'est toujours cela ! Jamais, nous n'insisterons assez sur l'égalité d'humeur, la gentillesse, la mansuétude, le caractère exorable, l'infinie compréhension des hommes (et des femmes) du Président. S'il n'évoque point, à l'instar de M. de Marivaux, « son prochain », il l'aime tout autant. Penseur libre, et non pas libre-penseur, il ne se montre sévère qu'à l'égard des idées fausses — nous dirions de nos jours de la pensée unique —, jamais, ou presque, des individus, sauf évidemment s'ils se montrent par trop bêtes.

14

JE DISTINGUE UNE AURORE
DONT JE NE VERRAI PAS LE SOLEIL

Cette aurore, il ne la distingue même plus. Il se heurte aux meubles, à ses quelque dix bibliothèques résillées de laiton, à ses beaux fauteuils parés de soie cramoisie et jusqu'à ses tapisseries en verdure. Inutile de tirer les rideaux jaunes. À quoi bon ? Descend-il encore à l'écurie pour flatter le col de ses trois juments « entre six et neuf ans » ? Les fait-il encore atteler pour traîner son carrosse ? Dans ce cas, il faut le guider pour descendre du premier étage et l'avoir préalablement coiffé — il ne possède que deux perruques —, lui passer l'une de ses trente-deux chemises à jabot et à dentelles, ses bas de soie, ou, plus rarement, ses bottes cambrées ou molles et, enfin, le revêtir de son bel habit rouge et lui ceindre son épée à poignée d'argent. Il vient de donner un préavis à sa gouvernante car il songe à regagner La Brède. Il sort peu ; à preuve, il correspond avec Mme du Deffand, comme lui devenue aveugle. Le goût de ce gentilhomme si souriant étonne. Que de tables, que d'écritoires couvertes de cuir noir. Peut-être a-t-il fait retendre ces meubles, à l'accoutumée revêtus de peau mordorée, lorsqu'il a craint d'y répandre de l'encre par inadvertance. En revanche, on s'explique mal son penchant pour les armoires en palissandre. Certes, l'appartement ne va point sans beauté, mais lorsqu'on écrit « en son hôtel », c'est par courtoisie. Il loue le premier étage composé, selon nous, de sept à huit pièces, pas plus. Comme il nourrit le dessein de s'en aller, il ne prend point garde aux ravages du temps. La literie, par exemple, laisse à désirer.

307

Réformer n'est pas révolutionner

L'une des dernières lettres du Président, lettre dictée à l'un de ses secrétaires — il en employait trois : Jean Darcet, Saint-Marc, et Fitz-Patrick, son préféré — avait trait au devoir d'obéissance pour que les parlements cessent d'entraver le cours de la justice. Si l'on songe que toutes les rébellions à suivre seront menées par des magistrats se réclamant de l'*E.L.*, qu'ils n'ont, le plus souvent, jamais lu, il s'agit d'une affaire d'importance. Au vrai, M. de Montesquieu n'a, de sa vie, souhaité le moindre duel entre la monarchie et le greffe dans lequel ils sombreront tous deux, il s'est seulement contenté de juger les deux institutions indissociables. Nous l'avons dit et redit, mais il faut encore le répéter : Louis XV s'est très tôt pénétré du génie du Président. Que le Roi n'ait point partagé la conception de l'État souhaitée par le plus illustre de ses sujets prête à discussion. Nous sommes en 1756, pas en 1771, et la fronde des grandes robes n'a point encore transformé les messires et les messieurs en conjurateurs. L'étendue des grands esprits ne se mesure pas à des opinions arrêtées. Le Très-Chrétien et le Persan de la Brède ont souventes fois avancé de trois pas avant que de reculer d'un, voire de deux.

Savoir être malade

Le mercredi 29 janvier 1755, il sent « sa machine » moins bien réglée qu'à l'accoutumée. La duchesse d'Aiguillon fait appeler le médecin ordinaire du Président. Le docteur Lorry n'est pas une lumière, et Louis XV n'a pas encore coupé les oreilles des aliborons de la Faculté. Le Diafoirus évoque une « fièvre inflammatoire ». Pareil diagnostic ne l'engage à rien. Deux jours passent, et le thérapeute y va de cet arrêt : « Inflammation d'entrailles ». Au vrai, il s'agit d'une grippe ayant dégénéré rapidement en congestion pulmonaire. M. de Saint-Marc alerte les amis : le chevalier de Jaucourt, le P. Castel, S.J., la famille Fitz-James, le duc, le comte et autres descendants du feu maréchal de Berwick. Bien sûr, la plus adorable des sottes (pas toujours adorable non plus que sotte), la duchesse d'Aiguillon, et la plus charmante des perfides (pas toujours charmante non plus que perfide), Mme Dupré de Saint-Maur se relaient devant le lit du malade, mais il faut espacer les visites des curieux ou des importuns. Le Tout-Paris, et même tout Paris le sait maintenant : un homme illustre, pour écrire comme Plutarque, est sur le point de passer. D'habitude, le Roi n'envoyait jamais prendre des nouvelles que des princes du sang mal en point. Cette fois, Sa Majesté déroge à la coutume et dépêche le duc de Nivernais. Envoyer un grand seigneur, très bien. Choisir l'arrière-neveu du cardinal de Mazarin, parfait. Notre ancien ambassadeur à Rome a, on s'en souvient, obtenu de la curie que la mise à l'index de l'*E.L.* ne fût pas rendue publique. Le maréchal de camp devenu diplomate ne vient donc pas répandre de l'eau bénite de Cour, mais visiter le génial ami qu'il vénère. Quant à Louis XV, il accueille le compte rendu de M. de Nivernais avec tristesse ; ainsi va disparaître la plus haute illustration de son règne.

Il ne suffit pas, dans les actes notariés, d'apparaître comme « haut et puissant seigneur », il faut encore se mettre en règle avec celui qu'un duc et pair ivre de grandeur nomme le gentilhomme d'En-Haut. À quelques mois de sa maladie, le Président avait tracé d'une écriture épaisse, tremblée, ces lignes :

> « Dieu immortel [à la place d'éternel], le genre humain est votre plus bel ouvrage. L'aimer c'est vous aimer, et en finissant ma vie je vous offre cet amour. »

Certes, ce texte, si splendide qu'il nous apparaisse, peut être interprété dans un sens déiste. Au demeurant, M. de Montesquieu l'a naguère soutenu :

> « On nous dit que la religion [catholique] est simple. »

Puis, deux pages plus loin :

> « Dieu est en trois personnes. »

Soit, mais il écrit dans le *Spicilège* (358) :

« On peut dire sur la Trinité : Vous n'avez point idée des esprits. Dieu est un esprit. Ainsi vous ne pouvez savoir, si dans la région des esprits, il n'est pas établi que trois ne font qu'un. Mais on répondrait que quoique l'on n'ait point l'idée de Dieu ni de son âme (le R.P. de Malebranche ne convaincrait point que l'on n'ait point l'idée de Dieu), on a une idée de substance. Est-ce que Dieu est une substance ? Ainsi, il vaut mieux dire simplement que c'est un mystère. »

Il me plaît d'être immortel

Nous l'avons vu, l'auteur de l'*E.L.* place à pied d'égalité toutes les confessions lorsqu'il analyse leur incidence sur les comportements politiques, sociaux, économiques des peuples. En outre, il s'est amusé passablement de fois avec l'Olympe et les génies. Qu'il n'ait pas publié *Histoire extraordinaire* ne l'innocente pas. *H.E.* accrédite la métempsychose, soit, mais a-t-on instruit le procès de Charles Perrault transformant, dans *Cendrillon*, une citrouille en carrosse ? Des fabliaux tel *Merlin* à Baudelaire traduisant Edgar Allan Poe, combien d'écrivains, et non des moindres, se sont accordé le plaisir de donner dans l'irréel. On songe au titre d'un roman de Willy de Spens, *la Part du rêve*. Plaise à M. Pierre Gascar, au demeurant écrivain de race, de présenter son *Montesquieu* comme teinté de calvinisme. C'est son opinion, pas la nôtre. Certes, Jeanne de Lartigues était demeurée protestante, mais le Président aimait ses écus sans embrasser ses convictions. Comment oublier cette véritable profession de foi :

« Si la religion chrétienne n'est pas divine, elle est certainement absurde. Comment donc a-t-elle été reçue par ces philosophes qui abandonnaient le paganisme précisément à cause de son extravagance ? Quoi, ces philosophes qui soutenaient que le paganisme était injurieux à la Majesté divine acceptent l'idée d'un Dieu crucifié, depuis qu'ils avaient appris aux hommes l'immortalité, l'immensité, la sagesse de Dieu. […] Les Évangiles sont publiés, et ils sont acceptés par les pyrrhoniens, qui disent qu'il faut douter de tout, par les naturalistes, qui croient que tout est l'effet de figures et des mouvements, par les épicuriens qui se moquent de tous les miracles du paganisme ; enfin par le monde éclairé de la philosophie. Si l'établissement du christianisme n'était que dans l'ordre des choses de ce monde il serait, en ce genre l'événement le plus singulier qui fût jamais arrivé. (*E.L.* XXIV, 13-••).

Le Président a toujours tenu compte des trois vertus théologales : la foi, l'espérance, et la charité. Il en a peu parlé ? Et après ? Il ne s'était point assigné ce rôle. Que sa foi (c'est une grâce) ait parfois vacillé, assurément, mais s'est-il départi de l'espérance (du salut) ? Non.

« Il me plaît d'être immortel. » (Spicilège).

Quant à la charité, débaptisée par l'abbé de Saint-Pierre en philanthropie, il l'a toujours pratiquée, tant dans son sens de vertu théologale que dans celui d'aumônes. Et cette raison l'a conduit à se lier avec Claude Helvétius, athée mais ouvrant sa bourse aux pauvres, et même à M. de Marivaux lorsque l'auteur du *Jeu de l'amour et du hasard* voyait tomber l'une de ses pièces.
Puisque nous évoquons le plus bel homme de théâtre du siècle, il est clair que sa foi ne connut pas les atteintes du doute. Et ce n'est pas le cas de notre Persan. Lorsque l'on voit arriver la Camarde, et que l'on va de la conscience au délire, et du délire à la conscience, vous reviennent des images d'antan. Mieux ou pis, elles l'emportent en précision sur celles de naguère. Le baron de La Brède et de Montesquieu, président à mortier, s'efface devant Charles-Louis de Secondat, devant le petit bonhomme trottinant vers l'école voisine du domaine ancestral, devant l'adolescent gasconnant à Juilly, puis dans ce grand collège s'initiant au latin, à l'histoire, aux sciences : c'était du temps que ses maîtres accordaient la plus haute importance aux Saintes-Écritures, du temps que les oratoriens ne dérivaient pas vers le jansénisme.
Le jeune Charles fut élevé dans une religion souriante, et quand elle a cessé de l'être, le gentilhomme a préféré les jésuites aux messieurs de l'Oratoire. Alors nous objecterez-vous : il voulait un

dogme sur mesure. Il est vrai : il ne s'est jamais accommodé du prêt-à-porter non plus que du prêt-à-penser.

Il s'enquiert de l'identité de ses visiteurs quand il ne les reconnaît point à la voix. M. de Saint-Marc lui énumère la liste des gens ayant fait antichambre ; parmi eux M. Lallemant, curé de Saint-Sulpice :

— Comment dites-vous cela ? Recommencez.

Le secrétaire reprend ; quand il cite à nouveau le doyen de l'église dont dépend la rue Saint-Dominique, le Président se fâche, intime l'ordre à ses laquais de faire pénétrer dans sa chambre M. le curé, qu'il se présente durant le jour ou la nuit. Le lendemain de l'algarade, l'ecclésiastique est conduit auprès du malade.

M. LALLEMANT. — Monsieur le Président, y a-t-il quelque homme de confiance dont vous voulez vous servir ?

M. DE MONTESQUIEU. — Dans ces sortes de choses, il n'y a point de personne en qui j'ai plus de confiance qu'en mon curé ; cependant, puisque vous me laissez la liberté, il y a une personne dans Paris à qui je me confie beaucoup, je vais l'envoyer chercher. Qu'on me porte le Saint Sacrement après que je me suis confessé.

Un laquais court quérir le R.P. Louis Bertrand Castel dans sa jésuitière. C'est un ami si proche qu'il écrira :

« De tous temps, nous avions un langage unique entre nous. Nous n'avions presque pas besoin de nous écrire et de nous parler pour nous entendre. »

Soit, mais si un malheur n'arrive jamais seul, un S.J. non plus. Ou, plutôt si pour le vulgaire mais pas lorsqu'il s'agit du baron de La Brède et de Montesquieu. Ne blâmons pas le P. Castel. Les esprits forts, M. de Voltaire en tête, n'ont pas manqué de créer une réputation de mécréant au plus illustre des académiciens — *testis unus, testis nullus* —, et, en outre, l'affection du P. Castel pour le Président eût permis à tout le joli monde des déistes, panthéistes et autres athées de mettre en doute la foi catholique (car chrétienne serait trop peu dire de l'alité de la rue Saint-Dominique). Telle nous apparaît la raison de la présence du P. Bernard Routh aux côtés de son confrère. L'allégation de l'abbé de Guasco, loin de Paris à ce moment, selon laquelle le P. Routh aurait profité d'un instant d'absence de Mme d'Aiguillon pour tenter de s'emparer des *L.P.* et de l'*E.L.* pour les « épurer » ne tient pas. *Primo :* Toutes les bibliothèques de l'appartement étaient fermées à clef. *Secundo :* La duchesse, constatant à son retour une tentative d'effraction, l'aurait criée sur les toits.

Comment est l'espérance à la crainte

Si l'on en croit le P. Routh, le Président aurait promis (s'il se rétablissait) de faire ses Pâques et d'amender certain de ses écrits. Sur le premier point, pas de doute, sur le second, nous pouvons nous montrer plus circonspects. Non pas que le fils de saint Ignace ait fait preuve de mauvaise foi, mais il peut avoir pris ses désirs pour des réalités. On le sait : les jésuites, naguère indulgents, le disputent désormais aux prêtres jansénistes en sévérité de crainte de se voir accuser par les port-royaliens de « laxisme ». Autrement plus sûr doit être considéré le témoignage de Mme d'Aiguillon. Nullement hostile aux jésuites, elle se souviendra des propos de l'agonisant :

— Je veux tout sacrifier à la raison et à la religion mais rien à la Société [de Jésus]. Consultez mes amis et décidez si ceci doit paraître.

Et de remettre ses manuscrits — et non les œuvres publiées — à la duchesse et à Mme Dupré de Saint-Maur. De quels textes s'agit-il ? Plus que probablement d'*Histoire extraordinaire*, du *Spicilège* et de *Mes pensées*.

Le moribond ajoute :

— J'ai toujours respecté (et non professé la religion :) la morale de l'Évangile est une excellente chose et le plus beau présent que Dieu pût faire aux hommes.

Certes, nous trouvons dans ce propos un relent de déisme, ou plus exactement un rien de maurrassisme avant la lettre. Le Président parle de *morale* et non de *révélation*. Importe-t-il de pousser aussi loin l'exégèse ? Encore une fois, M. de Montesquieu se meurt et il est en droit de ne plus peser ses mots.

L'un des deux pères S.J. étant allé prévenir M. Lallemant que leur pénitent s'était confessé, le curé de Saint-Sulpice, suivi de quatre des vicaires, arrive rue Saint-Dominique avec les saintes huiles et le ciboire contenant l'eucharistie à 3 heures de relevée. La visite n'a pu passer inaperçue. En ce temps-là, un enfant de chœur faisait tintinnabuler sa clochette et les passants s'agenouillaient devant le viatique.

M. LALLEMANT. — Croyez-vous que c'est là votre Dieu ?

M. DE MONTESQUIEU. — Oui, oui, je le crois.

M. LALLEMANT. — Faites donc un acte d'adoration

Alors le Président trouve la force d'ôter son bonnet. Il communie avec dévotion et reçoit ce que l'on ne nommait pas encore (cela date de Vatican II) « le sacrement des malades ». Il ne parle plus que pour assurer au médecin comment est l'espérance à la crainte. Traduisons : l'espérance du Salut vaut mieux que la crainte de l'enfer.

Dix-huit heures après l'extrême-onction, le lundi 10 février 1755, la plus rayonnante lumière du siècle s'éteint.

Mme d'Aiguillon notera :

« La douceur de son caractère s'est soutenue jusqu'au dernier moment. Il ne lui est pas échappé une plainte, ni la moindre impatience. »

La duchesse, Mme Dupré de Saint-Maur, le secrétaire Fitz-Patrick s'attellent à la rédaction du faire-part :

« Vous êtes prié d'assister au convoi funèbre de haut et puissant seigneur Charles de Secondat [manque écuyer mais cela va de soi] baron de Montesquieu et de La Brède [l'ordre est inversé] seigneur de Raymond, Goulard, Bisqueytan et autres lieux, ancien président à mortier au parlement de Bordeaux, l'un des quarante de l'Académie française, des sociétés royales de Londres, Berlin, etc., décédé en son hôtel, rue Saint-Dominique ; qui se fera aujourd'hui mardi 11 février 1755, en l'église de Saint-Sulpice sa paroisse. Un *De Profundis*. »

314

La légende selon laquelle, seul de tous les écrivains, Denis Diderot aurait suivi le corbillard, tient à une lettre de Jean-Jacques adressée à M. Perdriau, en date du 20 janvier :

« J'étais à la campagne quand il mourut, et j'appris que de tous les gens de lettres dont Paris fourmille, le seul M. Diderot avait accompagné son convoi. Heureusement, c'était celui qui faisait le moins apercevoir l'absence des autres. »

D'abord, « c'est l'homme qui a vu l'homme qui a vu l'ours ». Ensuite, Jean-Jacques règle des comptes. Comment l'Académie n'aurait-elle pas dépêché son secrétaire perpétuel, son directeur en exercice, son chancelier du moment ? Qu'âgé de quatre-vingt-dix-huit ans, M. de Fontenelle ne se soit pas déplacé, soit. Que le comte de Tuffière (Buffon) ait alors résidé en son château de Montbard, nous l'admettons. Que M. Gresset fût dans sa chère Amiens, excusé. Que M. Dupré de Saint-Maur se soit dérobé pour éviter son épouse (?) dont on sait qu'elle passe pour avoir été la maîtresse du défunt, encore oui. Que le duc de Nivernais ait été retenu en Cour, c'est peu probable. Quant à Jean-Pierre de Bougainville, il était sûrement là, de même que M. de Vauréal, si souvent rencontré chez Mlle de Charolais. M. d'Alembert, même s'il n'aime pas trop les églises pour avoir été abandonné sur les marches de l'une d'elles, aurait-il failli devant semblable obligation ?

Enfin, Jean-Jacques ne nous fera point croire à l'absence de M. de Marivaux, au bras ou non de Mlle de La Chapelle-Saint-Jean.

Le Genevois serait-il un menteur ? Pas vraiment, mais il prend ses désirs pour des réalités : il veut que le plus « engagé » des gens de lettres ait été seul aux funérailles, manière d'annexer le Président. L'honnête Charles-Marc Des Granges croira Rousseau sur parole, il écrira : « Le siècle n'était pas encore en marche. » Or, bien que Louis Althusser déclare aventureusement : « Il [M. de Montesquieu] avait ouvert les voies », c'était, convenons-en, celles des Lumières, mais pas celles de la lanterne.

On a cru longtemps la tombe de M. de Montesquieu dans la division Bagneux du cimetière de Saint-Sulpice — actuelle rue

Jean-Ferrandi. Non, le Président fut inhumé dans la chapelle Sainte-Geneviève de l'église. La façade était achevée par Servandoni ainsi que la tour du sud par Maclaurin. En revanche, la tour du nord ne sera que bien plus tard (1777) élevée par Chalgrin. À la fois souriant et majestueux, romain par sa façade, baroque par son chevet, l'admirable édifice n'aurait pu que plaire à M. de Montesquieu hostile, comme on le sait, au gothique.

Mme d'Aiguillon, plus affectueuse qu'espritée, adresse une requête à M. de Voltaire : qu'il délivre l'épitaphe. Si sa réponse à la duchesse n'est pas parvenue jusqu'à nous, nous connaissons sa lettre à Nicolas-Claude Thierot, en date du 9 mai 1755, et postée des *Délices* près de Genève.

> « Mme la duchesse d'Aiguillon m'a commandé quatre vers pour M. de Montesquieu comme on commande des petits pâtés ; mais mon four n'est point chaud ; et je suis plutôt sujet d'épitaphes que faiseur d'épitaphes : d'ailleurs notre langue avec ses maudits verbes auxiliaires est fort peu propre au style lapidaire. Enfin l'*Esprit des Lois* en vaudra-t-il mieux avec quatre mauvais vers à la tête ? Il faut que je sois bien baissé puisque l'envie de plaire à Mme d'Aiguillon n'a pu encore m'inspirer. »

Trêve de coquecigrues. L'amant de la marquise du Châtelet le sait : une épitaphe est le plus souvent rédigée en latin, langue qu'il maîtrise parfaitement, mais il en a toujours voulu, tant à Louis XV qu'au public, de l'avoir pris pour un amuseur en regard du Président, de plus, il ne souhaite pas voir un texte de sa minerve figurer dans une église. Le lézard est enfin débarrassé du chat. En revanche, le baron de Grimm, Charles Bonnet, M. de Réaumur, Jean-Jacques manifestent leur douleur. Rousseau, objecterez-vous, écrit passablement de bêtises. Oui-da ! Mais il les écrit si bien ! La carrière terrestre du Président a-t-elle pris fin ? Certes, il nous a quittés, pourtant il sera présent tout du long du XVIIIᵉ siècle et surtout du suivant, voire du nôtre.

On ne saurait prendre congé de M. de Montesquieu, son génie nous éclaire encore.

LIVRE II
L'HÉRITAGE

1

SINUOSITÉS ET SILLAGES
DE LA PENSÉE MONTESQUIENNE

Les longues robes en rébellion

À peine M. de Montesquieu reposait-il sous les voûtes de Saint-Sulpice qu'une nuée de médiocres, parfois méchants, se mirent à parler pour lui. Il avait souhaité le dépôt des lois, les parlementaires — pas tous, grâce à Dieu — allaient opposer la loi et le Roi.

Toute sa vie, le Président avait condamné le jansénisme et son corollaire l'ultra-gallicanisme, et voilà que les tenants de ces semi-schismes se prirent à l'invoquer, sinon pour renverser le trône, du moins le réduire aux dimensions d'une chaise. C'est en lisant de travers, de travers volontairement, l'*E.L.* que M^e Le Paige, bailli du Temple et les abonnés aux *Nouvelles ecclésiastiques* se déchaînent contre — pas Louis XV, ils n'osent pas — mais contre les édits pris en ses Conseils, et cela revient au même. Certes, le Président l'avait bien démontré : la loi naturelle préexistait au droit romain et aux coutumes du royaume, mais de cette forte étude des gens déduisent que les cours sont souveraines. Le Roi réplique : elles sont seulement supérieures.

S'élabore la théorie selon laquelle les parlements sont antérieurs à la monarchie. Laquelle ? La mérovingienne, les plus fous l'assurent. La carlovingo-robertienne ? C'est un peu difficile à gober. La capétienne ? Nous y voici. Or, M. Aimé Bonnefin fera justice de cette contre-vérité : les premiers rois de la troisième race assemblent une Cour, puis la dédoublent : la *curia regis* pour le politique, le financier et le militaire, la *curia regis in parlemento* pour le judiciaire. Telle est, on l'a dit, la raison pour laquelle le mot *Cour* désigne à la fois les gens du Louvre, puis de Versailles, et ceux du palais. Les dates de création des treize parlements (sans compter les quatre Conseils souverains : Alsace, Roussillon, Artois, Corse) s'étalent de Paris par Louis IX en 1258, à Nancy par Louis XVI en 1775. Donc, pas d'antériorité du greffe sur la Couronne, mais en maintenant cette fiction, certains porteurs d'hermine soutiennent une autre affabulation : la théorie des classes, non point la guerre entre icelles, leur unité ; les cours ne formeraient qu'un seul corps. Louis XV réplique, le lundi 3 mars 1766, par la séance de flagellation :

> « Je ne souffrirai pas qu'il se forme dans mon royaume une association qui ferait dégénérer en une confédération le lien naturel des mêmes devoirs et des obligations communes, ni qu'il s'introduise dans la monarchie un corp imaginaire qui ne pourrait qu'en troubler l'harmonie ; ... Si elles [les cours] entreprenaient d'anéantir par leur seul effort des lois enregistrées solennellement, si enfin, lorsque mon autorité a été forcée de se déployer dans toute son étendue, elles osaient encore lutter en quelque sorte contre elle par des arrêts de défense, par des oppositions suspensives ou par des voies irrégulières de cessation de service ou de démissions, la confusion et l'anarchie prendraient la place de l'ordre légitime et le spectacle scandaleux d'une contradiction rivale de ma puissance souveraine me réduirait à la triste nécessité d'employer tout le pouvoir que j'ai reçu de Dieu pour préserver mes peuples des suites de ces entreprises. »

La semonce ne suffit pas, et les grandes robes continuent de paralyser le cours de la justice et les rentrées d'impôts. La crise prend un caractère aigu lorsque Rennes veut mettre sur la sellette le commandant en chef de Bretagne, Emmanuel-Armand d'Aiguillon, mais oui ! le fils de « la suzeraine ». L'union des classes vole en éclats. M. d'Aiguillon, duc et pair, et comme tel membre de la Grand-Chambre de la cour de Paris, ne peut être jugé que par la plus haute instance du royaume. Les messires et les messieurs condamnent (plus ou moins) le représentant du Roi, c'est-à-dire le Roi lui-même. Jugeant la plaisanterie un peu forte, Louis XV casse l'arrêt et finit par multiplier les cours supérieures afin que de diminuer leur immense ressort. Sa Majesté donne à ses sujets la gratuité de la justice, le 27 avril 1771. Désormais, les juges jugeront et ne politicailleront plus. Certes, ce n'est pas du goût de tout le monde, et même le bon duc de Nivernais ne reconnaît pas le parlement Maupeou, du nom du chancelier artisan, avec le souverain, de la révolution royale.

Louis XVI, sous l'impulsion du comte de Maurepas, transforme le parlement Maupeou en Grand Conseil et rétablit les anciennes cours avec quelques limitations. Comme l'agitation reprend de plus belle, et que M. de Maurepas, vieil ami de M. de Montesquieu, n'est plus, le Roi met en garde les anciennes cours, et le garde des Sceaux, M. de Lamoignon, s'apprête à revenir au parlement Maupeou, mais contre l'assurance que soit accordé l'emprunt de quatre cent quatre-vingts millions nécessaire pour combler le déficit dans les cinq années à venir, les longues robes sont pardonnées. Elles ne s'en montrent guère reconnaissantes, et il faut assiéger le palais pour que se rendent deux conseillers frondeurs, MM. Goulard de Montsabert et Duval d'Eprémesnil. Louis XVI, en lit de justice, institue une cour plénière chargée de l'enregistrement des lois et de la répartition des impôts. L'échec de l'Assemblée des notables, l'amputation de 50 pour cent des coupons de la rente amènent M. de Loménie de Brienne, archevêque de Sens, à s'en aller coiffé du chapeau. M. d'Eprémesnil, comme trente années auparavant « ce fou de Belle-Isle », réclame la réunion des états généraux. Promis pour 1792 (c'eût toujours été cela de gagné), ils sont fixés à 1789. Bien sûr, une hirondelle ne fait pas le printemps, non plus qu'un nuage l'orage, toutefois Louis XVI et son nouveau garde des Sceaux, messire François de Paule Barentin, eussent dû prêter attention aux états du Dauphiné. Réunis au château de Vizille, ils s'étaient fait élire les trois ordres confondus. Faut-il le rappeler ? Le Président en préconisait deux : premier et deuxième ordres ensemble, troisième séparé. Rien ne prouve, en dépit de l'exploitation de l'un de ses textes par l'abominable John Carteret, qu'il les ait voulu législateurs. La popularité du vieux Parlement demeure au zénith ; elle tombe d'un seul coup lorsqu'il se prononce contre le doublement du tiers, peu dangereux si l'on s'en tient au vote par ordre, encore qu'il faille tenir compte des soutanes vertes, entendons les prestolets. Le plus étrange, c'est que les cours supérieures ne seront jamais supprimées officiellement ; elles seront seulement suspendues, le 6 novembre 1789. Bientôt, pas tout de suite, le mot *parlementaire* va prendre une nouvelle acception. Le Président eût-il admis le coup de majesté de Louis XV ? Oui, quant à la restriction des ressorts ; il rendait l'exercice de la justice plus rapide. Non, quant à la limitation des remontrances ; il était trop soucieux de coordination des pouvoirs, et surtout des contre-pouvoirs. N'évoquons pas les mesures prises par Louis XVI ; l'influence de Montesquieu est éternelle, mais lui ne l'était pas. Il aurait atteint cent ans en 1789, et tout le monde n'est pas M. de Fontenelle.

Un Montesquieu chez les Godons

Il part pour le Nouveau-Monde, revient, se réembarque en mai 1782 sur la frégate *La Gloire*. Son colonel : le comte Louis-Philippe de Ségur, fils aîné du ministre secrétaire d'État à la Guerre. Son compagnon de voyage, et durant sa deuxième campagne américaine : Francesco de Miranda dont on sait qu'il deviendra le premier des *libertadores*. La rencontre est piquante si l'on songe à l'aversion du Président pour la colonisation hispano-lusitanienne.

Il sert sous le lieutenant général de Rochambeau, et son comportement durant la guerre d'émancipation américaine lui vaut de passer colonel et de recevoir, sans doute par le truchement du marquis de La Rouërie, puisque le grade obtenu lors de son retour en France a précédé la décoration, l'ordre héréditaire de Cincinnatus, et que le marquis, bientôt fondateur de l'Association bretonne, entendez la formation des cadres de la chouannerie, est alors chargé par le Congrès de lui signaler les officiers supérieurs et généraux méritant cette distinction. En 1791 le baron d'abord colonel en second du régiment de Bourbon, puis en premier de celui de Combre gagne les provinces belgiques ou Pays-Bas autrichiens et s'engage dans l'armée des Princes. La Providence fait bien les choses. Ainsi M. de Miranda, désormais en flirt avec les Girondins puis guerroyant sous le lieutenant général Dumouriez, ne s'est point trouvé face à face avec le colonel baron de Montesquieu ; cela pourtant n'a tenu qu'à deux fois rien : une fantaisie d'état-major. En effet la mauvaise volonté prusso-impériale empêcha les compagnies émigrées de se battre autour du moulin de Valmy. À la dissolution de ce corps, il « rempile » aux cocardes noires, régiments soldés par les Hautes Puissances (de Hollande). Il sert sous le duc de La Châtre, le duc de Laval-Montmorency, puis — mais c'est moins assuré — lord Moira. L'on sait combien les armées de l'émigration sont pauvres et réduites. Ainsi, tout donne à le penser : le colonel remplit les fonctions de lieutenant, voire de sous-lieutenant. Cela se confirme lors de la descente de Quiberon, puisque l'on ne trouve pas de régiment à son nom. Il sort de l'enfer de la presqu'île, repassant sur un vaisseau du commodore sir John Warren, en Angleterre. Refusant de solliciter sa radiation de la liste des émigrés, il demeure sur sa bonne terre de Bridge-Hall, non loin de Canterbury, épouse une jolie Britannique réunissant sacs et parchemins. La Restauration venue, il rentre à Paris. Ses services et son nom méritent la pairie. À la place de Louis XVIII, nous l'eussions créé duc. Enfin, l'on ne saurait penser à tout. Ne pas figurer à la Chambre haute, c'est un peu fort de café. En conséquence, le colonel, lesté tout de même du grade de lieutenant général honoraire, retourne au pays du thé. Comme il vit dans le culte du génie de La Brède, il détient nombre de ses inédits. Le détail vous semble mince ? Faites excuse, mais vous allez voir que non. Il dispose du *Voyage en Angleterre*. Qu'en fait-il ? Il le jette au feu, en 1818, et ne laisse subsister que la douzaine de pages de *Notes sur l'Angleterre*. Le Président aurait-il narré quelques-unes de ses fredaines outre-Manche ? Possible, mais l'essentiel ne réside point là. Grand-père a sûrement, plus encore que dans le *Spicilège*, souligné les défauts, voire les vices de ses hôtes, le côté faites ce que je dis, pas ce que je fais. Moralité : le Président se montrait moins anglomane, moins anglophile qu'on ne le pensait.

Nul n'est prophète en son pays

La légende d'un Ancien Régime immobile relève de la plus haute fantaisie, quand ce n'est point de la mauvaise foi. Paradoxalement, la bête noire de l'auteur de l'*E.L.*, « ce fou de Belle-Isle », est le premier, on l'a vu, à solliciter de Louis XV la convocation des états généraux. Le Roi, non sans d'excellentes raisons — nous étions en pleine guerre de Sept Ans, et la fronde parlementaire commence de tourner au complot contre la sûreté de l'État — fait la sourde oreille aux propos du maréchal duc. Au demeurant, M. de Montesquieu s'était attaché expressément à cette convocation. En revanche, encore président à mortier, il avait adjuré ses confrères du parlement de Bordeaux de rendre plus rapidement la justice, et son vœu est exaucé par la réforme du chancelier de Maupeou démultipliant les cours supérieures et réduisant de ce fait leur ressort.

Lorsque messire de Malesherbes est appelé par Louis XVI, le président de la Cour des aides explore infatigablement les prisons pour libérer les incarcérés par lettre de cachet. Le Persan de La Brède avait toujours, à tort selon les uns, avec raison d'après les autres, dénié au souverain le droit de s'ériger en grand justicier. Louis XV veut rendre un état civil aux réformés et charge le président du Grand Conseil, Pierre Gilbert de Voisin, d'établir le texte de l'édit. Le Bien-Aimé, malgré l'entregent du cardinal de Bernis, notre ambassadeur à Rome, ne peut l'emporter sur les préventions du Vatican. Louis XVI se heurte à son tour à la curie, mais il émancipe les séphardim et officialise la liberté des ashkénazes. Mieux, il abolit la gêne extraordinaire en 1780 et l'ordinaire en 1788.

Celui que Jacques Bainville surnommera *Télémaque XVI* a, et c'est une plus saine lecture que M. de Fénelon, largement puisé dans l'*E.L.*. L'archevêque de Toulouse Loménie de Brienne, chargé de remettre de l'ordre dans le clergé, ampute les revenus de nombre d'abbayes. C'était le rêve du Président. Moins bien, mais c'est encore du Montesquieu, la noblesse parfois pauvre — et parfois riche — fait revivre des droits féodaux tombés en désuétude en se donnant des feudistes ou des commissaires à terriers (dont François Babeuf !).

Les institutions des États-Unis d'Amérique

Le Président l'avait prévu, mais moins précisément que Louis XV, les colonies anglaises d'Amérique se détacheraient du Royaume-Uni. Louis XVI, pour détourner une guerre continentale à propos de la succession de Bavière, pour en finir avec la maison de Hanovre car, en vrai Bourbon, le Roi demeure jacobite, lance une armée et quatre escadres au secours des *Insurgents*. Le comte de Vergennes entraîne l'Espagne et la Hollande à nos côtés. Après une guerre épuisante, moins en hommes qu'en or, lord Cornwallis, non sans une héroïque défense, capitule à Yorktown. Devenus libres, les anciens sujets de George III doivent se donner des institutions.

La Déclaration des droits apparaît bien plus complète que celle dont Guillaume III avait doté la Grande-Bretagne en 1688, et dont M. de Montesquieu notait l'importance *(Spicilège)*. Certes, le président des États-Unis prête serment sur la Bible, mais quiconque ne peut être inquiété pour ses opinions religieuses ou politiques.

À la liberté de pensée, de la presse, d'association, s'ajoute celle pour tout un chacun de porter des armes. Hum ! Hum ! Le résultat de cette disposition n'offre point les meilleurs résultats. La structure des États avait été si mal définie en 1787 qu'il fallut bien en venir à l'élaboration d'un pacte constitutionnel. Alors, allait se dérouler un duel entre trois morts. Montesquieu est représenté par Alexander Hamilton, Diderot, et Rousseau le sont par Thomas Jefferson. Paradoxalement, Mr. Hamilton ne possède pas d'esclaves, est un enfant naturel venu de l'île de Nevis (une des petites Antilles), Mr. Jefferson est un enfant légitime né en Virginie, à Sadwell. Il possède de nombreuses plantations où triment des Nègres. Il accorde sa confiance au petit peuple, s'en remet en tous les domaines aux humbles, veut une très vague confédération, n'admettra nul État en monarchie, entend faire des U.S.A. une puissance agricole. Jusque-là, rien de très inquiétant, mais Mr. Jefferson plaide aussi pour une Chambre unique. Le riche donne dans la démagogie. Le pauvre est gentilhomme jusqu'au bout des ongles. Il veut que l'on accorde au président, le terne Washington, le prédicat de Sa Majesté, que soit consolidée l'autorité fédérale sans porter préjudice à l'autonomie interne des

États, que soit instituée une banque nationale, que soit intensifiée la production industrielle, que le Parlement soit composé de deux Chambres, la haute à raison de deux sénateurs par État, la basse de représentants au prorata de la population.

Sur un unique point les deux rivaux tombent d'accord ; seuls voteront les propriétaires.

Nous venons de gratifier de « terne » George Washington. Cela peut se discuter. S'il avait, comme chef de milice au temps de la Nouvelle-Angleterre, assassiné le capitaine français de Jumonville et reconnu son crime devant le frère du malheureux, le capitaine de Villiers, il s'était depuis lors assez gentiment battu, et, l'orgueil national aidant, il était tenu pour un soldat passable. Sans les comtes de Rochambeau et de Grasse, les marquis de La Rouërie et de La Fayette, il n'eût jamais gagné la guerre, mais la sagesse est venue avec l'âge et il appuie Mr. Hamilton. Bref, M. de Montesquieu l'emporte sur Denis Diderot et Jean-Jacques. Évidemment, il manque la monarchie successive, et c'est énorme, mais l'ordre de Cincinnatus sera héréditaire pour les descendants des officiers généraux, des colonels ou des capitaines de vaisseau français, espagnols, hollandais et... américains. Cela n'est point la noblesse mais cela lui ressemble.

Enfin, la Cour suprême, la coordination des puissances exécutive, législative, judiciaire sortent tout droit de l'*E.L.* La démocratie ne coule point à pleins bords, elle demeure tempérée comme dans la Grèce et la Rome antiques.

2

BONNE ET FAUSSE MONNAIE

Le Président ou l'abbé de Mably ?

Les états généraux s'étant autoproclamés Assemblée constituante, les députés commencent par s'atteler à la *Déclaration des droits de l'homme*. Elle servira de prologue à la Constitution. On a dit et répété que les constituants l'emportaient en savoir et en modération sur les membres de la Législative, et, à plus forte raison, sur les conventionnels. Maurras, seul des philosophes de l'Histoire, ne partagera point cet avis. Vrai pour les comités paralysant l'action du Roi. L'est-ce encore dans la rédaction des textes réputés, de nos jours, fondamentaux ?

Le préambule place ladite Déclaration « en présence et sous les auspices de l'Être suprême ». Ainsi, en voilà pour tous les goûts, sauf celui des athées. C'est du Spinoza, du Voltaire. Pas du Montesquieu non plus que du Diderot. Pas du premier : il croyait en la Sainte Trinité. Pas du second : il ne croyait à rien.

L'article Ier semble de la minerve du marquis de La Fayette :

« Les hommes naissent et demeurent égaux en droit : les distinctions sociales ne peuvent être fondées que sur l'utilité commune. »

C'est conforme à l'*E.L.*

Article II :

« Le but de toute association politique est la conservation des droits naturels et imprescriptibles de l'homme. Ces droits sont : la liberté, la propriété, la sûreté et la résistance à l'oppression. »

Article III :

« Le principe de toute souveraineté réside essentiellement dans la nation ; nul corps, nul individu ne peut exercer d'autorité qui n'en émane expressément. »

Essentiellement apparaît restrictif, mais se trouve contredit par *expressément*. Le premier adverbe ménage la prérogative royale. Le second y porte atteinte. Quoi qu'il en soit, une proposition contradictoire ne saurait être inspirée par le Président pour anticiper sur un mot célèbre : « Ce qui n'est pas clair n'est pas Montesquieu. »

Article IV :

« La liberté consiste à pouvoir faire tout ce qui ne nuit pas à autrui. Ainsi l'exercice des droits naturels n'a de bornes que celles qui assurent aux autres membres de la société la jouissance de ces mêmes droits. »

Article V :

« La loi n'a le droit de défendre que les actions nuisibles à la société. Tout ce qui n'est pas défendu par la loi ne peut être empêché, et nul ne peut être contraint de faire ce qu'elle n'ordonne pas. »

Mis à part le style un rien trébuchant, le IV et le V viennent tout droit de l'*E.L.*.

Article VI :

« La loi est l'expression de la volonté générale ; tous les citoyens ont le droit de concourir personnellement, ou par leurs représentants, à sa formation. […] »

Ici, nous nageons en plein Jean-Jacques : excellence de la volonté générale... et son corollaire : bonté de l'homme.

Article VII :

« Nul homme ne peut être accusé, arrêté, ni détenu que dans les cas déterminés par la loi, et selon les formes qu'elle a prescrites. Ceux qui sollicitent, expédient, exécutent ou font exécuter des ordres arbitraires doivent être punis ; mais tout citoyen appelé ou saisi en vertu de la loi doit obéir à l'instant : il se rendrait coupable par la résistance. »

Article VII :

« La loi ne peut établir que des peines strictement et évidemment nécessaires et nul ne peut être puni qu'en vertu d'une loi promulguée et établie antérieurement au délit, et légalement appliquée. »
M. de Montesquieu eût donné son *imprimatur*.

La suite ne vaut pas la peine d'être citée. Elle concerne l'impôt et l'administration, et, partant, n'entre pas dans le cadre de la seconde vie du Président. Passons donc à l'article XI :

« La libre communication des pensées et des opinions est un des droits les plus précieux de l'homme ; tout citoyen peut donc parler, écrire, imprimer librement, sauf à répondre de l'abus de cette liberté dans les cas déterminés par la loi. »

Le début est conforme aux volontés de M. de Montesquieu. Le *sauf* ouvre la voie à tous les arbitraires. Courons à l'article XVI :

« Toute société dans laquelle la garantie des droits n'est pas assurée, ni la séparation des pouvoirs déterminée, n'a pas de Constitution. »

Ici nouveau dérapage : provient-il d'une lecture distraite de l'*E.L.* ou d'une référence à la théorie de l'abbé de Mably ? Dans le premier cas, il s'agit de l'éternelle confusion entre la séparation des pouvoirs et la coordination des puissances. Dans le second, il faut, coûte que coûte, limiter la prérogative royale. De nos jours, l'on évoque souvent l'abbé de Condillac, mais, à l'orée de la Révolution, il n'en va point de même pour les blancs devenus les gauches après leur opposition au veto, le grand homme c'est le frère de l'auteur du *Traité des sensations*. Les fameuses « trente voix », dénoncées par le comte de Mirabeau, ont à leur tête un conseiller aux enquêtes, Adrien Du Port, caractère noble mais chimérique, il a lu *De la législation, Doutes, Droits et devoirs* de M. de Mably. M. Du Port mène le jeu. Son vœu le plus cher ? La table rase. Entendons : dresser l'acte de décès de l'Ancien Régime. Homme de cabinet, il monte rarement à la tribune mais il dispose de deux porte-parole, le colonel comte Alexandre de Lameth et l'avocat Barnave.

Jusqu'au départ manqué de la famille royale pour Commercy, arrêtée par Drouet à Varennes, les triumvirs vont imposer les dispositions les plus navrantes, et quand le vide créé par l'absence, puis la suspension de Louis XVI les ramènera vers lui, il sera trop tard. Sans doute parviendront-ils à rendre au souverain la faculté de nommer aux grands emplois. Pour les militaires, c'était déjà stipulé, mais il restait les diplomates.

La Constitution de 1791 apparaît comme aux antipodes de l'*E.L.* Les magistrats sont élus, finie la vénalité des charges. L'Assemblée sera unique, pas de Chambre haute : clergé, noblesse, et basse : tiers état. Après le drame de Varennes, le Roi ratifie une Constitution inachevée !... Désormais, le pays court à l'abîme. Les médiocres de la Législative — moins sept voix — contraignent Louis XVI à déclarer la guerre au « roi de Bohême et de Hongrie » (Joseph II n'est pas encore couronné), et le conflit permet une concentration, à Paris, de volontaires marseillais et de bagnards brestois. Vient le Dix-Août, puis l'inexpiable crime du 21 janvier.

Bien sûr, Jean-Paul Marat, avant que de sombrer dans la folie, s'était réclamé de Montesquieu, mais il possédait alors toute sa raison. Bien sûr, Antoine de Saint-Just avait écrit un éloge du Président, mais avant que de devenir le complice de Maximilien de Robespierre. Celui-là pèlerinait à Ermenonville, se recueillant sur la tombe de Jean-Jacques, lequel n'eût pas porté tort à la moindre mouche. Quant aux assassins du Comité de sûreté générale, Vadier en tête, ils avaient lu Voltaire à l'envers, et l'homme au hideux sourire ne doit pas être incriminé.

Et l'abbé de Mably ? Cet homme d'Église — si peu —, de petit talent mais ne lésinant pas sur les *in-quarto* sans avoir mesuré la portée de sa doctrine et de ses *Doutes*, provoque la catastrophe. Sa chance : être mort en 1785. Eût-il vécu huit ans de plus qu'il eût tâté du rasoir national.

De la Constitution de l'an II nous ne dirons rien, puisque l'œuvre de Marie Jean Hérault de Séchelles, destinée à l'apaisement des fédéralistes, n'entra jamais en application. Le sinistre mais spirituel Barère de Vieuzac, évoquant son dépôt à la Convention, écrit :

« Le diable fut mis dans une boîte et on n'en parla plus. »

Les Girondins héritiers de Montesquieu ?

Comme les *leaders* de la faction dite brissotine à Paris, et rolandine à Lyon se recrutent pour une notable partie dans la Gironde, certains commentateurs de l'œuvre montesquienne verront en elle l'inspiratrice de ces législateurs puis conventionnels. Les édiles de Bordeaux n'en sont-ils pas les derniers responsables ? Aux statues colossales de Montaigne et de Montesquieu, nantis tous deux d'un nom de lycée, aux allées de Tourny, Champs-Élysées de la capitale aquitaine, n'ont-ils point ajouté la colonne des Girondins ? On nous rétorquera : « Il faut de tout pour faire un monde. » Sans doute, et l'aulne de la notoriété ne se mesure point aux kilomètres de boulevards dédiés aux uns et aux autres (à Paris, l'avenue Victor-Hugo est dix fois plus longue que la rue Balzac !). C'est vrai, mais la grand-ville baptise ses voies en fonction des penchants de ses élus. À noter que sur les bords de la

Seine, Voltaire et Diderot sont mieux lotis que Montesquieu. Qu'importe ! Notre affaire a trait à Bordeaux. On nous l'affirme : les Vergniaud, les Guadet, les Gensonné, les Deleyre tenaient pour bible l'*E.L.*. Si cela est vrai, ces citoyens l'avaient lu de travers, sinon à l'envers. La preuve : ils se montreront tous monocaméralistes. Ils sont aussi coupables que Robespierre d'avoir instauré la dictature d'une assemblée unique. Reste un fait d'une gravité exceptionnelle : le Président avait favorisé l'ascension d'Alexandre Deleyre. Élevé par les jésuites, le personnage allait collaborer à l'*Encyclopédie*, puis « comme l'on tombe toujours du côté où l'on penche » (Guizot), se fait élire à la Convention. Jusque-là rien de grave ; il fallait occuper le terrain. Seulement voilà, le représentant Deleyre va voter la mort de Louis XVI. Pourquoi ? Parce que Vergniaud le précédant à la tribune a réclamé la peine capitale après avoir juré la veille au comte de Ségur qu'il n'en ferait rien ! Non, car ledit Vergniaud a tout de même demandé le sursis. Deleyre, lui, trempe dans le crime absolu, il ne se raccroche point à la motion Mailhe. L'assassin finira tranquillement à l'Institut. Peut-on faire grief à M. de Montesquieu d'avoir encouragé Deleyre ? Il ne voyait en lui qu'un jeune homme passionné pour les sciences. L'ennui : quelques années après le trépas du Président, Deleyre avait publié le *Génie de Montesquieu*. L'ennui ? Non. Le livre ne vaut rien. Le propre des génies, c'est de faire couler durant leur existence, et plus encore lorsqu'elle a pris fin, des torrents de bêtises. Allons jusqu'au bout du cas Deleyre. Il avait été précepteur d'un duc de Parme… tout comme, à la génération précédente, l'abbé de Mably. C.Q.F.D. À la vérité, la théorie des climats se retourne contre son auteur. Les Aquitains sont ainsi tenus pour modérés. C'est un peu l'anecdote du Londonien débarquant à Calais, apercevant une dame aux cheveux de feu et concluant :

— En France, toutes les femmes sont rousses.

De même les provinces viticoles passent pour avancées. Ainsi la Bourgogne apparaît, dès la première moitié du XVIIIe siècle, comme l'une des régions les plus déchristianisées de la nation (par la faute des abus monastiques). Non, si les Girondins sont coupables de bellicisme et du régicide commis par nombre d'entre eux, ils l'ont payé très cher, et partant, méritent une ombre de respect, ils ne sont en rien les héritiers du génie de La Brède. S'il est un Bordelais pour s'être montré bon disciple du Président, c'est Romain de Sèze, l'un des trois avocats du Roi martyr.

La tentative de récupération par la République

La Convention thermidorienne n'est point exclusivement composée de scélérats. Y siègent même des gens très bien. Comme cette assemblée ploie sous le mépris universel, il est grand temps de changer « le paysage politique » et, partant, de Constitution. Un comité sous la présidence de Pierre Daunou, « général en chef de l'indulgence au "procès" de Louis XVI » (Arthur Conte), s'attelle à la besogne. Autre membre influent dudit comité : François Boissy d'Anglas, célèbre pour avoir salué la tête du jeune conventionnel Ferraud que les émeutiers du 1er prairial lui présentaient au bout d'une pique. M. Daunou, ancien oratorien, apparaît comme un remarquable juriste et deviendra professeur au Collège de France. M. Boissy d'Anglas, avocat d'origine protestante, sera créé comte de l'Empire et pair de la Restauration.

Si ces deux personnages sont remarquables par leur courage et leur érudition, il faut compter avec leurs collègues du comité, quelques bons esprits, des coquins, des sectaires, des sots. Et ce n'est pas tout, le projet sera soumis à l'assemblée plénière. Monarchistes, MM. Daunou et Boissy d'Anglas se voudraient fidèles à la pensée montesquienne, mais encore que nombre de conventionnels aient pris contact avec Louis XVIII, le retour à la royauté n'est pas pour demain, le prétendant tenant encore, jusqu'à 1795, à l'Ancien Régime, et, de ce fait, les assassins de Louis XVI ne voulant pas connaître le sort de ceux de Charles Ier d'Angleterre lors du retour de Charles II.

En conséquence, l'on suivra M. de Montesquieu, mais sur la pointe des pieds. À défaut d'un roi, cinq — ce seront les Directeurs — et comme il faut bien un chef de l'État, ils le seront à tour de rôle.

Deux assemblées, les Anciens et les Cinq-Cents, renouvelables annuellement par tiers au suffrage censitaire.

Échec à la pensée montesquienne

Lorsque le projet est présenté devant la Convention, la tempête se lève. MM. (pardon, les citoyens) Daunou et Boissy d'Anglas eussent voulu une justice nommée. Pas question. Une administration désignée par les ministres. Que nenni. M. Daunou s'est montré franc mais malhabile lorsqu'il a déclaré : « Nous voulons finir la Révolution. » Finir la Révolution, nous on veut bien, affirment les gauches, mais si nous vous avons déjà concédé la fin de la Terreur, laissez-nous au moins le loisir de continuer à nous remplir les poches. En conséquence, les deux tiers des deux Conseils devront être choisis parmi les conventionnels et si le peuple ne veut pas, les nouveaux législateurs seront élus par les sortants.

Ventre affamé n'a point d'oreilles ; le peuple parisien, pas celui des faubourgs mais du centre, se soulève et la grand-ville connaît sa première journée royaliste. Elle est menée par le baron de Batz, le général Danican, ancien adjoint de Kléber à Savenay, mais révolté par le « populicide vendéen » (Babeuf), et le chevalier de Laffond. Ces messieurs ont lu — ou parcouru — l'*E.L.* Un coquin, mais de grande envergure, le ci-devant vicomte de Barras, régicide sans appel ni sursis, général depuis le 9 thermidor, délègue ses pouvoirs à « un petit bamboche à la tête sulfureuse » (Mallet du Pan). Napoleone (de) Buonaparte, ramasse un bataillon sacré, « un sacré bataillon » (commandant Lachouque), Berruyer, bourreau des Mauges, Solignac, flambeur invétéré. Murat, un temps Marat, va chercher des Gribeauval au camp des Sablons, et c'est la tuerie de Saint-Roch.

La Constitution avait été sanctionnée par le peuple (178 000 voix pour, 95 000 contre, un million d'abstentions). Les Directeurs se mettent en place. Cinq régicides. Bon début !

La suite devient plus honorable.

Le 12 ventôse — lundi 10 février 1796 —, « les citoyens Régent, Plaçantet, Grégoire, libraires, font hommage au Conseil des Anciens du premier volume de leur édition des œuvres de Montesquieu. Ils envoient aussi au Conseil le buste de cet homme célèbre exécuté par le citoyen Chaudet, et qui doit servir au portrait qui sera gravé à la tête de ses œuvres. »

Un membre du Conseil demande que le buste du *philosophe* soit déposé dans la salle des séances. Objection, Votre Honneur : la loi du 20 pluviôse an III porte qu'aucun autre buste que celui de Brutus ne peut figurer dans la salle des séances. L'effigie de *cet homme* sera déposée aux archives.

Le même jour, un Ancien, Joseph de Préfelin, obtient de ses collègues que la dépouille de Montesquieu soit transférée au Panthéon. Pouah ! À côté de Voltaire ! Les voies de Dieu sont impénétrables, et le Très-Haut se sert parfois des méchants pour accomplir, à leur insu, une action scandaleuse mais finalement profitable. Sous la Terreur, la tombe de Saint-Sulpice avait été profanée, les restes du haut et puissant seigneur Charles de Secondat précipités aux catacombes où ses zélateurs républicains du Directoire ne peuvent les retrouver. Jusqu'au 18 fructidor (coup d'État du 4 septembre 1797), le souvenir du Président reste à l'honneur, puis le second Directoire détruit ce que présentait de moins mal le premier. Les 18 et 19 brumaire — 9 et 10 novembre 1799 —, le Président retourne aux oubliettes. La preuve, cet échange entre le nouveau César et son confident.

BONAPARTE. — Il faut qu'une Constitution soit courte.

ROEDERER. — Et claire ?

BONAPARTE. — Et obscure.

3

TOUT L'OR DES ÉPIGONES

Sans doute, les notions de droite et de gauche se sont-elles rela-
tivisées au fil des temps. Dans le maelström du vocabulaire
contemporain, les communistes de l'ex-U.R.S.S. sont réputés
conservateurs, tandis qu'en France les démocrates chrétiens y
passent pour droitiers, et les droites pour *faschistes*. Une chatte,
même fourrée — puisqu'il existe, et c'est tant mieux, des dames
magistrats —, n'y retrouverait pas ses petits.

Que la caractéristique d'un puissant génie soit d'être reven-
diqué par tout un chacun ne saurait surprendre ; même Marat
gracieuse Montesquieu. Marat, dont un croiseur de haut-bord sovié-
tique portera le nom ! Certes, nous en convenons volontiers :
l'auteur des *L.P.* n'apparaît pas comme un apologiste de l'ordre
établi, mais critiquer pour améliorer n'est pas révolutionner. Reste
que les travaux majeurs du Président servent le progrès sans
naïveté. Sans naïveté, mais avec optimisme. Or, la gauche, dès sa
naissance — opposition au veto, on l'a vu, puis exigence d'une
Chambre unique —, s'est révélée pessimiste comme son inspi-
rateur, feu l'abbé de Mably. Entendons-nous bien, nous ne
soutenons pas que tous les révolutionnaires broient du noir, il en est
même pour avoir fait preuve d'enthousiasme. Nous n'évoquons ici
que l'origine intellectuelle de la crise et non les tempéraments des
responsables dans l'action. Il n'en demeure pas moins que plus la
France avance ou recule, comme on voudra, plus les manifes-
tations oratoires, littéraires se figent jusqu'à devenir glacées. Pour
en demeurer dans le domaine des lettres, elles tombent à zéro dès

avant le 10 août 1792, jour que se déchirent les derniers lambeaux de la monarchie. Certes, des gazetiers d'extrême gauche ne manquent point de talent, Marat, Desmoulins, Hébert — ce dernier n'a pas volé son surnom d'*Homère de l'ordure*, mais au moins, il nous fait rire, grassement sans nul doute, c'est déjà beau !

Le théâtre descend de Beaumarchais à Marie-Joseph (de) Chénier, à Fabre d'Églantine. Seules, la musique avec Gossec, et la peinture avec David, Mme Labille-Guyard et deux ou trois autres virtuoses du pinceau, ne se portent pas trop mal, encore que Mme Vigée-Lebrun soit passée en émigration. L'émigration, voilà le grand mot prononcé. Certains la jugent politiquement inacceptable, comme quoi l'on peut se tromper, toutefois quiconque ne peut prétendre qu'elle n'a point régénéré la littérature. Les comtesses de Flahaut et de Genlis, la baronne de Staël, celle-ci supérieure aux deux autres, justifieraient notre affirmation si nous n'étions couverts par le jugement de Sainte-Beuve et d'Albert Thibaudet. Les trois dames n'apparaissent pas directement montesquiennes bien que la fille de Jacques Necker s'en targue, mais elle déforme la pensée du Président. Selon elle, « Montesquieu, Rousseau [Jean-Jacques], Condillac appartenaient d'avance au parti républicain ». Germaine, la bien prénommée, car son *De l'Allemagne* va fausser le jugement de deux générations sur nos voisins, possède une excuse : elle a lu trop jeune (et en diagonale) l'œuvre du génie de La Brède, et si futée qu'elle soit, l'a comprise de travers. *Ejusdem farina* pour l'abbé de Condillac, et même pour Jean-Jacques n'en déplaise à Robespierre et à Romain Rolland.

Nous, nous ne saurions être taxés de misogynie, nos raisons sont nécessaires et suffisantes pour nous passer (littérairement parlant) de ces dames. Il n'en va pas de même pour les messieurs. Trois personnages réclament notre attention. Gabriel Sénac de Meilhan, Jacques Mallet du Pan, Antoine de Rivarol. On pourrait en sélectionner d'autres, Gérard de Lally-Tollendal, Nicolas Bergasse, François Suleau, nous les rencontrerons au passage, mais le talent se mesure, justement ou non, à l'aulne de la survie d'une œuvre, même si dans le cas de MM. de Meilhan et Mallet du Pan, elle a connu le purgatoire.

Pour émigrer, il faut commencer par vivre dans son pays.

337

C'est donc en France que nous allons d'abord retrouver les montesquiens.

Gabriel Sénac de Meilhan ou le Persan de l'Émigration

La rue du Vieux-Versailles, familièrement dite du Vieux par les habitants de la ville royale, ne conserve que de médiocres restes de son ancienne splendeur. Pas d'hôtels borgnes, mais des maisons aveugles alternent avec de rares immeubles convenables et deux ou trois riants commerces.

Il n'en allait pas ainsi lorsque le docteur et Mme Jean-Baptiste Sénac demeuraient là. La rue du Vieux était flambant neuve. En 1693, M. Sénac avait vu le jour en Gascogne, près de Lombez alors siège d'un évêché. Sans doute fut-il reçu docteur par la faculté de Montpellier, école célèbre depuis Rabelais, et bientôt dominée par le père du vitalisme, Théophile de Bordeu. Le jeune bonnet carré guérit, ou plutôt prolonge le maréchal de Saxe.

Lorsque, en 1736, Mme Sénac met au monde Gabriel, le père a pris rang parmi les médecins ordinaires de Louis XV. Le Roi préfère les chirurgiens aux médecins mais affectionne le Gascon. Sa Majesté le nommera son premier médecin, surintendant des eaux thermales, conseiller d'État, et le verra, non sans plaisir, entrer à l'Académie des sciences. Va-t-on prétendre que Gabriel ne s'est donné que la peine de naître ? Non. Il parcourt avec une rare aisance le *cursus* secondaire, puis universitaire. Son droit terminé, une thèse, une thèse complémentaire, le tout soutenu en latin, il entre comme auditeur au Grand Conseil, organisme s'apparentant à ce que nous nommons la Cour de cassation, mais doté de moins de prestige. De haute mine, de visage avenant, de vêture soignée, il possède le don de plaire ; Mme de Pompadour le remarque. Il est le seul des grands épigones du Président à l'avoir (peut-être) entrevu chez la marquise. Gabriel fréquente le comte d'Argenson, messire René-Louis de Maupeou, l'abbé, et bientôt cardinal de Bernis, le duc de Choiseul, dont il réprouve publiquement l'action féroce contre le comte de Lally-Tollendal. En 1764, le voici maître des requêtes. C'est le vivier dans lequel le Conseil d'en haut puise les intendants. N'allons pas plus vite que la musique ; avant que de

338

recevoir une généralité, il importe de prendre femme ; Gabriel épouse Mlle Victoire-Louise Marchant de Varennes (Varennes, déformation de Garennes, donc rien à voir avec les sinistres défilés de l'Argonne), mais cette Varennes vaut son pesant d'or ; elle est la fille d'un fermier général. Gabriel, bien lesté, obtient la généralité d'Aunis-Saintonge, siège : La Rochelle, pays d'élection, donc sans états provinciaux. Certes, la province n'est pas bien grande, mais, comme l'on dit aux requêtes, il faut un commencement à tout. Le jeune administrateur — le mot n'appartient pas à l'époque — achète la terre de Meilhan. Écuyer, peut-être chevalier, il est donc seigneur possesseur noble d'un fief noble, et non sieur possesseur roturier d'un fief noble. Si nous précisons ce détail, c'est qu'il comptait passablement aux yeux de ses contemporains. M. de Meilhan se révèle un chef éclairé, précis, laborieux, laborieux, oui, mais sans avoir l'air d'y toucher. En 1773, Louis XV, ayant redressé la situation en brisant la fronde parlementaire, et en approchant de l'égalité fiscale, donne à M. de Meilhan la généralité de Provence, pays d'état, résidence : Aix. L'intendant embellit la ville, et accorde un soin particulier à Marseille où les allées de Meilhan perpétuent sa mémoire. Si l'on veut bien se souvenir du peu de goût de M. de Montesquieu pour les intendants, il est piquant que l'un des plus remarquables de ces détenteurs de l'autorité royale s'apprête à devenir, sinon le principal, du moins le premier dépositaire de la pensée présidentielle. La cité massaliote met les petits plats dans les grands, offre, outre les susdites allées, une rue Sénac. C'est beaucoup pour un seul homme, mais il le mérite. Après un pays d'état, puis un pays d'élection, le voici, en 1775, en pays d'imposition, entendons dans une généralité d'acquisition relativement récente où le système fiscal demeure celui de l'ancienne nation possesseur, en l'occurrence les Pays-Bas autrichiens. Oui, le Hainaut et le Cambrésis appartiennent à l'immédiateté d'Empire. Résidence : Valenciennes. La proximité de Paris permet à M. de Meilhan de *descendre* dans la capitale. Louis XVI, bon prince, a laissé le duc de Choiseul revenir de Chanteloup. L'ancien ministre secrétaire d'État se répand dans la société. M. de Meilhan revoit « le singe habillé » dans le salon de Mme du Deffand. La marquise le surnomme « le petit frère coupechoux ». Cela signifie qu'il ne rechigne pas devant la besogne, et

339

qu'il ravagerait un potager pour se rassasier des plus gros légumes. L'Éminentissime avait donné ce même sobriquet au jeune *monsignore* Mazzarini. Au trépas du maréchal de Muy, M. Turgot conçoit l'étrange idée de remplacer le disparu par le double feld-maréchal d'Empire et de Danemark, Claude-Louis, comte de Saint-Germain. Certes, le mercenaire a brillé dans nos armées durant la guerre de Sept Ans et contenu la retraite de Rossbach. Bref, c'est un sous-Souvorov avec autant de talent, mais pas de génie, et la brutalité en plus. Il veut et obtient, pour que l'intendance suive, un commissaire général des guerres et armées du Roi. Comme M. de Meilhan administre aussi bien le Hainaut que précédemment la Provence, il est désigné pour ce nouveau poste. M. de Saint-Germain se montre incommode, et fervent de la discipline germanique, introduit les châtiments corporels dans la troupe. Nous rencontrerons l'occasion de revenir sur cette ineptie. Le ministre secrétaire d'État ne se maintiendra point longtemps, mais son commissaire général se retire avant lui ; il ne s'est pas plu, il a déplu. Il retourne en Hainaut et répand les bienfaits d'une administration efficace et modérée. M. de Voltaire le gracieuse, mais le vieux philosophe complimente tout un chacun. Une polémique courtoise les oppose. M. de Voltaire insinue que le Masque de fer aurait été le frère jumeau de Louis XIV. M. de Meilhan songe au comte Hercule-Jacques Mattioli, enlevé en territoire mantouan par le maréchal Catinat sur l'ordre de Louis XIV et du marquis de Louvois pour avoir vendu la place de Pignerol, une fois aux Français, une autre aux Espagnols. On le sait aujourd'hui : sous le masque (de velours) et uniquement porté lors des tranferts, le gouverneur Saint-Mars dissimulait un certain Eustache Danger (ou Dauger), vague espion donné pour valet de chambre au pauvre Nicolas Fouquet.

Politique et littérature

Si M. de Meilhan soutient au mieux la thèse Mattioli, laquelle conserve des partisans, c'est que le duché de Mantoue appartenait à la maison de Gonzague. Or, en 1786, il affûte sa plume pour écrire des pseudo-mémoires d'Anne de Gonzague, princesse palatine (1616-1694). La personnalité de la turbulente dame présente de l'intérêt, mais M. de Meilhan ne la choisit point au petit bonheur. Il s'intéresse, et nous intéresse aux discordes civiles, et montre l'un des premiers le rôle essentiel des femmes dans la Fronde. De la sorte, il peut tout à loisir démonter le mécanisme du conflit raison-passion. C'est déjà du Montesquieu. Viennent les *Considérations sur le luxe et les richesses* (1787). L'ouvrage atteste la sagesse et le bon sens de l'auteur. Les richesses se justifient par la manière dont on en use : stabilisation des familles, investissements, charités, mécénat. Le luxe peut constituer un *moteur* économique, mais ne doit pas devenir offensant. Les *Considérations* visent Jacques Necker dont le *Compte Rendu* secoue la ville et la Cour en révélant les dépenses d'icelle. Cet étalage sur la place publique n'est guère goûté par M. de Meilhan.

Viennent, la même année 1787, les *Considérations sur l'esprit et les mœurs*. S'il est un domaine dans lequel ne veut pas pénétrer le fils du premier médecin de Louis XV, c'est bien la métaphysique, mot toujours employé par lui péjorativement. Non, pour M. de Meilhan, il importe de définir cette fin de siècle et de souligner que la somme des intérêts particuliers n'a jamais constitué l'intérêt général. Sous la fâcheuse influence de Marmontel, de Jean-Jacques et *tutti quanti*, l'époque se montre moraliste et même pincée. M. de Meilhan ne tombe pas dans ce travers. Comme son maître, le Président, mais avec un soupçon d'épicurisme (pas d'hédonisme), il se penche sur les qualités et les défauts d'une France dont il entrevoit la dérive. Regrette-t-il de ne point avoir compté parmi les membres du Conseil d'en haut ou de celui des Finances ? Il ne l'affirme pas, mais nous nous en doutons. Certes, on peut apparaître comme un grand écrivain sans offrir l'étoffe d'un profond politique, pourtant il nous semble qu'il cumule les deux qualités. Aussi doué que M. de Calonne, il l'eût emporté sur Mgr de Loménie de Brienne et nous eût peut-être évité le retour de Jacques Necker.

Pour l'heure, il correspond, et un peu plus, avec la marquise de Créqui. Armes parlantes : un créquier. Devise : « Nul ne s'y frotte et qui s'y frotte s'y pique. » Il s'y frotte, mais ne s'y pique pas.

Ici, se pose une question délicate : le Président passe pour le père spirituel des monarchiens. Or, M. de Meilhan se révèle monarchiste. Oui-da, mais il demeure difficile d'apprécier la différence. Pas plus que la République n'est, selon la sottise de Clemenceau, un bloc, la royauté n'est un lingot.

Les émigrés du 17 juillet 1789, les trois Condé, les Polignac, leurs entours immédiats sont-ils absolutistes arbitraires ? Non, ils partent sur l'ordre de Louis XVI, les jugeant compromis, et, par conséquent, en danger.

Le printemps, voire l'été de cette même année sont ceux des rêves, et quiconque ne rêve de la même façon. On peut donc multiplier à la puissance cent et plus les conceptions de l'État capétien. Une certitude : M. de Meilhan n'emprunte pas le premier carrosse afin que de passer la frontière. Pourquoi ? Le Roi peut recourir à ses services. Sans doute, mais dans quelle perspective, puisque Sa Majesté n'est bientôt plus Très Chrétienne, mais bonnement (bonassement) des Français ?

Antérieurement, dès la réunion des trois ordres, l'Ancien Régime a vécu. Soit, mais l'on peut garder l'espoir de bâtir du neuf en conservant le meilleur du vieux. Si notre homme, pardon, notre gentilhomme, demeure à Paris, c'est qu'il vient de perdre Mme de Meilhan, c'est aussi, parce qu'à l'instar de son maître, il est animé par le réflexe le plus fécond…, la curiosité. Il veut voir, écouter, recueillir le pour et le contre, et si le contre l'emporte, ce n'est pas faute de sa part d'avoir tout pesé sur les balances de Thémis. De Thémis ? Oui, car derrière l'ancien commissaire général se profile toujours le juriste. Quel bon juriste, sauf Vauglan, ne serait pas montesquien ? Selon certains, il aurait vainement tenté sa chance à l'Académie française. À quoi bon, les Quarante sont en sursis.

En 1790, malgré l'accalmie de la fête de la Fédération, M. de Meilhan part pour Londres. Les généralités coupées en rondelles sous le nom de départements et munies de directoires élus, il ne voit plus en quoi sa présence pourrait se révéler utile au Roi.

La principale préoccupation de M. de Meilhan consiste à savoir si la crise française va s'étendre, pour partie, à l'Europe. Certains sujets de George III se réjouissent de l'abaissement de la France, d'autres, whigs ou tories, craignent la contamination, toutefois, en dépit des divergences, l'Angleterre ne se montre pas avare de son argent.

342

Notre émigré passe dans l'Empire.

Nous le savons : le traitement reste variable selon l'humeur des autorités locales. Chacun connaît cette anecdote : comme un gentilhomme français s'était montré turbulent, un prince :

— Monsieur, je vous donne quarante-huit heures pour quitter mes États.

— Un quart d'heure me suffira.

Jamais M. de Meilhan n'évoque la disparité de traitement selon les Électeurs, les margraves, voire les principicules. Cette omission est voulue ; même dans les lieux où la soupe n'est pas bonne, on ne crache pas dedans.

Le voyageur observe le même mutisme quant aux Italies. La czarine, ou plutôt, le *czar* Catherine II la Grande adore que l'on soutienne en sa présence des théories qu'elle ne fera jamais siennes. M. de Meilhan, monarchiste ou monarchien, comme l'on voudra, n'est, à coup sûr, point partisan de l'autocratie. Qu'importe à la souveraine au joli sourire et aux dents longues. Elle aime à s'entretenir avec le Français, et l'entretient, faites excuse, le pensionne. Elle ne ressent pas le besoin de prendre à son service des administrateurs, mais des militaires tels le comte de Chinon, futur duc de Richelieu, les comtes de Langeron ou de Saint-Priest. Ainsi, M. de Meilhan, après avoir quitté Saint-Pétersbourg et séjourné quelque temps à Moscou, gagne Brunswick. Il fréquente Me Meschemburg, traducteur de Shakespeare, M. Ebert, traducteur de Young, publie à Hambourg ses *Œuvres philosophiques et littéraires*, version remaniée et enrichie de ses *Considérations sur l'esprit et les mœurs*, haute leçon de sciences morales et politiques où nous retrouvons, pour partie, un texte de 1790, *les Principes et les Cause de la Révolution*. L'auteur ne bénéficiait point alors du recul nécessaire pour réunir tous les éléments de son témoignage sur ce qu'il tient, à bon droit selon nous, pour une catastrophe dès lors que, le bicamérisme écarté, la France s'expose à la dictature d'une assemblée unique. Une nouvelle fois, et son mérite n'est pas mince, M. de Meilhan s'était inscrit dans la lignée montesquienne. Le grand livre, pourtant, demeure à donner. Il s'intitulera *l'Émigré*, volume à lire, à relire, à faire relier.

Paradoxalement, l'ouvrage passe inaperçu lors de sa publication, à Brunswick en 1797, mais connaît une assez large diffusion entre les deux guerres mondiales et surtout après le deuxièmpe conflit. Étiemble, en dépit d'une préface discutable et sectaire, Pierre Gaxotte, avec un sens plus rassis, n'y sont pas pour rien. Pourquoi *l'Émigré* est-il revenu en surface alors qu'il avait plongé lors de sa parution ? La réponse coule de source : les émigrés n'étaient pas assoiffés de lire leur propre histoire.

Le roman se présente sous la forme épistolaire tout comme les *Lettres persanes* mais aussi *les Liaisons dangereuses*. Nous sommes toutefois bien plus près du Président que de Pierre Choderlos de Laclos. L'officier d'artillerie affecte de moraliser en rapportant sous « la lumière froide » (Armand Hogg) les pires turpitudes. L'ancien intendant général de la Guerre ne la livre point à la vertu. Avant tout, comme son maître Montesquieu, il renverse la perspective. *L'Émigré*, le marquis de Saint-Alban, catholique français, ne prend la plume qu'après de nombreuses lettres de Mlle Émilie de Wergentheim et de la comtesse de Loewenstein... Ainsi, des sujettes évangélistes de l'Empire jouent-elles ici le rôle des Persans. Enfin, nous lisons une missive du héros, mais il se trouve auparavant identifié. Cette approche indirecte nous permet de faire la connaissance des principaux protagonistes. Tous adoptent des styles différents, révélateurs de leur caractère. S'agit-il d'un roman-document ? Oui et non ; oui, parce que la vie, tantôt confortable, tantôt héroïque, souvent miséreuse des Français contre-révolutionnaires, est admirablement décrite, non, parce que aucun esprit, aucune âme ne sont stéréotypés. Certes, l'action principale se concentre autour du marquis de Saint-Alban et de la comtesse de Loewenstein, mais de nombreux personnages gravitent autour d'eux. La duchesse de Saint-Justin met son talent à sélectionner des fleurs, et si elle ne les vend pas elle-même, c'est tout comme. Elle seule trouvera le bonheur... mais il ne nous appartient pas de raconter l'histoire. Infiniment plus important est le rapport Montesquieu/Sénac de Meilhan, rapport politique, sociologique, ethnographique. Que M. de Meilhan porte aux nues le génie de La Brède n'offre rien de neuf, d'autres l'ont précédé et le suivront. Plus considérable apparaît le fait qu'il s'inscrit dans la ligne du Président. On trouve même un double Montesquieu, celui de l'impertinence à travers le père de Saint-Alban, celui de la réflexion et du loyalisme à travers le marquis lui-même et la comtesse de Loewenstein.

L'auteur ne se contente point d'analyser les causes de la Contre-Révolution, mais revient sur celles de la Révolution. Les causes immédiates ? L'envie de paraître à la Cour ou du moins dans les allées du pouvoir. Les causes lointaines ? Elles ne procèdent point de l'héritage des Lumières, évidemment pas de Montesquieu, mais pas même de Voltaire. De Jean-Jacques, M. de Meilhan ne souffle mot. Il le déteste et tient les voies du cœur comme mieux parcourues par *Clarisse Harlowe* que par *la Nouvelle Héloïse*. Nous ne sommes pas ici pour débattre des mérites comparés de Richardson et de Rousseau, en revanche, nous sommes bien là pour parler histoire et politique. Or, M. de Meilhan affiche deux préférences : en histoire, l'ancienne, sans préciser s'il s'agit de la République, du Principat ou de l'Empire, en politique, la monarchie à l'anglaise, mais avec un pouvoir royal renforcé. Cette dernière affirmation est posée en passant, sans avoir l'air d'y toucher, et on le comprend bien, M. de Meilhan, à l'instar de Louis XVIII lui-même, n'en vient qu'après mille et un détours à la conception monarchienne (ou presque), de la royauté française. Pour lui « la Révolution a été accidentelle ».

Toujours comme son maître, l'auteur de *l'Émigré* déteste tant le jansénisme qu'il s'étonne de le savoir : Mme de Sévigné s'intéressait à ces fameuses *Lettres provinciales*.

> « Le défaut absolu d'intérêt ne permet pas de continuer la lecture d'un ouvrage qui a dû sa célébrité à l'esprit de parti et au mérite du style, si remarquable dans un temps où l'on ne citerait pas un bon écrivain en prose. »

Prenons garde toutefois, ces propos sont prêtés au président de Longueil et rien ne prouve que M. de Meilhan se solidarise avec ce personnage encore qu'il semble éprouver un faible pour ce digne magistrat. Retenons, toujours sous la plume du président de Longueil, ces lignes étonnantes :

> « La Révolution deviendra une époque nationale, comme la captivité de Babylone chez les Juifs, et l'an de l'hégire

chez les Arabes et les Turcs ; et une infinité de familles dateront de ce temps une illustration méritée par des services éclatants, ou un attachement héroïque à la monarchie, qui les rapprocheront des anciennes maisons. »

Et la foi ? La comtesse de Loewenstein écrit à Mlle Émilie de Wergentheim :

« J'envie quelquefois aux catholiques romains une pratique dont nous nous moquons [les deux dames, on l'a dit, sont luthériennes], c'est la confession [...]. Je crois que le cœur a plus de part aux confessions que l'amour-propre ; notre âme fatiguée de ses combats, éprouve souvent un besoin d'appui contre sa faiblesse [...]. Le confesseur devant lequel on est prosterné n'est qu'un homme ; mais on voit dans cet homme, un intermédiaire entre soi et la divinité, il porte la lumière dans notre esprit incertain [...]. Les sentiers du cœur doivent lui être connus par l'expérience, et il doit savoir faire un mélange habile de sévérité et d'indulgence, et employer ce que la religion a de touchant pour une âme sensible. »

Quiétisme ? Assurément pas. Ailleurs, M. de Meilhan se moque de Mme Guyon. Ce sont les propos d'une sujette évangéliste de Sa Majesté Apostolique François II. Un fait demeure certain : les esprits forts de Versailles ou de Paris sont revenus, pour la plupart, à la religion de leurs pères.

Irons-nous plus avant ? Feuilletterons-nous encore *l'Émigré* ? Oui, pour constater qu'à l'héritage de Montesquieu s'ajoute celui de Marivaux. C'est beaucoup pour un seul homme ? Peut-être, mais la technique de *la Voiture embourbée*, de *la Vie de Marianne* se retrouve par le jeu des récits dans le récit, et par les *flash-backs*. Maintenant, étonnez-vous qu'Albert Thibaudet ait tenu *l'Émigré* pour un chef-d'œuvre. Additionnez Montesquieu et Marivaux, le tout sans pastiche, mais d'une écriture, on l'a dit, toujours appropriée, et vous jugerez vous-même du résultat.

D'évidence, M. Gabriel Sénac de Meilhan pourrait écrire, avant Anatole France : « Excusez-moi, je n'ai pas le temps de faire court. » De ce fait, son roman perd en vigueur ce qu'il gagne en subtilité. C'est déjà beaucoup. Ne le quittons pas sans rappeler le plus célèbre de ses traits :

Gardez-moi de mes amis, mes ennemis, je m'en charge. »

Lorsque Paul Ier succède à Catherine II, M. de Meihan s'en vient à Hambourg où M. Fauche, libraire neuchâtelois, tient son annexe et publie le roman épistolaire écrit au fil des voyages du montesquien.

M. de Meilhan conserve-t-il un goût amer de l'insuccès de *l'Émigré* ? Son libraire, M. Fauche, oui, encore l'excellent homme travaille-t-il plus pour la cause que pour l'argent, l'auteur, lui, s'en fait en vendant le journal de Mme du Hausset, première femme de chambre de Mme de Pompadour qu'il tenait de M. de Marigny, frère de la marquise. L'acheteur ? Un Anglais, Mr. Crawford, trafiquera le texte réfuté de nos jours par de nombreux dix-huitiémistes.

M. de Meilhan part pour Vienne rejoindre un grand seigneur de fer et de soie. Lié dès avant son émigration à Charles-Joseph, prince de Ligne, il apprécie hautement les qualités littéraires de ce lieutenant-feld-maréchal. Nous retrouverons ce gentilhommissime lorsqu'il accueillera M. de Rivarol.

Dans la capitale du Saint-Empire (plus pour longtemps), la plume de l'ancien commissaire général court toujours puis s'arrête lorsque son cœur cesse de battre le mardi 16 août 1803. Dix ans plus tard, Gaston, duc de Lévis, le sortait de l'ombre en tête de ses *Portraits et Caractères du XVIIIe*. Son portrait attire la sympathie, son caractère force l'admiration.

Jacques Mallet du Pan ou le chemin de Damas

Aucune approche de la fin de l'Ancien Régime, des aspects multiformes — et contradictoires — de la Révolution, du Directoire et du Consulat ne saurait être tentée sans Mme de Staël, Gabriel Sénac de Meilhan, Jacques Mallet du Pan, Antoine de Rivarol, tous se réclament du génie de La Brède.

L'enfant de Bagnols-sur-Cèze — nous l'allons montrer tout à l'heure — n'a jamais disparu de la surface de l'actualité, en

347

revanche, le Genevois sombre parfois dans l'oubli, et le seul historien, de grand format il est vrai, à s'être préoccupé de lui est Pierre Bessand-Massenet dans un ouvrage ne datant pas mais devenu malaisément trouvable, le *Chemin de César*. À remarquer que Jacques Mallet du Pan ne resurgit que dans le cas où se profile la dictature — ses œuvres sont éditées par Sayous en 1851 —, ou celui que s'annonce une Constitution vicieuse — annexe au tome premier du *Chemin de César* en 1946. Enfin, et au risque de vous décevoir, M. Mallet du Pan n'est pas romancier comme Mme de Staël ou M. Sénac de Meilhan, et son existence, encore que perturbée, offre moins de péripéties que celles de Mme de Staël ou d'Antoine de Rivarol. Amateurs de pittoresque, vous voilà prévenus, mais, amis de l'humour, vous serez satisfaits ; il ne manque point au Genevois.

Calvinistes, les Mallet ont, au XVIᵉ siècle, abandonné la Normandie pour la république théocratique fondée par l'ancien chanoine de Noyon. Venus de Piémont avant la Réforme, les du Pan ont embrassé la confession nouvelle en son principal foyer. Et quel foyer ! C'est là que Jean Calvin fit brûler, entre autres, le découvreur de la circulation pulmonaire, Michel Servet. Les Mallet donnaient des géographes et des historiens. Les du Pan des conseillers et des syndics.

Le pasteur Mallet se distingue par ses prédications. Son épouse veille sur la tenue de la demeure, les rares servantes, car, pour appartenir comme son époux au patriciat, elle n'atteint, pas plus que son mari, une honnête aisance. La dame donne le jour à Jacques, le 5 novembre 1749. L'enfant passe ses premières années dans son village natal, Céligny, localité lémanienne aux barrières blanches.

Au collège de Genève, il musarde jusqu'à quinze jours des examens avant que de décrocher tous les premiers prix, si l'on en croit son fils aîné. Pourquoi pas ? Puisqu'il entre dans les *Auditoires* (la classe de philosophie) dès l'âge de seize ans. Il est alors le condisciple de Clavière, le futur ministre brissotin dont le carrosse vert olive mènera le souverain martyr du Temple à la *Louison*. Étudiant en droit, il quitte cette discipline pour la donner aux représentants et aux bourgeois afin de conférer les mêmes droits aux natifs (aux Indes orientales, on dirait : les parias, dans l'ancienne Grèce : les métèques). Il rédige un pamphlet trop audacieux — c'est la loi du genre —, et ce texte d'une empreinte rousseauienne lui vaut les faveurs de... M. de Voltaire, lequel lui fait obtenir du landgrave de Hesse la chaire de l'Histoire et de Belles-Lettres à l'université de Cassel. Là, il prend le nom de Mallet du Pan, ne plaît qu'à demi à Son Altesse, et comme il ne fait rien à moitié, rentre à Genève. Le Nestor de la philosophie s'offusque si peu de l'attitude de son protégé qu'il le reçoit à Ferney et que la grosse mère Denis — pas celle de la machine à laver Vedette, la nièce-maîtresse du seigneur du lieu — se montre tout sourire.

M. de Voltaire aime tant son hôte qu'il entretient de ses mérites M. d'Alembert. Rousseau, Voltaire, d'Alembert, tous ces messieurs sentent le fagot. Oui-da ! Mais notre homme s'installe, après quelques pas en Hollande et en Grande-Bretagne, à Paris et collabore aux *Annales politiques et littéraires* de l'illustre avocat Linguet.

Le ténor du barreau parisien défend des positions absolutistes, mais se contredit parfois, et surtout est affligé d'un méchant caractère au point de s'en prendre à Me Gerbier, auteur du célèbre *Avertissement* rédigé pour Alexandre de Calonne.

Comment M. Mallet du Pan s'en vient-il à répudier Jean-Jacques, l'homme au hideux sourire et *tutti quanti* (pas les hommes, les idées) ? Ce n'est nullement sous l'influence de Me Linguet. Le séjour en Angleterre du jeune gazetier, maintenant au *Mercure de France*, l'a conduit à discerner les avantages et les périls d'une Constitution dont on parle de plus en plus à l'annonce de la convocation des états généraux, en popularisant, en France, le livre de M. de L'Olme traitant de la *Constitution anglaise*. Désormais, le programme du nouvelliste s'inscrit dans la ligne du Président : coordination des puissances sans abaissement du Roi, et sans que la démocratie ne coule à plein bord. Comme le gazetier donne toujours un compte rendu exact et lumineusement commenté des débats de plus en plus houleux de l'Assemblée, certains de ses membres, l'avocat Mounier, l'intendant de Marine Malouet, le comte (et futur marquis) Gérard Trophime de Lally-Tollendal se lient d'amitié avec le journaliste tant esprité. Son influence devient telle que l'observateur se transforme, à son corps défendant, en homme politique. Dès qu'il le constate : la

Constituante, par défiance pour Louis XVI, s'oriente vers une chambre unique, il juge la Révolution sur une pente fatale.

Louis XVI, encore souverain, émancipa les Juifs. Devenu *le représentant héréditaire de la nation*, il ne laisse pas sans plaisir l'Assemblée procéder comme l'eût voulu son grand-père. Elle rend un état civil aux protestants. À cela M. Mallet du Pan applaudit. Le calviniste, en revanche, s'encolère contre la Constitution civile du clergé. *Primo :* Il se montre libéral. *Secundo :* Il prévoit l'indigne traitement des prêtres insermentés. Quand la Constituante se déclare inéligible pour une législature, il n'est pas dupé par cette grandeur d'âme et dévoile la vérité : si ces messieurs s'autodétruisent, ce n'est pas de l'angélisme mais un moyen de se soustraire à l'impopularité.

M. Mallet du Pan est-il mêlé de près à la tentative du Roi pour gagner Commercy ? Un fait demeure certain, il connaît le projet. Et comme ses ennemis le savent, il est inquiété au retour de Varennes, subit une visite domiciliaire. De la police ? Non, des sectionnaires.

Depuis beau temps, il polémique avec Brissot de Warville à propos de bottes. Le directeur du *Patriote français* mériterait de nos jours le surnom de *Brouillon de culture*.

Esprit faux, sachant un rien sur tout, tombé dans le républicanisme après Varennes, il profite du délire collectif de ses collègues pour que Louis XVI sanctionne l'état de guerre.

Il s'agit de consommer la rupture entre *le représentant héréditaire* et la nation.

Lors de la déclaration de Pilnitz, M. Mallet du Pan a parlé d'« auguste comédie ». Ce n'était, en effet, que poudre aux yeux.

Louis XVI veut la paix : en accord avec le comte de Montmorin et le marquis de Bertrand de Molleville, il charge M. Fournier, marchand de toile, de rencontrer le maréchal de Castries, et, par le truchement du vainqueur de Clostercamp, admirable ministre secrétaire d'État à la Marine, désormais tête pensante de l'Émigration, d'approcher l'empereur François II et le roi Frédéric-Guillaume II de Prusse, puis les comtes de Provence et d'Artois. M. Fournier (Jacques Mallet du Pan) devait obtenir une déclaration séparant les jacobins du peuple français. En outre, les deux souverains et les deux princes devaient s'engager à n'adopter aucune mesure de rétorsion dans les territoires occupés et à les évacuer dès que tout

350

serait rentré dans l'ordre constitutionnel. Le gazetier devenu diplomate voit le maréchal et lui soumet le manifeste lors du couronnement de François II à Francfort. M. Mallet du Pan rallie à son point de vue les deux monarques allemands que, seule, l'ânerie de la Législative a rapprochés. Tout irait bien si Monsieur et son frère ne mettaient obstacle à l'affaire, allant jusqu'à refuser de recevoir le rédacteur du *Mercure*.

C'est à tort que l'on rendra responsable le duc de Brunswick, commandant en chef des Império-Prussiens, d'avoir modifié un texte dont il n'a pas eu connaissance.

Le marquis de Limon, hier en flirt avec la Révolution et maintenant absolutiste et (peut-être) le comte de Fersen rédigent le manifeste de Brunswick, que le duc approuve du bout des lèvres, mesurant l'imprudence de la provocation mais se soumettant à la versatilité de François II et de Frédéric-Guillaume II. Le manifeste sera la cause occasionnelle de l'assaut des Tuileries par les patriotes marseillais et les bagnards de Brest. M. Mallet du Pan ne reverra jamais la France.

Continuation du même sujet

Il regagne Genève, et par un paradoxe stupéfiant, il demeure non moins informé que du temps qu'il résidait à Paris. Son *État politique financier et militaire de la France* offre une mine de renseignements. On le réputera pessimiste. Il n'exprime que la vérité. Les portraits des membres des grands comités, Salut public et Sûreté générale, sont ciselés, burinés. Il montre comment les acquéreurs de biens nationaux deviennent la clientèle des tyrans. Il souligne que l'envoi de représentants du peuple dans les départements permet de casser les autorités locales régulièrement élues. Il domine sa répulsion et met en relief l'aptitude de certains montagnards à gouverner. Il l'observe : des gens de bien ne disposent d'autre refuge que l'armée, que faute de pouvoir changer de camp, ils se battent comme des lions contre leurs propres idées. Il parle savamment de « l'organisation du désordre ». Son but ? Stimuler les énergies et montrer que le mépris ne sert de rien, qu'il ne suffit pas de traiter les adversaires de patauds ou de carmagnoles pour en

351

venir à bout. Il prévoit que le despotisme des comités se terminera par une dictature militaire mais ne discerne point le sabre apte à finir la Révolution ou bien à la prolonger.

Vient la Thermidorienne. Écrasés par les ventres pourris, voici les Parisiens

> « cherchant leur subsistance dans les déchets déposés devant les portes, les tronçons de légumes gâtés, le sang qui découle des boucheries ».

Arrive le Directoire et M. Mallet du Pan s'indigne de l'arrogance des parvenus, comme avant-hier M. de Montesquieu vouait aux dieux infernaux les laquais enrichis par le Système, et, par un réflexe explicable par leur condition première, oubliant de s'asseoir dans la voiture et reprenant leur place sur le strapontin extérieur. La fête continue et lorsque se taisent les canons de vendémiaire :

> « Le beau monde va à la comédie, en passant sur les pavés encore teints du sang de ses parents ou de ses voisins tués par la mitraille de Barras. »

Après le coup d'État du 18 fructidor, la déportation — la guillotine sèche — pour les députés royalistes, tels les généraux Pichegru, Willot et leurs collègues civils, M. Mallet du Pan prévoit que le régime changera encore de visage

> « car il n'y a d'immobile dans cette république qu'un mouvement perpétuel ».

Sainte-Beuve écrira :

> « Mallet du Pan doit être placé et maintenu au premier rang des observateurs et des juges les plus éclairés. Il a pour lui la raison mâle et cette énergie d'intelligence que donnent la liberté et la conviction. »

Somme toute, l'informateur et le magister d'esprit de l'Europe apparaît comme fougueusement modéré. Si nous appliquons la formule au Genevois, c'est qu'elle en définit le comportement de son seul maître, le président de Montesquieu.

Le 5 février 1798, les armées du Directoire avalent tout cru la Confédération helvétique, et la république de Genève ; frappé d'une clause expresse du traité de Réunion, M. Mallet du Pan s'expatrie et débarque en Angleterre, le 1ᵉʳ mai. Il n'a point fondé le *Mercure britannique* depuis un an qu'il lui faut analyser, sans passion, le coup des 18 et 19 brumaire,

« arc-en-ciel à travers les nuages chargés de foudre et de grêle ».

Bien avant fructidor, il a prévu :

« Le pays attend un régulateur légal, légal mais pas légitime. »

M. Mallet du Pan ne s'illusionne pas sur le citoyen général Bonaparte ; il ne troquera point le glaive consulaire contre l'épée de connétable et ne l'enverra point dire à l'abbé de Montesquiou, autre tome du président de Montesquieu.

Dans son recueil *Miscellanée*, M. Mallet du Pan se réfère au génie de La Brède. S'il se hausse souvent jusqu'à son maître par la profondeur de ses analyses, il ne l'égale jamais dans la magie du style, et sa prolixité nuit quelquefois à sa croisade de plume en faveur de la liberté. Il trouve une excuse dans un jugement du comte de Buffon :

« Le Président était presque aveugle, et il était si vif que la plupart du temps il oubliait ce qu'il voulait dicter, en sorte qu'il était obligé de se resserrer dans le moindre espace possible. »

D'évidence, la majesté du style du naturaliste l'autorisait à porter un jugement sur l'écriture de ses confrères des Quarante. Toutefois, ce n'est pas le moindre agrément des derniers écrits ou des dictées de M. de Montesquieu que d'amorcer un débat et de nous laisser conclure par nous-mêmes… tout en guidant notre réflexion.

Où le châtelain de Montbard voyait un défaut, et le correspondant de l'Europe (ainsi nomme-t-on M. Mallet du Pan) sa justification, nous trouvons, nous, une qualité. Le Genevois attache la plus haute importance à la diffusion des journaux. N'a-t-il pas, le premier, souligné que le *Père Duchesne* (avec l'aide du ministre de la Guerre Bouchotte) l'emportait par son tirage sur toutes les autres gazettes républicaines réunies ? Et, puisque nous en sommes à Hébert (tant pis pour le *flash-back*), rappelons-le : M. Mallet du Pan fut le premier à découvrir le double jeu du substitut du procureur de la Commune — et de la lanterne. L'*Homère de l'ordure* chercha, dans la mesure de ses faibles moyens, à sauver la Reine avant que de prendre peur et de se couvrir d'infamie.

Ainsi, le rédacteur du *Mercure britannique* se réjouit de voir l'audience de sa gazette augmenter tous les jours. À cela, deux raisons : les bonnes opinions ne sont pas énoncées pour satisfaire deux ou trois cabinets de lecture. La famille Mallet compte sept bouches à nourrir, son chef, l'épouse d'icelui, leurs cinq enfants. Or, notre gentilhomme de plume repousse toute subvention. D'abord par dignité, ensuite parce que son indépendance n'a point de prix, et ce en un temps que le cabinet de Saint-James juge le journaliste trop indulgent à l'égard de la France.

Continuation du même sujet (pas pour longtemps)

Si la tâche apparaît écrasante — deux livraisons par mois de soixante pages — l'opulence est venue, MM. Malouet, Champion de Cicé, archevêque de Bordeaux, le chevalier de Planat, Charles André Pozzo di Borgo, inlassable conteur, et que sa haine de Bonaparte promet au plus bel avenir, les amis de Genève, Mme de Staël manque à l'appel — elle séjourne à Coppet —, M. de Lally-Tollendal, bien sûr, se pressent au logis londonien.

Mieux, M. Mallet du Pan fonde un « cloub » des étrangers où l'on refuse le *beefsteak* et le *mutton chop* pour se régaler de vol-au-vent et de fricandeau…

Las ! S'altère la santé de notre héros — il n'eût point aimé être désigné par ce terme. Il doit, avec les siens, accepter l'hospitalité à Richmond du comte de Lally-Tollendal.

Le mardi 25 mars 1800, les souscripteurs du *Mercure britannique* sont invités à retirer chez leur libraire l'une des deux guinées versées comme abonnement ;

> « Le rédacteur du journal se trouve hors d'état de continuer le travail qu'il n'aurait jamais dû avoir l'imprudence d'entreprendre sous un climat dont il ne connaissait pas les effets sur une santé délicate. »

M. Malouet se charge d'écrire le dernier numéro. Un médecin français entend « boxer le climat » et achève le patient par force rôtis accompagnés d'excessives rasades de vins de Porto.

Au matin du samedi 10 mai 1800, le bon ouvrier choisit une fin de semaine pour terminer sa course, il succombe aux atteintes de la phtisie.

Le monde libéral se presse aux obsèques : le prince de Poix, lord Sheffield, M. Fayzô, greffier en chef des états généraux des Provinces-Unies de Hollande, M. Trevor, membre du Conseil privé de George III, deux membres des Communes, l'un baron, l'autre écuyer. Une trop longue énumération serait fastidieuse, mais comment ne pas nommer MM. Malouet et de Lally-Tollendal ? L'épitaphe rédigée par Jean-Louis Mallet le précise : son père est mort chrétiennement. Le mérite du texte le plus précis revient à Gérard Trophime de Lally-Tollendal. Le comte, non plus, ne sait pas faire court, mais l'on voudra bien retenir ces quelques phrases :

> « Il ne fut jamais l'écrivain d'un parti, ni celui d'un gouvernement ; il ne voulait en offenser ni en flatter aucun. […] En détestant la manie des innovations, il n'avait ni la religion des abus, ni la haine des réformes, et, s'il ne voulait pas que les peuples fussent sans frein, il n'admettait pas non plus qu'ils fussent sans droits. »

Certes, « le plus gras des hommes sensibles » (Rivarol) tirait un peu la couverture à lui, car il n'avait discerné les périls qu'après son hôte, mais le Président n'eût pas désavoué ces lignes.

Antoine de Rivarol ou le premier des diadoques

Il existe entre Jacques Mallet du Pan et Antoine de Rivarol un point commun, le culte de M. de Montesquieu. Une différence, celle qu'il importe d'établir entre un grand talent et un génie.

Le Président avait rencontré, durant son voyage dans les Italies, un marquis de Rivarol et en avait conservé le meilleur souvenir.

Pour employer la classification née de l'opposition entre les partisans du veto et ses adversaires, le Genevois serait un montesquien de gauche, le Provençal un montesquien de droite. C'est moins réel qu'il n'y paraît, et ce serait transformer l'auteur de l'*E.L.* en une auberge espagnole où l'on se mange et l'on se boit ce qu'on se porte, comme l'on dit familièrement en Provence. Antoine Rivarol — le titre et la particule viendront plus tard — naît à Bagnols-sur-Cèze, le 5 juin 1753, du règne de Louis XV le trente-huitième, trois années avant que le Président passe de son hôtel de la rue Saint-Dominique en l'église Saint-Sulpice. Mme Rivarol, née Catherine Avon, n'a point donné moins de seize enfants à son aubergiste de mari. Aubergiste d'un moment, il est vrai, mais avant que d'avoir coiffé la toque, tailleur d'habits, éleveur de vers à soie, et, pour avoir salé les additions plus que le potage, vu fermer son hôtellerie à l'enseigne des *Trois-Pigeons*. Paradoxe, le sieur Rivarol, ayant pigeonné ses clients, se retrouve dans l'administration fiscale, commis d'un receveur des aides.

Ce père attentionné, d'un caractère heureux, écrit et parle le latin, se réclame, encore que tombé dans la dérogeance, d'une famille d'ancienne extrace. Les généalogistes le disputent sur le bien-fondé de ses prétentions. On rencontre un Geoffroy de Rivarol servant dans les cantons contre le dernier grand-duc d'Occident. Le duc de Saint-Simon, si souvent sévère, loue le Piémontais Joseph-Philippe, marquis de Rivaroles, lieutenant général au service de France. Serait-ce le père de l'ami du Président ? Certes, la dernière syllabe a sauté, mais l'on sait combien, au XVIIe et au XVIIIe siècle, les noms patronymiques ou de terre demeurent sujets à la fantaisie de leur porteur ; exemples : Talmond pour Talmont, Senneterre pour Saint-Nectaire, etc. Rome et la Corse connaissent chacune une branche de Rivarola. Le grand-père d'Antoine a combattu pour Philippe V en Espagne. En est-il revenu bas-officier,

officier ? En tout cas, sans le ruban rouge. Cela se serait su. Serait-on tenté, comme ses ennemis, de dénier à M. de Rivarol sa qualité de noble qu'il n'importerait pas de les imiter. Son frère Claude-François entrera comme lieutenant aux chasseurs de Maillebois, puis, avant que de passer maréchal de camp, recevra le brevet tant convoité de garde du corps. Que le lieutenant général de Maillebois, à l'exemple de son père le maréchal, ne se soit pas montré regardant sur les parchemins, on l'a prétendu, mais l'entrée dans la maison du Roi nécessitait quatre degrés. Noble donc, mais comte ? De courtoisie du temps que l'on n'en manquait pas. Pour quelle raison avoir disserté sur les origines d'Antoine ? Mais tout simplement parce que certains des exégètes de son œuvre taxeront d'imposture leur auteur. Il n'est point aisé, même dans une société très ouverte (pas partout, mais en Provence et dans la capitale) de passer du modeste logis de la rue des Peyrières, aujourd'hui rue Rivarol, aux salons de Paris.

Antoine, après de fortes études chez les joséphistes de Bagnols, puis les sulpiciens de Bourg-Saint-Andéol, est admis, grâce à Mgr Crispin des Achards de La Beaume, prélat d'une légendaire mansuétude, au séminaire de Sainte-Garde dans la papaline Avignon.

Comme tant d'autres adolescents, il a choisi le petit collet sans l'intention de s'élever jusqu'au sacerdoce. Reçoit-il seulement la tonsure ? Si c'est vrai, il la cache soigneusement. La discipline de l'établissement apparaît des plus lâches, et le jeune homme a tôt fait de se répandre dans la bonne société du Comtat. Alors, crépite le feu d'artifice. Antoine n'est pas doté d'esprit. Il est l'esprit. Ce n'est pas qu'il se mette en avant. Il se contente de renvoyer l'éteuf quand il faut et comme il faut. Devant ses reparties, les gens de qualité — on ne dit pas encore les gens du monde, et pour les femmes, l'expression désigne les hétaïres — les gens de qualité, donc, se gardent de s'esclaffer, mais rient comme l'on savait rire. Il est servi par un physique étourdissant : visage d'une parfaite régularité, front vaste, yeux châtaigne au regard perçant sous une arcade sourcilière profonde, nez aquilin, bouche en bigarreau. La taille est bien prise, la démarche aisée. Lorsqu'il quitte Avignon pour Paris, il troque la perruque ronde pour celle à catogan, se désensoutane, revêt un habit galonné d'or — d'or comme le baudrier de

Porthos —, ceint l'épée. Avec quels sous ? Papa et Maman ont pourvu son escarcelle. Ils seront remboursés au centuple. Ah ! Paris ! Paris ! À nous deux ! Un axiome affirme : les arrivistes sont arrivés mais dans quel état ! Lui ne possède nul trait d'arrivisme mais la conscience d'une valeur jamais obscurcie par cet orgueil si préjudiciable bientôt au chevalier de Chateaubriand, lequel ne comprendra goutte aux œuvres du Président et de M. de Rivarol, sauf à considérer qu'il héritera la force de leurs polémiques.

Lorsque Antoine sort de l'hôtel d'Espagne, sis rue de Richelieu, quel miracle que de contempler pareil seigneur ! Midi sonne aux clochers de Saint-Roch et de Saint-Honoré, car notre homme ne s'est extrait de son lit qu'à 11 heures. Dormait-il ? Non, mais il préférera toujours travailler couché. Il dîne de trois fois rien pour un sol. L'après-midi passe en visites, en rendez-vous, la soirée au Procope ou bien au Caveau. Par son ami le chevalier de Cubières, dont il prise médiocrement les écrits mais goûte la conversation, il pénètre dans la république des lettres, le monde du théâtre, les cénacles de la philosophie. M. de Voltaire, encore lui, le gracieuse. M. d'Alembert, plus utile dans ses calculs que dans ses spéculations, esprit faux, cœur généreux, le prend en sympathie, lui déconseille de s'adonner aux mathématiques et à la physique. Le Président n'avait renoncé que sur le tard à ce genre de discipline. Antoine écoute le fils de la pieuse pécheresse Claudine de Tencin et de l'intendant de l'artillerie, chevalier Destouches ; M. d'Alembert n'exerce-t-il pas les hautes fonctions de secrétaire perpétuel de l'Académie française ? N'a-t-il point promis au Provençal de le faire compter parmi les Quarante ?

Soit, mais pour ce faire, il importe, sauf si l'on a coiffé le chapeau rouge, la couronne d'aches ou si l'on porte le bâton — et si possible les deux premières distinctions, ou les deux dernières —, d'apporter quelque soin dans l'art d'écrire. Antoine, passé comme M. d'Alembert du salon de la marquise du Deffand à celui de Julie de Lespinasse, affûte sa plume au *Mercure*, pas dans les pages politiques tenues par M. Mallet du Pan, dans celles, littéraires, aux mains de MM. Chamfort et La Harpe, beaux esprits, pas bons esprits. Il lit, compare, « épluche », prend le temps de faire court ; critique méchant ? Non mais lucide. Indulgent ? Ce serait trop dire. Toutefois, il se montre moins ennemi des hommes que des idées. Comme il écrit aussi bien, sinon mieux, que le Président, MM. de Voltaire et de Marivaux réunis, il s'en prend au bon abbé Delille, auteur tant admiré des *Jardins*, par le poème satirique *le Chou et le Navet*. Il y va de ce jugement sur l'œuvre du nouveau Virgile :

> « Il fait un sort à chaque vers et néglige la fortune du poème. »

Si l'ecclésiastique en sucre et en or ne se fâche pas plus que le comte de Buffon, loué, puis égratigné, il n'en va pas de même avec le sieur Caron de Beaumarchais ; un soir qu'au Procope, l'auteur du *Barbier de Séville* vient d'obtenir, malgré Monsieur mais sur les instances de Marie-Antoinette et du comte d'Artois, l'autorisation de faire représenter *le Mariage de Figaro* et déclare :

— J'ai tant couru ce matin auprès des ministres, auprès de la police que j'en ai les cuisses rompues...

— C'est toujours cela.

Nul doute qu'Antoine juge l'auteur sulfureux. Peut-être n'épouse-t-il pas encore les idées du génie de La Brède quant à la liberté d'expression, mais s'il se montre si rude à l'égard de l'inventeur de l'échappement des montres, c'est moins à cause du caractère corrosif des théories émises par M. de Beaumarchais qu'en raison de sa vulgarité. Que l'on compare les dialogues du *Mariage* et le livret des *Noces* par Lorenzo Da Ponte pour Mozart et l'on mesurera la différence.

Pour aller des salons parisiens au château de Versailles, il suffit de cinq grands quarts d'heure de voiture. Antoine se rend au palais du Soleil. Il devient la coqueluche des dames sans s'instituer leur greluchon.

Sans illusions sur ses premiers, et pourtant remarquables travaux, il proclame :

> « C'est un terrible avantage de n'avoir rien fait mais il ne faut pas en abuser. »

L'abbé Sieyès, mauvais prêtre, théoricien pas sot, mais dont la clarté n'est pas le fort, interrompt Antoine :

— Permettez-moi de vous dire le fond de ma pensée.

— Non, dites-moi tout uniment votre pensée. Épargnez-moi le fond.

L'ami Rulière se brouille avec le savon et la brosse à habit :

— Il ferait tache sur la boue.

Un médiocre, appelé plus tard à la carrière politique, Nicolas-Louis François de Neufchâteau, rime misérablement :

— C'est de la prose où les vers se sont mis.

M. d'Alembert s'était interrogé :

« La poésie, qu'est-ce que cela prouve ? »

Et, un jour, l'excellent homme, peu sensible à la musique des mots, avertit Antoine :

— Ne me parlez pas de votre Buffon, de ce comte de Tuffière qui, au lieu de nommer simplement le cheval, dit : « la plus belle conquête de l'homme ».

— C'est comme ce sot de Rousseau [Jean-Baptiste] qui s'avise d'écrire : « Des bords sacrés où naît l'aurore aux bords mystérieux du couchant. » Au lieu de dire : de l'est à l'ouest.

Il advient aux plus lucides du temps que régresse le bon sens, de commettre des bêtises, et Antoine ne fait pas exception ; parce qu'il a pour oncle d'alliance un M. Deparcieux estimé géomètre, créateur de la statistique et membre de l'Académie des sciences, il s'est d'abord présenté comme le chevalier de Parcieux ! Gentil-hommerie quand tu nous tiens ! Le savant menace : usurpation d'identité, cela peut aller loin. Antoine bat en retraite, reprend son nom et, fort de sa parentèle en ligne masculine, se donne du comte. Plus tard, Louis XVIII, assez sourcilleux sur les titres, ne lui donnera que du vicomte au grand dam de Claude-François portant lui-même couronne à six perles — six grosses perles et six petites. M. de Voltaire, jamais dupe sauf de lui-même, complimente l'aîné des Rivarol.

— N'avait-on pas dit que vous étiez le neveu de M. de Parcieux ? Pour le croire, il ne faut ni vous voir ni vous entendre.

Seconde erreur de parcours — seconde et non deuxième car l'on n'en relèvera plus : voici que, pour le sérieux et un brin d'incli-nation, Antoine prend pour épouse une miss prolongée, Louise Mather Flinth, au demeurant pas vilaine, fille d'un Écossais excellant dans la grammaire. Un fils, Raphaël, naîtra de cette union et les ennemis du père feront décerner le prix Montyon à la servante s'étant sacrifiée sans gages pour élever le bezot. *Exit* la comtesse de Rivarol. Elle réclamera son douaire. Moralité selon Antoine :

« Un duc fait une duchesse. Un homme d'esprit ne fait pas une femme d'esprit. »

Et encore :

« J'ai médit de l'amour, il m'a envoyé l'hymen pour se venger. »

Pareille gaieté ne satisfait pas tout le monde en un temps que le bon ton exige de larmoyer à propos de tout et de rien. L'anti-Montesquieu par excellence — Rousseau pas Jean-Baptiste, Jean-Jacques — commet d'autant plus de ravages qu'il écrit à ravir des stupidités. Dès avant qu'Antoine ne donne ses œuvres majeures, il se livre à l'une des plus jolies opérations de salubrité. Il rend l'idée du bonheur aux moins sots des Parisiens croyant l'avoir perdu. Et pourquoi ? On se le demande de nos jours encore. Il existe au siècle des Lumières — comme aux précédents et aux suivants — des hommes et des femmes pour se désoler de voir une bouteille à moitié vide, d'autres se réjouir de constater qu'elle est à moitié pleine. M. de Rivarol, bien qu'il ignore le *Spicilège* et *Mes pensées*, encore enfouis dans les dossiers de La Brède, propage la morale souriante du Président.

Antoine se lie au gouverneur de Meudon, chevalier de Champcenetz, fils du marquis, gouverneur du Louvre :

— C'est un gros garçon que je bourre d'esprit.

L'autre n'en manque pas :

— Avec nous, si cela continue, il ne restera bientôt plus un mot innocent dans la langue française.

Propos plaisant ? Moins qu'il n'y paraît. Savoir utiliser les vocables dans leurs multiples acceptions, voire leurs contradictions, requiert une maîtrise absolue du langage. Après la publication de *l'Almanach de nos grands hommes* où MM. de Rivarol

361

et de Champcenetz ont, à belles dents, mordu dans les fausses gloires, éreinté M. Caron de Beaumarchais, crevé les montgolfières de suffisance, un nommé Brignand-Bolmier rosse le comte à coups de canne. À son compère il se plaint de l'infortune :

— Mon cher, on ne peut plus faire un pas dans Paris sans qu'il vous tombe des bûches sur le dos.

— Je te reconnais bien là, tu grossis toujours les objets.

Désormais, l'on dit Rivarol et Champcenetz comme Guyenne et Gascogne. Autre compagnon, le comte, et, plus tard, duc de Lauraguais, rival du prince d'Hénin (le nain des princes) auprès de Mlle Sophie Arnould, mauvais esprit, tête brûlée, mais fidèle. Parfois, le chevalier et Claude-François croisent le fer contre les ennemis de leur illustre complice afin que de le décharger de cette fatigue.

Au plus près de la perfection

En 1783, l'année de notre victoire dans la guerre des insurgents, Antoine, alors qu'il atteint la trentaine, concourt pour le prix de l'académie de Berlin. Thème : *Discours sur l'universalité de la langue française.* Qu'une telle invite provienne des lettrés prussiens, cela nous stupéfierait si nous ne le savions : deux continents, l'Europe (moins les États sous la babouche), l'Amérique (sauf quelques Mohicans), correspondaient dans notre langue, seule usitée en diplomatie. De nos jours où l'Institut Pasteur se fait tirer l'oreille pour renoncer à donner ses communications en anglais, l'on mesure l'incroyable régression d'un usage que tentent de rétablir MM. Alain Decaux, Philippe de Saint-Robert, Xavier Deniau, Jean Ferré, quelques moindres seigneurs. Il s'agit pour Antoine de Rivarol de détruire jusque dans ses fondements la tour de Babel, mais, pour ce faire, il utilise une pioche en or :

« Un des plus grands problèmes que l'on puisse proposer aux hommes est cette constance dans l'ordre régulier de notre langue. Serait-il vrai que, par son caractère, la nation française ait souverainement besoin de clarté ? La prose française se développe en marchant et se déroule avec grâce et noblesse. Sûre, sociable, raisonnable, ce n'est plus la langue française, c'est la langue humaine... Et c'est pourquoi les puissances l'ont appelée dans leurs traités ; elle y règne depuis le traité de Nimègue [1678-79]. La philosophobie, lasse de voir les hommes toujours divisés par les intérêts divers de la politique, se réjouit maintenant de les voir d'un bout à l'autre de la terre se former en république sous la domination d'une même langue. »

Certes, à l'époque, tout le monde, ou presque, écrit bien, mais n'est-ce point une page mais un festival ? L'auteur, en bon montesquien, fournit les raisons historiques du *Discours* : l'allemand demeure trop conceptuel, l'espagnol peu communicatif... sauf avec Dieu, l'italien trop longtemps supplanté dans les actes par le latin, l'anglais mis en veilleuse au temps des Normands, puis des Angevins, abandonné durant des siècles au petit peuple des Saxons laissant un vide entre Chaucer et les élisabéthains, ne peuvent prétendre à l'universalité. Vient la péroraison empreinte d'optimisme. Antoine lance un appel à la concorde (sans connotation maçonnique) l'année même que Louis XVI apparaît comme l'arbitre de l'univers.

Le discours reçoit le prix. Comme l'affirme le meunier de Sans-Souci : « Il y a des juges à Berlin. »

Les signes avant-coureurs de l'orage sont perçus par M. de Rivarol comme par M. Gabriel Sénac de Meilhan. La révolution en perruque précède la révolution en bonnet. Il se profile un gouvernement aristocratique, jadis appréhendé par M. de Montesquieu. Une fraction de la haute noblesse approuve quand elle ne les paie pas des pamphlets boueux contre Marie-Antoinette. Une duchesse se réjouit de ces libelles infâmes, le « Français par excellence », *dixit* feu M. de Voltaire, rétorque à la bonne dame :

— Si l'on traite ainsi les reines, que fera-t-on des duchesses ?

Nouveau succès européen pour un gentilhomme passé *via* la tonsure, de l'auberge des *Trois-Pigeons* au champ des étoiles, il donne une traduction de *l'Enfer* de Dante. *Traduttore traditore ?* Pas en l'occurrence. M. de Rivarol maîtrise le texte, lui conserve son caractère dramatique, bannit les archaïsmes, maintient la

violence sous des formes — il faut en convenir — plus raciniennes que dantesques. Il possède au plus haut degré le sens du
raisonnable, lequel n'a rien à voir avec la raison. Ses idoles : Blaise
Pascal et M. de Montesquieu. Le rapprochement pourrait
surprendre, mais si le comte brûle de l'encens aux pieds du port-
royalien ce n'est pas que les fumées montent vers le jansénisme
dont les adeptes réunis aux ultra-gallicans vont nous mener tout
droit à la Constitution civile du clergé, c'est au style des *Provinciales* et des *Pensées*, c'est aux qualités polémiques recélées par ses
œuvres maîtresses. En revanche, quant au Président, pas de détail.
Antoine le révère pour le fond et la forme.

Un journaliste au-dessus de la mêlée

L'Ancien Régime contrôlait la presse sans l'étouffer, mais pour
M. de Rivarol c'était encore trop.

Les grandes luttes s'étaient déroulées entre les *Mémoires de
Trévoux* et les *Nouvelles ecclésiastiques*. Les premières furent
légales jusqu'à l'expulsion des jésuites. Les secondes furent pros-
crites dès leur parution et se propageront clandestinement. Sous
couvert de religion, les deux feuilles entretenaient leurs lecteurs
de politique. Encore qu'ultramontains, les jésuites des *Mémoires*
apparaissaient fidèles à la monarchie. Les *Nouvelles*, jansénistes et
ultra-gallicanes, sans sombrer dans le républicanisme, sapaient les
fondements du trône en détournant les cours souveraines de leurs
devoirs envers le Roi. Dès l'annonce de la convocation des états
généraux commencent de paraître des lettres de MM. X, Y ou Z
à ses commettants. Le comte de Mirabeau n'est pas le dernier à
s'emparer de la formule. Le jeune Gabriel Ouvrard achète à crédit
du papier, sûr que la demande dépassera l'offre. À gauche, tout est
mis en œuvre pour réduire à deux fois rien l'exécutif. À droite,
on cultive la nostalgie de l'Ancien Régime. M. de Rivarol, dont
le *Journal politique national* paraît dès le 12 juillet 1789, grâce
au voluptueux abbé Sabatier de Castres, et dont il assure trois
livraisons par semaine, se situerait-il vers le centre ? Oui, à long
terme. Non, à court terme. Oui, parce qu'il demeure fidèle au
Président. Non, parce qu'il veut d'abord apaiser la tempête avant

que d'assurer les libertés au peuple point encore mûr pour les recevoir. Rien de ce que l'on écrira, pas même Jacques Mallet du Pan, ne surpasse en lucidité les pages de l'enfant de Bagnols-sur-Cèze. Alors qu'il se trouve dans l'œil du cyclone, il se préserve d'icelui comme ledit œil lui-même. L'art consiste à revenir sur les événements principaux. Il prend en historien les causes pour en rapprocher les effets. Il acceptera bientôt une modeste pension de Xavier de La Porte, intendant de la liste civile.

Le monarque doit, à ses yeux, se faire obéir afin que d'innover :

> « La populace de Paris et même celle de toutes les villes du royaume ont encore bien des crimes à faire avant d'égaler la sottise de la Cour. »

Emporté par son exigence, il se montre injuste, oublie les bienfaits, et, surtout, la remarquable politique extérieure — même si elle fut un peu trop coûteuse — du souverain :

> « Tout le règne actuel peut se réduire à quinze ans de faiblesse et un jour de force mal employée [l'intervention du prince de Lambesc le 13 juillet]. D'abord on doit (sans être tenu à reconnaissance), en partie, la Révolution à M. de La Vauguyon et à M. de Maurepas. Le premier l'homme et le second le Roi. On doit presque tout à la liberté de la presse. Les philosophes ont appris au peuple à se moquer des prêtres, et les prêtres ne sont plus en l'état de faire respecter les rois ; source évidente de l'affaiblissement des pouvoirs. »

Nouvelle analogie avec le Président. Il moquait les philosophes bien qu'il fût réputé tel. *Idem* pour M. de Rivarol. *Idem* encore pour la liberté de la presse. Ils ne la conçoivent, comme le clavecin, que bien tempérée. Entendons qu'elle n'appelle point au meurtre.

> « On doit encore plus au conseil de guerre [allusion aux châtiments corporels importés de Prusse par le comte de Saint-Germain mais supprimés par le maréchal de Ségur]. Les coups de plat de sabre et toute la discipline du Nord ont découragé les soldats français. Ceux qui ont substitué le

bâton à l'honneur mériteraient qu'on les traitât avec cette préférence si la Révolution n'entraînait que des malheurs. Enfin on doit tout au dépit des parlements qui ont mieux aimé périr avec la royauté que de ne pas se venger d'elle. »

(Il s'agit de la révolte menée par les conseillers d'Eprémesnil et de Montsabert, et du refus du doublement du tiers aux états généraux.)

M. de Rivarol, d'un naturel optimiste et gai, ennemi de toute violence, est atterré par la tournure fâcheuse prise par les événements. Une fois de plus il nous éclaire sur les origines du drame :

« Quand M. de Calonne assembla les notables, il découvrit aux yeux du peuple ce qu'il ne faut jamais lui révéler, le défaut de lumière encore plus que le défaut d'argent. La nation ne put trouver dans cette assemblée un seul homme d'État [si, Alexandre de Calonne mais il fut congédié par la suite d'une intrigue du garde des Sceaux, M. de Miromesnil] et le gouvernement perdit à jamais la confiance. C'est ce qui arrivera chez tous les peuples que les ministres consulteront. En effet, que diraient des voyageurs ayant pris des guides, si, au milieu des bois, ces mêmes guides s'arrêtaient pour les consulter sur la route qu'il faut prendre ? Les voyageurs seraient bien doux s'ils ne faisaient que mépriser leur guide. Or, quand les peuples cessent d'estimer, ils cessent d'obéir. »

Cette constatation, valable de tout temps, figure sous le titre du prestigieux hebdomadaire *Rivarol*, fondé par René Maillavin en 1951, et animé splendidement de nos jours par Mlle Camille-Marie Galic.

Antoine a mis le doigt sur la plaie. Que Louis XVI soit un virtuose de la politique étrangère, peu lui chaut, car il sait les Français guère soucieux des tractations de chancelleries lorsque les ventres — moins qu'on ne le prétendra, c'est vrai — crient famine.

Voilà pour l'éditorialiste ; le reporter n'est pas moins doué, le récit des journées d'Octobre trouve une place dans toutes les anthologies. L'étourneau La Fayette est stigmatisé. Il devient *Gilles*

César et ce surnom va lui coller à la peau jusqu'à sa fin, jusqu'à ce que Louis-Philippe l'ait roulé dans la farine.

Antoine annonce aussi la Terreur ; comme la Constituante a déclenché la seconde Grande Peur en entretenant la confusion entre l'abolition des droits féodaux et le maintien de la rétribution des propriétaires terriens par les fermiers et les métayers, comme elle ne peut ramener l'ordre avec des troupes que son comité militaire a désorganisées, Antoine prévient :

> « Malheur à ceux qui remuent une nation ! Il n'est point de siècle de lumière pour la populace […] toujours cannibale, toujours anthropophage ; et quand elle se venge de ses magistrats, elle punit des crimes qui ne sont pas toujours avérés pour des crimes certains. »

Si ce n'est pas du Montesquieu, qu'est-ce donc ?

> « Souvenez-vous, députés des Français, que lorsqu'on soulève un peuple, on lui donne toujours plus d'énergie qu'il n'en faut pour arriver au but qu'on se propose et que cet excédent l'emporte bientôt au-delà de toutes les bornes […] Voltaire a dit : "Plus les hommes seront éclairés et plus ils seront libres." Ses successeurs ont dit au peuple que plus il serait libre plus il serait éclairé, ce qui a tout perdu. »

Et vlan pour l'abbé de Mably ! Et vlan pour Jean-Jacques !

Antoine, à l'éternel sourire, le sait : le siècle des Lumières va se terminer par le temps de la lanterne.

Deux historiens des plus distingués, feu François Furet et son beau-frère Denis Richer, gloseront sur « la théorie du dérapage » et ils ont fort bien éclairé les étapes de la dégradation, mais, faites excuse, M. de Rivarol les avait précédés « à chaud ». Il écrit maintenant chez M. de Lauraguais, au château de Manican, près de Noyon. À Paris, les imprimeurs et les libraires renoncent devant les menaces des échappés de jacobinières. Qu'importe ! On composera, on imprimera dans les provinces belgiques. Les abonnés seront servis, les dépôts, plus ou moins clandestins, et plutôt plus que moins car la *pression* s'accentue, seront alimentés. L'abbé Sabatier de Castres a rejoint l'Émigration. Des paysans accourent du village, fourche au poing, et s'apprêtent à jeter des torches afin que de rôtir « les maudits aristocrates ». L'expression aurait fait frémir M. de Montesquieu comme elle étonnera le jeune duc de Chartres, futur Louis-Philippe. Les aristocrates, tenants du gouvernement des meilleurs, sont par définition les opposants à la monarchie héréditaire et successive. Toujours le mensonge des mots ! MM. de Rivarol et de Lauraguais regagnent Paris dans le moment que, on l'a vu, Louis XVI, après le vide créé par la tentative de Montmédy, retrouve quelques pouvoirs. En serait-ce fini de l'activité gazetière de M. de Rivarol, plus comte que jamais depuis la suppression des titres ? Il appartenait depuis l'hiver de 1789 à la plaisante société des Actes des Apôtres. Ses membres, réputés par eux-mêmes Incurables, se réunissaient, près du Palais-Royal, au café de Valois. MM. de Lauraguais, de Champcenetz, le colonel vicomte Boniface de Mirabeau, constituant, le spirituel marquis de Bonnay, président de l'Assemblée lors de la fête de la Fédération, et futur chef intérimaire du cabinet de Louis XVIII en exil, le très talentueux avocat Bergasse, le magnifique gazetier François Suleau, et un jeune homme entreprenant, Jean-Gabriel Peltier. On avait un peu bu (Boniface plus que de raison), beaucoup ri (le chevalier de Champcenetz surtout), tenu force propos en faveur d'une monarchie modérée (sauf l'intempérant Boniface). M. Peltier recueille les propos, l'assure : pour être tenus autour d'une table, ils n'en méritent pas moins l'impression. Ainsi naît la plus prestigieuse des feuilles, les *Actes des Apôtres*. Les apôtres ? Ce sont les imprudents sonnant le tocsin après avoir mis le feu. Ce sont, bien sûr, les assassins des libertés. Les Incurables se montrent de plus en plus incisifs. Ils n'ont pas versé la moindre larme sur la disparition de M. Riqueti aîné, comme on nommait en dehors de la Constituante le comte Honoré de Mirabeau. Défaut habituel de la droite, les *Actes des Apôtres* s'en prennent plus volontiers à leurs proches qu'à leurs ennemis. Pourquoi ? Parce que les monarchiens tièdes, fort honnêtes gens, n'ont pas su canaliser les forces réformatrices.

N'allons pas croire pour autant M. de Rivarol et ses amis, sauf Boniface, soutenant l'extrême droite. Ainsi, quand le chevalier de

Cazalès, le plus grand orateur (après le comte de Mirabeau) a proposé de remettre la dictature au Roi, les Incurables, toujours fidèles à la pensée montesquienne, n'ont point approuvé le chef des Noirs (on appelait alors ainsi les Blancs).

L'Almanach des hommes de la Révolution, de la même veine que l'*Almanach de nos grands hommes*, connaît, depuis 1790, un succès identique sinon supérieur à celui de la première œuvre iconoclaste. Certaines « têtes de Turcs » se sont amendées. Ainsi le comte de Lally-Tollendal combat maintenant les tape-dur. Ainsi Mme de Staël déclare-t-elle :

> « Ce que Montesquieu a voulu nous l'avons fait. »

Tout doux, madame la baronne, vous aviez commencé par débiter passablement de sottises dans les jardins du Palais-Royal. MM. de Rivarol et de Champcenetz vous décochent un trait en vous dédiant leur ouvrage :

> « Madame, publier le Dictionnaire des grands hommes de ce jour, c'est vous offrir la liste de vos admirateurs. »

C'est moins injuste qu'il n'y paraît ; la fille de Jacques Necker et son amant, le comte de Narbonne, fils naturel de Louis XV, pousseront à la guerre « pour réconcilier le Roi et la nation », dans le temps que Brissot exercera la même pression pour « consommer la rupture entre la Nation et le Roi ». La grosse Germaine s'en repentira. Brissot, pour d'autres motifs, gravira les marches de l'abbaye de Monte-à-Regret. Quoi qu'il en soit, M. de Rivarol déteste les bas-bleus. Il ira de ce mot féroce à propos de Mme de Staël :

— Je n'aime que les sexes prononcés.

Les trente-six portraits apparaissent satiriques, non caricaturaux ; le marquis de Condorcet, mathématicien et philosophe (faut voir comme !) en prend pour son grade :

> « Il écrit avec de l'opium sur des feuilles de plomb. »

L'astronome Jean-Sylvain Bailly, à peine égratigné, figure aux côtés des avocats d'Anton, redevenu Danton, et Maximilien (de) Robespierre, criminels en puissance, l'un par vénalité, l'autre pour avoir lu Fénelon et Jean-Jacques de travers.

S'il est deux dogmes refusés par MM. de Rivarol et de Champcenetz, c'est bien la bonté naturelle de l'homme et l'excellence de la volonté générale, et cette dernière d'autant plus que — sauf lors des élections aux états généraux — elle n'a jamais été exprimée. Antoine souhaite voir Louis XVI retirer leurs portefeuilles aux royalistes et aux monarchiens afin de les confier aux brissotins, manœuvre, selon lui, assez sûre pour déconsidérer les prétendus *patriotes* (mot créé par le duc de Saint-Simon pour désigner le maréchal de Vauban) et les rejeter dans les jacobinières dont ils n'eussent jamais dû sortir. Louis XVI pratiquera l'expérience mais ne pourra devant l'antireligiosité, la nullité criante de Servan, Roland et autres Clavière, les conserver dans le ministère.

C'est le 10 juin 1792, dix jours avant la première invasion des Tuileries, qu'Antoine, prévenu par sa sœur Françoise, dame de Barruel-Beauvert, baronne d'Angel, et du dernier bien avec Charles-François du Périer du Mourriez, lieutenant général, donne ses derniers conseils au Roi : s'appuyer sur le petit peuple mais point la canaille contre les empiétements de la Législative. Croyant gagner l'Angleterre, il se trompe de navire, se retrouve sur les quais d'Ostende d'où Manette, sa *serva padrona* l'accompagnera jusqu'à Bruxelles.

Pour abandonner les bords de la Seine, la jolie personne s'était fait prier. Elle s'était attiré cette réplique :

— Si tu veux devenir souveraine, demeure ici. Si tu veux rester Manette, suis-moi.

La philosophie de l'exil

M. de Rivarol, plus avisé que M. de Champcenetz, n'avait quitté le royaume — mais est-ce bien encore un royaume ? — que dans le moment qu'il ne pouvait plus le servir.

L'émigration de la première vague (1789) et de la deuxième (1791) entretient des préjugés à l'égard de la dernière. De mauvais plaisants ne retiennent-ils pas deux chambres d'hôtel à des tenants du bicamérisme ? Il n'en va point de même pour M. de Rivarol.

370

Dans toutes les demeures de la bonne société il est accueilli, fêté, voire adulé. Seul, le chevalier de Chateaubriand, dont l'orgueil naissant obscurcissait le regard, tente de l'insolenter lors d'un dîner chez la comtesse de Matignon. Les deux enchanteurs ne se sont pas enchantés.

Le Breton ami de M. de Chênedollé, ancien secrétaire du Provençal, s'en inspirera. En 1789, le comte de Rivarol avait écrit dans son *Journal politique national* :

« Ah ! Si le ciel avait voulu qu'à côté des grands criminels il s'élevât toujours un grand écrivain, vous ne braveriez pas les châtiments de l'Histoire, Sieyès, Barnave, Target, Laclos, et vous tous conseillers directeurs et satellites d'un prince coupable ! [Louis-Philippe-Joseph, duc d'Orléans, futur Philippe Égalité.] Comme vos devanciers, les Narcisse, les Tigellin, vous trembleriez sous la verge d'un Tacite et les peuples consolés ne verraient en vous que des objecteurs de la Providence. »

En 1809, le vicomte de Chauteaubriand fera supprimer par Napoléon *le Mercure* pour avoir tracé ces lignes :

« Lorsque dans le silence de l'abjection, l'on n'entend plus retentir que la chaîne de l'esclavage et la voix du délateur, lorsque tout tremble devant le tyran et qu'il est aussi dangereux d'encourir sa faveur que de mériter sa disgrâce, l'historien paraît, chargé de la vengeance des peuples. C'est en vain que Néron prospère, Tacite est déjà né dans l'Empire. »

Le propre des sots est de détester l'esprit, et partant de ne pas reconnaître le génie du Président et de M. de Rivarol. L'optimisme béat de certains émigrés inspire ce bref dialogue entre deux jeunes prélats se promenant dans les allées du parc de Bruxelles.

— Monseigneur, croyez-vous que nous serons de retour à Paris à la fin de l'été ?

— Monseigneur, je n'y vois aucun inconvénient.

La promenade militaire se transforme en une campagne. M. de Rivarol craint les excès des troupes prusso-império-émigrées. Dans sa *Lettre à la noblesse française au moment qu'elle rentre en France* il recommande la modération :

« Les émigrants, sans s'en douter, ont donné un grand degré d'énergie à l'Assemblée ; ce sont les terreurs qu'ils inspirent qui rallient tous les cœurs et tous les esprits autour du Corps législatif. En effet, si tous les émigrants étaient rentrés depuis six mois [donc avant la funeste déclaration de guerre du 20 avril 1792] et si les Français étaient sans crainte à cet égard, il n'est pas de doute que l'Assemblée nationale n'eût éprouvé de graves difficultés depuis longtemps, et que ces événements auraient tourné au profit du trône. J'observais encore au sujet des émigrants que les princes sont peut-être plus séduits par cette noblesse ardente qui les environne et par la tournure héroïque et romanesque que leur donnent leurs positions que par les promesses des puissances étrangères. »

Antoine l'a parfaitement compris : les Hohenzollern et les Habsbourgs ne répondent point à la croisade sans croix de la Gironde par une démarche chrétienne et civilisée. En outre, ils nourrissent des ambitions territoriales aux dépens de la France. Seul, Gustave III de Suède se montre désintéressé. Les chefs de l'Émigration ? Le vicomte de Mirabeau boit plus que de raison. Les maréchaux de Broglie et de Castries apparaissent comme des grands capitaines mais leurs effectifs sont très réduits. *Idem* pour le lieutenant général marquis de Bouillé. Monsieur ne sait rien de la guerre, et le comte d'Artois peu. Seuls, Louis V de Condé, son fils le duc de Bourbon, et, plus tard, son petit-fils le duc d'Enghien sont capables de prodiges. Le duc de Brunswick, meilleur manœuvrier de l'Europe, mène la campagne comme l'on joue aux échecs. Que le déplacement d'une pièce l'avantage, il gagne la partie, que son adversaire réussisse un joli coup, il prévoit la suite, et, ménager du sang de ses soldats, déclare mat. M. de Rivarol poursuit sa *Lettre*. Il prévient la noblesse que quoi qu'il advienne, c'en est fini de son statut particulier, qu'elle retrouve ses titres et ses terres, soit. Point ses privilèges. Pas question de supprimer une assemblée légale, mais deux vaudraient mieux qu'une. Toujours du Montesquieu. Antoine poursuit :

« Gardez-vous des gens de lettres [ils ne sont plus ce qu'ils étaient...] Évitez les vengeances et l'esprit de système [...]. Le plus grand malheur qui puisse arriver aux particuliers comme aux peuples c'est de trop se souvenir de ce qu'ils ont été, et de ce qu'ils ne peuvent plus être [...]. Le temps est comme un fleuve, il ne se remonte pas. »

Ni la reculade de Valmy, non plus que les massacres de Septembre et le crime du 21 janvier ne le conduiront à se départir de son idéal modéré. Résidant chez le prince de Ligne, et retrouvant au château de Belœil l'ami Sénac de Meilhan, il communie avec ce seigneur dans le culte de Marie-Antoinette. La douleur le taraude à la pensée que les basilophages pourraient la mettre à mort. Il lui prête les stances *Veuve et mère* :

Au midi de mes tristes années,
Levant les yeux éteints vers la divinité,
Mes yeux, car sans pitié mes mains sont enchaînées,
Je pleure dans ma captivité.
Je meurs, et, dans ces lieux où l'horreur m'environne,
Tout a passé pour moi, le temps seul est resté ;
Il verra mes cheveux sur mon front sans couronne
Blanchir dans ma captivité.
Rends-moi mes deux enfants, ô peuple sans clémence !
Du destin de leur mère ils n'ont point hérité ;
Je te pardonne tout :
Permets que leur enfance
Console ma captivité.

Dans ce poème aux harmonies raciniennes, l'on retrouve une fois encore le thème ayant toujours hanté le philosophe. Il n'aime pas cette qualification, mais force est bien de la lui conférer : « Le temps ne passe pas ; il nous regarde passer. »

Comment faire face à l'horreur ? En stigmatisant les assassins ? Sans doute, mais mieux encore en expliquant le pourquoi de la tragédie. M. de Rivarol n'incrimine ni MM. de Voltaire, Rousseau, Helvétius, pas même l'abbé de Mably, encore moins le frère d'icelui, l'abbé de Condillac dont il s'inspirera bientôt pour sa théorie de l'origine du langage. Non, c'est au marquis de Condorcet, lequel vient de s'empoisonner pour se soustraire au triangle de Sanson, et autres songe-creux qu'il attribue la catastrophe. Il le dit mais ne l'écrit pas, écrasé par la douleur causée par l'assassinat de la Reine et de M. de Champcenetz, alors que court encore la plume de M. Sénac de Meilhan.

Un sourire entre les larmes : comme Manette voudrait quitter Belœil afin que de vendre ses charmes à Bruxelles :

— L'avarice des Belges s'oppose aux mauvaises mœurs.

Antoine tire sur sa pipe bien bourrée d'aloès, et remercie son « disciple », le banquier israélite David Capadocce Pereira. Nouveau trait commun avec le Président. M. de Rivarol défend toujours les Juifs. Il vient rejoindre le bon financier à Hambourg, puis, Manette désirant changer d'air, il demande et obtient la permission du comte d'Artois de se rendre à Londres.

Au somptueux dîner offert par le lord-maire aux personnalités britanniques et étrangères, M. Mounier calme le chevalier de Cazalès malcontent de voir là M. de Rivarol. Rencontre-t-il M. Mallet du Pan ? Non, l'illustre gazetier réside alors à Genève. Le colonel baron de Montesquieu ? Probable, pas certain. M. de Cazalès réside chez Mr. Edmund Burke, et M. de Rivarol se divertit d'entendre affirmer par le très montesquien auteur des *Reflections of the Revolution in France*, s'inspirant — ô combien ! — du *Journal politique national* et des *Actes des Apôtres*, qu'il n'a connu ces textes qu'après l'élaboration de son livre, d'ailleurs fécond et remarquable. Petite coquetterie des grands penseurs, ils le prétendent : tout est sorti de leur minerve. Consolation : le député whig déclare à son visiteur :

— Vous êtes le Tacite de notre temps.

— Oui, Tacite, car je me tais.

Manette tombe malade, s'interroge sur son destin dans l'au-delà :

— Je te donnerai une recommandation pour la servante de Molière.

Le comte, discret sur ses amours, en connaît quelques-unes avec les sujettes de Sa Gracieuse Majesté George III, à l'en croire, peu expertes :

— Les Anglaises ont deux bras gauches.

Las « d'un pays où l'on ne mange les pommes que cuites, et où l'on trouve plus d'apothicaires que de boulangers », Antoine, toujours flanqué de Manette, quitte Londres, le 30 juin 1795, et regagne Hambourg. Monsieur, devenu Louis XVIII, passe des enseignements de Jean-Jacob Moreau, l'un de ses sous-précepteurs, à ceux du Président. Finis les gibets pour les cordeliers, les jacobins et même les monarchiens ; le Roi sans royaume le déclare tout net dans une missive adressée au « vicomte de Rivarol » et l'institue son ambassadeur à Hambourg :

« Je l'autorise à prendre en mon nom avec mes serviteurs fidèles les arrangements qu'il jugera les plus profitables pour réussir jusqu'à ce que les circonstances exigent l'envoi d'un chef militaire accrédité par moi. »

La mission diplomatique présente d'autant plus d'intérêt que Hambourg et Altona comptent de nombreux monarchiens, les trois frères Lameth, le IIIe duc d'Aiguillon et autres honnêtes imprudents.

Louis XVIII voudrait des comptes rendus, son ambassadeur se contente d'établir des contacts. Le souverain, paperassier comme tous les désœuvrés, mais intelligent comme tous les Bourbons, ne s'offusque point de la carence de son représentant. Le nom seul de Rivarol cautionne le changement de cap du navigateur sans navire.

Guerre à la philosophie

M. de Rivarol « chine » les philosophes. Cette science ne revêt plus le caractère qu'on lui conférait des Anciens au R.P. de Malebranche ; ni M. de Voltaire ni Jean-Jacques ne sont des philosophes mais des théoriciens politiques. L'abbé de Condillac fait seul exception, quant au marquis de Condorcet, la vérité, comme sa fin tragique, exige de n'en point parler. On voudra bien le noter :

de nos jours, Sartre, Gabriel Marcel, Merleau-Ponty, Maurice Clavel, Pierre Boutang, Gustave Thibon, Michel Serres, Jean-François Revel sont des philosophes, mais les « nouveaux », le coruscant Bernard-Henri Lévy, le regretté Jean-Marie Benoît, le brillant M. Alain de Benoist, pour ne point tomber jusqu'au triste André Glucksman, sont des commentateurs teintés de philosophie de l'actualité. Ne pas confondre, s'il vous plaît.

M. de Rivarol note :

> « Les philosophes sont comme les vers qui piquent et qui percent les digues de la Hollande, ils prouvent que ces ouvrages sont périssables comme l'homme qui les construit mais ils ne prouvent point qu'ils ne sont pas nécessaires. »

Antoine, de son marteau d'or, enfonce le clou :

> « La philosophie moderne n'est rien autre chose que les passions armées de principes. La philosophie, étant le fruit d'une longue méditation et le résultat de la vie entière, ne peut et ne doit jamais être présentée au peuple qui est toujours au début de la vie. »

L'expression « au début de la vie » mérite que l'on s'arrête : Antoine n'affirme pas que le peuple va demeurer en enfance, il constate simplement qu'il n'en est pas sorti, mais, optimiste, il pense que le peuple deviendra mature. Le peuple, oui. La populace, non, car :

> « Lorsque le peuple est roi, la populace est reine. »

Il réfute les thèses d'origine fumeuse devenues incendiaires, et, comme toujours, établit les relations de cause à effet. Il se contredit rarement, mais amusons-nous à le prendre en faute ; il écrit :

> « On peut tout faire avec des baïonnettes sauf s'asseoir dessus. »

Et plus loin :

« On ne tire pas des coups de fusée aux idées. »

Pardon, monsieur l'Ambassadeur, pour ce manque de révérence, mais permettez que nous ne vous tirions pas encore la nôtre :

« Quand Neptune veut calmer les tempêtes ce n'est pas aux flots mais aux vents qu'il s'adresse. »

Le rôle de l'intelligence demeure limité comme détonateur :

« Il faut plutôt, pour opérer une révolution une certaine masse de bêtise d'un côté qu'une certaine dose de lumière de l'autre. »

Comme son maître, il s'élève, sans se prendre au sérieux, jusqu'aux généralités :

« Sans doute, il faut bien que les archives du temps périssent. [...] C'est donc un bienfait du ciel que des races criminelles reçoivent d'époque en époque l'amnistie de l'oubli. Ainsi, dans l'homme, pour l'homme, autour de l'homme, tout s'use, tout change, tout périt, tout marche du printemps à la décrépitude, les lois, les mœurs, les beaux-arts ; les empires ont leur éclat et leur déclin, leur fraîcheur et leur vétusté, quelquefois même une fin prématurée, et cependant la nature, mère de tant de formes fugitives, reste appuyée sur la nécessité au sein des mouvements, des vicissitudes et des métamorphoses, immobile, invariable, immortelle. »

Il ne manque que les décrets de la Providence pour que ce soit du Bossuet, mais c'est toujours, dans une forme encore plus noble, s'il est possible, du Montesquieu.

Galanteries d'écritoire

Le comte de Buffon avait déclaré : « Le style c'est l'homme. » Or, il demeure curieux de le constater : M. de Rivarol, s'il raisonne comme Montesquieu, écrit souvent comme Voltaire, Voltaire le bon, l'épistolier, le conteur, assez souvent l'historien. Antoine souriait aux anges lorsque trépassa le génie de La Brède alors qu'il connut le privilège de s'entretenir avec l'auteur de *Candide*. Certes, si l'on tient compte de la règle : « Il faut parler comme l'on écrit, et non écrire comme l'on parle », il est loisible de le considérer : Voltaire a exercé de l'influence sur « le chevalier de Parcieux » quant au mode d'expression, toutefois, avant que de « monter » à Paris, le séminariste d'Avignon tirait déjà son feu d'artifice. Au demeurant, le principal ne se situe point là. Que le jeune Antoine ait encore gagné en esprit au contact du vieux lézard demeure probable, mais comme le siècle des Lumières voit le triomphe du bon mot et du renvoi d'éteuf, peu nous chaut que M. de Rivarol ait encore progressé en échangeant des balles avec le futur « apothéosé » d'*Irène*, le problème de forme renvoie à la question de fond. La tête sur le billot, nous jurerions qu'avant que de conquérir la capitale, Antoine avait lu les *L.P.* En revanche, à quelle époque s'est-il plongé dans *les Romains* et surtout dans l'*E.L.* ? Il n'y fait guère référence dans *Le Journal politique national* non plus que dans les *Actes des Apôtres*. On pourrait en conclure qu'il ne s'est soucié d'ethnologie montesquienne qu'en émigration. Nous ne saurions partager semblable point de vue. Dans la crise atroce ouverte par la Grande Peur et la chute de la Bastille, M. de Rivarol pare au plus pressé : rétablir l'ordre en incitant *« le Roi à faire le Roi »*, mais il ne s'oppose point à la transformation des états généraux en Assemblée constituante et ne critique point la Déclaration des droits de l'homme. S'il abhorre les démagogues, il se montre démophile et, on l'a vu, il attaque la Cour en raison de son aveuglement et de sa futilité. Bicamériste, il tient, comme Montesquieu, à l'instauration d'une Chambre haute et assigne à la noblesse le plus beau des privilèges : celui de servir. Les similitudes stylistiques entre Voltaire et M. de Rivarol tiennent à deux faits. *Primo :* Montesquieu procède de la première géné-ration des Lumières, Voltaire de la deuxième, Rivarol de la troi-sième, et celle-ci est d'évidence plus proche de celle-là. *Secundo :* le châtelain de La Brède est souriant, celui de Ferney sarcastique, et celui de nulle part rieur. À chacun sa méthode pour persuader, mais la situation de l'enfant de Bagnols-sur-Cèze se révèle différente de celle de ses aînés. Ils combattaient pour des idées, lui, il vit une guerre civile et réussit le tour de force de lui conférer souvent une apparence burlesque. « Il n'est de bon bec que de Paris. » Voire, si Arouet le fils est né dans la capitale, ou peut-être à Châtenay-Malabry, Montesquieu est aquitain et M. de Rivarol provençal... Qu'est-ce que cela prouve ? comme disait le bon d'Alembert en se gaussant de la poésie. Cela prouve, ainsi que l'affirment les Anglais, que l'on n'est pas de Paris mais que l'on passe par Paris... mais que rien de grand ne se fait ou du moins ne se répand sans la consécration, sinon de la Cour, du moins de la ville. *Paris, à nous deux*, l'expression est anachronique ; pourtant Voltaire, sans d'abord se déplacer, Montesquieu en quittant six mois sur douze les berges de la Garonne, et M. de Rivarol ne se trempant plus les pieds dans la Cèze, confèrent à leurs œuvres une dimension européenne, c'est-à-dire civilisée. Mais la meilleure littérature régionaliste se rédige dans la grand-ville, et Jean-Jacques évoquant le balustre d'or d'Annecy puis les Charmettes près Chambéry, ne fait pas exception. Il en va de même pour les textes politiques. Paris, depuis le XVe siècle, soulignera Bainville, mène le jeu, et prétendre le contraire, c'est tomber dans l'archaïsme. Comme rien n'est jamais simple, le meilleur Français est normand, angevin et tourangeau, mais les maîtres ès-arts venus de ces provinces avaient étudié sur la montagne Sainte-Geneviève. La plus notable des exceptions, Honoré d'Urfé, confirme la règle. Le père du roman français ne l'est point (français), il est sujet de la maison de Savoie, et de plus ce gentilhomme du Forez décrit dans l'*Astrée* manie aussi bien la lance que la plume. Cette fois, objecterez-vous, la manie de la digression vous égare. Que non point, compères, Montesquieu, Voltaire, Jean-Jacques, un peu moins, et M. de Rivarol, tout autant que les deux premiers, ont tout lu, y compris l'*Astrée*, et voilà pourquoi ces loups redeviennent parfois bergers. D'abord, par goût, mais aussi pour montrer, ces coquets, l'extrême variété de leur palette. Montesquieu nous apparaît moins « gens de lettres » que les trois autres, toutefois, il a toujours fait son galant, et là encore, Antoine le suit et pointe les lieux sensibles de la *Carte du Tendre*.

Encore un peu de politique s'il vous plaît

Même les écrivains les plus clairs n'échappent point à l'ambiguïté, voire à la contradiction. Montesquieu, néo-féodal sur les bords, rejette le fénelonisme et la polysynodie. Voltaire dénonce le despotisme mais l'adore éclairé. Jean-Jacques mérite un bonnet d'âne lorsqu'il exalte l'excellence de la volonté générale, mais n'envisage un système constitutionnel que pour la Corse et deux ou trois cantons helvétiques.

M. de Rivarol lui-même, devant l'abjection révolutionnaire, finit par trouver gentillette la Prusse des Hohenzollern ; il est vrai que c'est moins affaire de conviction que de courtoisie.

Aucun des grands penseurs ne donne dans le bellicisme, sans écarter pour autant le patriotisme dans son acception normale, et partant non détournée par la logomachie révolutionnaire. L'austrophobie de Voltaire, dictée par l'anticatholicisme, nous avait porté tort. M. de Rivarol, comme Montesquieu, ne choisit pas entre la Prusse et l'Empire, au demeurant réconciliés devant l'agression girondine. Certains commentateurs ont voulu voir dans le baron de La Brède un père spirituel des brissotins au motif qu'il a prôné la décentralisation et la déconcentration. L'argument ne tient pas ; les Girondins n'étaient nullement fédéralistes, et ne s'appuyaient sur la province qu'en raison du fait que leurs représentants en étaient les élus alors que ceux de Paris siégeaient sur la montagne. À la vérité, les Girondins, même le ci-devant marquis de Condorcet, ne devaient rien à Montesquieu. M. de Rivarol ne s'y trompera point, réservant ses flèches les plus acérées à ces personnages dont l'on sait qu'ils ne doivent leur gloire posthume qu'à Lamartine. Non, assimiler les brissotins à Montesquieu revient à le déshonorer, même si ces têtes pleines de vents et de fumées se laisseront trancher avec courage par le bourreau.

Et la centralisation ? Antoine la condamne tant que les départements sont confiés à des directoires exécutifs, élus et d'une notoire incompétence. Pour autant, quand Bonaparte invente les préfets et les sous-préfets, il ne dit mot. Le préfet n'apparaît-il pas comme un sous-intendant et le sous-préfet comme un sous-subdélégué ? À l'inverse de Joseph de Maistre et du comte de Bonald, M. de Rivarol ne se montre pas nostalgique de l'Ancien Régime.

Au fond, Bonaparte a fait du neuf avec du vieux, et son administration ne va point sans s'inspirer de celle de Louis XV. Faux ou vrai ? S'il est indiscutable que « l'autogestion » de la Constituante au Directoire réclamait une reprise en main, la fin de la viduité, de la corruption, n'exigeait pas la dictature. La plus grande crainte de Montesquieu s'est réalisée. Nous sommes passés de l'absolutisme au despotisme. Ah ! Qu'il était doux le temps que le Président se chantait pouilles avec l'intendant, marquis de Tourny !

Bien sûr, surtout Voltaire et un brin Montesquieu n'appréciaient guère « la vallée de larmes » un peu trop évoquée par l'Église, mais le second ne tenait point la religion comme l'opium du peuple, il ne lui reprochait que les méthodes coercitives lusitano-hispaniques. Comme lui, plus que lui, Antoine exalte une joie de vivre vantée en France depuis la Pléiade. Plus heureux que M. de Champcenetz, il finira ses jours dans son lit, mais le chevalier aura salué l'échafaud d'un formidable éclat de rire, oui, d'un éclat de rire purificateur ; la dérision reste l'arme des sages. Encore qu'il fût bel écrivain, M. de Champcenetz s'est moins inscrit dans la mémoire, parce qu'en France le sang sèche plus vite que l'encre. Certes, le Président recherchait toutes les archives du monde, mais, force est bien d'en convenir, les plus anciennes et d'autres plus récentes sont perdues. Ce texte annonce encore le Vigny de *Vivez froide nature*. M. de Rivarol consigne ses pensées sur de petites feuilles qu'il jette dans des sacs de velours. À propos de sacs, il leur préfère les parchemins, mais il faut bien vivre, et, de préférence, vivre bien. Vivre bien ne signifie point à ses yeux tenir table ouverte dans un logis luxueux mais raffiner sur les perruques, le linge, les habits. Le Roi l'honore de sa confiance et de quatre sous, souffrant lui-même d'un mal de gousset.

Vers les cimes

Le petit Raphaël porte maintenant l'épaulette chez l'Empereur. Le libraire Fauche, de Neufchâtel, imprime l'abbé Barruel, simple homonyme de la baronne, et auteur des *Mémoires pour servir à l'histoire du jacobinisme*, *l'Émigré*, chef-d'œuvre de M. Sénac de Meilhan, mais aussi des romans à l'eau de rose d'une dame revenue

381

du rouge, cette comtesse de Genlis tenue par Antoine comme la seule circonstance atténuante aux fautes et au crime de Louis-Philippe-Joseph duc d' Orléans, assaisonné par MM. de Rivarol et de Champcenetz du temps qu'il retirait les lys de ses armes :

> *Un soi-disant prince des Gaules*
> *Mais qui n'est qu'un franc polisson*
> *Fait rayer de son écusson*
> *Ce qui lui manque sur l'épaule.*

Or, donc, M. Fauche propose à l'auteur du *Discours sur l'universalité* d'écrire un *Nouveau dictionnaire de la langue française*. Le comte reçoit un à-valoir, revient sur d'immenses lectures dont à l'évidence les *L.P.* et l'*E.L.*, remet de mois en mois le spectre de l'ombre de l'esquisse d'un aperçu du synopsis de l'approche d'un plan. C'est du temps qu'il rédige, par coquetterie, son épitaphe :

> *Ci-gît Antoine, comte de Rivarol*
> *La paresse nous l'avait ravi avant la mort.*

Rien n'apparaît plus faux. Que les tragédies advenues en France l'aient à tel point meurtri qu'il cesse d'écrire un an ou deux, nous l'avons vu, mais jamais il ne s'est abstenu de lire, d'annoter et de converser. Converser afin que de briller ? Évident, mais n'allez pas prendre cela pour du cabotinage. Il s'agit d'un goût prononcé de l'échange. M. de Rivarol ne tient pas bureau d'esprit. Il informe et s'informe ; s'il multiplie les traits piquants, c'est qu'il considère, non sans raisons, qu'il importe de purifier une époque lugubre par le sourire. Comme le Président, il advient qu'il reste coi. Souvenons-nous de la réflexion de Mme de La Ferté-Imbault lors du séjour à la cour de Lunéville de M. de Montesquieu. Un soir, M. de Rivarol, chez la princesse de Vaudémont, épouse d'un grand cheval de Lorraine, et, comme telle, femme d'un descendant supposé de Charlemagne, s'entend supplier de « faire de l'esprit », il y va d'un propos d'une rare banalité. On s'offusque, et lui de laisser tomber :

— Je ne puis dire une bêtise que l'on ne crie : « Au voleur ! »

Enfin, Antoine couche quelques mots dont M. Fauche tire un prospectus avant que d'obtenir des souscripteurs. M. de Rivarol entend œuvrer moins en lexicographe qu'en grammairien, en philologue, et, encore que le terme lui déplaise, car les Marmontel et autres Diderot en ont abusé, en moraliste. M. Fauche, pour rentrer dans son argent, enferme le comte. Rassurons-nous, la cage est dorée, deux secrétaires, M. des Entelles et M. de Chênedollé, plus tard poète en renom et auteur des *Rivaroliana*, sont mis à la disposition du « prisonnier », lequel écrit, ou dicte, et fait mouche d'emblée :

> « Tout flatteur que puisse être pour un écrivain l'empressement des contrefacteurs, on tâchera pourtant de s'y dérober ; il n'est permis qu'aux puissances d'aimer les flatteurs qui les ruinent. [...] Il y a quelque chose de plus haut que l'orgueil et de plus noble que la vanité, c'est la modestie ; et quelque chose de plus rare que la modestie, c'est la simplicité. [...] Il n'est permis de parler aux autres que des avantages qu'on peut leur communiquer. [...] En général, l'indulgence pour ce que l'on connaît est bien plus rare que la pitié pour ce que l'on ne connaît pas. »

L'extraordinaire dans ces aphorismes, c'est qu'ils obéissent aux mêmes balancements stylistiques que ceux du *Spicilège*... non encore publiés. Feuilletons une dernière fois ces pages de lumière :

> « On tue l'ignorance comme l'appétit : on mange, on étudie et c'est ainsi qu'on avance vers cet état qui rend la mort si nécessaire. »

Maintenant, l'écrivain adulé de l'Europe pensante se livre :

> « Le dégoût ou l'ennui attaché au succès peut entrer en comparaison avec l'amertume d'un revers. »

Joli sous la plume d'un gentilhomme n'ayant jamais connu de revers ? La durée fait encore une fois l'objet d'une définition :

« La plus grande illusion de l'homme est de croire que le temps passe. Le temps est le rivage ; nous passons, il a l'air de marcher. »

Le discours préliminaire achevé, M. Fauche ouvre la cage, et Manette veut prendre son envol. Antoine renonce à l'en dissuader. Elle promet (à moins que ce ne soit M. de Cubières) :

— Je vous écrirai demain sans faute.

— Ne vous gênez point ; écrivez-moi comme à votre ordinaire.

Avec ou sans fautes, la *serva padrona* tiendra parole, et son maître ne manquera point de lui répondre.

M. de Rivarol achèvera-t-il son *Dictionnaire* ? Il n'en prend pas le chemin, empruntant celui de la capitale de la Prusse. Après avoir annoncé Brumaire, il ne voit en le général Bonaparte ni le nouveau Monck (ce serait parfait) ni Washington (ce ne serait pas grand-chose). À l'adorable Louise de Mecklembourg-Strelitz, reine de tous les cœurs et de Prusse, il lit cette stupéfiante prédiction de son cru :

> « «Il serait plaisant de voir un jour les philosophes et les apostats suivre Napoléon Bonaparte à la messe en grinçant des dents, et les républicains se courber devant lui. Ils avaient pourtant juré de tuer le premier qui ravirait le pouvoir. Il serait plaisant qu'il créât un jour des cordons et qu'il en décorât les rois : qu'il fît des princes et qu'il s'alliât à quelques dynasties. »

L'ambassadeur de la République française, le citoyen général Riel (de) Beurnonville, s'en va porter ses doléances à Frédéric-Guillaume III. Le roi, honnête et bon, ne présente aucun trait commun avec son grand-oncle. Il pourrait s'exclamer comme Prusias dans *Nicomède* : « Ah ! Ne me brouillez pas avec la République ! » Oui, « ce misérable Beurnonville, incapable de commander à un caporal et à quatre hommes [sous-entendu : un caporal n'est pas un homme] », *dixit* l'Ajaccien, se fait d'autant plus pressant que Louis XVIII, sans doute sur le conseil du marquis de Bonnay, annonce son intention d'accréditer « le vicomte » de Rivarol à la cour de Prusse. Le Directoire acceptait ces pratiques, le Consulat les tient pour une insulte. C'est bon, l'épouse de Sa Royale Majesté n'invitera plus Antoine à la Cour mais le rencontrera tant à la promenade que chez des amis communs, notamment chez la princesse Dolgoroukaïa. Les Dolgo-rouki se donnent pour les descendants de Riourik, fondateur varègue, à Novgorod, du premier État russe. Elle est belle, d'esprit très orné. Est-elle éprise de M. de Rivarol physiquement ou bien intellectuellement, ou les deux à la fois ? Les grandes amours sont muettes. Elle donne un bal masqué pour la Reine. Antoine paraît en chauve-souris et envoie ces vers à Louise :

> Puisque le sort me fait chauve-souris
> Je vois en vous le bel esprit des nuits.
> Il faut de métamorphose
> Que chacun garde le ton,
> Car si j'étais papillon
> Je vous prendrais pour une rose.

L'amitié ne se mesure pas à l'aune des opinions, et Louis n'en veut point au libéral Rivarol d'avoir égratigné le despotisme éclairé par ce quatrain écrit autrefois pour être inscrit sous un portrait de Frédéric le Grand :

> Poète, conquérant, sage, voluptueux
> Ce roi qui sut instruire et ravager la terre
> Se dégoûta des vers, des rois et de la guerre,
> Méprisa ses sujets et les rendit heureux.

M. de Rivarol, pour avoir porté le petit collet, ne s'est pas usé les genoux sur un prie-Dieu. Certains indices portent à le croire : son retour à la foi provient de l'influence d'une évangéliste, la Reine, d'une orthodoxe, sa princesse, et enfin d'un catholique, M. de Chênedollé. Pourtant, il n'en parle pas.

Antoine, par ses propos, son action, ses écrits, atteint, à l'orée du siècle, le sommet de la gloire. Dans une langue toujours adaptée au sujet, tantôt majestueuse, tantôt simple, toujours précise, il a tout prévu : l'élévation, l'apogée, la chute de Napoléon Bonaparte, le fait que le martyre de Louis XVI n'empêchera point les Bourbons restaurés de commettre des erreurs quitte à se perdre de nouveau.

C'est au Président qu'ira l'un de ses derniers hommages recueillis par Charles-Julien de Chênedollé :

« Son regard d'aigle pénètre à fond les objets et les traverse en y jetant la lumière. Son génie, qui touche à tout en même temps, ressemble à l'éclair qui se montre à la fois aux quatre points de l'horizon. Voilà mon homme ! C'est le seul que je puisse lire aujourd'hui. Toute autre lecture languit auprès d'un si ferme et si lumineux génie, et je n'ouvre jamais l'*Esprit des Lois* que je n'y puise ou de nouvelles idées ou de hautes leçons de style. »

À la fin de l'hiver de 1801, l'éternel jeune homme tombe malade ; la Cour et la Ville — les ambassadeurs étrangers, à l'exception de Beurnonville, les bourgeois aussi — font prendre de ses nouvelles, mais voici qu'il quitte sa couche, endosse son habit rouge [à la façon du comte d'Artois], vérifie l'ordonnance de sa perruque poudrée à frimas, et, au bras de son ange de princesse, va humer les premiers effluves du printemps. Reprendrait-il des forces ? Bien peu ; il lui faut s'aliter derechef. Ses médecins prétendent pouvoir le sauver. La princesse retient ses larmes ; il est affecté d'une fluxion de poitrine bilieuse. Le jeudi 9 avril, la gangrène envahit ses poumons. Après avoir légué son pauvre avoir à son fils et distrait vingt louis pour son vieux père, il trouve encore le courage de plaisanter :

— Je ne peux me fâcher contre mon lit puisque c'est là où j'ai conçu toutes mes idées. Je n'ai jamais couru après l'esprit, il est toujours venu me chercher.

Le vendredi 10, il se sent mieux ; on approche son lit de la fenêtre ; brève est la rémission. Ses dernières paroles, rapporteront la princesse et ses amis, seront pour demander des fleurs. Au matin du samedi 11, la respiration devient courte, et lorsqu'un prêtre, sur les 3 heures de l'après-midi, vient l'administrer, il a perdu conscience. À 4 heures, l'un des cœurs les plus purs d'une époque avare de sentiments authentiques cesse de battre.

Si le Président eût pu se montrer fier du lieutenant général baron de Montesquieu, son petit-fils, mais s'il avait eu le loisir d'en adopter un, ç'eût été M. de Rivarol. Que n'eût-il donné pour avoir écrit cette simple phrase, si belle qu'on en sourit avant que de l'admirer : « La mémoire est toujours aux ordres du cœur. »

4

FAUX AMIS ET VRAIS PARTISANS

M. de Montesquieu et les idéologues

Le comte Destutt de Tracy n'occuperait qu'une faible place dans l'Histoire s'il n'avait connu la fortune d'être remplacé par François Guizot au XXXXe fauteuil de l'Académie française en 1836.

On peut aimer ou pas « l'austère intrigant », mais chacun s'accorde pour lui reconnaître une connaissance sans failles, de rares qualités oratoires et une haute honnêteté d'esprit. C'est grâce au calviniste nîmois, prononçant l'éloge de son prédécesseur sous la Coupole, que nous connaissons l'athée parisien. L'itinéraire d'Antoine Destutt de Tracy ne va point sans singularité. Sa famille, écossaise et probablement jacobite, s'installe en France. Son père trompe la mort sur les champs de bataille. L'enfant naît le 20 juillet 1754. Accompagne-t-il l'auteur de ses jours dans les Allemagnes, ou son géniteur, officier dans la gendarmerie, est-il ramené mourant après le choc de Minden (1er août 1759) ? En tout cas, l'enfant, lui, jure d'embrasser la carrière des armes. Après de bonnes études à la faculté de Strasbourg, il est admis dans la maison du Roi comme mousquetaire noir, achète une compagnie à Dauphin-Cavalerie (dragons), capitaine au régiment de Penthièvre, mestre de camp (c'est gratuit) à Royal-Cavalerie (cuirassiers), il repasse avec le même grade au régiment de Penthièvre. Pourquoi reçoit-il la croix de Saint-Louis ? Il ne semble pas avoir vu le feu. M. des Stutt, comte de Tracy, seigneur de Paray-le-Frésil, est élu deuxième sur trois député de la noblesse de la sénéchaussée de Moulins. L'un des premiers parmi les membres du deuxième ordre, il se réunit au tiers. Il est au nombre des meneurs de la nuit du quatre-août, se lie à MM de La Fayette, de Lameth et consorts. Jusque-là rien de répréhensible : la générosité, même un peu folle, ne doit point être condamnée. En revanche, et M. Guizot le rappellera non sans tact mais fermement : le colonel comte dénonce les officiers et bas-officiers de son propre régiment pour avoir nourri l'intention de se réunir au lieutenant général marquis de Bouillé, leur commandant en chef lors de l'affaire de Varennes. Comme quoi, on demeure difficilement gentilhomme lorsque l'on se veut patriote. M. Destutt — plus des Stutt — adhère aux jacobins d'Auteuil présidés par le docteur Cabanis. Là, fort douillettement, on réclame la diminution de la prérogative royale. M. Destutt se demande s'il n'est point allé trop loin lorsque, nommé maréchal de camp par Louis XVI sur proposition du comte de Narbonne, il doit rejoindre l'armée du centre de M. de La Fayette pour y commander en second la cavalerie. Le Héros des deux mondes proteste, le 13 août 1792, contre la suspension du Roi, décrété d'arrestation le 17, il passe chez les Impériaux avec vingt-deux officiers, mais pas M. Destutt. Décidément le fils du grand soldat de Minden n'aura point fait l'amour avec Bellone ! Il rentre à Paris, s'y cache, est dénoncé, se retrouve à l'Abbaye, puis aux Carmes. Comme les Montagnards règlent leurs comptes entre eux et oublient du même coup les modérés, il subsiste jusqu'au 9 thermidor et retrouve, en octobre 1794, les délices d'Auteuil où le club des Jacobins est passé de mode. Il faut croire que son bagage philosophique est plus lourd que son portemanteau militaire puisqu'il entre à la section des sciences morales et politiques dès la fondation de l'Institut. Il n'a rien publié mais brille au comité d'instruction publique, laquelle, depuis 1789, a bien besoin que l'on s'occupe d'elle. Joyeux Noël ! Le 25 décembre 1799, il entre au Sénat. Bonaparte devenu Napoléon le tient pour l'un des chefs de la dangereuse secte des idéologues (Cabanis, la marquise de Concordet, née Sophie de Grouchy, Minette de Ligniville, veuve de Claude Helvétius, elle, bien vue de Napoléon, Claude Fauriel).

« Comment, s'écrie M. Guizot, M. de Tracy n'eût-il pas cru la liberté de l'esprit humain compromise avec sa propre liberté lorsqu'en 1811, il ne pouvait faire imprimer en France et ne publiait qu'en Amérique son *Commentaire* sur cet *Esprit des lois* dont en 1750, sous l'Ancien Régime, Montesquieu avait vu vingt-deux éditions en moins de deux ans. »

Certes, nous comprenons l'indignation du grand ministre, mais importe-t-il de stigmatiser l'Empereur ? Oui, car il violait la *Déclaration des droits de l'homme*. Non, car M. Destutt, mais Napoléon le savait-il ? accommodait le Président à sa sauce, privilégiait la religion naturelle au détriment des autres. Qu'on en juge par le nom du traducteur américain : Thomas Jefferson. Alexander Hamilton, il est vrai, était tombé sous les coups d'Aron Burr.

Au vrai, M. Destutt, et il le prouve par ses *Éléments d'idéologie* tant vantés par Stendhal, apparaît seulement comme le dernier représentant du sensualisme, mais, là encore, l'abbé de Condillac, sa statue et sa rose se suffisaient à eux-mêmes. Et si « de mémoire de rose, on n'a vu mourir un jardinier », comme celle de l'abbé est immortelle, elle a dû rougir en écoutant le disciple de son créateur.

Laissons-là le comte Destutt de Tracy. Non. Dernier détail : il fut, en avril 1814, le premier sénateur à réclamer la déchéance de Napoléon et devint pair de France. Louis XVIII lui devait bien cela !

M. de Montesquieu et l'abbé de Montesquiou

Si Napoléon méprise les idéologues, s'il répudie leur théorie constitutionnelle et n'en fait qu'à sa tête en ce domaine, il admet parmi les créateurs du code civil des admirateurs du Président : M. de Cambacérès, M. Portalis surtout, M. Bigot de Préameneu et quelques autres bons juristes.

Le code Napoléon présente de nombreux mérites, se substitue au code des délits et des peines, simple catalogue dressé par M. Merlin de Douai, ministre de la Justice sous le Directoire.

Le travail du Consul, puis de l'Empereur, s'inspire du chancelier d'Aguesseau, mais la pensée de M. de Montesquieu n'en n'est point absente. Sans doute le code apparaît-il trop centralisateur. Il nie les différences, amalgame le droit coutumier et le droit romain. Cette tendance centrifuge n'eût point satisfait le Président. En revanche, il n'eût pas boudé le dépôt des lois.

Napoléon tombe, son code demeure, mais sa Constitution s'évanouit. Par une plaisante coïncidence sémantique, la Charte, inspirée par M. de Montesquieu, sera l'œuvre de Louis XVIII et de l'abbé de Montesquiou. Elle est préparée par un groupe de sénateurs souhaitant accorder le plus au législatif.

Le prince de Talleyrand, le duc d'Otrante, le lieutenant général de Beurnonville, le duc de Dalberg, le marquis de Jaucourt et l'abbé de Montesquiou forment le gouvernement provisoire. Les trois premiers voudraient « ficeler » le Roi. Les deux autres se montrent plus préoccupés de la coordination des puissances. Tandis que M. de Jaucourt demeure à Paris pour veiller au grain, l'abbé se rend à Hartwell, résidence anglaise de Louis XVIII. Las. Le duc de La Rochefoucauld-Liancourt l'a précédé, conseillant au Roi d'en passer par les exigences de ces sénateurs hier aux pieds du « tyran » et manifestant une roideur inversement proportionnelle à leur souplesse de la veille.

M. de Montesquiou est, moins une lettre, l'ectoplasme de M. de Montesquieu. En conséquence, la liberté de la presse, déjà proclamée par la commission, est confirmée. *Idem* pour la liberté des cultes, mais le catholicisme demeure religion d'État. Deux chambres, bien sûr, mais l'hérédité de la pairie pour les seuls représentants de familles d'ancienne extrace. La coordination des puissances est assurée par les projets (gouvernementaux) et les propositions (parlementaires) de loi. Le souverain possède le veto *ad libitum*. La magistrature assise bénéficie de l'inamovibilité, mais sans vénalité des charges. La magistrature debout est aux ordres de la chancellerie, toutefois « si la plume [des réquisitions] est serve, la parole dans le prétoire demeure libre. » Pas de Constitution mais une Charte octroyée non par le roi des Français, cela s'est trop mal terminé pour Louis XVI, mais par le roi par la grâce de Dieu (sans la volonté du peuple français) de France et de Navarre. Le vieux terme de charte n'eût pas choqué le Président. Il eût tiqué sur la suppression de la volonté du peuple français, eût aimé le retour de la Navarre. Pourquoi ? D'abord, parce qu'il impliquait un rien de décentralisation, ensuite parce que la Navarre est le berceau des Secondat.

« L'impôt, précise la Charte, sera librement consenti, la liberté publique et individuelle assurée. [...] Les propriétés seront inviolables. [...] Les ministres responsables pourront être poursuivis par l'une des Chambres législatives et jugés par l'autre. [...] La dette publique sera garantie. [...] Tout Français sera admissible aux emplois civils et militaires. Enfin, nul individu ne pourra être inquiété pour ses opinions et ses votes. »

(Aux USA, l'*empeachment* du président est instruit par les représentants et prononcé par les sénateurs.
Andrew Johnson sera finalement acquitté et Richard Nixon démissionnera plutôt que de connaître les affres de cette procédure.)
Une furieuse discussion s'engage en commission paritaire — Sénat et Corps législatif — à propos de l'article 14.

« Le Roi est le chef suprême des armées, déclare la guerre, signe les traités. »

Jusque-là, rien que de normal et d'attendu, mais la suite n'est pas appréciée de tout le monde.

[Le Roi] fait les règlements et ordonnances nécessaires à la sûreté de l'État. »

Si la phrase n'est pas rédigée dans un très bon français, c'est qu'elle entretient une ambiguïté. Est-ce la reconnaissance d'un souverain arbitre ou la voie ouverte, sinon au despotisme du moins à l'absolutisme ? Aux yeux de Louis XVIII ou de l'abbé de Montesquiou, c'est la première acception, mais, dans seize ans, Charles X choisira la seconde, et, sans violer la Charte à la lettre, il en détournera l'esprit.

392

Quelles que soient les imperfections du nouveau « pacte social », il est le premier de notre Histoire à s'approcher des désirs du Président.

Napoléon Ier se voit contraint de s'aligner sur les théories de MM. de Montesquieu et de Montesquiou

Napoléon revient pour sa gloire et le malheur de la France. À peine l'Aigle a-t-il volé de clocher en clocher jusqu'aux tours de Notre-Dame que l'Empereur, évoquant le Roi, déclare :
— Ce diable d'homme a tout gâché.

Bédame ! Sire, la Charte oblige Votre Majesté, qu'Elle le veuille ou non, à se préoccuper de liberté. Si quelqu'un n'a jamais mérité son nom c'est bien M. Constant. Cinq jours avant votre retour, il vous vouait aux gémonies par amour pour la bellissime et royalissime Mme Récamier. Qu'à cela ne tienne, vous ressentez le besoin que soit établi l'*Acte additionnel aux Constitutions de l'Empire*, et M. Benjamin Constant de Rebecque a trop longtemps partagé la couche de Mme de Staël pour méconnaître l'*E.L.* En outre, l'auteur des *Réflexions sur les institutions et la distribution des pouvoirs et les garanties dans une monarchie constitutionnelle* (1814) est éloigné de toute allégeance dynastique mais aime la liberté. Soucieux de doubler Louis XVIII et l'abbé de Montesquiou, il écrit qu'une déclaration de guerre et un traité de paix doivent être ratifiés par les deux Chambres. Napoléon, sachant que, victorieux, il pourra rayer d'un trait de plume semblables dispositions, consent, et, pour s'assurer la fidélité des pairs, leur accorde l'hérédité. L'*Acte* est soumis à plébiscite sur registre public visé par les notaires... et la police. Puis, afin que l'Empereur prête serment d'observer l'*AAACDE* (il le prête, ne le donne pas), souvenir mérovingien, se déroule la cérémonie du champ de mai ; Napoléon n'ose revêtir ni le manteau du sacre, ni la redingote grise, et s'habille en seigneur du XVIe siècle avec toque à plumes et court manteau. Qu'importe si la « fête » du 1er juin 1815 frise le ridicule, plus tard, elle va permettre au loup de poser à l'agneau. Vient la seconde abdication. Louis XVIII reprend son droit de guerre et de paix. Pour le reste, l'*Acte* ayant copié la Charte, le Roi maintient l'affaire en l'état, mais, ne pouvant faire moins que « l'autre », maintient l'extension à tous les pairs de l'hérédité. Certes, nous n'atteignons point à la volonté du Président de voir tous les clercs et tous les nobles jugés par une instance spéciale, mais, au moins, les membres de la Chambre haute, les ministres, les pairs, les députés... et les criminels de lèse-majesté, n'auront à répondre que devant les hôtes du Luxembourg présidés par le chancelier de France. Quant à l'abbé de Montesquiou, il ne reprend pas le portefeuille de l'Intérieur, mais devenu ministre d'État, il couvre sa soutane d'un manteau bordé d'hermine et surmonte son écusson d'une couronne ducale.

Prémices de la ploutocratie

La baronne de Staël avait une fille, Albertine, ressemblant trait pour trait à Benjamin Constant. Elle devait, en justes noces, convoler avec Victor, duc de Broglie.

Nous éloignerions-nous du Président ? Nous n'en avons jamais été aussi près. Lorsque Charles X ne prend pas les précautions nécessaires pour faire jouer l'article 14 et commet l'erreur de dissoudre la Chambre basse avant qu'elle ne soit réunie, le vieux roi-gentilhomme est contraint de s'en aller, et Louis-Philippe prend sa place. Comme l'on est passé très près de la République, il importe, pour apaiser les passions, de rénover la Charte.

Certains politiques, dont MM. de La Fayette et Thiers, voudraient diminuer l'étendue de la prérogative royale, transformer Louis-Philippe en un sous-Louis XVI dernière manière. La Restauration était réputée de droit divin. L'assertion demeure discutable, mais la monarchie de Juillet se doit d'adopter un caractère contractuel. On étend un brin le cens, mais qu'en sera-t-il du veto ? Victor, duc de Broglie, s'arrange pour repeindre la façade sans toucher, ou presque, au bâtiment. Le duc eût désiré Philippe VII, roi de France et de Navarre. Finalement, il doit se contenter de Louis-Philippe Ier, roi des Français. Les partisans du régime de Juillet prennent le nom de constitutionnels, abandonnant celui de royalistes aux tenants de la branche légitime. La victoire de

M. de Broglie ? avoir évité le plébiscite et maintenu le droit de veto.

La coordination des pouvoirs subsiste et l'on se montrerait fidèle au Président si le Roi, désireux de flatter la gauche, n'acceptait la suppression de l'hérédité de la pairie. Une monarchie reposant sur l'honneur peut-elle demeurer elle-même lorsque s'engouffrent à la Chambre haute des notables de deux fois rien, et surtout des affairistes ? Voilà bien le début de la ploutocratie. Plus jamais un régime ne reviendra sur la fâcheuse décision de Louis-Philippe. Il tombe pour avoir refusé d'étendre le cens. La IIe République, née dans l'enthousiasme, procède à des élections au suffrage dit universel. Soit, le cens apparaissait trop restreint, mais accorder le droit de vote à 55 pour cent d'hommes illettrés, et le refuser aux femmes même les plus instruites relève de l'injustice et de la démence. Comme trop fréquemment en Europe, on va d'un extrême à l'autre. Le suffrage universel était sûrement souhaitable mais prématuré.

Résultat : la Constituante se trouve immédiatement débordée. Elle crée une commission exécutive inspirée du Directoire, puis, devant la révolution de juin 1848, elle s'offre un dictateur. Par une coïncidence, le lieutenant général Cavaignac est le fils d'un conventionnel régicide connu surtout pour avoir recommandé Murat à Bonaparte pour que soit employé cet officier au 13 vendémiaire. Le malheur d'une Constituante tient au fait qu'elle est aussi législative, et la situation lamentable du pays laisse peu de temps aux « représentants du peuple », titre que s'accordent les députés pour élaborer un pacte social.

Une erreur de Tocqueville

On l'a dit et répété, et cela ne prouve point que cela soit faux, le plus éminent représentant de la pensée du Président, c'est, plus encore que François Guizot, Alexis de Tocqueville. Moins didactique que l'ancien président du Conseil de Louis-Philippe, plus psychologue, l'auteur de l'*Histoire philosophique du règne de Louis XV* (1846) ne se fige jamais dans la façon du doctrinaire. Non seulement il connaît parfaitement la pensée montesquienne, mais encore il s'informe comme le Président. Si l'Assemblée compte presque uniquement des hommes honnêtes, la plupart d'entre eux ignore le droit constitutionnel, manque de bon sens, tant à droite qu'à gauche, gauche à laquelle on réserve la priorité dans ce domaine. Comment M. de Tocqueville parviendrait-il à faire triompher des définitions claires de l'exécutif ou du législatif ?

Certes, il possède des alliés, le marquis de La Rochejaquelein, légitimiste mais plébiscitaire, M. Odilon Barrot, avant février chef de la gauche dynastique, le vicomte Hugo, ancien pair, mais M. de Lamartine, au demeurant en perte de vitesse, croit sauver la France par la nationalisation des chemins de fer. Le judiciaire demeure inchangé, à cela près qu'à défaut de pensionnaires au Luxembourg, la Chambre basse pourra s'ériger en haute. Donc Assemblée unique, pas tout à fait, puisque l'on travaille dans le mâtiné cochon d'Inde. Le Conseil d'État, réminiscence du premier Empire, redevient un organe consultatif, le dernier mot restant à la Chambre des représentants. Pour aller en aval, le Conseil d'État peut se comparer à l'actuel Conseil économique et social. Inès Murat, princesse savante, note dans son livre définitif, *la IIᵉ République* :

« Le suffrage universel reste le sceptre du peuple souverain. »

M. Jules Grévy, Judith, avant que ses parents n'aient découvert que c'était un garçon, s'était prononcé contre l'établissement d'une magistrature suprême. Selon le Savoyard, il suffirait d'un président du Conseil élu par l'Assemblée. Proposition rejetée. Dans trente et un ans, M. Grévy connaîtra les douceurs du palais de l'Élysée... Donc, un président de la République et un vice-président. Le premier élu au suffrage direct. Le second désigné par le premier sur une liste de trois établie par l'Assemblée. Le politique le plus remarquable du moment, Alexis de Tocqueville, « monarchiste indépendant » (Xavier de La Fournière), commet une erreur dont il se repentira. Le Président ne peut remplir son mandat deux fois de suite. Le coup d'État du 2 décembre 1851 s'inscrit déjà dans une Constitution ne pouvant résoudre une crise entre exécutif et législatif. Le char de l'État, tiré par des ânes, sera conduit par le

Président, puis le Prince-Président, et enfin par l'Empereur. Encore heureux que Napoléon III ne soit point méchant. Pour avoir négligé les enseignements de M. de Montesquieu, et même ceux de l'abbé de Mably, les nostalgiques de la Convention ou du Directoire nous ramènent, les mêmes causes produisant les mêmes effets, au despotisme. Dans notre malheur, nous trouvons deux consolations. La première : la France, après la chute de Napoléon le Petit (Victor Hugo) ou de Napoléon le Grand (Philippe Seguin), oubliera jusqu'à 1962 l'élection du président de la République au suffrage universel. La seconde, dans la dénonciation du second Empire, même devenu libéral, par Maurice Joly, au nom de M. de Montesquieu.

Le dialogue aux enfers entre Montesquieu et Machiavel

Le nom de Maurice Joly retrouve de temps en temps sa notoriété, puis s'efface des mémoires avant que de s'y graver de nouveau. Il atteignit le Tout-Paris des premières lorsque, dans les années 1960, Pierre Fresnay donna, au théâtre de La Michodière, avec Julien Bertheau, des extraits judicieusement choisis du *Dialogue aux enfers entre Montesquieu et Machiavel* (du 15 juin 1968 au 10 août 1968, cinquante-trois représentations).

M. Charles Ford, dans son remarquable *Pierre Fresnay, le gentilhomme du cinéma*, note : « Pour la petite histoire, notons que la création des *Dialogues aux enfers entre Machiavel et Montesquieu*, le 15 juin 1968, procura à Fresnay une joie évidente pour une raison très particulière. Ce pamphlet assez violent de Maurice Joly contre Napoléon III pouvait, au lendemain des événements de mai, s'appliquer à... Charles de Gaulle. »

Précisons-le : Pierre Fresnay avait été victime de la commission d'épuration du spectacle en 1946, et bien que remonté jusqu'au firmament des étoiles, tant dans le septième art que sur la scène, n'avait pas oublié la proscription dont il avait été l'objet au temps du premier passage au pouvoir de Charles de Gaulle, et ce, en dépit d'un passé militaire remarquable ; il s'était illustré comme capitaine de réserve.

Pierre Fresnay tenait le rôle du Bordelais, Julien Bertheau celui du Florentin. Le spectacle, outre la haute qualité des interprètes,

397

présentait le mérite de la sélection. Les morceaux choisis valent toujours mieux que les récits tirés à la ligne.

Deux mots de la biographie du pamphlétaire : Maurice Joly voit le jour à Lons-le-Saunier en 1829 dans une famille de bonne bourgeoisie. En 1849, il interrompt ses études de droit, *monte* à Paris. Trouve un rond-de-cuir dans un ministère, se fait enfin recevoir au barreau de la capitale. Exerce sa verve sur les ténors de sa profession, Berryer, Chaix d'Est-Ange, etc. Comme sa détestation de Napoléon III l'emporte, s'il est possible, sur celle que Victor Hugo voue au césar, il décide, mais en juriste, de river son clou à l'Empereur dans le moment que S.M.I. fait plébisciter une Constitution semi-libérale. Il emprunte à l'abbé Galiani le système du *Dialogue sur les blés*, attaque la physiocratie par un ecclésiastique plus connu par ses traits piquants que pour son savoir. Le défenseur des libertés s'incarne dans Montesquieu, le despote dans Machiavel.

Mᵉ Joly ne connaît rien de la vie du baron de La Brède, salué du titre de marquis. En revanche, il a lu, plume en main, les *L.P.*, *les Romains* et surtout l'*E.L.* Qu'importe si son chef de la deuxième secrétairerie de Florence apparaît comme une caricature. Mᵉ Joly s'en tient au *De principatibus* et néglige le *Discours sur la première décade de Tite-Live*. Encore une fois, il ne s'agit que de tailler des croupières à Napoléon III, jamais nommé, toujours présent par la voix de maître Nicolo. Mᵉ Joly présente ces six dialogues comme traduits d'un Anglais nommé Macpherson à M. Bourdier. L'imprimeur perce la supercherie dès la lecture du troisième dialogue. Il a mis le temps ! Maurice Joly se rend à Bruxelles chez A. Martens et Fils. Il leur verse deux mille cinq cents francs or, puis leur labeur achevé, il se met en cheville avec cinq colporteurs. Ils passent la frontière. Nous ignorons le nombre d'exemplaires vendus, mais nous le savons : Mᵉ Joly est trahi par les colporteurs, et cela donne à le penser : la diffusion est assez considérable pour que la police impériale ait mis le prix pour acheter les représentants en librairie. L'auteur du *Dialogue* se retrouve devant la VIᵉ chambre correctionnelle de la Seine. Arrêt : trois cents francs d'amende, quinze mois de prison. Le pauvre homme purge sa peine à Sainte-Pélagie, et pour une raison inconnue, n'en sort qu'après deux de « rab » mis à profit pour rédiger *Recherches sur l'art de parvenir*.

Vient l'Empire libéral. Il n'est pas fait pour satisfaire Mᵉ Joly. Il fonde un journal, *Le Palais*, pour « transporter la polémique sur le terrain du droit ».

Exit Napoléon III. Vient la Commune ; Mᵉ Joly s'y jette avec ardeur et se retrouve en pays de connaissance, entendez en prison. Son cas ne semble point avoir été pendable ; il est libéré bien avant l'amnistie, s'installe au 5, quai Voltaire. Curieuse adresse : pour un apologiste du président de Montesquieu, le hasard fait mal les choses. Les actes constitutionnels de 1875 devraient le satisfaire. Non, il a glissé vers l'extrême gauche, comme en témoigne son unique roman, *les Affamés, étude de mœurs contemporaines*. C'est du sous-Jules Vallès sans être mauvais. Hélas ! Les affamés ne possèdent pas de quoi s'offrir un livre les concernant. Mᵉ Joly, rongé par l'insuccès, malade, met fin à ses jours en 1878.

En dehors de l'éternelle confusion entre la séparation des pouvoirs et la coordination des puissances, tous les propos prêtés dans le *Dialogue* apparaissent plausibles, sauf une inclination pour la République dont nous osons prétendre avoir démontré l'inanité. Bien sûr, le style de Mᵉ Joly ne saurait souffrir la comparaison avec celui du Président non plus que l'écriture de Jacques Mallet du Pan, de Gabriel Sénac de Meilhan, et d'Antoine de Rivarol. Toujours quant à la forme, les « tunnels », pour employer le vocabulaire des comédiens, rendent ardue la lecture. Nous sommes très éloignés, par exemple, de la vivacité de A et B dans le *Supplément au voyage de Bougainville* de Denis Diderot.

La constante thèse-antithèse ne nous entraîne pas vers une partie de plaisir. *La Lanterne* de Henri Rochefort, dont Napoléon III s'amusait, a plus atteint son régime que le *Dialogue*. En revanche, les aspects juridiques, judiciaires, administratifs, la vue de l'économie mondiale, la nécessité du dépôt des lois donnent satisfaction à tous les montesquiologues. La liberté d'esprit du Persan de La Brède, et même sa création de la sociologie, entrent en ligne de compte. Son aversion pour l'intoxication psychologique du menu peuple est soulignée. Voilà pourquoi tant de grands esprits, de feu Raymond Aron à M. Jean-François Revel, se sont intéressés à l'œuvre. Pourtant, il importe de souligner une autre raison. Sous la plume de Me Joly, le Président s'indigne peu des tirades de Machiavel contre les puissances d'argent, car il les sait inévitables. Or, dans le moment qu'écrit l'auteur du *Dialogue*, les grands travaux ferroviaires sont conduits par les Rothschild et les Pereire reçus à la cour de l'Empereur. En dépit des louables efforts de Napoléon III pour améliorer la condition de « la classe ouvrière », une partie d'entre elle se tient pour exploitée. Ainsi, les premières lueurs de l'antijudaïsme apparaissent-elles dans le monde du travail, Marx aidant.

Dans le *Dialogue*, sont évoqués *des marchands de suif*. Des inconnus transforment *marchands de suif* en *marchands juifs*, et, sur leur lancée, malaxent le texte et l'expédient, au début du XXe siècle, à deux éditeurs russes, les gospodines Krouchevan et Boutmi, membres des Cent Noirs, parti de droite de la Douma, doublé, selon certains, par une organisation paramilitaire hostile au judaïsme.

Le *Dialogue* devient le *Protocole des sages de Sion*. C'est du temps qu'un tailleur israélite nommé Bellis est poursuivi pour avoir saigné, à la nuit close, un bébé chrétien afin que de mêler son sang aux crêpes des Pâques juives. L'opinion internationale s'émeut et Bellis est acquitté. Soit, mais le métropolite de Moscou fait lire en chaire le *Protocole* et dans toutes les églises de la capitale. Ainsi, le texte falsifié de Maurice Joly devient, si l'on ose dire, la bible de tous les antijuifs indignés d'apprendre que les sages de Sion sont résolus à s'emparer du pouvoir mondial. Selon M. Michel Bouman, le *Protocole* est le livre le plus lu dans le monde après le *Nouveau Testament*. Qu'il ait été propagé par M. Henry Ford aux États-Unis ne revêt qu'une importance secondaire, qu'il en existe une édition japonaise, *idem*, mais qu'il double le Coran au Maghreb, au Machreq et jusque chez les Iraniens et les Ismaéliens présente un danger pour l'État hébreu. Folle ironie du destin, le nom de l'auteur du texte *sur une jeune Juive brûlée à Lisbonne* se trouve mêlé, un comble ! au document le plus explosif de la planète.

Retour au Président

Si le second Empire présente un mérite, c'est celui d'exister. Après sa chute, il est temps de rappeler l'axiome « la nature a horreur du vide », et ce vide, il faudra près de cinq ans pour le combler. Passés les numéros de trapèze volant du baron Thiers, bien près de devenir Adolphe Ier, souverain non héréditaire, la plus remarquable des Constituantes va réaliser ce prodige de ne pas nous donner l'organisation des pouvoirs publics.

Nous sommes loin des étripages de 1848 ; tout se passe avec courtoisie et dignité. Depuis l'horreur de la Commune (et de sa répression) tous les députés répudient la violence. Satisfaire le comte de Chambord refusant d'accepter les trois couleurs reviendrait à les abandonner aux anciens communards. On prépare donc un régime constitutionnel : il deviendra monarchie lorsque le prince légitime s'éteindra sans postérité, laissant le trône au comte de Paris, chef de la branche cadette.

Albert, duc de Broglie, fils de Victor et d'Albertine, elle-même née des amours de Mme de Staël et de Benjamin Constant, peut-il, à l'instar de son père et de son grand-père, en ligne féminine, se réclamer du Président ? Oui, mais selon la formule d'Héraclite reprise par Auguste Comte :

« Un homme ne peut pas se baigner deux fois dans le même fleuve car le fleuve a changé, et l'homme aussi. »

L'axiome se révèle faux quant aux Broglie, vrai quant au fleuve.

Première victoire : les actes constitutionnels et, *a fortiori*, organiques ne seront pas soumis au suffrage universel.

Première défaite : le projet d'un grand Conseil est refusé : il aurait compris les cardinaux, passablement d'archevêques, quelques évêques, les maréchaux, les commandants en chef, l'élite de la magistrature, de l'administration, de l'université.

Pas question d'hérédité pour les sièges ecclésiastiques, pour les fils ou neveux des « grands officiers » militaires et civils. M. de Broglie, même s'il gouverne, n'est que le vice-président du Conseil d'un président de la République, à titre personnel.

République, nous y sommes, prétend la gauche, *res publica*, soutient la droite.

L'extrême gauche, fidèle aux « géants de 48 » (« Qu'étaient plus grands que les ceux d'aujourd'hui », chantera bientôt Mac Nab) ne veut point de chef de l'État. Elle apparaît trop faible pour être entendue. La gauche prononcée se passerait d'un Sénat.

Après le vote par 353 voix contre 352 du fameux amendement Wallon, le 30 janvier à 7 heures du soir, il importe d'aller promptement.

M. Henri Alexandre Wallon a spécifié :

> « Le président de la République est élu à la majorité des suffrages par le Sénat et la Chambre des députés réunis en Assemblée nationale ; il est nommé pour sept ans ; il est rééligible. »

A défaut de mieux, ce serait un moyen de sortir du provisoire mais encore faudrait-il un Sénat.

Le duc d'Audiffret-Pasquier et M. Jean Casimir-Perier ont épousé chacun une demoiselle Fontenilat, et ce financier a fait construire deux hôtels jumeaux aux Champs-Élysées, l'un pour le ménage orléaniste, l'autre pour le couple républicain. Une porte sépare les deux jardins. On l'ouvre, à l'accoutumée, pour échanger pelles et râteaux. Cette fois, les principaux des deux factions modérées s'entretiennent là. Les orléanistes promettent de ne point revenir dans l'immédiat sur la révisibilité de la forme du régime. En échange, les républicains présentables admettent un Sénat dont soixante-quinze pères conscrits seront inamovibles, installés par l'Assemblée, puis par le Sénat lui-même, quant aux deux cent vingt-cinq autres en place pour neuf ans, mais renouvelables par tiers, ils seront portés à la Chambre haute par un collège composé de députés, de conseillers généraux, de conseillers d'arrondissement, mais surtout d'un délégué de chaque conseil municipal.

Au Roi près, et ce n'est pas rien, la IIIe République se situe assez près des principes de M. de Montesquieu.

Pour dissoudre la Chambre, le président de la République devra posséder l'aval du Sénat, lequel pourra — cela se produira rarement — renverser le ministère. Somme toute, avec un exécutif arbitral, un législatif bicaméral et une magistrature assise, inamovible, l'on sépare quelque peu les trois pouvoirs, sans définir la corrélation des puissances.

La dérive commencera avec la dissolution inutile de la Chambre, le 16 mai 1877, par le maréchal de Mac-Mahon. Depuis lors et jusqu'à M. René Coty, poussé par le président du Conseil, Edgar Faure, aucun chef d'État modéré n'osera recourir à semblable procédé… jusqu'à M. Jacques Chirac

Le 16 mai va présenter une autre conséquence : la levée de l'inamovibilité des magistrats s'étant prononcés pour le maréchal et le duc de Broglie.

Avec MM. Jules Grévy et Ferry vont venir la suppression des prières publiques à l'ouverture des cessions parlementaires, l'irréversibilité de la forme républicaine, la fin, par voie d'extinction, des sénateurs inamovibles. Désormais, les chefs d'État de la III⁰ République tenteront, pour les moins sots, d'influer sur la politique extérieure, et, pour les autres, ils inaugureront les chrysanthèmes. Plus se réduisent les pouvoirs du locataire de l'Élysée, plus se développe l'omnipotence parlementaire à laquelle va s'attacher une réputation d'autant plus fâcheuse que les députés, voire les sénateurs vont, pour un oui, pour un non, faire valser les ministères. Résultat : la seule véritable puissance, l'administrative, prend son essor. Notre nation devient une bureaucratie. M. de Tocqueville l'avait déjà perçu : les Français sont plus attachés à l'égalité qu'à la liberté. Bien sûr, il le déplorait, mais ce penchant, en contradiction avec M. de Montesquieu, explique la dictature des ronds-de-cuir. Seul roc au milieu des tempêtes de la république des Jules — Méline excepté —, elle est admise par nos compatriotes. S'éloigner de l'*E.L.* provoque un autre contrecoup gravissime. Alors que le mandant doit déléguer à ses mandataires, et n'est souverain qu'au moment de son vote, pour s'en remettre ensuite à ses édiles, à des représentants locaux et nationaux, il veut les dominer grâce au plébiscite, pudiquement nommé référendum. Ainsi en revient-on au bonapartisme, au deuxième républicanisme, et pour couronner le tout (couronner par antiphrase), on va droit dans le mur du boulangisme.

Éternel dilemme : concevons un exécutif trop puissant, nous nous soumettons au despotisme, établissons un législatif trop tentaculaire et reposant sur le scrutin majoritaire à deux tours, et nous nous exposons à des déplacements de majorité ne correspondant point à la volonté populaire. À cette immoralité s'ajoute le fait que les uns s'emploient à défaire ce qu'ont fait les autres, et *vice versa*. Seul, un péril extérieur nous apporterait la sagesse d'utiliser simultanément toutes les compétences.

Ne nous aveuglons pas. Il a coulé de l'eau sous les ponts de la Garonne depuis la fin de l'existence terrestre du génie de La Brède. Les données démographiques et ethniques se sont modifiées, toutefois sa sociologie et sa science juridique demeurent.

5

KARL, CHARLES ET CHARLES LOUIS

Karl Marx ou la dialectique

Que le vade-mecum marxiste (Gérard Walter), après avoir incendié le tiers de la planète, agonise en Occident ne retire rien à l'importance du *Capital*, n'aurait-il servi qu'à féconder — c'est une litote — la pensée de Lénine que tout historien se doit de le prendre en compte. La république des lettres présente ses exigences, et à propos de lettres, le camarade n'en manquait pas. Dans le stupéfiant fouillis du *Capital*, l'*E.L.* est cité douze fois. L'économiste — c'est vrai — et philosophe — hum ! hum ! — se réfère au Président quant à deux thèmes : la natalité, la finance.

Dans le premier domaine, l'accord s'établit aisément ; Karl s'appuie sur Charles pour prouver la démographie plus galopante chez les pauvres que les riches. Ainsi, cite-t-il l'*E.L.* (Livre XXIII chapitre XI) :

> « Les gens qui n'ont absolument rien, comme les mendiants, ont beaucoup d'enfants : car il n'en coûte rien au père de donner son art à ses enfants qui même sont en naissant des instruments de cet art. »

Passons aux finances. D'abord, tout va bien : Marx écrit (Capitalisme industriel XXXI) :

« Il faut avoir parcouru les écrits de ce temps-là [1710-1760], ceux de Bolingbroke par exemple, pour comprendre tout l'effet que produisit sur les contemporains l'apparition soudaine de cette engeance de bancocrates financiers, rentiers, courtiers, agents de change, brasseurs d'affaires et loups-cerviers (a).

(a) Si les Tartares incendiaient aujourd'hui l'Europe, il faudrait bien des affaires pour leur faire entendre ce que c'est qu'un financier parmi nous. »

Oui, camarade, ta référence en note (a) apparaît juste, mais le Président allait beaucoup plus loin : il avait dénoncé les coupables pratiques usuraires depuis l'Antiquité grecque et romaine. Ailleurs, Marx s'insurge contre la définition montesquienne du numéraire : l'argent est un signe d'une chose et la représente. Pour le Rhénan, l'argent et l'or présentent une valeur en eux-mêmes. Oui, pour les bijoutiers et les dentistes, mais le Persan, lui, le savait : après l'économie de troc, les Anciens avaient utilisé des monnaies de convention : blocs dont la seule valeur résidait dans la commodité d'être comparables : paquet de thé, à la Chine, boule de cuir à Carthage. L'usage du couri (coquillage blanc) ne sera révélé que de nos jours par notre éminent ami, M. René Sédillot.

Après quoi, les affaires (c'est le cas de le dire) se gâtent. Celui dont feu Gérard Walter tiendra le message comme balançant en importance celui de N.S. Jésus-Christ — excusez du peu — parle de la « naïveté de Montesquieu parce que le Président croit en un commerce honnête.

Enfin, dans sa *Loi de l'accumulation* XXV, I, le père du matérialisme communiste croit porter l'estocade en citant un illustre avocat parisien :

« Linguet a renversé d'un seul mot l'échafaudage illusoire de Montesquieu. L'*E.L.*, a-t-il dit, c'est la propriété. »

Un peu court, camarade, mais, d'évidence, ton entente avec le baron de La Brède ne pouvait durer.

Charles Maurras
ou la distance critique

De nos jours, outre l'affrontement de nombre de politiques d'âge mûr, la lutte demeure engagée dans les facultés de droit et de lettres entre les tenants de Marx et ceux de Maurras. Comme l'on dit sur les antennes : la transition nous est offerte.

A priori, que de vues semblent rapprocher les deux écrivains ! Ils riment, et riment joliment à leurs heures perdues. Le grand Martégal confie à Henri Massis qu'il se plaît en la compagnie des divinités de l'Olympe. M. de Montesquieu, devant l'académie de Bordeaux, invoque les muses en prélude à l'une de ses communications scientifiques.

Tous deux, encore que la formulation soit différente, préconisent les républiques sous le Roi, les corps intermédiaires. Autres similitudes : un défaut : supporter les raseurs, une vertu : l'amour du prochain, et, sur le tard, celui de Dieu. Une mise à l'Index jamais publiée du vivant de l'un, tardivement pour l'autre.

Chacun connaît le mot de Maurras :

« Dans la Contre-Révolution, il n'est de sérieux que Cadoudal et Rivarol. »

Mon bon maître, c'est trop lapidaire pour apparaître complet, mais passons. La dernière lumière s'est constamment réclamée de la première. Alors, attendons-nous au mieux. Seulement, voilà, l'un des dix phares du XXᵉ siècle (*dixit* François Mauriac) ne pouvait balayer l'océan montesquien : la publication du *Spicilège* et de *Mes pensées* demeurait incomplète. Donc, abordons la critique maurrassienne en tenant compte du fait que le véritable visage du Président n'était, en 1941, qu'en partie dévoilé.

Dans son *Dictionnaire politique et critique*, le codirecteur de l'*Action française* intitule son entrée : *Montesquieu, un bel esprit*. Guère flatteur, le Président se tenait pour un bon esprit, et considérait M. de Voltaire comme un bel esprit. Après quoi, Charles Maurras écrit :

« Chaque fois qu'il m'arrive de le rencontrer à quelques croisées de nos mille chemins, son abord, sa lecture et les réflexions que j'en tire me persuadent que son véritable chef-d'œuvre est aux *L.P.*. C'est le livre qu'il faut rouvrir pour le connaître bien. »

Et d'affirmer :

« [Montesquieu] détestait Voltaire et Rousseau. »

Non, Voltaire détestait Montesquieu, mais le Président raillait Voltaire sans lui faire l'honneur de le détester, ne portant de haine à quiconque.

Et Rousseau (Jean-Jacques) ? Il avait bien écrit son inepte *Discours sur l'origine de l'inégalité*, mais le Président, aveugle déjà, se l'est-il faire lire ? Vraisemblable. Dans ce cas, il aura détesté l'œuvre, pas le galopin.

Le grand Martégal place *les Romains* en dessous de Bossuet et de Pierre Corneille. Puis, il accorde moins d'importance à l'*E.L.* qu'au *Siècle de Louis XIV* de Voltaire et à l'*Essai sur les mœurs* du même. Rare dans les milieux d'A.F., cette tendance à l'exaltation d'Arouet le fils se retrouvera dans le *Louis XV* de feu notre ami Paul del Perugia.

Sans nier la dette que les auteurs de ces lignes doivent à Charles Maurras, dette énorme, ils osent le soutenir : la droite préfère souvent ses adversaires que ses proches. Cela posé, le fondateur du nationalisme intégral et de l'empirisme organisateur trouve quelques failles et s'y engouffre. Dans les *Inédits*, publiés et préfacés par Bernard Grasset, il se rit de cette pensée :

« Des deux mondes, celui-ci gâte l'autre, et l'autre celui-ci. C'est trop de deux. Écrivez le contraire et ce sera tout aussi vrai. »

Un point pour vous, cher Maître, encore que vous ayez en mémoire le dialogue suivant :

UNE DAME. — Tout est dans tout.

HENRY BECQUE. — Et réciproquement.

Redevenons sérieux. Vous aussi, après tant d'autres, confondez la séparation des pouvoirs et la coordination des puissances. Un point pour le Président.

Maintenant, le procès prend un tour grave.

« Plus libéral, moins démocrate, il a autant de responsabilité que Rousseau dans la perte de nos libertés et l'effondrement de nos autorités. »

Alors ça, non ! Que le châtelain de La Brède eût mieux agi en se souciant plus des libertés (positives) et moins de la liberté (abstraite), nous en convenons, mais le rendre responsable du drame révolutionnaire : jamais. Si l'on avait écouté le Président, l'on serait passé de la monarchie absolue mais non arbitraire à la monarchie parlementaire bicamériste.

Vénéré, et non vénérable, monsieur Maurras, vous vous trompez de cible ; encore une fois, incriminez l'abbé de Mably, pas le bon Président.

Votre mélange d'aversion et de sympathie pour M. de Montesquieu s'explique aisément. Vous avez commencé votre croisade en allant vous recueillir devant la tombe du vicomte de Bonald, bon sociologue mais dont la doctrine frise la théocratie. Vous admirez Joseph de Maistre, dont chacun connaît le mot :

« Louis XVIII n'est pas remonté sur le trône de ses pères, il s'est contenté de s'asseoir dans celui de Napoléon. »

Vous avez déclaré :

« La Restauration n'est pas un modèle. »

Or, Louis XVIII et l'abbé duc de Montesquiou, nous l'avons vu, ont pris modèle sur l'*E.L.*

Une phrase du Président indigne tant Charles Maurras qu'il la cite sans la commenter :

« Si je savais quelque chose qui me fût utile et qui fût préjudiciable à ma famille, je le rejetterais de mon esprit. Si

je savais quelque chose utile à ma famille et qui ne le fût pas
à ma patrie et qui fût préjudiciable à l'Europe, ou bien fort
utile à l'Europe et préjudiciable au genre humain, je la regar-
derais comme un crime. »

Le président français d'un mouvement de droite déclare :
« J'aime mieux ma sœur que ma cousine, et ma cousine que ma
voisine. »

Il se prononce pour la préférence nationale. Un autre *leader*,
moins à droite, prône, lui, la préférence communautaire. D'autres
hommes raisonnables inclinent pour le mondialisme, mais
seulement économique.

Le Président, aimant son Roi et la France, doit être entendu dans
le sens économique et « culturel ». Charles Maurras n'a créé le
nationalisme intégral que pour faire pièce à d'autres nationa-
lismes : impérialisme britannique, panslavisme, pangermanisme. Il
n'a point cultivé la xénophobie sauf peut-être à l'égard des Anglais
et des Prussiens. C'est le fameux : « Non au clan des Yes, non au
clan des Ya. »

M. de Montesquieu, comme Louis XV avant la défection de
Frédéric II, ne pouvait prévoir le danger d'un pangermanisme
encore timide. En revanche, le péril anglo-hanovrien eût dû
l'alerter si sa parlementarite ne lui avait bandé les yeux. Toutefois,
le Président s'était montré favorable à l'Archimaison. Hélas, faute
de texte, l'ami de l'austrophile Jacques Bainville ignore cette
courageuse position.

Un point pour Charles Maurras obtenu pour sa perspicacité quant
à l'Angleterre. Un point pour M. de Montesquieu, pour les
Impériaux.

Jeu nul.

Un autre grief retient notre attention. Charles Maurras séjourne
en Espagne, après le triomphe de la *crusada*. Il est reçu par des
gens de qualité. Ils se plaignent de l'acharnement de M. de Montesquieu dénonçant les atrocités de *conquistadores* contre les Incas,
les Mayas, les Aztèques et autres Olmèques. Pis, il instruit le
procès des gouverneurs envoyés par la *Casa de Contratacion*. Que
Christophe Colomb, lors de son deuxième voyage, Don Hernando
Cortez, les frères Pizzare et *tutti quanti* ne se soient pas montrés

des anges, nul ne soutiendra le contraire, mais c'est oublier qu'ils en finirent avec les sacrifices humains, que dès la reine Isabelle l'esclavage fut proscrit, qu'enfin l'art espagnol aux Indes occidentales les fit évoluer, somme toute que l'Amérique latine est aux civilisations précolombiennes ce que la Gaule romaine et chrétienne est à la Gaule tout court.

L'un et l'autre, le Président et l'animateur de l'A.F., ont déclaré :
— Je ne suis pas théologien.
Or, le premier écrit :

« La religion catholique détruira la religion protestante, et, ensuite les catholiques deviendront protestants. »

Réplique du second :

« C'est ce que pouvaient dire, dès le milieu du XVIᵉ siècle, une foule de beaux esprits. Montesquieu retardait sur eux de cent cinquante ans. Déjà. »

Vous nous placez, mes beaux seigneurs, dans un embarras cruel. Les partisans de la messe de Paul VI donneront raison à Charles Maurras, ceux de la messe de saint Pie V à Charles de Secondat. Tous le reconnaîtront : tutoyer Dieu lorsque l'on récite le *Pater* constitue une concession, et de taille, sinon à tous les réformés, du moins aux anglicans.

Alors ? Match nul ? Ou bien à vous, chers lecteurs, de juger.

Charles Maurras, dans sa retentissante *Enquête sur la monarchie*, avait posé la question :

« Oui ou non, une monarchie héréditaire, antiparlementaire et décentralisée est-elle de salut public ? »

Monarchie ? Oui. Héréditaire ? Cela vaudrait mieux. Antiparlementaire ? Est-ce de saison ? Décentralisée ? Point trop n'en faut. Voyez le nombre de présidents, de conseillers généraux et de maires mis en examen, ou placés sous les verrous, depuis qu'on leur a trop lâché la bride. L'abus de pouvoir exécutif les conduit devant l'autorité judiciaire.

Pour les amateurs de cocktail ou plutôt de boisson traitée dans un verre à mélange, car, dans ce cas, on ne secoue point et l'on remue doucement, nous indiquons notre goût : un tiers Maurras, un tiers Montesquieu. Le troisième à partager entre Rivarol et Bossuet. Toutefois : « Entre la coupe et les lèvres, il y a toujours place pour un malheur. »

La double méprise

Une autre raison, il est vrai plus subjective, eût dû rapprocher le génie de La Brède et celui de Martigues. N'ont-ils pas vu mettre à l'Index une partie de leur œuvre, et obtenu que cette condamnation ne soit pas publiée par la curie ?

En revanche, nouvelle friction : le Président, on l'a dit, répute le cardinal de Richelieu mauvais citoyen, alors que Charles Maurras place sur sa cheminée le buste de l'Éminentissime. Si le maître de l'Action française montre bonne raison quant à l'œuvre d'ensemble du premier ministre de Louis XIII, M. de Montesquieu n'a point tort pour les dernières années du prince de l'Église. Philippe Erlanger n'intitule-t-il pas le troisième tome de son *Richelieu. le Dictateur* ? Et la décentralisation (élective) et la décontration (administrative) ? L'un et l'autre prônent ce « décongestionnement » de la France. L'affaire se révèle brûlante, et ce d'autant plus que le sociologue et le tenant de l'empirisme organisateur n'ont pas été compris. S'il est vrai que les monarchies, — Restauration et régime de Juillet — ont abusé de l'État vampire, le mouvement centripète ira en s'accélérant jusqu'à la toile d'araignée des chemins de fer convergeant tous vers Paris. Le Président, on l'a dit, se méfie des intendants, et Charles Maurras des préfets. Ils veulent, l'un et l'autre, restituer aux municipalités leurs pouvoirs médiévaux, mais là s'arrête la similitude. Pour le premier, il instille une dose de néo-féodalisme, pour le second, cela paraît hors de propos, toutefois, ni l'un ni l'autre ne souhaitent des régions gigantesques telles qu'elles seront proposées par un ministre de l'Intérieur et de l'Aménagement du territoire. Certes, l'on peut plaider pour M. Charles Pasqua en invoquant des impératifs économiques (et financiers), mais à la charge du susnommé, l'on retiendra le vieil adage : « Qui trop embrasse mal étreint. » Dans l'état présent des vingt-trois régions de programme, dont le découpage demeure discutable tel Poitou-Charente, il est au moins un élément dont on sait qu'il eût réjoui les deux immenses écrivains : la création de Chambres des comptes. S'il nous est permis d'émettre une opinion, tout État non totalitaire, que ce soit une république présentable ou bien une monarchie héréditaire, devra prendre le meilleur du Président et de Charles Maurras. On n'oubliera point les adaptations nécessaires.

6

QUELQUES LETTRES PERSANES

Usbek à Rica.
De Paris, le 15 de la lune de Jémadi 1998.
Cher Rica,

L'un des Quarante, le seigneur d'Ormesson, félicitait, voici quinze ans, l'un des auteurs de ces lignes de nous avoir ressuscités sur les antennes de *la Tribune de l'Histoire*. Comme notre inventeur nous sommes immortels encore que nous n'appartenions point à l'Académie.

Je sais que tu résides à Bordeaux, mais je te fais tenir cette lettre par un voyageur, car je tiens à ta sécurité comme à la mienne. La France demeure une terre d'asile, mais il advient que les ayatollahs fassent assassiner les anciens ministres du sophi, enfin, pardon, du shah.

Existe-t-il une mosquée en Aquitaine ? Ici, à Paris, et dans toute la région francilienne, elles poussent, révérence parlée, comme des champignons. Je me garderais bien de m'en plaindre. Dieu est Dieu et Mahomet est son prophète. Le nombre de musulmans va croissant, c'est le cas de l'écrire. Hélas ! je l'appréhende : des fanatiques fondamentalistes peuvent se mêler à la foule des fidèles et attenter à leurs jours. Les chevaliers du guet et les archers patrouillent nuit et jour, mais ces forces de l'ordre — c'est leur nouvelle appellation — ne sont pas en nombre suffisant. Le sophi de France et ses vizirs se trouvent dans la même situation que le roi Louis XV et son contrôleur général ; ils éprouvent du mal à faire rentrer les impôts infiniment plus lourds qu'à l'époque de Sa

Majesté Très Chrétienne. Or, une bonne police doit être rémunérée à proportion de ses services. Je me garde de critiquer le pays généreux dont nous sommes les hôtes, mais je le voudrais plus content.

En prenant mille précautions, car les routes ne sont pas sûres, et que tu risques d'y rencontrer des bandits de grand chemin, tâche de pousser jusqu'à La Brède. Là, tu pourras te recueillir devant le château de notre père, le bon Président.

Rica à Usbek,
De Bordeaux, le 20 de la lune de Jémadi 1998.
Cher Usbek,
J'ai reçu ta lettre avec un plaisir indicible. Te savoir à Paris me comble de joie.

Je ne m'étendrai pas sur les malheurs de la Perse, tu les connais. En revanche, je m'inquiète de ce que l'on nomme ici le flux migratoire. Tu peux me l'objecter : cela ne me regarde pas. Si, car je crains qu'une foule d'honnêtes mahométans comme toi et moi ne soient confondus avec une poignée de perturbateurs du repos public, et que nos hôtes finissent par s'écrier : « Trop c'est trop. » Le Président, notre père, se montrait hostile à la colonisation sauf pour les îles à sucre, les Antilles. De nos jours, la France s'est séparée de toutes ses colonies, et même des douze départements de l'Algérie. Elle a, c'est vrai, conservé les îles à sucre et quelques lambeaux de son empire. Oui, mais les Maghrébins, las de ne pas trouver le bonheur chez eux, sont venus le chercher ici. C'était du temps qu'ils trouvaient, en France, un travail. Maintenant, il n'en va plus ainsi, et les immigrés pâtissent, comme nos hôtes, du chômage.

M. de Montesquieu l'avait écrit :

« Un État modéré doit subvenir aux besoins des déshérités » (je cite de mémoire).

Jamais, je ne prendrai la liberté de contredire notre créateur. Pourtant, je m'interroge : où trouver l'argent ? Ce n'est pas en déshabillant les uns (une minorité) qu'on habille les autres (le plus grand nombre). À mots couverts, pour ne pas froisser Louis XV, prince qu'il aimait, le Président déplorait les dépenses de la Cour. J'entends dire par des hommes sages : « Il faut réduire le train de vie de l'État. » Certes, mais ce n'est pas en lésinant sur les carrosses des ministres que seront réalisées les économies. Il importerait de diminuer le nombre de fonctionnaires. Du temps du Très-Chrétien et du Président, lequel se plaignait déjà des intendants et de leur subdélégués, l'appareil de l'État comptait bien peu d'exécutants, maréchaussée comprise. Certes, mais la France était peuplée de quelque vingt-deux millions d'habitants, et non pas de cinquante-sept millions. De plus, les fonctionnaires constituent la clientèle du parti politique cohabitant avec le sophi. Enfin, si certains scribes inutiles depuis l'avènement de l'information et d'internet étaient privés de leur traitement, qu'adviendrait-il d'eux ? Où trouveraient-ils le vivre et le couvert ? À la rue, ces citoyens deviendraient des sujets de mécontentement. Je vis plutôt mal que bien, et, partant, je dois économiser pour louer une chaise — pardon — une voiture, afin que de me rendre à La Brède. Dussé-je ne me sustenter que de riz sans aromates et d'épinards sans beurre, je ne faillirai point à mon devoir et j'irai me recueillir devant le château défiant les siècles, comme celui dont nous sommes, toi et moi, redevables d'avoir vu le jour.

Usbek à Rica,
De Paris, le 5 de la lune de Saphar 1998.
Cher Rica,
Je te fais tenir à ta boîte postale et sous nom d'emprunt trois fois rien d'or pour que tu puisses te rendre à La Brède. Mon gousset n'en souffrira point. Je représente une puissante manufacture de babouches, et la denrée se vend bien.
J'aime la France et les Français, mais cette grande nation et ses citoyens m'étonneront toujours. Certes, la déconcentration et la décentralisation plairaient à M. de Montesquieu, encore que cette dernière — ce n'était pas prévu par les législateurs — engendre une corruption due moins à l'indélicatesse qu'à l'incompétence de certains élus régionaux, départementaux, cantonaux ou/et municipaux.
L'instauration de Chambres régionales des comptes n'eût pu elle aussi que satisfaire notre haut et puissant seigneur. En revanche, il

416

serait bien fâché de la Constitution. Jamais, il n'aurait approuvé semblables dispositions. Un roi non héréditaire que l'on nomme ici le président de la République dispose de plus de pouvoirs que Louis XV. Ce chef de l'État peut, une fois par an dissoudre la Chambre basse sans l'approbation de la Chambre haute. Le même dispose du loisir de congédier son grand vizir et sa suite sans que ces importants n'aient été renversés par l'Assemblée nationale. Ce terme même ne va point sans m'inquiéter. Il le sous-entend : le Sénat n'est pas, lui, national. Alors, qu'est-il ? Serait-ce parce qu'il est élu par tiers et à deux degrés ? Toujours quant à l'élection, le sophi de France est désigné par le suffrage universel, c'est-à-dire par des gens ne l'ayant vu qu'à travers les étranges lucarnes, comme les nommait André Riboud un remarquable pasticheur de M. le duc de Saint-Simon.

Voici plus fort : par le truchement du scrutin majoritaire à deux tours, seuls les niveleurs, la gauche et le centre droit, sont représentés. Quelques sièges pour amateurs de bon air (écologistes) plus un seul pour la droite ! Je le sais bien : au Royaume-Uni, le majoritaire à tour unique lamine le centre, mais demeure l'unité sous la Couronne. Aux États-Unis d'Amérique, ce n'est guère plus équitable, toutefois les gouverneurs peuvent être républicains ou démocrates, et, mieux, le Président conserve la latitude de choisir dans les deux « sensibilités » ses secrétaires d'État.

Certains voudraient une VIᵉ République, d'autres, infiniment moins nombreux, une monarchie héréditaire. Ce n'est pas à nous, Persans, qu'il appartient de trancher.

Rica à Usbek,
De Bordeaux, le 10 de la lune de Rebiab 1998.
Cher Usbek,
Je te trouve bien sévère à l'égard de nos hôtes. Sans nul doute, hors les troubles occasionnés par le renoncement à l'Algérie, jamais le gouvernement de la France n'a fait preuve, sinon d'absolutisme, du moins d'arbitraire. M. de Montesquieu eût donné raison à cet ancien chef de l'État proposant un garde des Sceaux indépendant du ministère. Cette disposition garantirait l'indépendance de la magistrature assise. Le Président eût encore approuvé que le

verdict d'une cour d'assises soit revu par une cour d'appel sans passer par la cassation. Pourquoi ne point appliquer au domaine criminel les mêmes dispositions qu'en matière pénale ? À moins que de considérer comme imprescriptible, sauf cassation de forme, un arrêt rendu par les délégués du peuple français. Le hasard vient au secours de la toge... Point pour longtemps. Crois-moi, cher Usbek, nos hôtes, tôt ou tard, s'en remettront à la sagesse de M. de Montesquieu.

J'allais oublier de te remercier pour ton généreux envoi. Je te rembourserai bientôt, représentant désormais une gentille affaire de djellabas.

Je me suis rendu jusqu'à La Brède. Je me suis prosterné devant les douves couleur chocolat. J'ai longuement prié le Prophète pour le président catholique. Je n'ai pas manqué d'associer tous ceux dont l'on sait qu'ils sont demeurés fidèles à sa pensée. De retour à Bordeaux, je me suis interrogé. Comment, nous, ses créatures, vivrions-nous encore alors qu'il aurait trépassé ? Non, il demeure parmi nous, il est des génies pour ne jamais mourir. Charles de Secondat, baron de La Brède et de Montesquieu nous accompagnera toujours.

ANNEXES

L'ÉCRITURE DE MONTESQUIEU,
ÉTUDE TECHNIQUE DE L'ANALYSE GRAPHOLOGIQUE
par Chantal Messin, graphologue

Afin de faciliter l'appréciation descriptive de l'étude technique, l'analyse s'est portée, plus précisément, sur :
— *L'Esprit des lois*, folio 2 (Bibliothèque nationale).
— Les *Lettres persanes*, folio 38 (Bibliothèque nationale).

L'Esprit des lois, folio 2

— Graphisme limpide, ordonné, progressif, bonne assise sur la ligne de base, incliné avec constance, lié à groupé, espacé entre les lignes, alternance de courbes et d'angles :
Clarté d'esprit, concentration, assimilation rapide, dynamisme intellectuel, mémoire, pugnacité, discipline, hauteur de vue, capacité de synthèse.

— Hampes proportionnées (parfois pochées), jambages prolongés reliés à la ligne de base en vasque ou en pince, zone médiane bien investie, quelques crénelages.
L'esprit curieux est axé sur les éléments de la vie concrète, sur son observation. La sensualité et le pragmatisme servent de base à l'élaboration des projets ; celle-ci ne se fait pas sans inquiétude, sans interrogation, sans souci de rigueur, mais les instincts sont sûrs et les références culturelles bien enracinées. Créativité, imagination pratique. L'appétit de

connaissances est important et s'appuie sur une bonne santé psychique et physique.

— Rythme continu, contrôlé, amplitude régulière. Des formes simplifiées côtoient des surélévations. Des liaisons en courbe ou en attaque anguleuse sur la ligne de base apportent de la cadence à ce graphisme concentré. Trait fin et net, bords défendus, acérations :
Mobilité et maîtrise de la pensée, esprit déductif, recherche d'objectivité. Plaisir de soupeser, de contenir et d'enchaîner les arguments non sans les mettre à l'épreuve du réel. Sens critique développé. Une certaine confiance en soi. Contrôle de l'affectivité : peu d'émotivité.

— Espaces entre les mots tantôt respectés, tantôt inexistants (mots liés), tantôt occupés par de longues acérations, sans gêner réellement le rythme d'espace. Clarté du graphisme. Les finales sont soit brèves, soit remontantes, soit prolongées en acérations. La marge de droite, comme celle de gauche est rectiligne. Majuscules et surélévations élégantes demeurent sobres.
Présence de l'Autre, besoin d'interlocuteurs. Volonté d'être compris, apprécié. Sens de l'argumentation. Le ton varie, tantôt incisif, tantôt simplement persuasif, tantôt captateur, charmeur. Sait aussi retenir des paroles par habileté. Tient à son libre arbitre, fierté, conscience de sa valeur.

Les Lettres persanes, folio 38

Ici, la compacité, la tension, les majuscules, la ponctuation aléatoire, les étayages, les doubles courbes et dents de requin, les enroulements, les jambages en lassos qui impliquent des changements de direction présentent des aspects bien différents du geste graphique de l'*Esprit des Lois* (folio 2).
Le scripteur est plus jeune, plus frondeur. Il se veut persuasif mais il poursuit un but qu'il n'énonce pas franchement. Il y a là de la duplicité (le texte s'y prête). Ruse et charme, savoir-faire et esprit incisif se succèdent dans ce discours, sans que le lecteur ait le temps de reprendre son souffle. Il y a même une certaine arrogance. Cependant, la marge de droite montre qu'il sait où il va, il inscrit ses projets dans le temps.
Ces signes graphiques qui relèvent d'un esprit vif, narquois, madré, disparaissent à l'âge de l'*Esprit des lois* dans lequel l'écriture est épurée, aérée, plus rapide, et vise à l'essentiel dans l'économie du geste.

Avec le temps (Monstesquieu est âgé d'environ quarante-cinq ans) viennent la mesure, le sens du relatif, la maturité. L'homme est en pleine possession de ses moyens, libre de ses références ; il possède de la sagesse sans rien perdre de ses convictions initiales.

2

L'ACADÉMIE MONTESQUIEU

L'académie Montesquieu fondée en 1945 est indépendante de l'académie de Bordeaux, mais l'on relève de nombreux cas de double appartenance. Il n'existe donc aucune friction entre les deux sociétés.

Mme Denise Bege-Saurin, secrétaire général, maître de conférence à l'université de Bordeaux IV, a bien voulu nous renseigner sur les activités de la compagnie. Elle est composée d'hommes de lettres, d'universitaires, de conservateurs, de responsables du patrimoine, d'officiers généraux, présidée par M. Jean Valette.

La vice-présidence fut longtemps assurée par Théodore Quoniam, auteur du légitimement célèbre *Montesquieu, son humanisme, son civisme*, humaniste lui-même, ami de Pierre de Nolhac, de Jean Mallard, vicomte de La Varende, de Henri Massis, dépositaire des archives de Charles Péguy, ce grand penseur catholique donna l'une des œuvres les plus fortes consacrées au génie de La Brède.

Parmi les membres de l'académie Montesquieu, on relève la présence de notre ami Henri Amouroux, historien prestigieux.

L'immense intérêt du prix annuel décerné par l'académie tient au fait qu'il confirme l'universalité de l'œuvre montesquienne. En effet, les lauréats appartiennent à des nations différentes. On remarquera, d'autre part, que l'extraordinaire connaissance des membres de la compagnie leur permet de couronner les travaux les plus « pointus ». Toutes les relectures, comme tous les nouveaux aperçus biographiques sont accueillis.

Trois registres sont retenus :

L'Histoire des XVIIᵉ, XVIIIᵉ et XIXᵉ siècles français.

La pensée politique des mêmes périodes.

Le droit public et privé des mêmes périodes.

Pour tous renseignements (et candidatures), on voudra bien s'adresser au président Jean Valette, archives départementales, impasse Royenne, 33081, Bordeaux Cedex.

3

HUMBLE REQUÊTE AUX ÉDILES VERSAILLAIS

Gabriel Sénac de Meilhan n'a point, nous l'avons dit, à se plaindre de Marseille. Dans la cité massaliote, on passe rue Sénac, on déambule sur les allées de Meilhan. Tous les dictionnaires, même le Mourre, avant sa scandaleuse révision par des historiens engagés (c'est-à-dire sans engagement — Charles Trénet), donnent l'auteur de *l'Émigré* natif de Paris. Lorsque M. Pierre Escoube, conseiller maître à la Cour des comptes, fait les siens et découvre que son héros a vu le jour rue du Vieux-Versailles, il publie une communication dans la *Revue de l'Académie*. Il prévient le maire de la ville, bâtonnier André Damien. N'importe-t-il pas de débaptiser la rue du Vieux pour la donner à l'enfant du pays ? Soit, rétorque André, je ne demanderais pas mieux si semblable mutation n'entraînait de gros frais. Les plaques. Fi, ce n'est rien ou presque rien, mais les habitants de cette voie devraient modifier leur papier à lettres. S'il est imprimé, ce ne serait pas bien méchant, mais s'il est gravé, quelle lourde dépense ! Et puis, comment imposer à la rue du Vieux un nom neuf ? Très sagement, Mᵉ André Damien déclare : « Le Vieux doit le rester. » Mais comme M. le Maire n'est point sans entrailles, il se hâte d'ajouter : « Nous allons édifier des quartiers neufs à la périphérie, et Sénac de Meilhan s'accomodera volontiers d'un béton élégant ; c'est préférable à quelque antique colombage. » Las ! Arrivent les socialistes : ils se hâtent de confirmer l'adage : « Quand le bâtiment va, tout va. » Et avec eux, « rien ne va plus », comme disent les croupiers lorsque les jeux sont faits. Reste une solution : apposer une plaque sur la maison natale du bel administrateur et grand écrivain. Oui-da ! Mais si Pierre Escoube, fort de l'acte de baptême, a bien prouvé que Gabriel est enfant de Versailles, il ne peut, et pour cause, indiquer l'adresse. Déjà, à la demande de l'ambassadeur Roger Lalouette, Jean d'Ormesson a dévoilé,

426

non sans humour, une plaque sur une maison que n'a jamais habitée Oscar Wilde. La réglementation se fait plus sévère. Voici M. de Meilhan plaqué. À M⁰ Damien, désormais membre de l'Académie des sciences morales et politiques, succède à l'hôtel de ville M. Étienne Pinte. Dans le grand salon sont accrochés les portraits de l'abbé de L'Épée (parfait), du maréchal Berthier (très bien), du général Hoche (certains apprécient, d'autres pas). Et Sénac de Meilhan ? On possède une gravure, mais il importerait de la colorier. Les édiles ne sauraient confier une telle mission à quelque barbouilleur. Un artiste de qualité devrait être requis, mais la qualité, cela se paye.

Nous en sommes là.

4

PERDU DANS LES SABLES, TOUJOURS SUR LE PAVÉ

Le Président est comblé par les Bordelais : une statue monumentale aussi haute, et c'est bien le moins, que celle de Montaigne, un lycée plus élégamment fréquenté que celui de l'auteur des *Essais*, mieux encore, la rue *Esprit-des-Lois* dont d'aucuns affirment qu'elle voit passer beaucoup plus de gens qu'il n'en est pour lire l'œuvre homonyme, honorent M. de Montesquieu. Une académie, on l'a vu, perpétue son souvenir. À l'entrée du grand pont est prévue la gravure de la dédicace votive du charmant André Berry :

> *De ce bourg, Montaigne fut maire,*
> *Président y fut Montesquieu.*
> *Signe-toi, passant débonnaire,*
> *Avant d'aborder un tel lieu.*

On nous l'affirme : les bons chocolatiers rangent leurs gourmandises dans des boîtes à l'effigie de Montaigne et de Montesquieu. Bref, le touriste japonais ou nord-américain à la tête bien faite ne saurait quitter Bordeaux sans avoir respiré l'air montesquien.

À Paris, les choses vont-elles aussi gentiment ? *A priori*, on peut se montrer satisfait ; dans le Ier arrondissement, la rue Montesquieu, bordée de maisons cossues, nous mène de la rue Croix-des-Petits-Champs à l'impasse Montesquieu. Dommage pour l'impasse, mais mieux vaut deux voies qu'une, même si la seconde est un cul-de-sac. Cela se gâte. Pourquoi ? Mon Dieu, c'est assez simple, Voltaire cumule un boulevard (XIe), une impasse (XVIe), un quai (VIIe). Il perd sa place (devant la mairie du XIe) au profit de Léon Blum. Il le faut supposer : la

428

débaptisation a déplu souverainement à l'âme d'Arouet le fils. Lui, anti-sémite, se voit remplacé par un Juif !

On s'en souvient : le Panthéon n'accueillit point la dépouille du Président dont la tombe à Saint-Sulpice avait été profanée sous la Terreur. Voltaire, en revanche, coulait des jours heureux sous les voûtes de l'ancienne église Sainte-Geneviève lorsqu'en 1814, de jeunes roya-listes par trop excités le chassèrent, mais l'affaire demeura secrète.

Certes, on pourrait prolonger ce petit jeu. Côté littérateurs, Diderot détient un beau boulevard (XIIe) et une statue quartier Saint-Germain. L'ami Marivaux contemple de sa rue (IIe), et quoi de plus naturel, le boulevard des Italiens. Côté grands soldats, Villars, idole de Voltaire, est bien loti dans le VIIe, mais Berwick, tant prisé par le Président, n'a pas un centimètre de bitume... et si Bougainville est bien là dans le quartier de l'École militaire, il s'agit de Louis-Antoine et non de Jean-Pierre.

S'il vous prend fantaisie de vous rendre en République algérienne, vous pourrez visiter M'Daourouche, Cavallo, Aïn-Lechiarakh, Oud-Lili, Sendjas. Ces petites villes, construites par les Français, respectivement étaient nommées, avant l'abandon, Montesquieu, Montaigne, Voltaire, Diderot, Bougainville.

Après tout, le Persan de La Brède et l'amant d'Émilie doivent se consoler de cet ensablement. Ils ne raffolaient pas de l'outre-mer.

Rentrons en métropole pour un instant encore. Effleurons la question des journaux et des clubs. Montesquieu ne servit jamais de titre à quelque quotidien. Voltaire si, de 1878 à 1914, et c'est dans ces colonnes super-visées par M. de Nansouty que Raymond Poincaré fit ses débuts. Donc, pas de journal le *Montesquieu*, mais il est vengé par l'hebdomadaire *Rivarol*. Le club Voltaire regroupe les fanatiques de l'antifanatisme, entendez les ennemis du catholicisme. Il serait piquant d'opposer à ces libres-penseurs (ni libres ni penseurs) un club Montesquieu.

5

UNE CHAIRE POUR RIVAROL

Longtemps Antoine de Rivarol sera tenu pour un homme d'esprit, mais l'on ne lui accordera point la profondeur. MM. de Lescure et Lazarus l'aiment sans le prendre très au sérieux. Les premiers à discerner l'ampleur de son œuvre : René Groos et Gérard de Catalogne.

Le jeudi 25 février 1943, Gaston Broche, président de la commission préfectorale du secteur d'Uzès, prononce à l'Alhambra de Bagnols-sur-Cèze une conférence. Fort de l'appui du préfet du Gard, Angelo Chiappe, Gaston Broche lance un projet d'une ambition extrême : il crée la chaire Rivarol dans la ville natale d'icelui. Jusque-là, c'est parfait, toutefois le professeur limite les collaborations aux agrégés et aux lauréats de l'Institut. Le préfet approuve et déclare à M. Paul Constant, maire de la ville, que celle-ci va devenir ainsi « un des foyers d'où s'irradiera la vie de l'esprit ».

Adviennent les événement d'août 1944, et le bas Languedoc se trouve la proie des fureurs épuratrices. Le projet de M. Broche tombe à l'eau, ou plutôt dans les flammes. Pourtant, le souvenir d'Antoine ne peut s'effacer. Alors, les nouveaux édiles se gardent de débaptiser la rue Rivarol, mais pour marquer leur distance à l'égard du philosophe de la Contre-Révolution, ils marquent sur la plaque et en sous-titre : *Auteur du discours sur l'universalité de la langue française.* Certes, il s'agit d'une œuvre magnifique, mais elle est loin de définir toutes les stupéfiantes activités littéraires d'Antoine de Rivarol. Depuis lors, les habitants de Bagnols-sur-Cèze ont repris le chemin du musée-bibliothèque superbement tenu et organisé par des dames érudites.

Antoine, comte de Rivarol, est redevenu prophète en son pays.

6

ENCORE ET TOUJOURS LA SÉPARATION DES POUVOIRS ?

En 1994 est soutenue devant l'université catholique de Lublin la thèse de doctorat de M. Pawel Matyaszewski. Le remarquable ouvrage intitulé *la Pensée politique d'Antoine de Rivarol* s'appuie non sur l'œuvre journalistique, mais sur les *Rivaroliana* de M. de Chênedollé et sur les *Carnets*.

Si l'enfant de Bagnols-sur-Cèze ne ménage pas son admiration au génie de La Brède, il se tient pour un disciple, non pour un esclave.

Le Président, on l'a dit et répété, a défendu la corrélation des puissances. Selon M. Matyaszewski, Antoine ira jusqu'à la séparation des pouvoirs. Nous en sommes moins sûrs que le professeur polonais. Que M. de Rivarol accepte deux assemblées, à condition que des sièges soient accordés dans la Haute au mérite et plus seulement à la naissance, qu'il se prononce pour le veto, non pas suspensif (pour une législature) mais définitif, du souverain, on ne saurait en disconvenir. En revanche, comme il refuse l'élection des magistrats sans défendre pour autant la vénalité des charges, on voit mal comment serait rompu le lien entre l'exécutif et le judiciaire. On le sait, l'Assemblée constituante désignera le président du tribunal criminel de la Seine en la personne d'Adrien Du Port, et l'accusateur public en celle de Maximilien de Robespierre. On procédera vaguement de la même manière pour les régions, sauf pour les juges de paix élus au suffrage censitaire. La séparation des pouvoirs n'existe donc toujours point ; le Roi peut s'opposer aux législateurs, et ces messieurs choisissent les gens du parquet comme ceux du siège. M. de Rivarol voulait une monarchie à la fois forte et constitutionnelle. Ce n'est point incompatible.

Dans l'ordre métaphysique, Antoine demeure proche de son idole. Apparaît-il déiste ? Pas certain, mais on ne lui donnerait pas le Bon Dieu sans confession. Il conçoit le Très-Haut comme le mainteneur de l'ordre dans l'univers mais ne croit point à son intervention dans le domaine moral, et partant politique. Voilà pourquoi M. de Rivarol n'en veut point aux Lumières des deux premières générations. Pas un mot contre Voltaire, d'Alembert, Diderot, La Mettrie ; seul Jean-Jacques en prend pour son grade en raison du mythe du bon sauvage. Quant aux contemporains nommés *nouveaux philosophes*, ils ont droit à la danse du scalp. Leur devoir consistait à favoriser l'amélioration de la société, non précipiter à sa destruction. Les Condorcet et consorts ne sont point à la fête. Ce qu'Antoine n'admettra jamais, c'est la proposition contradictoire : liberté, égalité. Réactionnaire, non, et peut-être point assez ; ainsi va-t-il opposer

« à une France féodale et bigarrée une France libre et uniforme ».

Pour les excès touchant au néo-féodalisme et au corporatisme, les premiers n'existaient pas sous Louis XV mais sont devenus dangereux sous son petit-fils. Quant au corporatisme, il n'a guère changé d'un règne à l'autre, mais, en dépit du népotisme des marchands et des maîtres artisans, ne comptait-il point parmi ces corps intermédiaires chers au Président ? A la vérité, M. de Rivarol, malgré sa couronne à dix-huit perles (pas tout à fait fausses, mais pas tout à fait vraies), voit dans la noblesse une dignité, pas des profits. À moins qu'il n'ait formulé ce jugement qu'en émigration, mais à le lire de 1789 à 1792, il ne le semble pas. Nous pouvons réputer faux le dialogue entre Antoine et le duc de Créqui :

RIVAROL — Nos droits, nos privilèges sont menacés.
CRÉQUI — Nos droits, nos privilèges ?
RIVAROL — Qu'ai-je dit là de singulier ?
CRÉQUI — C'est votre pluriel que je trouve singulier.

ARCHIVES

Académie de Bordeaux.
Académie Montesquieu.
Académie des sciences morales et politiques. Institut de France.
Bibliothèque historique de la Ville de Paris.
Archives de France :
— C/392 dossier 175 : Conseil des Cinq-Cents. Notes et minutes pour servir à la rédaction du procès-verbal du Conseil des Cinq-Cents du 11 au 15 ventôse an IV.
— C/485 dossier 174 : procès-verbal de la séance du Conseil des Anciens du 12 ventôse an IV.
— C/486 dossier 190 : *Lettres adressées au Conseil des Anciens...*
Réserve du minutier central des notaires :
— Cote III, 962 : inventaire après décès du 5 mars 1755 ; dépôt du testament du 8 mars 1755.
Archives de la guerre.
Collège de Juilly.

BIBLIOGRAPHIE

Éditions

Œuvres complètes, édition d'Édouard Laboulaye, Paris, 1875-1879 ; Kraus reprint, 1970, 7 volumes.

Œuvres complètes de Montesquieu, édition de Roger Caillois, Gallimard, collection « Bibliothèque de la Pléiade », Paris, 1949-1951, 2 volumes ; réédition 1979.

Œuvres complètes de Montesquieu, sous la direction d'André Masson, Nagel, Paris, 1950-1955, 3 volumes ; réédition 1961.

Œuvres complètes, préface de G. Vedel, présentation et notes de Daniel Oster, Le Seuil, collection « L'Intégrale », Paris, 1964, 1 volume.

Pensées, Le Spicilège, édition établie par Louis Desgraves, Robert Laffont, collection « Bouquins », Paris, 1991.

Bibliographies

A. CIORANESCU, *Bibliographie du XVIIIᵉ siècle*, CNRS, 1968.

Louis DESGRAVES, *Catalogue de la bibliothèque de Montesquieu*, Droz, Genève, 1954.

Louis DESGRAVES, *Répertoire des ouvrages et des articles sur Montesquieu*, Droz, Genève, 1988.

Louis DESGRAVES, *les Manuscrits de Montesquieu conservés à la bibliothèque municipale de Bordeaux*, L. Desgraves, Paris, 1968.

Textes du temps

D'ALEMBERT, *Vie de Montesquieu.*
GRIMM-DIDEROT, *Correspondance.*
JAUCOURT, *Bibliothèque raisonnée des savants de l'Europe.*
Jean-Jacques ROUSSEAU, *Correspondance.*
VOLTAIRE, *Correspondance.*

Journaux du temps

Nouvelles ecclésiastiques.
Mémoires de Trévoux.
Journal de Paris.
Journal de la République des lettres.

Ouvrages généraux

Georges BENREKASSA, *le Concentrique et l'Excentrique : marges des Lumières*, Payot, Paris, 1980.
— *La Politique et sa mémoire : le politique et l'historique dans la pensée des Lumières*, Payot, Paris, 1983.
Émile BRÉHIER, *Histoire de la philosophie*, tome II, *la Philosophie moderne, le XVIIIᵉ siècle*, PUF, Paris, 1962 ; 1983, 8ᵉ édition.
Léon BRUNSCHVICG, *les Progrès de la conscience dans la philosophie occidentale*, PUF, Paris, 1927.
Ernest CASSIRER, *la Philosophie des Lumières*, Tubingen, 1932 ; traduction française, Fayard, Paris, 1966.
Michèle DUCHET, *Anthropologie et Histoire au siècle des Lumières*, Maspero, Paris, 1971.
Jean EHRARD, *l'Idée de nature en France dans la première moitié du XVIIIᵉ siècle*, SEVPEN, Paris, 1963, 2 volumes.
Bernard GROETHUYSEN, *Philosophie de la Révolution française*, précédé de *Montesquieu*, Gallimard, collection « Bibliothèque des Idées », Paris, 1956 ; réédition collection « Tel », nᵒ 67.
Georges GUSDORF, *l'Avènement des sciences humaines au siècle des Lumières*, Payot, Paris, 1973.
Paul HAZARD, *la Pensée européenne au XVIIIᵉ siècle. De Montesquieu à Lessing*, Boivin, Paris, 1946, 3 volumes.

Maxime LEROY, *Histoire des idées sociales en France*, tome Ier, *De Montesquieu à Robespierre*, Gallimard, collection « Bibliothèque des Idées », Paris, 1946.

Robert MAUZI, *l'Idée du bonheur dans la littérature et la pensée française au XVIIIe siècle*, Colin, Paris, 1960.

Daniel ROCHE, *la France des Lumières*, Fayard, Paris, 1993.

Jean-Édouard SPENLÉ, *Les Grands Maîtres de l'humanisme européen*, préface de Gaston Bachelard, Corrêa, Paris, 1952.

Jean WAHL, *Tableau de la philosophie française*, Gallimard, collection « Idées », Paris, 1962.

Biographies et études d'ensemble sur Montesquieu

Henri BARCKHAUSEN, *Montesquieu, ses idées et ses œuvres, d'après les papiers de La Brède*, Hachette, Paris, 1907.

Pierre BARRIÈRE, *Un grand provincial, Charles-Louis de Secondat de Montesquieu, baron de La Brède*, Delmas, Bordeaux, 1946.

Georges BENREKASSA, *Montesquieu*, PUF, Paris, 1968.

— *Montesquieu, la liberté et l'histoire*, le Livre de Poche, collection « Biblio-Essais », n° 4067, Paris, 1987.

Abbé Joseph DEDIEU, *Montesquieu*, Paris, 1913 ; réédition Hatier, 1966.

Louis DESGRAVES, *Montesquieu*, Mazarine, Paris, 1986.

Pierre GASCAR, *Montesquieu*, Flammarion, collection « Grandes Biographies », Paris, 1989.

Albert SOREL, *Montesquieu*, Hachette, Paris, 1887.

Études

Louis ALTHUSSER, *Montesquieu la politique et l'histoire*, Quadrige, PUF, Paris, 1992.

Analyse de la notion de rapport dans l'Esprit des lois, Klincksieck, Paris, 1982.

Raymond ARON, *Dix-huit Leçons sur la société industrielle* (chapitre sur « Marx et Montesquieu »), Gallimard, Paris, 1962.

— *Les Étapes de la pensée sociologique*, Gallimard, Paris, 1967.

Henri BARCKHAUSEN, *L'Esprit des lois et les archives de La Brède*, Bordeaux, 1904 ; réimpression Slatkine, 1970.

Gérard BERGERON, *Tout était dans Montesquieu. Une relecture de l'Esprit des lois*, L'Harmattan, Paris, 1996.

437

Charles BEYER, *Nature et Valeur dans la philosophie de Montesquieu.*

Elie CARCASSONNE, *Montesquieu et le problème de la Constitution française au XVIIIᵉ siècle*, PUF, Paris, 1927 ; réimpression Slatkine, 1970.

CAHIERS DE PHILOSOPHIE POLITIQUE ET JURIDIQUE, *la Pensée de Montesquieu*, Centre de publications de l'Université de Caen, 1985.

Jean DALAT, *Montesquieu magistrat*, Lettres modernes, Paris, 1971-1972, 2 volumes.

Charles DÉDÉYAN, *Montesquieu ou l'alibi persan*, Société d'édition d'enseignement supérieur, Paris, 1988.

— *Montesquieu ou les lumières d'Albion*, Nizet, Paris, 1990.

Abbé Joseph DEDIEU, *Montesquieu et la tradition politique anglaise en France ; les sources anglaises de l'Esprit des lois*, Gabalda, Paris, 1909 ; réimpression Slatkine, 1971.

— *Montesquieu, connaissance des Lettres*, Hatier, Paris, 1968.

Louis DESGRAVES, *Montesquieu*, Mazarine, Paris, 1986.

— *Montesquieu l'œuvre et la vie*, l'Esprit du Temps, Le Bouscat, 1995.

Dix-huitième siècle, n° 21, *Montesquieu et la Révolution*, PUF, Paris, 1989.

Muriel DODDS, *les Récits de voyages, sources de l'Esprit des lois de Montesquieu*, Paris, 1929 ; réimpression Slatkine, 1980.

Émile DURKHEIM, *La Contribution de Montesquieu à la constitution de la science sociale*, 1892, repris *in Montesquieu et Rousseau précurseurs de la sociologie*, Rivière, Paris, 1966.

Jean EHRARD, *Montesquieu critique d'art*, PUF, Paris, 1964.

— *Politique de Montesquieu*, A. Colin, Paris, 1965.

Charles EISENMANN, « *L'Esprit des lois* et la séparation des pouvoirs », *Mélanges Carré de Malberg*, Paris, 1933.

Allain GLYKOS, *Montesquieu hôte fugitif de La Brède*, Christian Pirot, 1994.

Jean GOLDZINK, *Montesquieu, Lettres persanes*, PUF, collection « Études littéraires », Paris, 1989.

Simone GOYARD-FABRE, *la Philosophie du droit de Montesquieu*, Klincksieck, Paris, 1973.

— *la Philosophie du droit de Montesquieu*, Klincksieck, Paris, 1979.

— *Montesquieu adversaire de Hobbes*, Lettres modernes, Paris, 1980.

— *Montesquieu la nature, les lois, la liberté*, PUF, Paris, 1993.

Jean M. GOULEMOT, « Questions sur la signification politique des *Lettres persanes* », *Approches des Lumières, mélanges offerts à Jean Fabre*, Klincksieck, Paris, 1973.

Jean-Jacques GRANPRÉ-MOLIÈRE, *la Théorie de la Constitution anglaise chez Montesquieu*, Presses universitaires de Leyde, Leyde, 1972.

Maurice Joly, *Dialogue aux enfers entre Machiavel et Montesquieu*, Calmann-Lévy, Paris, 1968.

Badreddine Kassem, *Décadence et Absolutisme dans l'œuvre de Montesquieu*, Droz-Minard, Genève, 1960.

Henri Lagrave, Jean Tarraube et André Lebois, *Études sur Montesquieu*, Lettres modernes, Paris, 1974.

Gustave Lanson, « Déterminisme historique et idéalisme social dans *l'Esprit des lois* », *Revue de métaphysique et de morale*, 1916, XXIII, pages 177 à 202.

Francis Loirette, Renato Galliani, *Études sur Montesquieu*, Lettres modernes, Paris, 1981.

Montesquieu, numéro spécial de la revue *Europe*, 1978.

Montesquieu dans la Révolution française, présentation de Marcel Dorigny, Edhis, Paris, Slatkine, Genève, 1990.

Claude Morilhat, *Montesquieu politique et richesses*, PUF, Paris, 1996.

Pierrette M. Neaud, *Montesquieu*, Albin Michel, Paris, 1995.

Charles Oudin, *De l'unité de* l'Esprit des lois *de Montesquieu*, Rousseau, Paris, 1910 ; réimpression Slatkine, 1970.

René Pomeau, « Montesquieu mondain et philosophe, d'après une correspondance inédite », *Revue des travaux de l'Académie des sciences morales et politiques*, CXXXIV, 1981.

Théodore Quoniam, *Introduction à une lecture de* l'Esprit des lois, Lettres modernes, Paris, 1976.

— *Montesquieu, son humanisme, son civisme*, Téqui, Paris, 1977.

Romanciers du XVIIIᵉ siècle, tome II, préface d'Étiemble, Gallimard, collection « Bibliothèque de la Pléiade », 1965.

M. W. Rombout, *La Conception stoïcienne du bonheur chez Montesquieu et chez quelques-uns de ses contemporains*, Presses universitaires, Leyde, 1958.

Corrado Rosso, *Montesquieu moraliste : des lois au bonheur*, Nizet, Paris, 1971.

Jean Starobinski, préface aux *Lettres persanes*, Gallimard, collection « Folio », Paris, 1973.

— *Montesquieu*, Seuil, Paris, 1994.

Jean Tarraube, *Montesquieu auteur dramatique*, Lettres modernes, Paris, 1982.

Paul Valéry, préface aux *Lettres persanes*, in *Œuvres complètes*, tome Iᵉʳ, Gallimard, collection « Bibliothèque de la Pléiade », Paris, 1957.

Paul Vernière, *Montesquieu et* l'Esprit des lois *ou la Raison impure*, SEDES, Paris, 1977.

Louis VIAN, *Histoire de Montesquieu, sa vie et ses œuvres d'après des documents nouveaux et inédits*, Didier, Paris, 1879 ; réimpression Slatkine, 1970.

Georges C. VLACHOS, *la Politique de Montesquieu : notion et méthode*, Montchrestien, Paris, 1974.

Varia

Michel ANTOINE, *Louis XV*, Fayard, Paris, 1989.

Marcel ARLAND, *Marivaux*, Flammarion, Paris, 1950.

Pierre BESSAND-MASSENET, *le Chemin de César*, tome Iᵉʳ, *La France après la Terreur*, Plon, Paris, 1946.

Raymond BLOCH, Jean COUSIN, *Rome et son destin*, Armand Colin, Paris, 1960.

François BLUCHE, *Les Magistrats du Parlement de Paris*, Économica, Paris.

— *Louis XIV*, Fayard, Paris, 1986.

Aimé BONNEFIN, *la Monarchie française*, France-Empire, Paris, 1987.

François BRIGNEAU, *Rivarol*, Histoire de la presse française, sous la direction de René de Livois, Les Temps de la presse, 1965.

Jean-François CHIAPPE, *Mallet du Pan*, Histoire de la presse française, sous la direction de René de Livois, Les Temps de la presse, 1965.

— *Louis XV*, Perrin, Paris, 1996.

Augustin COCHIN, *les Sociétés de pensée*, Plon, Paris, 1921, réédition 1955.

André CORVISIER, *Louvois*, Perrin, Paris, 1996.

Jean DESCOLA, *les Messagers de l'Indépendance*, Robert Laffont, Paris, 1973.

Daniel DESSERT, *Argent, Pouvoir et Société*, Fayard, Paris, 1984.

Dictionnaire des maréchaux de France du Moyen Âge à nos jours, Perrin, Paris, 1988.

Ghislain DE DIESBACH, *Histoire de l'Émigration*, Grasset, Paris, 1975.

— *Madame de Staël*, Perrin, Paris, 1983.

— *Chateaubriand*, Perrin, Paris, 1995.

Yves DURAND, *Finances et Mécénat. Les fermiers généraux au XVIIIᵉ siècle*, Hachette, Paris, 1976.

Jean DUTOURD, Préface à *Rivarol, les plus belles pages*, Mercure de France, Paris, 1963.

Josy EISENBERG, *Une histoire du peuple juif*, Fayard, Paris, 1974.

Philippe ERLANGER, *Louis XIV*, Fayard, Paris, 1965.

Pierre Escoube, *Sénac de Meilhan*, Perrin, Paris, 1984.

Bernard Faÿ, *Rivarol et la Révolution*, Perrin, Paris, 1978.

Antonia Frazer, *Rois et Reines d'Angleterre*, Tallandier, Paris, 1979.

Gaston, duc de Lévis, *Souvenirs et Portraits, 1780-1789*, chez François Buisson, Paris, 1813.

Pierre Gaxotte, *le Siècle de Louis xv*, Fayard, Paris, 1933.

Pierre Grimal, *La Civilisation romaine*, Artaud, Paris, 1965.

René Groos, *la Vraie Figure de Rivarol*, Les cahiers de l'Occident, Paris, 1926.

Jacques Hilairet, *Évocation du vieux Paris*, Minuit, Paris, 1960.

André Jouette, *Toute l'Histoire*, Perrin, Paris, 1989.

Ernst Jünger, *Rivarol*, Grasset, Paris, 1974.

Jean-Pierre Labatut, *Louis xiv, roi de gloire*, Imprimerie nationale, Paris, 1984.

Ernest Labrousse, Fernand Braudel, *Histoire économique de la France*, PUF, Paris, 1970, tome ii.

René de La Croix, duc de Castries, *Testament de la monarchie*, Fayard, Paris, 1962.

— *La Vie quotidienne des Émigrés*, Hachette, Paris, 1966.

— *La Vieille Dame du Quai Conti*, Perrin, 1985.

— *La Scandaleuse Madame de Tencin*, Perrin, Paris, 1986.

Xavier de La Fournière, *Tocqueville, un monarchiste indépendant*, Perrin, Paris, 1981.

Louis Latzarus, *la Vie paresseuse de Rivarol*, Plon, Paris, 1926.

Lucien Laugier, *Un ministère réformateur sous Louis xv*, Pensée universelle, Paris, 1975.

François Léger, *Monsieur Taine*, Critérion, Paris, 1993.

Emmanuel Le Roy Ladurie, *le Carnaval de Romans*, Gallimard, Paris, 1979.

Jean Lessay, *Rivarol*, Perrin, Paris, 1989.

Jacques Levron, *Secrète Madame de Pompadour*, Artaud, Paris, 1961.

— *Louis XV*, Perrin, Paris, 1974.

— *Mademoiselle de Charolais*, Perrin, Paris, 1993.

Mallet du Pan, *Mémoires et Correspondance*, recueillis et mis en ordre par A. Sayous, Amyot libraire, J. Cherbuliez, Paris, 1851, tomes Ier et II.

Karl Marx, *le Capital*, Éditions Sociales, Paris, 1970-1975.

Gaston Maugras, *la Cour de Lunéville*, Plon-Nourrit, Paris, 1925.

Charles Maurras, *Dictionnaire politique et critique*, édition établie par Pierre Chardon, A la cité des livres, Paris, 1931-1934 ; édition établie par Jean Pélissier, Cahiers Charles Maurras, Paris, 1960.

Mathieu MATHURIN DE LESCURE, *Rivarol*, Plon, Paris, 1883.

Daniel MORNET, *les Origines intellectuelles de la Révolution française*, Armand Collin, Paris, 1938.

Jean ORIEUX, *Voltaire*, Flammarion, Paris, 1966.

Paul DEL PERUGIA, *Louis XV*, Albatros, Paris, 1976.

Claude PASTEUR, *le Prince de Ligne, l'Enchanteur de l'Europe*, Perrin, Paris, 1980.

Jean-Christian PETITFILS, *Louis XIV*, Perrin, Paris, 1995.

Cardinal Melchior DE POLIGNAC, l'*Anti-Lucrèce*, traduction française de Jean-Pierre de Bougainville.

PRINCE DE LIGNE, *Mémoires*, Honoré Champion, Paris, 1914.

Roger PRIOURET, *la Franc-Maçonnerie sous les lys*, Grasset, Paris, 1953.

Louis RÉAU, *l'Europe française au siècle des Lumières*, Albin Michel, Paris, 1971.

RIVAROL, *Œuvres complètes*, Slatkine, Paris, 1968.

Alix DE ROHAN-CHABOT, *le Maréchal de Berwick*, Albin Michel, Paris, 1990.

Duc DE SAINT-SIMON, *Mémoires*, Pléiade, texte établi et annoté par Gonzague Truc, Paris, 1964.

SAINTE-BEUVE, *Premiers Lundis*, Pléiade, Paris, 1966.

Joël SCHMIDT, *Louise de Prusse*, Perrin, Paris, 1996.

Gabriel SÉNAC DE MEILHAN, ensemble des œuvres non regroupé.

Paul SOUCHON, *Vauvenargues, philosophe de la gloire*, Tallandier, Paris, 1947.

STENDHAL, *Voyages*, Pléiade, Paris.

Victor L. TAPIÉ, *Monarchie et Peuples du Danube*, Fayard, Paris, 1969.

— *l'Europe de Marie-Thérèse*, Fayard, Paris, 1973.

Albert THIBAUDET, *Histoire de la littérature française de Chateaubriand à Valéry*, Marabout, 1936.

René VAILLOT, *le Cardinal de Bernis*, Albin Michel, Paris, 1985.

François ZIEGLER, *Villars, le centurion de Louis XIV*, Perrin, Paris, 1996.

PIERRE Iᵉʳ DE SECONDAT
(Seigneur de La Vergne et de Brénac, prête hommage lige à Charles VII, le 11 sept. 1451)

JEAN DE SECONDAT

JACQUES DE SECONDAT

JEAN II DE SECONDAT — ÉLÉONORE DE BRÉNIEU
(1515-1594) Reçoit de Jeanne d'Albret
la terre de Montesquieu, 2 oct. 1561

PAUL   JEAN-HENRI († 1604)   JACQUES († 1595)   JEAN († 1590)   SUZANNE

PIERRE III DE SECONDAT — ANNE DE PONTAC
(1573-1638)

JACQUES II DE SECONDAT — ANNE-MARGUERITE DE SEVIN
(1576-1619) Chambellan   († 1683) Remariée
du roi de Navarre   sans enfant avec
Joseph du Bernet

ARMAND DE MONTESQUIEU
(5 sept. 1637-févr. 1714)
R.P. jésuite

JOSEPH DE SECONDAT
(9 sept. 1635-mai 1726)
Prêtre

IGNACE DE SECONDAT
(juill. 1726)
Prêtre

MARIE-FRANÇOISE DE PESNEL
(28 oct. 1665-13 oct. 1696)

JEAN-BAPTISTE-GASTON DE SECONDAT, BARON DE MONTESQUIEU — ANNE-JEANNE DU BERNET

JACQUES III DE SECONDAT — MARGUERITE DE CAUPOS
(29 déc. 1654-15 nov. 1713)
Seigneur de La Brède

JEAN-BAPTISTE, BARON DE MONTESQUIEU
(24 avril 1716)

Un fils unique mort jeune

MARIE DE SECONDAT
(11 sept. 1687)

CHARLES-LOUIS BARON DE LA BRÈDE ET DE MONTESQUIEU — JEANNE DE LARTIGUE
(18 janv. 1689-10 févr. 1755)

THÉRÈSE DE SECONDAT
(31 août 1691-10 sept. 1772)

JOSEPH DE SECONDAT
Ne vécut que quelques semaines

CHARLES-LOUIS-JOSEPH DE SECONDAT
(9 nov. 1694-16 août 1754)
Doyen du chapitre de Saint-Seurin, à Bordeaux

MARIE-ANNE DE SECONDAT
(26 sept. 1696-29 nov. 1700)

JEAN-BAPTISTE DE SECONDAT (10 févr. 1716-17 juin 1796) — CATHERINE-THÉRÈSE DE MONS

MARIE DE SECONDAT
(23 janv. 1717-0000)

MARIE-JOSÈPHE-DENISE DE MONTESQUIEU
(23 févr. 1727-26 févr. 1800)
Épouse Geoffroy de Secondat

JOSEPH DE MONTESQUIEU
Prêtre

CHARLES-LOUIS DE SECONDAT
(22 nov. 1749-13 juillet 1835)

INDEX

ASMETH pacha. Voir Claude Alexandre de BONNEVAL.

ATAUF, 154.

ATTICUS, 262.

ATTILA, 151, 232.

AUBIGNÉ. Voir MAINTENON.

AUDIFFRET-PASQUIER, duc d', 402.

AUGUSTE OCTAVE, 150, 184, 241.

AUGUSTIN, saint, 87, 113, 190.

AVON, Catherine, 356.

AYDIE, chevalier d', 290.

BABEUF, François dit Gracchus, 237, 324, 334.

BAILLY, Jean-Sylvain, 369.

BAINVILLE, Jacques, 68, 171, 324, 379, 410.

BALZAC, Honoré de, 74, 331.

BARBOT, Jean, 87, 208.

BARENTIN, François de Paule, 321.

BARÈRE DE VIEUZAC, 331.

BARNAVE, 330, 371.

BARO, Balthazar, 85.

BARON, 228.

BARRAS, vicomte de, 334.

BARRÈS, 107.

BARROT, Odilon, 396.

BARRUEL, abbé, 381.

BARRUEL-BEAUVERT, de. Voir ANGEL.

BASNAGE, 262.

BASTONNEAU, Catherine, 50.

BATH, Guillaume Pulteney, comte de, 131.

BATZ, baron de, 334.

BAUDOUIN Ier, roi de Jérusalem, 201.

BAUDOUIN IV, roi de Jérusalem, 201.

BAVIÈRE, Charles, Électeur de, 128.

BAYLE, Pierre, 64, 65, 134, 250, 262.

BEAUMANOIR, de, 222.

BEAUMARCHAIS, Pierre Augustin Caron de, 56, 337, 359, 362.

BEAUMONT, archevêque de Paris, duc de Saint-Cloud, Christophe de, 261, 264.

BEAUNE, Renaud de, 27.

BEAUSOLEIL, baronne de, 104.

BEAUVAU-CRAON, Charles-Just de, 195.

BECCARIA, marquis de, 180.

BECQUE, Henry, 408.

BEGE-SAURIN, Denise, 424.

BEL, Jean-Jacques de, 208.

BELLAVAL, Yvon, 188.

BELLAY, Joachim du, 38, 184.

BELLE-ISLE, Charles Louis Auguste Fouquet, maréchal duc de, 81, 136, 162, 173, 237, 321, 324.

BELLIS, 400.

BEN. Voir GUITONNEAU.

BENJAMIN, de, 28.

BENOIST, Alain de, 376.

BENOÎT, Jean-Marie, 376.

BENOÎT XIII, pape, 114, 116, 160.

BENOÎT XIV, pape, 132, 157, 252, 254, 255, 259.

BÉRANGER, 164.

BERGASSE, Nicolas, 337, 368.

BERGSON, Henri, 298.

BERL, Emmanuel, 41.

BERNARD, Claude, 226.

BERNARD, Tristan, 58.

BERNIER, François, 62.

BERNIS, abbé puis cardinal de, 194, 324, 338

BERRUYER, 334.

BERRY, André, 428.

BERRY, Marie-Louise Élisabeth d'Orléans, duchesse de, 60.

BERRYER, Me, 31, 398.

BERTHEAU, Julien, 397.

BERTHELOT DE DUCHY, 116.

BERTHIER, R.P., 246, 249.

BERTHIER, maréchal, 427.

BERTRAND DE MOLLEVILLE, marquis de, 350.

BÉRULLE, cardinal de, 26, 27.

BERWICK, James Fitz-James, maréchal duc de, 27, 31, 38, 39, 50, 51, 57, 61, 72, 73, 74, 75, 79, 80, 88, 98, 99, 101, 104, 108, 119, 140, 154, 193, 206, 260, 286, 288, 289, 308, 429.

BESSAND-MASSENET, Pierre, 348.

BEURNONVILLE, Riel de, 384, 386, 391.

BIDAL, Pierre, 50.

BIGOT DE PRÉAMENEU, 390.

BLOCH, Edmond, 153

BLOIS, Mlle de, 303.

BLUCH, Edmond, 153.

BLUM, Léon, 428.

BODIN, Jean, 65, 179, 204, 226, 212.

BOFFRAND, 270.

BOILEAU, Nicolas, 183, 184, 215.

BOISSY D'ANGLAS, François, 333, 334.

BOLINGBROKE, lord, 119, 130, 142.

BONALD, vicomte de, 31, 380, 409.

BONNAY, marquis de, 368, 384.

BONNEFIN, Aimé, 319.

BONNET, Charles, 316.

BONNEVAL, Asmeth pacha, Claude Alexandre, comte de, 105, 106, 107.

BORDES, Pierre de, 45.

BORDEU, Théophile de, 338.

BORGIA, César, 226.

BOSSUET, évêque de Meaux, Jacques Bénigne, 40, 69, 89, 114, 149, 151, 152, 164, 187, 205, 226, 261, 302, 377, 408, 412.

BOTTARI, Mgr Gaetano, 255, 258.

BOUCHARDON, 280.

BOUCHER, Charles, 46, 57, 58, 194, 206, 280.

BOUCHER, Claude, 206, 207.

BOUFFLERS, Louis François, duc de, 50, 268.

BOUFFLERS, marquise de, 268.

BOUGAINVILLE, Jean-Pierre de, 181, 194, 289, 290, 315, 399, 429.

BOUILLÉ, marquis de, 91, 92, 93, 372.

BOUILLON, cardinal de, 113, 115.

BOUILLON, Godefroi de, 200.

BOULAINVILLIERS, comte de, 231, 232, 233.

BOUMAN, Michel, 400.

BOURBON, connétable de, 265.

BOURBON, Mlle de Charolais, Anne-Louise de, 161.

BOURBON, Antoine de, 24.

BOURBON, duc de, 80, 81, 87, 133, 372. Voir CONDÉ, Louis Henri de.

BOURBON, Louise-Élisabeth de, 168.

BOURDIER, 398.

BOURGOGNE, Louis de France, duc de, 70, 190, 207, 299.

BOURGOGNE, Maire-Adélaïde de Savoie, duchesse de, 40, 70.

BOUTANG, Pierre, 376.

BOUTMI, 400.

BOYER, 215, 261, 264.

BOYNET, Isaac de, 77.

BRAGANCE, femme de Ferdinand VI d'Espagne, Isabelle de, 258.

BRANCAS, marquis de, 192, 193.

BREDIN, Me Jean-Denis, 185.

BRENIEU, Éléonore de, 74.

BRIGAND-BOLMIER, 362.

BRISSOT DE WARWILLE, 350, 369.

BROCHE, Gaston, 430.

BROGLIE, Albert, duc de, 401, 403.

BROGLIE, François-Marie comte puis maréchal duc de, 73, 133, 135, 136, 145, 286.

BROGLIE, Victor-François, maréchal duc de, 372.

BROGLIE, Victor, duc de, 394.

BRUNSWICK, duc de, 351, 372.

BRUNSWICK, Élisabeth de, 99.

BRUTUS, 335.

BUFFON, Georges-Louis Leclerc, comte de, 13, 164, 181, 216, 251, 263, 275, 302, 315, 353, 359, 360, 377.

BULKELEY, Anne de, 73.

451

HENRIETTE DE FRANCE, femme de Charles Ier d'Angleterre, 74.
HENRI II, roi de France, 55.
HENRI III, roi de France, 176, 184, 239, 251, 254, 265.
HENRI IV, roi de France, 24, 27, 61, 64, 74, 212.
HÉRAULT DE SÉCHELLES, Marie Jean, 331.
HERBIGNY, d', 82.
HERRIOT, 97.
HERVÉ, Édouard, 74.
HERVEY, lord John, 131.
HOANGE, Arcadio, 42.
HOBBES, 226, 262.
HOCHE, général, 427.
HOGG, Armand, 344.
HOGARTH, 131.
HOSPITAL, 258.
HOUDAR DE LA MOTTE, 81. Voir LA MOTTE-HOUDAR.
HOUSSAYE, Arsène, 13, 14.
HUART, 154.
HUGO, Victor, 397, 398.

INNOCENT XI, pape, 113.
ISABELLE LA CATHOLIQUE, reine d'Espagne, 55, 58, 411.

JACOB. Voir LACROIX, Paul.
JACQUES Ier, roi d'Angleterre, 119.
JACQUES II, roi d'Angleterre, 51, 73, 121, 124, 132, 138, 205, 286.
JACQUES III STUART, 98, 119, 130, 143.
JANSEN, 40.
JANVIER, saint, 117, 166, 267.
JAUCOURT, marquis de, 275, 308, 391.
JEAN II, roi du Portugal, 58.
JEAN II LE BON, roi de France, 176.
JEFFERSON, Thomas, 325, 390.
JOHNSON, Andrew, 392.

JOINVILLE, de, 222.
JOLY, 398, 399, 400.
JOLY DE FLEURY, Guillaume François, 42.
JOLY, Maurice, 397, 398, 400.
JOSEPH Ier, empereur, 98, 258.
JOSEPH II, empereur, 330.
JOURDAIN, 251.
JULIEN L'APOSTAT, 151, 153, 179.
JULIEN DE LA DRÔME, 36.
JURIEU, 121.
JUSTINIEN, 233.

KERMINA, Françoise, 110.
KÉROUALLE, Louise de, duchesse de Portsmouth, duchesse d'Aubigny, 131, 194.
KLÉBER, 169, 334.
KROUCHEVAN, 400.

L'ÉPÉE, abbé de, 427.
L'OLME, de, 349.
LA BARRE, chevalier de, 197.
LA BAUME, 129.
LA BAUMELLE, Laurent Angliviel de, 254, 290.
LABILLE-GUYARD, 337.
LA BLETTERIE, R.P. de, 215.
LA BOÉTIE, 74.
LA BRÈDE, baron de, 30, 37, 31, 44, 45, 46, 48, 49, 54, 71, 221, 264, 291. Voir MONTESQUIEU, Charles-Louis de.
LA BRUYÈRE, Jean de, ou DELABRUYÈRE, 29, 93.
LACAZE, Gillet de, 78.
LA CHAPELLE-SAINT-JEAN, Angélique-Gabrielle de, 158, 160, 164, 315.
LA CHÂTRE, duc de, 323.
LA CONDAMINE, de, 290.
LACROIX (Jacob), Paul, 31.

455

TABLE

ŒUVRES DE JEAN-FRANÇOIS CHIAPPE

A la Librairie Académique Perrin

Georges Cadoudal ou la liberté (Prix Broquette-Gonin de l'Académie française, Prix Bretagne, 1971).
La Vendée en armes I : 1793.
La Vendée en armes II : Les géants.
La Vendée en armes III : Les chouans (Premier Prix Gobert de l'Académie française, 1983).
Présentation de texte : *Messieurs de La Rochejaquelein*, du baron de La Tousche d'Avrigny.
Louis XVI — Le Prince, tome I
Louis XVI — Le Roi, tome II
Louis XVI — L'Otage, tome III
Le Comte de Chambord.
Une Histoire de la France (Prix des Intellectuels indépendants, 1992).
La France et le Roi. De la Restauration à nos jours.
Louis XV (Prix Hugues Capet, 1996).
À paraître
La Vendée des Cent-Jours.

Chez d'autres éditeurs

Le Monde au féminin (Somogy).
La Fête de la Fédération.
(*in* Douze moments clés de l'histoire de France. Hachette-Réalités).

Films

Avec Guy Séligmann : *Portrait de Cadoudal.*
Avec Claude Mourthé : *Le 1 561ᵉ Jour.*

Le Soleil et l'Écureuil.
Avec Jean-Pierre Decourt et Philippe Erlanger :
Richelieu I : L'envol du hobereau
Richelieu II : Un évêque en enfer
Richelieu III : L'amour et La Rochelle
Richelieu IV : L'esclandre de la Saint-Martin
Richelieu V : La patrie en danger
Richelieu VI : Les caprices de la Providence
Le Connétable de Bourbon.
Avec André Leroux : *Montesquieu* in *La mémoire des siècles.*

Émissions radiophoniques [1]

Un académicien guère académique, le président de Montesquieu. (La Tribune de l'Histoire, France Inter).
Cette étonnante Madame de Tencin. (La Tribune de l'Histoire, France Inter).
M. de Marivaux ou l'esprit du cœur. (La Tribune de l'Histoire, France Inter).
Les sérieuses comédies de M. de Rivarol. (La Tribune de l'Histoire, France Inter).
Hommage à Pierre Gaxotte : Sénac de Meilhan. (La Tribune de l'Histoire, France Inter).
La Vie extraordinaire de M. d'Asfeld. (Questions pour l'histoire, France Inter.)
Oncle Tom et Oncle Sam. (Questions pour l'histoire, France Inter.)

Féeries

Avec Jean-Jacques Guérin et Georges Gravier :
Venise à Versailles, OTV.
Versailles et l'indépendance des États-Unis, OTV.
Versailles est à vous, en collaboration avec Alain Decaux, *de l'Académie française*, OTV.
Versailles à Canberra, OTV.

---

1. Se rapportant à Montesquieu et ses épigones.

ŒUVRES D'ÉRIC VATRÉ

Essais

Charles Maurras un itinéraire spirituel, prologue de Jean-François Chiappe, préface de Gustave Thibon, Nouvelles Éditions Latines, 1978, Prix Saint-Louis.
Montherlant entre le Tibre et l'Oronte, préface de Pierre de Boisdeffre, Nouvelles Éditions Latines, 1980.

Biographies

Henri Rochefort ou la Comédie politique au XIXᵉ siècle, préface d'Alain Decaux, *de l'Académie française*, Jean-Claude Lattès, 1984.
Léon Daudet ou le Libre Réactionnaire, France-Empire, 1987.

Document

La Droite du Père. Enquête sur la Tradition catholique aujourd'hui, Guy Trédaniel, 1994.

Contributions

Dictionnaire du Second Empire. — sous la direction de Jean Tulard, *de l'Institut* —, Fayard, 1995.
Dictionnaire des Lettres françaises, Le Livre de Poche, 1998.

CET OUVRAGE A ÉTÉ REPRODUIT
ET ACHEVÉ D'IMPRIMER SUR ROTO-PAGE
PAR L'IMPRIMERIE FLOCH À MAYENNE
EN AOÛT 1998

Éditions du Rocher
28, rue Comte-Félix-Gastaldi
Monaco

Dépôt légal : août 1998.
N° d'édition : CNE section commerce et industrie
Monaco : 19023.
N° d'impression : 43907.

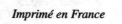
Imprimé en France